历史中国书系

魏晋南北朝原来是这样

张程——作品

中国出版集团　现代出版社

图书在版编目（CIP）数据

魏晋南北朝原来是这样 / 张程著. -- 北京：现代出版社, 2024.12. -- (历史中国书系).-- ISBN 978-7-5231-1098-0

Ⅰ.K235.09

中国国家版本馆CIP数据核字第2024EB3921号

魏晋南北朝原来是这样
WEIJIN NANBEICHAO YUANLAI SHI ZHEYANG

著　者	张　程
选题策划	张　霆
责任编辑	姚冬霞
责任印制	贾子珍
出版发行	现代出版社
地　　址	北京市安定门外安华里504号
邮政编码	100011
电　　话	010-64267325
传　　真	010-64245264
网　　址	www.1980xd.com
印　　刷	三河市宏盛印务有限公司
开　　本	710mm×1000mm　1/16
印　　张	21.5
字　　数	350千字
版　　次	2024年12月第1版　2024年12月第1次印刷
书　　号	ISBN 978-7-5231-1098-0
定　　价	898.00元（全14册）

版权所有，翻印必究；未经许可，不得转载

目 录

一 / 曹魏受汉禅开国 / 001

二 / 司马懿的崛起 / 006

三 / 曹髦的儿戏政变 / 011

四 / 三家归晋 / 016

五 / 白痴太子司马衷 / 023

六 / 悍妇贾南风乱政 / 027

七 / 八王之乱 / 033

八 / 十六国 / 037

九 / 后赵与冉魏的兴衰 / 042

十 / 慕容家的内讧传统 / 049

十一 / 前秦统一北方 / 054

十二 / 司马睿建国江东 / 060

十三 / 祖逖北伐 / 065

十四 / "王与马，共天下" / 070

十五 / 北伐是剂猛药 / 077

十六 / 谢安东山再起 / 082

十七 / 淝水之战 / 087

十八 / 后燕与后秦 / 093

十九 / 孙恩—卢循起义 / 099

二十 / 桓玄篡国 / 105

二一 / 刘裕横扫中原 / 112

二二 / 赫连勃勃大王 / 118

二三 / 拓跋鲜卑的狂飙之路 / 123

二四 / 千古一后冯太后 / 130

二五 / 孝文帝迁都 / 135

二六 / 刘裕篡位建宋 / 141

二七 / 元嘉之治 / 145

二八 / 草草的元嘉北伐 / 152

二九 / 刘家的精神病史 / 158

三十 / 刘家的变态史 / 166

三一 / 萧道成建立南齐 / 172

三二 / 骨肉相残的报应 / 179

三三 / 变态皇帝代代有 / 186

三四 / 萧衍建立南梁 / 192

三五 / 高肇专权之祸 / 198

三六 / 南北方拉锯战 / 203

三七 / 胡作非为胡太后 / 211

三八 / 六镇起义 / 218

三九 / 河阴之变 / 224

四十 / 高欢取代尔朱氏 / 233

四一 / 北魏帝国一分为二 / 241

四二 / 苏绰改革强西魏 / 249

四三 / 癫狂高洋与傀儡羔羊 / 256

四四 / 杰出的傀儡皇帝 / 262

四五 / "佛门天子"萧衍 / 267

四六 / 八百残兵攻大梁 / 275

四七 / 侯景之乱 / 284

四八 / 南陈的兴亡 / 294

四九 / 周齐势力消长录 / 303

五十 / 杨坚的意外之喜 / 311

五一 / 金陵王气黯然收 / 317

大事年表 / 326

参考文献 / 338

一 / 曹魏受汉禅开国

延康元年（220年）二月，新继位的魏王曹丕下令关津减税，恢复什一税制。几天后，曹丕又赏赐诸侯将相以下粟万斛、帛千匹、金银不等，同时煞有介事地派遣使者巡查郡国。所有行为都有一个共同的目的：收揽民心。而收揽民心的目的则是：推翻立国四百年的汉朝，建立曹魏王朝！

在皇权转移中，意识形态的准备是必不可少的。最常见的做法就是神化新的皇权，即让淳朴的老百姓相信新皇帝是天人下凡、天命所归。巧的是，在敏感时刻，总会有大批恰逢其时的"祥瑞"出现。

先是民间传言曹丕出生的时候，有青色的云气像车盖一样飘浮在他身上，终日不散。风水师傅一致认为这是曹丕至贵的明证。此间又出了一个叫殷登的人，说东汉熹平五年（176年）谯地（曹操老家）出现过黄龙，当时大名士、光禄大夫桥玄就问太史令单飏："此祥瑞作何解？"单飏回答："这说明谯地会有王者兴起。五十年里，黄龙会再次出现。"殷登说自己当时在场，默默记下了这件事。四十五年后，延康元年（220年）三月，黄龙再次出现在谯。尚且健在的殷登就大肆宣扬这件事，引起中原轰动，直至曹丕亲自召见了殷登，恳谈后赏赐他谷三百斛，礼送回家。

之后，魏国的形势一片大好，濊貊、扶余、焉耆、于阗等部落都派遣使者奉献。饶安县出现典型的祥瑞——白雉。曹丕很高兴，免了饶安县的田租，赏赐勃海郡百户牛酒；太常以太牢祀宗庙。

但是事情突然起了波折。四月，大将军夏侯惇病逝。曹丕亲自素服在邺城东门发哀。按礼，天子哭同姓于宗庙门之外。曹丕与夏侯氏并非同姓，却哭于城门，有人指责曹丕的行为失礼。这其实暗指曹丕家族与夏侯家族的"不正常关系"。曹丕的爷爷，也就是曹操的父亲曹嵩原本是乞丐，被大宦官曹腾收养后姓曹。东汉官场一直盛传曹嵩原来是复姓夏侯的小乞丐。因此在曹操一世，夏侯家族步步显贵。现在是曹丕登基的前夜，有人重提曹家不光彩的往事，杀伤力巨大。

这表明，一部分世族大家还不认同曹氏称帝。

曹操在世时，不少名士便瞧不起曹操。曹操也不时做出压制豪族名门浮华风气的举动，破坏朋党交游便是其一举措。客观上，曹操必须压制以清议名士为代表的地方豪族势力。虽然没有打击到世族大家的根本，但曹操对世族大家的厌恶和压制是明显的。在曹姓代刘几成定局的时候，世族大家需要曹丕给他们保证，维护和扩大他们的利益。即便曹丕本人已经完全是世家子的出身和行为做派，但缺乏明确的承诺和制度上的保护，世族大家还是不放心效忠于曹氏家族。

这时候，尚书陈群提出了"九品中正法"，建议改革官员人事制度。九品中正法的内容是在郡国设置中正，评议本地人才高下，分九等，按照等级分别授予官职。评议的标准主要看家世，次看道德，最后才看一个人的才能。而担任评议的都是当地的贵族显要。这样的制度到底对谁有利，可想而知。此法一出，获得了世族大家的一片赞赏之声。

这实际上是世族大家给曹丕出的考题，是世族大家与曹氏家族进行权力交换。

世族大家要求确保自己的地位和权益，并希望能够世代相传。九品中正法就是一个制度上的保证。曹丕毫不犹豫地批准了这个制度，开始在全国进行人事改革。它成为魏晋南北朝时期世族势力恶性膨胀的制度源头。

障碍扫除后，五月，傀儡皇帝汉献帝刘协"命令"曹丕追尊祖父、已故太尉、乞丐出身的曹嵩为太王，祖母丁氏为太王后，封王子曹叡为武德侯。六月，曹丕集中兵力"南征"。此次南征，公卿相仪，华盖相望，金鼓阵阵，完全是曹丕对个人势力的检阅，是对天下百姓的宣示，因此整个军事行动更像是一次盛装游行。曹丕先到了屡次出现祥瑞的老家谯地，在家乡大宴三军，并召集谯地父老，设伎乐百戏，与民同乐。在欢娱间，曹丕说："先王非常喜欢家乡，不忘根本。谯，真是霸王之邦。减免谯地租税两年！"当地的三老吏民闻言，纷纷向曹丕祝寿。庆祝活动通宵达旦。到了冬天，曹丕大军才抵达长江以北。东吴孙权整军以待。曹丕看到吴军阵容整齐，说："东吴还是有人才的，我们暂且回去吧。"临行，曹丕下令抚恤伤残将士，祭奠阵亡烈士，向天下展示自己的仁慈。

做足工作的曹丕就等着刘协禅让了。关于这次禅让，正史和野史的记载截然不同。

《三国志》的《文帝纪》用了几乎一半的篇幅记载相国华歆、太尉贾诩、御史大夫王朗、九卿、将军、守令等人的劝进书。刘协一再下诏禅让，曹丕一再推辞。大臣动不动就聚集一百二三十人集体劝进，周而复始，不厌其烦，也不担心曹丕生气。曹丕就是不答应。连汉献帝刘协都疑惑："魏王不接受皇位，如何是好？"最后，劝进的大臣都着急了。尚书令桓阶对曹丕说："汉朝气数已尽，天命降临大魏，陛下还前后推让。汉氏衰废，天下百姓都唱着歌谣，呼吁明主出现。陛下应该响应上天，接受禅让，马上登坛祷告上帝。不然就是久停神器，抗拒上天和亿万百姓的意愿！这可了不得呀。"曹丕在万般无奈的情况下，说了一个字："可。"于是大臣和百姓都欢天喜地地开始庆祝了。

这段完美的记载总让人怀疑真实的情况是否如此融洽。《三国演义》《华阳国志》和其他野史则为我们描述了一场逼宫的闹剧。

华歆等一班文武去见汉献帝，要求他禅让。华歆说："魏王德布四方，仁及万物，是古今第一人。我们都认为汉祚已尽，请您效法尧舜，以山川社稷为重，禅位魏王。"他还撂下一句狠话，"只有这样，您才能安享清闲之福！我们都商议定了，特来奏请。"平时文质彬彬、以才学震天下的华歆竟然说出这样大逆的话语来，刘协惊得半晌说不出话来。终于，刘协压抑着的情绪爆发出来。他注视着百官哭道："高祖皇帝提三尺剑，斩蛇起义，平秦灭楚，创造基业，世代相传，到我这里已经有四百多年了。朕虽不才，但也没什么过错，我怎么忍心将祖宗基业舍弃不顾？"刘协顿了顿，真诚地说，"祥瑞图谶，都是虚妄之事。请各位大臣深思！"同来的大臣王朗说道："自古以来，有兴必有废，有盛必有衰。天底下哪有什么不亡之国、不败之家？汉室相传四百余年，到现在气数已尽。陛下还是早早退避为好，迟疑了就要生变了。"一旁的九卿、尚书和禁军将领等都频频点头。话已至此，刘协只有大哭，逃入后殿去了。百官哂笑着散去。

第二天，百官再次云集金銮殿，命令宦官请出皇帝。刘协恐惧，不敢出来。刘协的皇后是曹操的女儿、曹丕的妹妹。见到丈夫窘态，曹皇后大怒，说："我哥哥怎么做出这样乱逆的事情来！"外面的百官推举曹洪、曹休两人带剑进入后殿，逼刘协出殿。曹皇后大骂这两位叔叔，说："都是你们这些乱贼，贪图富贵，造反谋逆！我父亲功勋卓著，威震天下，都不敢篡窃神器。现在我哥哥继位魏王还没几天，就想篡夺皇位。老天爷是不会保佑你们的！"曹洪、曹休两个人不去理会侄女，径自裹挟着刘协出殿。刘协万般无奈，硬着头皮出来接受最后的审判。

面对华歆等人一再逼宫，刘协痛哭流涕："你们领取汉家俸禄多年，中间还有很多是本朝开国功臣之后，怎么就忍心做出这样的事情来？"华歆冷笑道："这并非我们不忠。陛下若不听劝，恐怕马上要祸起萧墙了。"刘协大喝："谁敢杀我？"华歆厉声说："全天下的人都知道陛下没有人君之福，导致四方大乱！如果没有魏王父子，杀陛下的人何止一两个？你不知恩报德，难道不怕天下人群起而攻之吗？"刘协受到极大惊吓，拂袖而起。一旁的王朗向华歆使了个眼色。华歆竟然快步走上皇帝宝座，扯住刘协的龙袍，变色厉声说道："同意还是不同意？就一句话！"刘协哪见过这样的场面，浑身战栗，不能回答。他环顾四周，宫殿内外披甲持戈的几百卫士都是魏王亲兵。他哭了："我愿意将天下让给魏王，请各位留我性命。"逼宫的大臣贾诩许诺："魏王必不负陛下。陛下快下诏书，以安定人心。"

刘协只好让陈群起草禅让诏书，让华歆捧着诏书和玉玺，引导百官到魏王宫前，请曹丕即位。曹丕大喜，但坚决推辞，要求刘协禅让给"真正的大贤人"。在华歆的导演下，刘协又下了一道诏书，再次恭敬地请曹丕登基。曹丕更加高兴了，但还是对贾诩说，怕"不免篡窃之名"。贾诩马上献计说，让刘协筑一坛，名"受禅坛"，择吉日良辰，集结公卿大臣，让当今天子亲自在坛上献上玺绶，禅让天下。

于是，刘协启动了汉王朝的最后一项国家工程，派遣太常寺官在繁阳卜地，筑起三层高坛（河南省许昌市临颍县繁城镇还保留着这座中国仅存的受禅台，台高二十米，长宽约三十米），选择吉日举行禅让大典。十月庚午日寅时，东汉王朝的禅让仪式正式举行。

禅让原本是传说中推选部落首领的制度。这种只保留在典籍中的神秘制度已经距离曹丕时代有两千年之远了。如何"复活"禅让仪式？曹丕和魏国的大臣以高度的"智慧"，将传说中的"禅让"概念付诸实践，为后世树立了"典范"。

曹丕登上受禅台接受汉献帝的帝位，公卿、列侯、诸将、匈奴单于、四夷朝者数万人见证了这一仪式。整个仪式燃起巨火，祭告天地、五岳和四渎。许昌受禅台前现存的两块石碑——《受禅表》碑和《公卿将军上尊号奏》碑在经历风雨后虽然面目模糊，依然忠实地向后人透露当时的盛况。《公卿将军上尊号奏》内容为四十六位文武大臣给汉献帝刘协上的奏章，恭请曹丕称帝，其实是写给曹丕的效忠信，也就是演义中的"劝进书"。《受禅表》是曹丕受禅称帝后，表白自己不愿当皇帝，可是再三辞让而不得，无奈登基称帝的"苦衷"与"救民济世"的心态。这两块碑文由汉末名士王朗文，梁鹄书，楷书创始者钟繇镌字，被后世称为"三绝碑"，即文表绝、书法绝、镌刻绝。钟繇和梁鹄是当时的重臣和著名书法家。王朗为大学问家，对禅让一事最为积极，魏文帝时由御史大夫迁为司空。民间传说他积极逼杀献帝皇后，催逼玉玺。

曹丕登基后，改延康元年为黄初元年，追封曹操为魏武帝。他将汉献帝刘协封在河内郡山阳，为山阳公。刘协可以用天子之礼郊祭，上书不称臣；刘协的四子降为列侯；更换周边各族印玺，为魏国百官更名。曹丕受禅后，非常客气地对刘协说："天下之珍，吾与山阳共之。"刘协是不是真的共享到了所谓的"天下之珍"呢？不得而知。汉献帝刘协逊位后，虽然只是公爵，却位在诸侯王之上。刘协在封地内行汉正朔，一直到五十四岁才自然死亡。曹丕以天子礼仪把刘协下葬，赐名其陵寝为"禅陵"。山阳国由刘协的子孙继承，从建国至灭亡共传国八十九年。与后世的受禅登基者相比，曹丕还算客气仁慈。

曹魏以受禅形式建国，假惺惺的动作都是粉饰和权谋而已。禅让成为赤裸裸的篡位工具，逐渐成为一种政治游戏。内忧外患不断的形势将权臣和军事强人推上了政治舞台，而不争气的末代皇帝又令那些野心勃勃的权臣有机可乘。一模一样的重复，无休无止的阴谋和杀戮让人厌倦：曹魏末代皇帝曹奂禅让给了晋武帝司马炎，晋代魏；东晋恭帝司马德文禅位给南朝宋武帝刘裕，宋代晋；南朝宋顺帝刘準禅位给南朝齐高帝萧道成，齐代宋；南朝齐和帝萧宝融禅位给南朝梁武帝萧衍，梁代齐；南朝梁敬帝萧方智禅位给南朝陈武帝陈霸先，陈代梁；东魏孝静帝元善见禅位给北齐文宣帝高洋，北齐代东魏；西魏恭帝元廓禅位给北周孝闵帝宇文觉，北周代西魏；北周静帝宇文阐禅位给隋朝文帝杨坚，隋朝代北周。"自曹魏以迄于宋，皆名为禅而篡者也。"

二 / 司马懿的崛起

魏武帝曹操用人注重真才实学，看重一个人的能力和成绩，而不是东汉后期风行的门第和声望。他求才若渴，多次发布任人唯贤的命令，广招天下名士。所以曹魏王朝在建立过程中聚集了许多真才贤士，曹操基本上都能做到人尽其用。但对一个人，曹操一直看不准，不敢放开了使用。这个人就是司马懿。

司马懿，字仲达，河内郡温县（今河南焦作温县）人，是东汉末年的京兆尹司马防的次子。曹操和司马防有过交往，后者的长子司马朗在曹操属下为官，认真负责且清廉自律，给曹操留下了极佳的印象。当时人们普遍认为，司马懿比大哥更出色。东汉末年最知名的评论家崔琰就曾当面对司马朗说："君弟聪亮明允，刚断英特，非子所及也。"史书也夸奖司马懿"少有奇节，聪明多大略，博学洽闻"。这样的人才，曹操当然要去招揽了。建安六年（201年），他以司空的名义，征辟司马懿到府中任职。

司马懿不愿意去给曹操当幕僚。当时天下大乱，鹿死谁手尚不可知，司马懿还很年轻（才二十二岁），不想早早地和曹操绑定在一起。他还要待价而沽，于是婉拒征辟。当曹操派的人到家后，司马懿假装风瘫在床，生活不能自理。来人回去汇报，精明的曹操不信，派人在夜里偷偷去侦察。不想，司马懿料到了曹操的这一手，还躺在床上装风瘫呢！曹操这才信以为真，放过了司马懿。

曹操是何等精明之人。司马懿年纪虽轻，却更加精明。更重要的是，他身上没有救国济民、匡扶天下的政治道德印记，完全是赤裸裸的个人得失的考虑。

建安十三年（208年），丞相曹操再次征辟司马懿为下属。他已经知道上次被司马懿骗了，所以对使者说："如果司马懿耍花招不来，就绑他过来。"这一回，司马懿乖乖地来了。倒不全是因为害怕，而是此时时局已经明朗，曹操胜利在望。司马懿觉得曹魏势力可以投靠。

司马懿加入曹魏势力时间不长，年纪又轻，加上曹操内心总有一丝不快，司马懿在曹魏最初的十年并不如意，历任黄门侍郎、议郎等小官，没有实权。他的主要工作就是和曹操的儿子曹丕往来游处。司马懿投入了曹魏阵营，勤勤恳恳地工作，为人小心谨慎。慢慢地，曹操把他提拔为丞相属官，留在身边出谋划策。史书上记载了司马懿给曹操出的三次主意。第一次是曹操占领了西北和汉中地区后，司马懿建议曹操乘胜进攻四川，消灭刚刚占领四川的刘备。曹操没有采纳，委婉地批评司马懿"得陇望蜀"（此成语典出于此）。第二次是孙权上表怂恿曹操自立为帝，司马懿在一旁附和，结果曹操断然拒绝。司马懿的前两次建议曹操没采纳，第三次建议则被曹操采纳了。关羽北伐大败曹军，威胁到当时的都城许昌。曹操为避关羽锋芒，准备迁都河北。司马懿及时劝阻。他认为关羽的后方不稳，孙权和刘备两派外亲内疏，迟早会内讧，所以曹魏一方只要守住前线就能拖死关羽。后来事态发展，果然如司马懿所言。

也许是司马懿太过现实，虽然他能力不错，但曹操始终不喜欢他。也有说法是曹操打击世家豪族，恰好司马懿是中原著名世家子弟，曹操不肯用他。据说，司马懿的长相很怪，具有"狼顾之相"，也就是能把脑袋转九十度角，用眼睛的余光看到背后的东西。在相术上，这是一个人野心勃勃的表现。一天晚上，晚年的曹操做了一个梦。在梦里，三匹马在一个槽里吃草。"三马食槽"的梦境让曹操很自然地将司马懿的"狼顾"本领联系在了一起，担心司马懿日后对曹家不利。曹操迷信，终生没有提拔重用司马懿，还告诫儿子曹丕要提防司马懿。

然而，曹丕和司马懿却很合得来，对父亲的警告置若罔闻，和司马懿交往甚密。曹操一死，司马懿的机会就来了。曹丕非常放心地让司马懿参与操办丧事。司马懿把曹操的丧事办得井井有条，内外肃然。曹丕提拔司马懿担任丞相长史。在这个相当于曹丕秘书长的职位上，司马懿为曹丕篡汉建立魏朝出了大力。登基后，曹丕投桃报李，司马懿在曹魏王朝中的地位扶摇直上，很快就升迁为抚军大将军、假节、加给事中、录尚书事，负责曹丕的政务中枢。曹丕两次伐吴，都留司马懿镇守许昌。

黄初七年（226年）五月，曹丕驾崩，享年四十岁。司马懿和曹真、陈群、曹休同受托孤的顾命。这四人的名次是：曹真第一，陈群第二，曹休第三，司马懿第四。前三人的资历和声望都比司马懿高。虽然排名最末，但司马懿能在七年内从一个闲职升到与曹氏皇族并列成为曹魏王朝的权力核心，可谓是个奇迹。

曹丕死后，司马懿大红大紫的日子暂停了好长一段时间。魏明帝曹叡即位后，曹真因为主持对蜀作战而升迁为大司马，获得"剑履上殿，入朝不趋"的待遇，达到了臣子能够达到的最高权位。而司马懿的境遇就要"坎坷"一点儿了。

《三国演义》说曹叡即位初期中了蜀汉诸葛亮的反间计，一度罢免了司马懿。司马懿只好带着两个儿子司马师和司马昭在宛（今河南南阳）闲住。正史则记载太和元年（227年）六月，魏明帝曹叡命司马懿驻扎在宛，都督荆豫二州的军事，虽然比演义的说法要好很多，可还是变相让司马懿离开了权力中心。新皇帝曹叡显然不像他父皇那样器重司马懿，而是很厚道地让司马懿到外地领兵去了。

宛的西边上庸地区，就是现在的湖北西北部一带，是由从蜀汉投降过来的孟达镇守。孟达和司马懿一样在曹丕时代飞黄腾达，也同样在曹叡登基后靠边站了。他就暗中与诸葛亮联络，准备倒戈重返蜀汉阵营。准备倒戈时，诸葛亮提醒孟达注意司马懿，加紧防范。孟达写信给诸葛亮，认为司马懿知道消息后要先向洛阳的曹叡汇报，然后再前来讨伐，前后反复，需要大约一个月时间，自己有充分的时间整军备战。结果，八天后，司马懿就兵临城下，讨伐孟达来了。原来，司马懿将在军，君命有所不受，亲自率军日夜兼程前来讨伐，大大缩短了时间。孟达惊恐地写信向诸葛亮求援，惊叹："吾举事，八日而兵至城下，何其神速也！"最终，司马懿抵挡住了蜀汉和东吴两方面的援军，成功攻破上庸地区，"斩孟达，传首京师，俘获万余人"。

这一大功，让曹叡看到了司马懿的指挥才能，开始将军事寄托在司马懿身上。诸葛亮不断北伐，严重威胁陇西和关中地区，是曹魏王朝的心腹大患。太和三年（229年），诸葛亮出兵攻占武都、阴平二郡。第二年，曹魏王朝决心对蜀汉还以颜色，以大司马曹真为主帅，以司马懿为副帅，兴师伐蜀。太和五年（231年），诸葛亮又率兵攻魏。魏明帝曹叡正式授予司马懿全权"西方有事，非君莫可付者"，派他驻军长安，总督西部各军与蜀军作战。至此，司马懿成为负责对蜀汉作战的主将。

客观地说，司马懿和诸葛亮作战的"成绩"并不怎么好看。他主要是依靠曹魏以逸待劳、兵多粮广的优势，和诸葛亮打持久战，最后总是逼着底子薄的诸葛亮粮尽退兵，算得上圆满完成了朝廷交代的任务。在三足鼎立的三国时代，战争是王朝的迫切矛盾。司马懿长期负责对蜀汉的战斗，而曹魏一半以上的精锐部队都集中在西部战线，因此司马懿家族很容易就笼络了效忠自己的武装，开始了窃取曹魏王朝实权的进程。

青龙二年（234年）年初，蜀汉丞相诸葛亮率军十万攻魏。曹魏大将军司马懿率军在渭水筑垒阻击。这一仗打了大半年都不见分晓，主要原因是司马懿天天高挂免战牌，诸葛亮数次挑战，司马懿均坚壁不出。

司马懿的部下将领忍受不了无所事事的日子，对蜀汉的日日叫骂挑战更是义愤填膺，多次集体要求出战。起初司马懿或严词驳回，或好言相劝，就是不准出战。军营里的不满情绪越来越强，战斗热情越来越高，司马懿渐渐有点儿受不了了。诸葛亮又来火上浇油，派人给司马懿送来"巾帼妇人之饰"，羞辱司马懿不是个男人，激他出战。司马懿似乎被激怒了，气愤地向曹叡上表请战。蜀汉将士听说了，都很兴奋，觉得司马懿这回总要出来了吧。诸葛亮则说："彼本无战心，所以固请者，以示武于其众耳。将在军，君命有所不受，苟能制吾，岂千里而请战邪？"这只是司马懿想搬出皇帝来制止将军出战的伎俩而已。果然，曹叡不同意司马懿出战，还派了以耿直著称的老臣辛毗杖节来到军前当监军，节制司马懿。辛毗来了以后，司马懿的火气顿时大了许多，面对诸葛亮的挑战，常常和部将站在一起主张出击。好几次，司马懿都带兵冲出了营帐，只怪辛毗杖节立在营门，以身阻挡司马懿出兵。曹魏军中的不满情绪日渐浓重，不过司马懿始终没有出战，还取得了重大战果：蜀汉坚持不下去，主动退兵了，而迫切寻求决战的诸葛亮则死在了军中。

诸葛亮死后，司马懿因为抗蜀大功于青龙三年（235年）升任太尉。此时的司马懿已然是朝廷的第一功臣兼能臣，聚敛了越来越大的权势。曹叡不禁对司马懿产生了怀疑，曾经问陈矫："司马公忠正，可谓社稷之臣乎？"虽然提问的前提是司马懿"忠正"，但为什么还要怀疑他是不是"社稷之臣"呢？陈矫的回答非常干脆："司马公在朝廷众望所归，对社稷是否有利，臣就不知道了。"正是在这种怀疑思想下，曹叡于景初二年（238年）病危的时候，最初确定的顾命大臣群体是以叔叔、燕王曹宇为首，领军将军夏侯献、武卫将军曹爽、屯骑校尉曹肇、骁骑将军秦朗等共同辅政。里面几乎清一色的曹氏宗亲，而将司马懿排除在外。其中曹宇与曹叡虽然是叔侄，但因为年龄相仿，是从小就一起玩大的。可是曹宇只当了四天大将军，就坚决要求辞职，曹叡的意思也发生了改变，同意曹宇辞职，亲手否决了最初的顾命大臣集团，最终让太尉司马懿与大将军曹爽一起接受遗诏辅佐少主——时年八岁的曹芳。

曹芳即位，司马懿加封侍中、录尚书事，总督中外诸军，和曹爽共执朝政。曹爽是曹真的儿子，算是司马懿的晚辈，加上的确缺乏政治经验，因此凡事尊重司马懿的意见，遇到政策难题、边界战争等棘手的事情都推司马懿出面主持。司马懿把这些事情处理得都很好，尤其是把来犯的东吴大军打得屁滚尿流，权势进一步巩固。司马家族陆续有子弟十一人封侯，司马懿本人食邑万户，部属门生遍布朝野。

这时候，作为皇室的曹爽兄弟看到了危险：内外倾心、掌握实权的司马懿已经威胁到了曹魏的皇权！于是就出现了曹爽势力对司马懿发动突然袭击，将司马懿明升暗降为太傅，夺其实权。从正始八年（247年）开始，曹爽兄弟"专擅朝政，兄弟并典禁兵，多树亲党"，排挤司马氏的势力。司马懿装出行将就木的样子，长期在家"养病"，对政事不闻不问。暗地里，司马懿及其儿子司马师、司马昭联络势力，蓄养死士，伺机反扑。

正始十年（249年）正月初六，魏帝曹芳按照惯例到高平陵（今河南洛阳东南）祭扫魏明帝曹叡的陵墓。曹爽兄弟、党羽随驾前往。在曹爽集团倾巢而出的前一天夜里，司马懿的小儿子司马昭彻夜难眠。这天夜里，父亲郑重地告诉他，第二天将会有决定司马家命运的大事件发生，要他抓紧时间休息。司马昭不知是兴奋或是激动或是紧张，在床上辗转反侧。而哥哥司马师，早已参与了父亲的谋划，一上床就鼾声如雷。

曹芳、曹爽君臣一出城门，"久病"的司马懿就披挂上阵，带领两个儿子跨马冲出了家门。司马师在暗中早已准备了三千死士，这时一齐发难。司马父子关闭了洛阳城的各个城门，占据了武器仓库及皇宫，又派遣亲信分别夺取了曹爽等人军权。曹氏兄弟还在洛阳城中留有许多中下级军官和数量可观的军队，可惜群龙无首，这些官兵没有反抗，很轻易地转化成了司马懿家族的军事力量。郊外的曹爽兄弟得知消息，经过了一天一夜的犹豫。原本，曹爽兄弟手中握有皇帝，完全可以学曹操挟天子自重，前往其他地区号召勤王，讨伐司马懿。遗憾的是，长期养尊处优造就了曹氏兄弟优柔寡断、懦弱无能的特点。曹爽最终交出了大将军印绶，返回洛阳，遭到软禁。正月初十，司马懿以谋反罪将曹爽兄弟及其亲信下狱，最终诛杀。

政变次月，曹芳任命司马懿为丞相，并给予司马懿奏事不名的待遇。高平陵政变是曹魏政治的分水岭，之前曹魏政权掌握在曹魏皇室手中，之后司马家族开始了谋权篡位的进程。

三 / 曹髦的儿戏政变

　　三国时期，曹魏王朝的基础最好、起点最高。曹魏占据的是当时中国的人口、经济发达地区，虽经战乱后满目疮痍，但曹魏前期与民生息，北方生气缓慢恢复。

　　魏文帝曹丕时期是曹魏政治平稳发展的时期。曹丕本人文采出众，落笔成章，执行了一些利国利民政策。他刚继承曹操爵位时，便下令："关卡渡口是用来通商旅的，池塘林苑是用来抵御灾荒的。在这些地方设立禁令，课以重税，不符合便民的原则。要解除池苑的禁令，减轻关卡渡口的税率，全部恢复为什一（十分之一）税率。"针对汉末皇权衰微导致政权颠覆的教训，曹丕特别警惕防范宗室、后宫专权。曹丕制定了羁縻藩镇的严密制度，还严厉限制太监、嫔妃和外戚干政擅权。曹魏的防范制度很成功，整个王朝都没有出现宗室或后宫专权的情况。曹丕为人轻浮，做了些轻浮躁动的事情，好声色享受，但尚能自抑，没有带来太坏的结果。

　　曹丕死后，魏明帝曹叡即位。曹叡脾气禀性与曹丕相近，是相当不错的守成之主。朝廷断大狱，曹叡经常亲临旁听。曹叡在对蜀汉作战中委政于司马懿，时刻关注，并多有杰作。诸葛亮第一次出祁山的时候，有人以为蜀军缺乏辎重，粮草必然接济不上，蜀汉必然不击自破，朝廷不需要犒劳军队。还有人想收割上邽一带的生麦，以免被诸葛亮收割了。曹叡都不听从，前后多次派兵增加司马懿的军力，又派人保护上邽一带的生麦。司马懿后来与诸葛亮在上邽周边相持，最后还是仰仗那些小麦作为军粮。可见曹叡在军事筹划方面还是非常有眼光的。诸葛亮最后一次驻屯渭南与司马懿相持，司马懿以持久战取得了最后的胜利，诸葛亮死在军中。

　　但是曹叡滥用民力，大兴土木，追求享受。他在洛阳大修宫殿，建造了昭阳、太极等巍峨壮观的宫室。太极殿高十多丈，上面又建造了翔凤殿。曹叡还在芳林园中造陂池，楫棹越歌，又在后宫建立八坊，在其中储备美女才人，品秩待遇和百官一样。曹叡挑选知书识字的女子担任女性尚书，处理朝廷的奏折。后宫美女歌伎，多达数千人。曹叡就在这个安乐乡中游戏饮宴，让博士官马均制作司南车，制造水转百戏供后宫娱乐。马均可算是魏晋时期科技发明第一人，复制了已经失传的指南车，还制作了翻车，解决了从低处向高处送水的问题，大大便利了农耕灌溉。

  曹叡无嗣，收养了来历不明的曹芳做儿子，并由他继位。曹叡临终遗命司马懿为太尉，与宗室大臣曹爽共同辅政。曹芳时期最重要的变故，就是"高平陵之变"。晋朝建立后，这场事变被描述为曹爽等人趁曹芳生病，开始出现不臣之心，密谋推翻曹氏政权，危及社稷，并将篡位计划提上了议事日程。司马懿为了拯救国家和曹氏家族，发动政变，诛杀了曹爽及其亲信家族。事变后，司马懿独掌朝政。曹芳封他为丞相，将他的封地增加到十二个县，邑两万户，并且授予他奏事不名的特权。该年十二月，朝廷给司马懿加九锡之礼，授予他朝会不拜的特权。司马懿觉得时机尚不成熟，坚持推让了九锡。

  司马家真正露出篡位谋天下的野心是在废黜曹芳事件上。司马懿病死后，长子司马师继续掌权。司马师比父亲要外露凶狠，一心要建立司马王朝。司马家族的专权和司马师对曹芳的紧逼，不仅使曹芳极为不满，也遭到了部分大臣的反抗。中书令李丰与皇后的父亲、光禄大夫张缉等图谋以太常夏侯玄为大将军，替代司马师，再逐步清除司马家族的势力。但他们没有躲开司马师的耳目，结果事情败露，凡是牵涉其中的人都被诛杀。在清理了朝臣后，司马师正式逼皇帝废黜了皇后张氏。

  曹芳的不满是可以想见的。他将自己的这种不满流露了出来，结果遭受了更大的打击。半年后，司马师决定检验自身的力量，要废黜曹芳，另立新帝。他逼皇太后下令："曹芳不忠不孝，日益悖逆，已经失去了做天子的资格，不能再做皇帝了。现在朝廷要告于宗庙，曹芳重新归藩为齐王，以避皇位。"司马师拿着皇太后令，召集公卿大臣会议，然后派人收去曹芳的玺绶，通知曹芳以齐王身份归藩，又派使节告祀宗庙，通知曹家列祖列宗有关废立的事情。当天，时年二十三岁的曹芳迁居西宫。

  《魏略》记载司马师操作废黜曹芳的时候，派遣郭芝入宫禀告皇太后。当时曹芳正在皇太后身边。郭芝对曹芳说："大将军要废黜陛下，立彭城王曹据为新皇帝。"事已至此，曹芳默默地离开，皇太后很不高兴。郭芝说："太后有子不能教，现在大将军决心已定,同时率兵在宫门之外,以防不备。太后现在应当顺应大将军的意思,没有其他可以说的了!"太后对郭芝的逼宫非常恼火,说:"我要见大将军,我还有话说。"郭芝坚决地说:"为什么要见呢?太后只需要速速取来玺绶就可以了。"太后没有办法,只好交出玺绶。不久,废帝曹芳来向太后辞行。曹芳涕泪俱下,悲伤地离开了皇宫。群臣只有几十个人流泪相送,其中就包括悲不自胜的司马孚。司马孚是司马懿的弟弟。

曹芳走了不久,司马师又派人来。太后说:"彭城王曹据,是明皇帝之弟,我的小叔子。现在立他为皇帝,我的地位怎么处理?这么做,难道是想让明皇帝绝嗣吗?高贵乡公曹髦乃文皇帝长孙,明皇帝之侄。按礼,小宗继承大宗,立高贵乡公为帝更合适。"司马师于是重新召集群臣商议,最后大家决定改立曹髦。

司马师废曹芳的盛大演习获得了巨大的成功,也暴露了司马家族的篡逆之心。忠于曹魏王朝的力量发动了多次反对司马懿父子的反叛。先是都督扬州诸军事王凌发动反对司马懿的叛乱,兵败自杀身亡。接着镇东将军毌丘俭、扬州刺史文钦再次起兵,连接东吴反叛。司马师正病重,忍痛亲征,斩杀毌丘俭,传首洛阳,文钦逃奔东吴。继任的扬州主将诸葛诞几年后又起兵反司马家族,杀扬州刺史乐綝,再次占据淮南一带进行反叛。继承兄位的司马昭亲征,攻陷寿春城,斩杀诸葛诞。但司马家族通过三次扬州战役,血洗反对派,止住了内争。曹魏的内乱起得急,也消得快,并没有对司马家族造成沉重打击。

新皇帝曹髦登基时才十四岁。虽然年少,但是由于过早目睹了家庭变故、宫廷斗争和皇室日衰的政治现实,他显露出了与年龄极不符合的成熟和世故。正史艳称他"才慧夙成""有大成之量"。曹髦风尘仆仆地赶到洛阳时,群臣迎拜于西掖门南。曹髦在门口下轿,要向各位官员回拜还礼。礼宾官员阻拦说:"礼,君不拜臣。"曹髦回答说:"我并未登基,现在也是人臣。"最后,曹髦在城门口向群臣恭敬还礼。进城来到皇宫,止车门前,曹髦又下轿步行。礼宾官员又说:"天子有资格车驾入宫。"他又说:"我受皇太后征召而来,还不知所为何事。"曹髦步行到太极东堂,拜见太后。曹髦谨慎得体、大方稳重的言行赢得了朝野的称赞,史称"百僚陪位者欣欣焉"。

为了收复已经涣散的人心,革清政治,曹髦在即位初就派遣侍中持节分巡四方,观察风俗,慰劳百姓,纠察失职官员。他以身作则,一改祖父辈大兴土木、奢侈享乐的风气,"减乘舆服御、后宫用度,及罢尚方御府百工技巧靡丽无益之物"。曹髦多次下诏哀悼军队伤亡的将士,安抚那些饱经战火创伤的地方。但是他能做的也仅仅是这些象征性的举措而已,司马昭牢固掌握着朝廷实权,曹髦还是逃脱不了金丝笼中鹦鹉的命运。

理想抱负和现实政治的巨大差异,让血气方刚的曹髦愤怒难平。他"见威权日去,不胜其忿",决定出宫亲手杀掉权臣司马昭。甘露五年(260年)五月,曹髦告别太后,率领宫中宿卫、官僮数百人,敲起战鼓,出宫讨伐司马昭。预闻此事的侍中王沈、散骑常侍王业两人见此,决定去向司马昭告密。他俩招呼尚书王经一起去:"事已至此,我等不能自取灭族之祸,应该前往司马公府自首,以免一死。王尚书同去否?"王经回答说:"主忧臣辱,主辱臣死。你们俩去吧,我不去了。"王沈、王业见劝不动王经,快步出宫,抄小路报告司马昭去了。

曹髦率领着数百名童仆,鼓噪出宫。他身披新甲,坐在车驾之上,手持宝剑,大呼杀贼,激励士气。在皇宫南阙下,得到消息的司马昭党羽已经在中护军贾充的率领下,集合军队,列阵迎战了。贾充见到宫中缓缓出来一支不伦不类的军队,嗤之以鼻。他主动反击,带兵自外而入,扑向曹髦军队。曹髦的军队见状,就溃散后退了。

曹髦急了,高喊:"我是天子,谁敢拦我!"他挥舞着宝剑,左右乱砍。司马一边的将士见小皇帝赤膊上阵,不知所措,只能躲避,不敢进逼。宫中士兵和仆人见状,又聚集起来,向宫外继续前进。司马家一边的军队慌乱躲避,形势开始不利于司马昭了。在司马一边的太子舍人成济跑过去问贾充:"事情紧急了!中护军,怎么办?"贾充恶狠狠地说:"皮之不存,毛将焉附。司马家如果失败了,我们这些人还会有好下场吗?还不出击!"他对周围的士兵高喊:"司马家养你们这些人,就是用在今天的。今日之事,没有什么可以迟疑的!"成济略一思考,说:"没错!"接着他挺起铁戈,向曹髦刺杀过去。

曹髦毫无防守之力,被成济的长矛从胸中刺进去,于背部出来,血溅宫墙,当即身亡。这位被称为"才同陈思,武类太祖"的皇帝以这种罕见、高贵而又屈辱的方式结束了年仅二十岁的生命。

司马昭听到消息后大惊失色,跑到宫中对着曹髦的尸体放声大哭了一场,然后下令召集贵族百官,商量对策。大部分贵族百官都应召来到皇宫,像什么事情都没有发生一样,对皇帝的"驾崩"悲痛欲绝。小部分贵族官员没有来到,其中就包括大世族出身的陈泰。司马昭极需要所有世族的支持。他一而再再而三地派人去召陈泰入宫，理由是皇帝突然驾崩，需要会集大臣商议，双方都知道真正的原因是什么。陈泰最终还是去了皇宫，司马昭紧张地握住他的手，问道："天下将怎么看我？"陈泰冷静地回答说："斩贾充，才能稍微平息天下人的议论。"

司马昭问陈泰："杀其他人，行吗？"

陈泰坚决说道："但见其上，不见其下。"皇帝的死事关重大，只能杀官居高位的人，不能找一两个喽啰顶罪。

司马昭抛开陈泰，高声宣布："成济弑君，罪大恶极，应诛灭九族！"

成济当时正站在司马昭一旁，可能还在想着自己会接受什么样的奖赏，万万没想到等来的会是这个结果。他当即急了，大声嚷起来："成济只是奉命行事而已，罪不在我！"

司马昭不等成济说出更难听的话来，立即示意将他拖出去。兵士拥上来，堵住成济的嘴，架了出去。成济全家因刺穿曹髦的那一矛当即被族诛了。司马昭又以为臣不忠、祸乱朝政的名义将没有向自己报信的王经族诛。接着，司马派势力迅速地筹办起皇帝的丧事来。

司马昭以杀戮来掩盖弑君的真相，反而给人掩耳盗铃、自欺欺人的感觉。曹髦死亡的真相一直就不是什么秘密。司马昭的叔父司马孚当时就反对侄子的处理方法。曹髦遇害初期，百官因为司马昭的态度不明，没人敢奔赴现场悼念皇帝。司马孚却第一时间赶到现场，抚着小皇帝的尸体大哭，边哭边说："杀陛下者，臣之罪。"

司马孚与其他随大溜地参加丧礼的人不同，他上奏要求追究杀君主谋之人。司马昭不理会自己的叔叔。当时太后和司马昭商量，以平民之礼埋葬曹髦。司马孚坚决反对，拉着一批大臣上表要求以王礼安葬曹髦。最后太傅司马孚、大将军司马昭领衔，众大臣将此事定性为曹髦的道德缺陷，是咎由自取，因此朝廷将他废黜，以平民之礼安葬，但"太后仁慈过隆，臣等心有不忍，特加恩以王礼安葬高贵乡公"。

几天后，高贵乡公曹髦在洛阳西北三十里的瀍涧之滨安葬。没有贵族和大臣送行，没有旗帜礼乐，整个行列只有几乘破败的车辆。有许多百姓围观，指指点点。有人说："这就是前几天被杀掉的天子。"说完，有人掩面而泣。

四 / 三家归晋

曹髦的死，是突发事件，不在司马昭的计划之内。司马昭尚未准备好走到前台，所以决定迎立常道乡公曹奂为新皇帝。曹奂的辈分很高，是曹操的孙子，与曹叡是同辈，是曹芳和曹髦的叔叔。司马昭派去迎接曹奂的使节是自己的儿子司马炎。司马炎因迎立之功升任中抚军，晋封新昌乡侯。

景元四年（263年）夏四月，肃慎向曹魏贡献楛矢、石砮、弓甲、貂皮等物品。天子让人把这些都送到大将军府去。按礼，周边国家和民族朝贡的贡品，只有天子才有资格接受。司马家族接受贡品之举，将替代之心明示天下了。

肃慎朝贡的小事被当年发生的大决策给掩盖了。当年司马昭派钟会、邓艾、诸葛绪率大军分三路攻蜀。姜维当时正避祸陇上沓中，率军退回剑阁抵抗钟会军。在东部两路没有进展的情况下，西路的邓艾从陇上轻装出阴平道，冒险越过七百里无人之地，突发奇兵攻下江油、涪城、绵竹等城池，进逼成都。蜀汉后主刘禅派诸葛亮之子诸葛瞻率军阻拦，诸葛瞻兵败身亡。刘禅闻讯出降，蜀亡。

最初钟会出伐蜀汉的时候，西曹属邵悌对司马昭说："钟会这个人不可信任，不能让他出征。"司马昭笑着说："取蜀易如反掌。但是讨论的时候众人都反对讨伐，只有钟会与我的意思相同。灭蜀之后，北方的将士人心思归，蜀汉的遗民心怀震恐，即使钟会有异志，也无能为力了。"事态的发展完全在司马昭的预料之内。

景元五年（264年）三月，司马昭因为灭蜀大功被封为晋王。两个月后，曹奂追加司马懿为晋宣王，司马师为晋景王。司马昭本来想死后将权力传回哥哥司马师一系去，经过亲信劝谏后，他犹豫再三，最终立司马炎为晋王世子。遗憾的是，司马昭的生命也开始走向末路。第二年八月，相国、晋王司马昭去世。司马昭生前，曾经有人劝说他称帝。司马昭指指司马炎，然后对劝说他的人说："魏武帝曹操也没有称帝。"他的人生定位就是做幕后英雄，也的确给儿子司马炎留下了扎实的政治基础。

司马炎继承父亲爵位，总摄朝政。形势已经很明朗了，最后的受禅只是时间问题。曹奂不是傻子，眼看司马家族日益飞扬跋扈，心惊胆战地等待着最后审判的来临。一天，司马炎率领何曾、贾充等人，没有得到召见便进宫来。曹奂慌忙起身迎接。司马炎问他："魏国的天下是谁在出力维持？"曹奂回答说："皆赖晋王父祖三代之力。"司马炎点点头。贾充冷冷地说："陛下文不能论道，武不能经邦。天下深知魏室已经失职很久了，而归心于晋王一家。陛下何不禅位于才德出众的司马家族？"曹奂一下子蒙在那儿，不能言语，许久才点头默认。贾充等人立即修筑受禅台。十二月甲子，文武大臣和藩属使节云集受禅台周围。曹奂孤孤单单地捧着传国玉玺，站在台上，默然地看着周边的一切。司马炎在众人的注目中缓缓地登上台来。曹奂将玉玺传给他，走下台去，穿上官服站在群臣的列首。司马炎则端坐台上。曹奂带头跪拜司马炎，行君臣大礼。群臣在他行礼后，山呼万岁，也行起君臣大礼。

时任魏国太傅的司马懿弟弟、司马炎叔祖父司马孚见到此情此景，在曹奂身前跪倒哭泣说："臣司马孚，生为魏臣，终身不背魏。"司马炎的亲信慌忙将他拉开。司马孚是司马懿亲弟弟，司马师、司马昭都对这个叔叔很头疼，司马炎更是不敢进逼。司马孚虽然在新的王朝里备受尊崇，但不以为荣，常常面带忧虑神色。皇帝司马炎向他行家庭拜礼的时候，司马孚都要跪地阻止。临终，司马孚交代的遗令几乎就是自述墓志铭："有魏贞士河内温县司马孚，字叔达，不伊不周，不夷不惠，立身行道，终始若一，当以素棺单椁，敛以时服。"司马孚死于泰始八年（272年），享年九十三岁。

司马炎建立了西晋王朝，他就是晋武帝。曹奂禅位后，降封为陈留王，位在三公上。曹奂上奏可以不称臣，接受诏书可以不拜，依然保持天子车服和饮食，郊祀天地的时候继续使用魏国正朔。曹奂逊位时才二十岁，被安顿在金墉城（今洛阳市内）居住。不久，司马炎又命曹奂迁居邺城。曹奂在邺城又生活了三十六年，于302年病死。曹奂死后谥号为元帝。史家还习惯称他为常道乡公。陈留国在曹奂死后依然保存。后来中原陷入异族之手，曹奂的后代跟随西晋王朝南迁，继续做东晋的臣子，传国至南齐。

话说，西晋建立后的前十五年，都没有统一天下，而是和江南的东吴隔江对峙。

孙权晚年，东吴赋役苛重，吴国社会矛盾加剧。而孙权暮年"性多嫌忌，果于杀戮"，搞得朝臣人人自危。孙权死后，统治阶层争夺权力，爆发了一连串的宫廷内争和帝位更迭，国家开始陷入混乱。孙权之后是孙亮，孙亮之后是孙休。孙休临死时，指定丞相濮阳兴、左将军张布为顾命大臣，辅助太子继位。当时蜀汉初亡，东吴南部交阯叛乱，国内震惧，需要年纪大一些的君主。濮阳兴、张布看到太子年幼，竟然违抗孙休遗诏，迎立孙权之孙乌程侯孙皓为皇帝。264年，孙皓称帝。他虽然是成年人，但胡作非为，丝毫没有扭转内忧外患的局面，反而进一步加剧混乱。

孙皓是出了名的暴君，动不动就敲碎大臣脑袋，杀人如麻。濮阳兴、张布很快就后悔了，可惜还没找到后悔药就被孙皓砍了脑袋。孙皓还豪奢铺张，尽情享乐，好酒色、兴土木，搞得吴国"国无一年之储，家无经月之畜"，人民揭竿而起，朝臣离心离德。孙皓对西晋的威胁毫无戒心，还好大喜功，主动派兵攻晋，但多因草率而无功。大将陆抗认为晋强吴弱，不止一次上书反对主动攻晋，要求加强备战，他还预见到晋兵会从长江上游顺流而下，特别要求加强建平（今湖北秭归）、西陵（今湖北宜昌东南、西陵峡口）的兵力。可孙皓迷信长江天险可保平安，从未认真在战备上下功夫。

269年，西晋派大将羊祜坐守军事重镇荆州，主持对吴作战。羊祜在荆州减轻赋税，安定民心，采取了"以善取胜"的策略。羊祜每次交战都告知东吴时间，从不发动突然袭击。西晋部队越境抢粮作为军粮，但每次都留下相同价值的绢作为交换。羊祜游猎的范围也局限于西晋境内。同时，羊祜向吴军大施恩惠。由于孙皓挥霍无度，吴军官兵常常领不到军饷，连饭也吃不饱。羊祜命人向吴军送酒送肉。因此，不时有吴军前来投降，羊祜下令说：吴军来要欢迎，走要欢送。有一次，吴将邓香被晋军抓到夏口，羊祜部下坚持要杀掉，羊祜不但不杀邓香，还亲自松绑送回。有时，吴军狩猎打伤的野兽逃到了晋军领地，晋军也把这些野兽送到吴军帐内。东吴和西晋两军不像敌人，倒像是友军，和睦共处。东吴官兵大多对晋军抱有好感。

羊祜的对手是镇守江陵的东吴大将陆抗。陆抗到任后，积极采取守势，巩固长江防线。陆抗和羊祜两人交手，多数是在打"心理战"，留下了许多惺惺相惜的佳话。有一次陆抗生病，竟然向羊祜求药，羊祜马上派人送药过来，并说明这是自己新配制的药，还未服，先送给陆大将军吃。部将担心其中有诈，劝陆抗勿服，陆抗认为"羊祜岂鸩人者"，放心服下。同样，陆抗送给羊祜的酒，羊祜也饮之不疑。这看似奇怪，实际上却是两军在打道德战、士气战，比的是心理素质。陆抗就告诫将士："彼专为德，我专为暴，是不战而自服也。各保分界而已，无求细利。"陆抗掌军时，东吴并未在心理战上分毫输给西晋。

陆抗在前线勉力维持，孙皓却在后方捣乱。贪小便宜的孙皓多次派军入侵晋国边界，取得一些小成绩，便沾沾自喜，大吹大擂。陆抗认为此举惊扰边界百姓，有弊无利，上书劝谏说："宜暂息进取小规，以畜士民之力，观衅伺隙，庶无悔吝。"孙皓还是不采纳，相反派人责问。陆抗回答："一邑一乡，不可以无信义，况大国乎！臣如果不这么做，正是彰显羊祜之德，灭了我方威风。"

凤凰元年（272年）夏天，暴戾无道的孙皓逼反了陆抗的部下——镇守西陵的将军步阐。步阐以本部兵马和西陵城向西晋投降，并送侄子为人质求援。司马炎任命步阐为卫将军，兵分三路予以支援：命荆州刺史杨肇进入西陵协防步阐，命车骑将军羊祜率五万军队进攻江陵，命巴东监军徐胤率水军进攻建平。西陵是四川出三峡的第一站，也是东吴长江防线的最西站。它的沦陷，将动摇整个长江防线。陆抗抽调西线各处兵马，日夜兼程进围西陵。

到了西陵，陆抗不急着攻城，而是命令各军在西陵外围构筑高墙，割断步阐和西晋援军的联系。筑墙的工程量巨大，时间又紧，东吴官兵昼夜筑围，非常辛苦。诸将多有怨言，纷纷劝陆抗说："现在三军锐气正盛，可以速攻步阐，不等西晋救兵来，西陵城就能攻下。何必大造围墙，浪费劳力和物资呢？"陆抗说，西陵城地处险要，之前又把城墙修得牢固无比，还储存了大量粮草和守城器械，现在如果一味猛攻，不仅城池攻不下来，等西晋援军来了就要内外受敌，没法抵御了。宜都太守雷谭不听，陆抗为了让大家了解实情，同意雷谭带部分军队攻城，结果大败而归。众将这才相信西陵是块硬骨头，抓紧修筑围墙，在西晋援军到来前将西陵团团围住。

西陵战斗还处于胶着状态，羊祜的五万大军到达江陵了。众将请求陆抗去江陵督战。陆抗再次力排众议，认为江陵的情况和西陵类似，城墙坚固，兵精粮足，西晋短时间内攻不下来。即使敌人占领了江陵，孤城也守不住，损失不大；如果西陵落到西晋手里，整个长江防线就破了。所以，陆抗在西陵坚持督战。当年年底，西晋杨肇部终于抵达西陵，徐胤的水军也进抵建平。陆抗分兵防守这两支敌军，还派人防备羊祜南渡，拦截徐胤水军顺流东下，亲自率大军依靠抢险修好的围墙与杨肇对峙，以待战机。

吴将朱乔、都督俞赞失去信心，叛逃晋军。陆抗说："俞赞军中多旧吏，知道我军的虚实，我常担心某地防守有漏洞，敌人知道后肯定会先攻此处。"陆抗连夜撤换那处地方的军队，替换上精兵强将。第二日，杨肇集中兵力进攻那个防区弱处。陆抗指挥反击，打败晋军。僵持到年关将近，杨肇计穷，在夜幕掩护下逃走。陆抗怕追击后围城力量空虚，被步阐出城袭击，所以只擂鼓佯作追击。杨肇被吓破了胆子，丢弃铠甲狂逃。陆抗只派出一队轻兵追击，竟然将晋军逼回四川。羊祜所部本是掩护军队，得知主力失败后主动撤兵。西陵被西晋各军抛弃后，陆抗督率军队猛攻，很快攻克了城池，俘杀步阐及其部属数十人，全都诛灭三族。城内数以万计的胁从者被赦免。陆抗重新修治了西陵城，陈军东还。

凤凰三年（274年），西晋益州刺史王濬在巴蜀大造战船，部分造船材料和木屑顺流而下，被东吴守军获得。吴建平太守吾彦取之以呈孙皓说："晋必有攻吴之计，宜增建平兵。建平不下，终不敢渡。"当时陆抗已经病重，仍坚持上书说："西陵和建平两城是国家的屏障。如果敌人泛舟顺流而下，瞬间抵达，我军根本来不及救援。如果西陵有事，我们当倾全国之力争之。臣所统地区方圆千里，四处受敌，外御强敌，内怀百蛮，已经弊端重重，羸弱不堪，难以待变。乞求朝廷加以充实，补足疆场受敌的损失，让臣所部兵马满员八万，省息众务，信其赏罚。如果军队不增，制度不改，而欲克谐大事，此臣之所深戚也。臣死之后，乞以西方为属。"可悲的是，孙皓对陆抗、吾彦的建议和警告，一概置之不理。陆抗在当年死去，从此东吴再无良将。

羊祜苦心经营荆州，志在灭吴。陆抗在世时，他知道不容易成功，就没有发起进攻。陆抗一去世，羊祜便上疏请命伐吴。贾充、荀勖等人竭力反对伐吴。司马炎将伐吴之议搁置。羊祜闻讯感叹："天下不如意事十常七八，天与不取，岂不令人抱憾！"咸宁四年（278年），羊祜抱恨去世，临终举荐杜预继任。

张华、杜预、王濬等伐吴派，一再上疏求战。咸宁五年（279年），益州刺史王濬上奏："臣作船七年，日有朽败；臣年七十，死亡无日。"杜预也从襄阳七次上疏，尖锐地指出因为一些大臣反对用兵就耽误天下统一大业，实在不应该。杜预的奏折递到之时，司马炎正在和张华下棋。张华见了，推开棋盘说："陛下圣武，国富兵强，吴主淫虐，诛杀贤能，当今讨之，可不劳而定，愿勿以为疑！"

没有不想一统天下的皇帝，司马炎被伐吴派一激，终于下定了伐吴决心。

当年，备战多年的晋军大规模伐吴。二十万晋军水陆并举，杜预率荆州之兵在湖北渡江，司马伷、王浑等率军东出江淮，王濬率益州水军出三峡顺江而下。司马炎任命贾充为大都督，统率伐吴各军。

东吴在巫峡钉下了无数个锋利无比、长十余丈的铁锥，中间用粗大的铁链相连，封锁了江面。王濬的水军先用大竹排放入长江，在船上载了无数根长数丈、麻油浇灌的火炬，点燃火炬后引燃竹排，用熊熊烈火烧断铁链。吴军斗志瓦解，在晋军水陆夹攻下望风而逃。杜预率军攻克江陵后，荆州郡县大多投降，杜预率军南下，王濬则挥军东进。在东边，太康元年（280年）正月，长江北岸已经能看到王浑所部晋军。孙皓这才慌张起来，急令丞相张悌等率兵三万渡江迎击。结果晋军大胜，张悌等人战死。吴国上下慌作一团。三月，王濬的水军逼近建业（今江苏南京），孙皓遣游击将军张象率水军万人抵抗，无奈吴军斗志全无，望旗而降。张象败后，孙皓还拼凑了两万人的部队，这支部队竟然在作战的前夜全部逃亡了。至此，吴国无兵可战，首都建业被各路晋军团团围住。

东吴只剩下投降一条路了。投降的时候，孙皓要了个小伎俩，分别遣使奉书于王濬、司马伷、王浑三处求降，企图挑拨离间，从中渔利。离建业最近的是王濬、王浑两军。出兵前，司马炎规定王濬的水军在荆州受杜预的节制，到扬州后受王浑的节制。收到降书后，王浑以议事的名义要王濬停止进军。王濬不顾王浑的节制，在三月十五日率部鼓噪进入建业，抢占了头功。孙皓面缚出降，东吴灭亡。西晋统一了全国。

孙皓投降后，司马炎封他为归命侯。见面时，司马炎对他说："朕设此座待卿已久。"孙皓回答："臣在南方也设有等候陛下的座位。"一旁的贾充想献媚，故意揭孙皓的短，想让他难堪："听说您在南方凿百姓双眼，剥百姓头皮，这算是什么刑罚？"不料孙皓冷言相向："我这是用来惩罚那些弑君的叛逆者的。"这句话反倒戳到了贾充的痛处，贾充顿时满面羞惭，无言以对。司马炎一笑了之。

司马炎虽然是西晋开国皇帝，统一了分裂近九十年（194—280年）的中国，但靠的是祖父和父辈奠定的政治基础，靠的是北方强大的经济基础。他本人资质平常，和寻常人无异。重臣何曾对家人评价司马炎："吾每宴见，未尝闻经国远图，唯说平生常事。"

国家经历漫长分裂后重新统一，恰恰需要一个安邦治国的守成之君。司马炎个性宽松，无为而治，适应了现实的要求。南北统一和若干经济恢复措施，使西晋初期的社会经济逐年增长，国家赋税收入逐渐充裕，人口逐年增加。从西晋灭吴的太康元年（280年）到司马炎临死前一年的太康十年（289年）这十年，也被艳称为"太康繁荣"。

五 / 白痴太子司马衷

晋武帝司马炎的太子司马衷是个白痴。他从小就不会正常走路，快十岁了还口齿不清，分不清楚大豆和大米，更谈不上读书写字了。

司马衷是司马炎和杨皇后嫡生的次子。长子早夭，司马衷很自然地成为皇位的第一继承人。他被立为太子时，只有九岁。也许对于一个九岁的孩子来说，年纪小，还没有接触朝廷大臣，反应迟钝一点儿并不被视为大事，所以群臣没有就司马衷被立为太子一事提出疑问。随着司马衷长大，他的智力缺陷就暴露了出来。人们不禁在心中发问：太子将来能否胜任天子宝座？是不是应该及时更换太子？

最先对司马衷的能力提出怀疑的是司马炎。司马炎悄悄地向皇后透露了想更换太子的意思。但杨皇后非常袒护司马衷，劝丈夫说："自古以来都是立嫡长子，老规矩怎么能更改呢？"晋武帝的另一个宠妃赵氏得到了杨皇后的好处，也为司马衷说好话："太子司马衷只不过是幼时贪玩，不长进，必定大器晚成，继承大统。"耳根子软的司马炎被枕边风一吹，也就打消了更换太子的念头。

咸宁元年（275年），司马衷到了出居东宫的年纪，开始接触外廷大臣。随着太子独立建立东宫，朝野对他能否治理国家的怀疑越来越重。咸宁二年（276年），晋武帝患病，病情还挺严重。朝野一度开始考虑最高权力转移的问题。多数人属意司马炎的弟弟齐王司马攸，希望以司马攸来取代弱智的司马衷。齐王妃是贾充的长女，河南尹夏侯和就对贾充说："你的两个女婿（司马衷也是贾充的女婿），亲疏相等。但是'立人当立德'，希望你能够参与更立太子的行动。"贾充默默不答。后来晋武帝病愈了，听说了这件事，将夏侯和调任为有名无实的光禄勋，并夺去了贾充的兵权，公开表示对太子司马衷的支持。一时间，朝野上下不敢再提太子能力的问题。

大多数朝臣明哲保身，少数几位重臣以自己的方式进行了劝谏。有着灭蜀大功的卫瓘就是其中之一。有一次君臣宴会，卫瓘装着大醉的样子，就势跪在晋武帝的榻前说："臣有些话想启奏皇上。"晋武帝就说："你想说什么呢？"卫瓘三次欲言又止，最后只是用手抚着晋武帝的座位说："此座可惜了呀！"司马炎一下子就明白了。他将错就错地说："你真的是喝得大醉了。"卫瓘从此闭嘴，不再就太子废立一事说话。侍中和峤采取的方式就非常直接。和峤经常陪侍皇帝左右，说："皇太子有淳古之风，这是好事；但现实是非常复杂的，恐怕将来就不仅是陛下的家事。"司马炎闻言，默然不答。

大臣的劝谏多少还是对司马炎产生了影响。他决定测试一下已经长大的太子的实际能力，选中朝臣和峤、荀勖等近臣，对他们说："你们可以一起去拜访太子，谈论世事，看看太子的反应。"回来后，荀勖等人都称太子明识弘雅，诚如明诏，没有问题。和峤则说："圣质如初耳！"（还是和以前一样白痴）司马炎很不高兴，决定亲自试探一下太子处理政务的能力。一次，司马炎将东宫大小属官都召到身边来，为他们举办宴会。暗地里，司马炎密封了几件疑难的政务，让人送去给太子处理。

司马衷连五谷都分不清楚，哪能处理疑难政务，只能呆呆地看着父亲送来的文件。太子妃贾南风非常害怕，忙找了外人来做"枪手"。她请来的是迂腐的学者，在回答的时候旁征博引，义正词严，慷慨激昂。贾南风阅后非常满意。宫中侍从张泓在旁边看后，提醒说："太子不学无术，皇上非常清楚。现在的答诏引经据典，文采飞扬，皇上肯定怀疑不是太子亲自写的，并且追究作弊的人。还不如直接用大白话把问题给说清楚。"贾南风大喜，忙让张泓代答。张泓平素有些小才，先用大白话把所有疑难都说清楚了，再让太子抄写一份。

司马炎看了太子抄的答案，觉得虽然用语简陋粗浅，但所有问题都谈清楚了，很高兴。他先将太子"处理"的政务交给太子少傅卫瓘看。卫瓘先是非常吃惊，进而异常惶恐，忙称万岁。从此，司马炎对司马衷基本感到满意。废立太子的风潮再也没有出现过。

难道司马家族就没有其他智商正常、能力出众的政治继承人了吗？

有。那就是司马炎的胞弟，齐王司马攸。司马攸为人"清和平允，亲贤好施，爱经籍，能属文，善尺牍"，声名良好，"才望出武帝（司马炎）之右"。司马炎为什么不传位给亲弟弟呢？

当年，司马炎的父亲司马昭见哥哥司马师没有儿子，就把自己的二儿子司马攸过继给了哥哥做儿子。后来，司马师逝世了，司马昭掌权成为晋王，其间多次想把二儿子司马攸立为世子。当时司马昭每次见到司马攸，都拍着自己的座位，亲昵地用小名招呼二儿子说："桃符，这是你的座位呀。"史载司马攸"几为太子者数矣"。

司马昭老的时候，一度想把权力重新转移给哥哥司马师一系，也就是传给司马攸。传给司马攸也就是传位给自己的亲生儿子。但是左右亲信何曾、贾充等人死死劝谏司马昭说："中抚军（司马炎）聪明神武，有超世之才。他发委地，手过膝，此非人臣之相也。"司马昭见亲信反对，加上司马炎毕竟是嫡长子，最终打消了以司马攸为继承人的念头。但是在临死的时候，司马昭还挣扎着劝诫司马炎、司马攸兄弟二人友爱相扶，让司马炎好好对待弟弟。司马炎的母亲王太后临死的时候，也流泪对司马炎说："桃符性急，而你又不慈爱。我死后，恐怕你们兄弟不能相容。希望你能够友爱自己的弟弟，勿忘我言。"

司马炎成为晋武帝后，封齐王司马攸"总统军事，抚宁内外"。司马攸威望越来越高。他做人"降身虚己，待物以信"，并不时劝谏晋武帝务农重本，去奢即俭。到了司马炎的晚年，各位皇子年弱无力，而太子司马衷又是弱智，朝臣大多属意由齐王司马攸继位。

司马炎的确像父母担心的那样，对人不够宽容。他并不希望将皇位传给弟弟。一些反司马攸的大臣就抓住皇帝的心思，迫害司马攸。中书监荀勖等人在司马炎耳边说司马攸的坏话。他们说："陛下万岁之后，太子不得立也。"晋武帝大惊，问："为什么？"荀勖就乘机说："朝内朝外官员都归心于齐王，太子又怎么能得立呢？陛下如果不信，可以假装下诏书让齐王回到封地去，肯定会出现举朝以为不可的局面。"晋武帝对弟弟的猜忌被挑了起来，于是下令，先是把济南郡划入齐国，增加弟弟的封地，再是封侄子、司马攸的儿子司马蹇为北海王，最后命齐王司马攸回封地就藩。

诏书下达后，朝中王浑、王骏、羊琇、王济等大臣纷纷切谏。大家认为齐王是皇上至亲，应该留京辅政。一些大臣还抬出司马昭、皇太后的遗命，引经据典，劝晋武帝收回成命。司马炎不听，认为"兄弟至亲，今出齐王，是朕家事"。

齐王司马攸当时正在生病。他知道哥哥猜忌自己，也知道荀勖等人于自己不利，就上书乞求去为死去的生母王太后守陵。司马炎不允许，还连下诏书催促。眼见催促就藩的诏书一道比一道急，司马攸急火攻心，病势加剧了。司马炎更加怀疑弟弟是在装病。为了查明弟弟是否真的生病了，他不停地派宫中御医到齐王府诊视。御医久在皇帝身边，善于察言观色，回宫后都禀告说齐王身体安康，并没有生病。司马炎自然是相信弟弟在装病，催促上路的诏书一天比一天多，一道比一道严厉，没有丝毫回旋的余地。

司马攸性情刚烈，挣扎着换上一身新朝服，梳洗穿戴停当，入宫面辞晋武帝。他虽然病得连路都走不稳了，精神疲弱到极点，还强装仪表，举止如常。晋武帝见了，更加认定弟弟在装病。司马攸辞行回封地，途中吐血身亡，年仅三十六岁。

司马炎接知齐王死讯，才知弟弟不是装病，真的是病死了。他不禁悲从中来，恸哭不已。朝廷为齐王举办了隆重的葬礼。临丧之时，司马攸的儿子司马冏伏地号哭，控诉御医指证父亲无病，耽延了诊治。司马炎脸面无光，也就顺坡而下，处死了先后派去为齐王诊病的御医。

六 / 悍妇贾南风乱政

太子司马衷的妻子贾南风是西晋开国功臣贾充的女儿。司马衷要娶亲的时候，许多人推荐贾充的女儿。司马炎想为太子娶另一个功臣卫瓘的女儿为妃子。他告诉杨皇后："卫家女儿和贾家女儿的优劣是泾渭分明的。贾家夫人好妒残暴，生子不多，生的女儿又黑又丑、身材短小。卫家夫人贤惠，多子多孙，生的女儿白皙漂亮、身材修长。你说该选谁呢？"可惜杨皇后平时被贾氏及其党羽包围，听了很多好话，坚持要娶贾氏的女儿。大臣荀𫖮、荀勖等又在外面起哄，说贾充的女儿贤惠美丽。司马炎考虑到贾、杨、荀等家都是朝廷的支柱重臣，最终决定迎娶贾充的女儿。

一开始，司马炎选择的是贾充的小女儿，十二岁的贾午。可是贾午长得太小了，连结婚礼服都撑不起来。没办法，新娘换成了十五岁的姐姐贾南风。就这样阴差阳错，贾南风嫁给了比自己小两岁的司马衷，成了太子妃。

事实证明杨皇后、荀𫖮、荀勖等人完全是瞎扯。贾南风身材矮小，面目黑青，鼻孔朝天，嘴唇朝地，眉后还有一大块胎记。贾南风的脑子里根本就没有"贤惠"两个字。贾南风的母亲郭氏是有名的悍妇和醋坛子，看到丈夫贾充俯身抚摩保姆怀中的孩子，就以为丈夫和保姆关系暧昧，竟然杀了保姆。她连续杀了两个保姆，两个亲生儿子因为找不到保姆而夭折了。贾充被郭氏管得服服帖帖的，都不敢对其他女人多看一眼。贾南风深得母亲郭氏真传。

婚后，贾南风"妒忌多权诈，太子畏而惑之，嫔御罕有进幸者"。她不仅其貌不扬，而且生性残酷。当时东宫中有一些宫女已经怀了太子司马衷的孩子，贾南风就用戟投掷孕妇的腹部，胎儿就随着刀刃堕地。贾南风还亲手杀掉左右侍女数人，将司马衷弄得服服帖帖的，其他宫妃都很难接触到司马衷。她成为东宫一霸。

晋武帝知道情况后，开始觉得贾南风不宜做太子妃。当时的皇后是司马衷生母杨皇后的堂妹杨氏。晋武帝将有意废除贾南风太子妃之位的想法告诉了杨皇后。新的杨皇后忙劝晋武帝："贾充有大功于社稷，是朝廷重臣，其家即使有罪也应再三宽赦，更别说他的亲生女儿了。太子妃现在还太年轻，正是嫉妒任性的时候，皇上不该以其小过掩其父大德。"晋武帝的毛病就是很容易被枕边风吹倒，这次又很容易地打消了废贾南风的主意。外戚杨珧在这件事情上也起到了巨大作用。他提醒晋武帝说："陛下忘贾公闾耶？"意思是提醒皇帝不要忘记了贾家在帮助司马家篡夺曹魏政权上的功劳。最后废太子妃之事不了了之。

太熙元年（290年）四月，晋武帝去世，太子司马衷即皇帝位，是为晋惠帝。贾南风顺理成章地被册封为皇后。晋惠帝暗弱无能，国家政事都由贾南风干预。现在，贾南风将欲望和所有的劣性都彻底暴露了出来，在历史上留下了许多不堪的记录。

贾南风广蓄面首，将后宫弄得乌烟瘴气。《晋书》记载贾南风荒淫放恣，与太医令程据等人淫乱宫廷。后来她不满足于朝廷的面首，开始将目光投向民间。洛南有个盗尉部小吏，容貌端庄漂亮，突然有一天披金戴银，出手阔绰起来。很多人就怀疑他暗中盗窃财物，主管的尉官将他捉拿起来侦办。刚好贾南风一个亲戚家里被盗了，听说抓了盗贼，就过来旁听审讯。审讯时，小吏坦白："之前我在路上遇到一个老妪。她说家里有人得了疾病，占卜师说要找一个城南的少年来驱病，所以她想暂时麻烦我去帮忙治病，还说必有重酬。于是我就跟着去了，上车下帷，藏在簏箱中，大概走了十几里路，过了六七道门，簏箱才被打开。我忽然看到楼阙好屋，华丽壮观。我就问这是什么好地方，旁边有人说是天上，还用香汤给我洗浴，供应我好衣美食。我见到一个年纪三十五六岁的妇人，身材短小，皮肤青黑色，眉后有疵。她挽留了我好几个晚上，共寝欢宴。临走的时候，这个妇人送了我这些东西。"审讯的官员和贾南风的亲戚听到供词后，都知道是贾皇后招这个少年去宫中偷欢了，哂笑而去。这个小吏还算是幸运的。当时贾南风在外面找了很多男人入宫，完事后就将他们杀死，只有这个小吏，因为贾南风很喜欢他，才放他出去。

在政治上，贾南风掌权后，为了巩固惠帝的统治地位，也为了一己私心，甚至有的时候是情绪导致，开始滥杀无辜，草断朝政。

司马炎统一天下后，不像之前那样勤政，多数时间沉溺在酒色之中，朝中事务依赖外戚杨氏。当时杨骏、杨珧、杨济位居三公，号称"三杨"，权倾朝野。司马炎临终，担心傻儿子掌握不了天下，要安排辅助大臣。杨皇后召集相关大臣入宫，口宣帝旨，任命自己的父亲杨骏为太尉、太子太傅、都督中外诸军事、侍中、录尚书事。从此内外大权完全集中到了杨骏一人的手中。司马衷即位之后，杨骏辅政，凡朝中之事，必亲自过问，"百官总己"。杨骏为了镇压异己力量，任命外甥段广、张劭为近侍，还让同党统领了禁兵。杨骏知道贾南风性情强悍，难以轻易压制，心里也有些畏惮，规定诏书先由自己认可，再通过女儿杨太后交给傻瓜皇帝盖章，不经过贾南风之手。外戚杨家帮了贾南风许多忙，尤其是两位杨皇后在巩固司马衷和贾南风的地位上出力不少。但是贾南风一点儿都不感激杨家，反而恨死了阻碍自己掌权的杨家人。

杨骏也是烂泥扶不上墙，专权后把国家治理得一团糟。对于许多重要政务，杨骏频频失误，而对内外臣工甚至宗室诸王态度强硬，排斥任何潜在的权力威胁，所以出现了"公室怨望，天下愤然矣"的局面。与杨骏交往密切的孙楚劝杨骏说："公为外戚，居重位，握大权，辅弱主，应效法前贤至诚谦顺之道，不应独断专行。宗室诸王，分藩裂土，拥兵势重，您不与他们共参大事，内怀猜忌，外树私党，恐怕大祸临头的日子不远了。"但杨骏对旁人的劝说充耳不闻，依旧我行我素。

贾南风决心利用反对杨骏的势力铲除杨氏，暗中联系汝南王司马亮，请他发兵讨伐杨骏。司马亮是司马懿的第四子，辈分极高，老成持重，不愿意听从贾南风指挥，拒绝出兵。贾南风又秘密联系楚王司马玮。司马玮是皇帝司马衷的弟弟，年轻气盛，有勇无谋，同意带兵讨伐杨骏。

永平元年（291年）的一个深夜，傻乎乎的司马衷被从被窝里拉起来，贾南风党羽李肇、孟观两人报告说杨骏谋反，要求皇上下诏书命楚王司马玮诛杀杨骏。当时在宫中的段广是杨骏的外甥，听到后跪在司马衷跟前，一个劲儿地叩头，为舅舅辩解，请皇上仔细考虑。司马衷哪里能想清楚那么复杂的问题，半睡半醒中在草拟好的诏令上签字了。司马玮随即带兵包围杨骏府邸。主簿朱振认为这是贾皇后和少数几个人做的，建议杨骏集合家丁冲入东宫挟持皇太子，再召集忠于杨氏的兵马，反过来消灭贾南风等人。杨骏不敢冲击宫禁，只寄希望于党羽左军将军刘豫率兵来救援。

左军将军刘豫是个老实人，在率大队军马救援杨骏的路上遇到了右军将军裴颉。裴颉是贾南风党羽，骗他说杨骏已经逃跑出城去了。刘豫忙问自己怎么办。裴建议他去向廷尉"自首"。刘豫连这鬼话都信了，放弃军队，真的跑去自首了。

结果，杨骏待在家中束手就擒，被司马玮的乱军杀死。杨家老少数千人被杀，府邸被焚毁。事后，杨骏全族及党羽的家族无一幸免。杨太后得知凶讯，宫廷已经戒严了。她只好写了"救太傅者有赏"的丝帛射出宫外。不幸的是，贾南风的党羽拾到了帛书。贾南风因此称杨太后参与"谋反"，矫诏废杨太后为庶人，迁往金墉城。第二年，杨太后被迫害致死。

除掉太傅杨骏和杨太后以后，老资格的汝南王司马亮为太宰，同样老资格的卫瓘为录尚书事，两人共同辅政。司马亮认识到了诸王威胁皇室和自己的权威，决心削弱诸王的权势。他力主"遣诸王还藩"，也就是要把各位王爷分割限制到封地上去。卫瓘也完全赞成此举。这就引起楚王司马玮对汝南王司马亮和卫瓘的极大不满。

贾南风任命了司马亮之后也后悔了。司马亮推行的集权也制约了她这个皇后的权力。而卫瓘很早就反对立司马衷为太子，现在对贾南风的恶劣行为有所批评，贾南风决心铲除司马亮和卫瓘二人。贾南风找的还是楚王司马玮。司马玮诛杀杨氏，立有大功，现在却遭到司马亮等人的限制，内心严重不平衡，又一次答应了贾南风。元康元年（291 年）的又一个深夜，贾南风又让司马衷下密诏，授权司马玮惩办"图谋不轨"的汝南王司马亮与卫瓘。司马玮接到密诏后，对司马亮和卫瓘的府邸发动突袭。结果，司马亮和卫瓘死于乱刀之下。

两位辅政老臣死于非命，第二天早上消息传出后，朝野震动。大臣张华等人指责楚王司马玮矫诏擅杀，要求解散城中的乱军。贾南风顺水推舟，告诉司马衷楚王司马玮拥兵作乱，应当斩首。司马衷再次不辨真假，在诏书上签了字。头脑简单的司马玮就这样成了替罪羊，身首异处。

障碍一个个被除掉，贾南风从幕后走到了台前，轮到她独揽大权了。贾南风大肆委用亲信、党羽出任要职，将朝廷完全置于自己控制之下。司马衷形同傀儡，朝廷纲纪大坏，贿赂公行，官职任命犹如买卖，社会动荡，民怨沸腾。

贾南风唯一不如意的就是没有生育皇子。为了长期控制朝政，贾南风诈称怀孕，在衣服里填充上东西伪装怀孕迹象。她深居内宫，不见外人，暗地里把妹夫韩寿的儿子韩慰祖收养起来，假冒皇子。贾南风下一步的障碍，就是现任太子司马遹。

司马遹很聪明，很得祖父司马炎的喜欢，可惜当了太子后沾染了糜烂的宫廷恶习，热衷游乐，喜欢在宫中设市肆做买卖。贾南风就利用了司马遹不知轻重、轻率贪玩的弱点。元康九年（299年）的一个冬夜，宫中突然传来消息说司马衷病重，要求太子觐见。司马遹入宫后，没有见到父皇，只有宫女端来三升酒，说是皇上赐给太子的。司马遹轻率地喝了下去，喝得酩酊大醉，神志不清。这时，有人拿着一篇表文让司马遹照样抄写一遍。迷迷糊糊中，司马遹抄了一份。谁知，这是一份以太子的名义写的逼宫信，要求司马衷退位，不然就要造反。贾南风借口太子谋反有据，要求严惩。

司马衷本来就糊涂，如今看到儿子司马遹写了大逆不道的表文，同意赐死司马遹。公卿大臣大多对表文的真实性将信将疑。有大臣建议核对字迹。核对来核对去，既不能证明造反的表文是伪造的，也不能证明是真实的。贾南风一定要将司马遹处死，部分大臣坚决不同意随意处死太子。最后，贾南风退了一步，要求废太子司马遹为庶人。司马遹被送到金墉城囚禁起来。不久就有一个小太监"投案自首"，供认曾与司马遹谋反。随后，司马遹被押到许昌的旧宫幽禁起来，情况进一步恶化。

贾南风自以为对手都被扫清了，可以为所欲为了。她没想到，自己的多数党羽都是靠赤裸裸的利益关系联系在一起的。右军将军、赵王司马伦和大臣司马雅、孙秀等人也是野心家，靠向贾南风献媚逐步掌握权力。他们不满贾南风胡作非为，又觊觎更大的权势，立即臭味相投，串联了起来。

赵王司马伦是司马懿第九子，有辈分有兵权，就是没有人品。司马雅、孙秀与他串通，推翻贾南风。孙秀提出了一个歹毒的计划，设计让贾南风先除掉司马遹，然后借口为司马遹报仇，起兵除掉贾南风。于是，司马伦等人故意宣扬有人要匡复太子、废掉皇后。贾南风知道后自然恐慌，决定除掉太子。永康元年（300年）三月，贾南风矫诏派宦官前往许昌旧宫毒杀司马遹。无奈司马遹被废后，唯恐遭人谋害，异常谨慎，足不出户，连饮食都自己动手。宦官找不到下手的机会，只好撕下伪装，直接逼司马遹吃下毒药。司马遹当然是坚决不肯，最后被宦官用药杵活活打死，年仅二十三岁。司马遹的死，天下震动。宗室诸位王爷对贾南风擅杀废太子的行动普遍很愤怒。赵王司马伦趁机秘密联络了梁王司马肜（司马懿第八子）、齐王司马冏（司马攸之子）共同政变。

四月初三深夜，司马伦、司马冏等人在宫中内应的帮助下，突袭入宫，劫持了司马衷。司马伦依样画葫芦，报告了皇后无法无天的种种劣迹，要求惩办贾南风。司马衷还是难辨真伪，在别人递过来的诏书上签了字。齐王司马冏带兵擒拿贾南风。贾南风见状，大吃一惊，问："你来干什么？"司马冏高喊："奉诏收捕皇后！"贾南风更吃惊了："诏书都是我写的，你奉的什么诏？"司马冏也不搭理，绑了就往外押。跌跌撞撞中，贾南风终于想明白了，问司马冏："这是谁挑头的？"司马冏直言："赵王和梁王。"贾南风闻言，悔恨不已："拴狗当拴颈，我只拴住了你们的尾巴，才会有今天。只恨当年没先杀了那两条老狗，今日反被他们咬了一口。"贾南风被废为庶人。几天后，司马伦再次有样学样，派人给贾南风送去毒药。贾南风被毒死了，其党羽被一网打尽。

七 / 八王之乱

贾南风死后，赵王司马伦大权在握，竟做起了皇帝梦，要抢侄孙司马衷的皇位。这一方面是司马伦个人政治野心膨胀，另一方面是孙秀等人撺掇的。永宁元年（301年）初，司马伦把死去多年的老父亲司马懿搬了出来，说司马懿托梦要他做皇帝，让晋惠帝司马衷禅位给他。司马衷本来就痴呆，对寻常话都没有分辨能力，更不用说司马伦的鬼话了。于是，又一场禅让上演了。司马衷成了太上皇，搬到金墉城去住了。

司马伦废惠帝自立，完全是利欲熏心，上台后除了大肆封赏，没有任何方针政策。上自赵王的亲信党羽，下至王府的奴卒厮役都封官晋爵，朝廷之上顿时高官充盈。西晋官员的冠服要用貂尾装饰。因为突然封赏了大批官员，整个洛阳城储存的貂尾都不能满足新官员官服制作的需要，只好找狗尾巴来代替。成语"狗尾续貂"由此而来。服装不够倒是其次，许多新晋官员连印信都没有。因为国库储蓄根本不足以支撑司马伦的滥封，朝廷没有足够的金银给新封的人铸造印信。这些司马伦的党羽因此被讽刺为"白版之侯"。

司马伦篡夺了侄孙司马衷的皇位，在西晋政治发展过程中具有转折意义。之前的种种变乱，贾南风也好，杨骏也好，司马亮和司马玮也好，他们的争权夺利都在宫廷政变的范畴，再怎么闹，毕竟范围有限，和老百姓生活实际差距甚远。司马伦的篡位就不同了。这引起了天下的讨伐，迅速演变成席卷大地的战争和杀戮。

司马伦篡位后，齐王司马冏最先反对。司马冏是诛杀贾南风的大功臣，事后却被司马伦排挤出了洛阳，去镇守许昌。收益分配严重不均，司马冏本来心里就不平衡，而且司马伦现在大模大样地自己做了皇帝，更不像样了！于是，司马冏联络镇守各大城市的宗室诸王一起讨伐司马伦。镇守邺城的成都王司马颖、镇守关中的河间王司马颙起兵响应。战争爆发了，从此以洛阳为中心的北方地区成了战场。

这场战争一直延续到公元307年晋武帝第二十五子豫章王司马炽称帝，改元永嘉为止。因为战争主要内容是西晋宗室诸王之间的内讧厮杀，发挥主要作用的是汝南王司马亮、楚王司马玮、赵王司马伦、齐王司马冏、成都王司马颖、河间王司马颙、长沙王司马乂、东海王司马越等八位王爷，因此被称为"八王之乱"。

战争首先突破了洛阳一地的范围。篡位后的司马伦面对多位亲戚的围攻，调兵遣将分头迎击。前线还没有分出胜负，洛阳城中就发生了内乱。部分禁军不看好司马伦，觉得他必败无疑，"将功赎罪"杀死了司马伦，迎司马衷复位。司马伦同党被诛灭。

战胜后的司马冏、司马颖和司马颙三人面临着同样的问题：如何分赃。

司马冏是首倡之人，出力最多，战后被重新当了皇帝的司马衷任命为大司马，掌握朝政。这样的安排，两位响应的藩王起初并没有意见。但是权力的腐蚀作用太大了，司马冏掌权后也开始独断专行，排斥他人。司马衷没有子嗣，存在挑选继承人的问题。成都王司马颖和长沙王司马乂都是司马衷的弟弟，都希望当"皇太弟"，等傻哥哥哪天死了，来个兄终弟及。司马冏不愿意这两位已经成年又掌握兵权的王爷当继承人——那样显然会削弱司马冏的权势，就操纵册立了司马衷的侄子——时年八岁的司马覃为皇太子。这一下，司马颖、司马乂和司马冏的关系破裂了。

新一轮的战争是太安元年（302年）年底，感到分赃不均的河间王司马颙挑起的。他讨伐司马冏得到了司马颖的响应。但胜利果实则落入了当时在洛阳城中的长沙王司马乂的手中。司马乂判断司马冏气数已尽，抢先杀了司马冏，掌握了政权。

河间王司马颙、成都王司马颖更不干了。明明是我们俩出了力气，怎么最后让司马乂捡了便宜！第二年，两人合兵讨伐司马乂，司马颙命都督张方率数万精兵自函谷关向洛阳推进，司马颖调动大军二十万从西向东进攻洛阳。前线正打得热闹，洛阳城里又失火了。当时在城里的东海王司马越和部分禁军对司马乂失去了信心，合作擒拿司马乂，将他交给张方。张方将司马乂烧死。

这一回合结束后，成都王司马颖担任了丞相，成了胜利者。但他盘踞在老窝邺城专政，遥执朝政，又废掉太子司马覃，自己当了皇太弟，一时间，政治中心由洛阳移到邺城。这就侵犯了在洛阳的东海王司马越和禁军将领的利益，引发不满。他们的优势是手里掌握着皇帝。于是，司马越率领禁军挟持晋惠帝司马衷北上进攻邺城，讨伐司马颖。不幸的是，司马越在荡阴（今河南汤阴）一战中被司马颖杀得大败。不仅皇帝司马衷成了司马颖手中的俘虏，司马越本人都差点儿当了俘虏，仓皇逃往封国东海（今山东郯城）。

司马颖先放下喘息未定的司马越不管，派军占领了洛阳。正当他取得大胜利之时，后院起火了。并州刺史司马腾是司马越的弟弟，他和幽州刺史王浚联兵，从北往南攻破了邺城。司马颖只好退据洛阳。可怜的洛阳城经过这么多轮的政变和杀戮，每经历一次就血流成河，已经变成断壁残垣的空城了。司马颖在洛阳根本没吃的，将士只能把人肉和马肉掺在一起充饥。没办法，司马颖只好挟持晋惠帝，放弃洛阳奔赴长安。成都王司马颖和河间王司马颙两派力量就在关中合并一处了。

永兴二年（305年），司马越卷土重来，从山东起兵进攻关中，击败司马颙。第二年（306年），司马越迎晋惠帝回到洛阳，并杀死司马颖、司马颙等人，独揽大权。宗室诸王大规模的内讧至此才基本平定下来。司马越笑到了最后。

八王之乱的爆发，是西晋王朝制度性积弊之果。西晋建立后，司马炎总结曹魏灭亡的重要教训就是没有广封藩王，危急时刻没有人捍卫皇室。于是西晋大封宗室，并且给予这些宗室军政实权。数以十计的司马家族子弟被封为王爷，留在京师兼任各种实职。西晋的公卿大臣中有许多是宗室王公。有些藩王还掌握有相当的兵权。西晋王朝听任各位王爷参与政务，相互交接联络，很少加以限制。

制度性问题放大了宗室诸王之间的个人恩怨和利益纠葛。其实内讧的诸王中，除了赵王司马伦品行不好，其他各位王爷人品都还可以，一些人的声望还很高。比如东海王司马越年轻时就誉满天下，为人谦虚又乐于助人，受到普遍的尊敬。但是没有一个好的制度调解他们的内部矛盾，相反，宽松的环境和过大的权力很容易让他们选择暴力解决。比如楚王司马玮，从小就不受父亲司马炎喜欢，长大后被封的地盘和利益最少，心里不满。他慷慨响应贾南风的两次号召，充当枪手，本意是借机名利双收，并非要置天下于水火之中。遗憾的是，杀戮一旦开始，就超脱个人的控制范围。这是宗室诸王无奈和可悲的地方。比如品行不错的司马越就被认为"此人乱天下"，最后死于战火，尸骨无存。

八王之乱持续了十六年。参战的亲王远不止八人，起主要作用的是八位亲王。这些藩王相继败亡，西晋统治集团的力量也消耗殆尽。在战争中，百姓被杀害者众多，社会经济严重破坏。在洛阳，十三岁以上的男子全部被迫服役，城内米价贵到一石万钱,不少人饥饿而死。人民又重新陷于苦难的深渊,掀起了大规模的流亡浪潮。尤其是诸王利用少数民族的贵族参加这场混战,造成了严重的后果。如成都王司马颖引匈奴刘渊为外援,让其长驱入邺;东瀛公司马腾引乌桓羯人袭击司马颖,让其乘机入塞;幽州刺史王浚召辽西鲜卑攻邺,短暂统一后,西晋王朝出现了分裂的趋势。原来隐伏着的民族矛盾迅速爆发,最后是汉化归附的匈奴人起兵灭亡了西晋。

在整个八王之乱过程中,作为皇帝的司马衷反倒是一个旁观者。他成了造反谋逆者争夺的目标和军中俘虏,几度易手,颠沛流离,受尽惊吓。但是人非草木,即使是司马衷这样的弱智也多少在乱世中显现出人性正常的一面。散骑常侍司马威依附赵王司马伦。司马伦要篡位的时候,司马威奉命来逼司马衷退位,还动手夺了皇帝玺绶。司马伦篡位后任命司马威为中书令。司马伦失败后,晋惠帝重新成为皇帝。一干人议论对失败者的处理问题。处理司马威的时候,大家本来想放他一条生路。这时候,一向沉默不语的司马衷说话了:"阿皮(司马威的小字)捩吾指,夺吾玺绶,不可不杀。"司马衷毕竟是皇帝,既然皇帝发话了,群臣不好违抗,便杀了司马威。

在成都王司马颖与东海王司马越混战的过程中,司马衷一直被裹挟在军中。他的处境极其危险。一次大战,司马衷脸上被砍了一刀,身中三箭,周围的侍从都跑光了,只有侍中嵇绍用自己的身躯护卫了司马衷。两个人被乱兵包围,士兵上来就要杀嵇绍。司马衷这时候大喊:"侍中是忠臣,你们不许害他。"乱兵却说:"奉皇太弟(司马颖)之命,我等只不伤害陛下一人。"结果嵇绍被乱刀砍死,鲜血溅到了晋惠帝的衣服上。司马衷后来安全了,依然穿着被鲜血染污的衣服。侍从要把衣服换下来清洗。司马衷却说:"这是嵇侍中的血,为什么要洗呢?"

306年,司马越的军队攻入长安,大肆抢劫,两万多人被杀。这年九月,司马颖被俘后被杀。十一月庚午,晋惠帝于长安显阳殿去世。司马衷极可能是被司马越毒死的,据说他在死前吃下了一块毒饼。晋惠帝死后葬太阳陵。豫章王司马炽被司马越立为新皇帝,史称晋怀帝。

八 / 十六国

在广袤的中国北方,各个少数民族从两汉时期就开始陆续内迁,到西晋初年,内迁各族遍布从幽州(今河北、京津地区)、并州(今山西)到司隶(今陕西)、凉州(今甘肃、宁夏、青海等地)的广大地区,深入益州(今四川地区)、冀州(今河北地区)等地,繁衍生息。汉末魏晋时期连年征战,华北的汉人背井离乡,向江淮和江南地区迁徙,空出来的土地都被少数民族占据。到西晋初年,北方一些郡县的少数民族人口超过了半数。他们虽然开始汉化,部分也从事耕种,但还保留着挎刀跃马的习俗和部落的形式,有事相互声援,联结成军。

从地理位置上看,各个少数民族呈半月形包围着长安、邺等重镇,并威胁着首都洛阳。北方少数民族中最强大的有五个:匈奴、鲜卑、羯、氐、羌。

匈奴人兴起于蒙古高原,是北方的古老民族,一度统治着东起辽水、西到西域的北方大地,从战国时就开始侵扰中原,是中原政权的大患。汉武帝时,匈奴遭到沉重打击后,开始衰落,进而分裂为南北匈奴两部。其中南匈奴在汉宣帝时入关投降汉朝,西汉王朝将他们安置在并州、司隶等地。南匈奴逐渐在并州离石的左国城(今山西吕梁离石)建立了王庭。东汉时,北匈奴继续遭到重创,部分沿着欧亚大陆消失在了西方,不愿意远迁的部众则南下投降了汉朝,也被安置在上述地区。匈奴人和汉人的融合时间最久,上层人士汉化很深,很多人担任朝廷官职。

羯人,是归化匈奴的一支,被安置在上党郡的羯室(今山西左权)。他们和汉人的差别比较明显,百姓多高鼻深目,有欧洲人的特征,还保持游牧生活。

鲜卑人兴起于东北,匈奴人在中原王朝的打击下西迁或者南附,空余出来的土地被鲜卑人填补。鲜卑人凶悍强干,很快成了塞外大地的霸主。但是鲜卑人的发展历史较晚,到西晋初年,鲜卑还部落林立。各部落以酋长的姓氏为号,分别有慕容、拓跋、段、宇文、秃发等部落,其中以慕容和拓跋两个部落最为强大。

氐和羌都属于西南夷,地处益州和凉州之间(今甘肃东南、山西西南)。三国时期，曹魏和蜀汉都利用氐人和羌人来攻击对方。许多人被强制迁徙关中各郡。到西晋时期，氐人主要分布在武都郡（今甘肃成县）、略阳郡（今甘肃秦安），人数远少于匈奴和鲜卑。羌人的分布大致相同，但人数更少。不过在魏晋南北朝时，这两个小部族却扮演了大角色。除了这五大部族，还有乌桓、丁零等其他部族。

西晋王朝面对越来越严重的民族问题，奴役各个民族、扣押各族人质，听任发展。地方官员除了奴役各族，横征暴敛，把逃亡百姓的税赋强加在少数民族身上，还强征少数民族子弟入伍，肆意打骂、拆散家庭，致使民族矛盾激化。少数民族的叛乱贯穿了西晋始终。元康四年（294年），并州匈奴人郝散起兵攻上党。两年后，其弟郝度元联合关中各郡的羌、氐百姓起兵反晋，打败太守、刺史多人。各族人民纷纷响应，还推齐万年为帝，拥兵数十万。关中震动，西晋朝廷不得不集结大军镇压，直到元康九年（299年）正月才粉碎起义军，俘杀齐万年。

当时的西晋王朝实力尚在，还不是随起随落的少数民族军队能够倾覆的。八王之乱的空前内讧，掏空了西晋王朝的躯体。就在八王厮杀得不可开交的时候，关中、陇西一带的百姓正挣扎在生死线上。

元康后期，土地连年荒旱。听说天府之国四川粮食充足，天水、略阳、武都等郡数万户百姓携家带口，南下"就谷"，希望能讨口饭吃。其中有汉人，但主要是氐人，在巴蜀北部形成了连绵的流民潮。在应付沿途刁难盘剥、协调移民内部纠纷的过程中，略阳氐人李特、李庠、李流兄弟被推举为流民的首领。李特兄弟雄壮有力，家境不错，担任过中下级军官，有政治经验又仗义疏财。前后两任益州刺史赵廞和罗尚将汹涌而来的流民潮视为洪水猛兽，对素有威望的李特兄弟等人必欲除之而后快。301年，李特兄弟利用流民的无助和怨怒，在绵竹（今四川德阳北）聚众起义，后来在巴蜀建立了成汉政权，史载"时海内大乱，而蜀独无事"。巴蜀流民起义拉开了少数民族大规模反叛的序幕。

之后，北方和巴蜀地区先后出现了二十个割据政权，主要有十六个国家：前凉、后凉、南凉、西凉、北凉、前赵、后赵、前秦、后秦、西秦、前燕、后燕、南燕、北燕、夏、成汉。其中只有前凉、西凉、北燕三国是汉人政权。此外，还有代国、冉魏、西燕、吐谷浑四国因为地小时短，没有计算在内。这些政权主要为少数民族政权，在长达一百三十多年的时间里此起彼伏，反复交战，直到北魏统一北方为止。历史上将这一时期称为"十六国时期"。

十六国起于301年的李特兄弟起义，但因为起义局限于巴蜀一地，没有撼动西晋王朝。史学界通常将三年后（304年）匈奴贵族刘渊独立称王视为十六国的开始。

匈奴人汉化后，冒姓刘氏，以汉室后裔自居。刘渊从履历上看和汉人无异，从小就酷爱读书，拜名士为师，遍习儒学经典，又博览《史记》《汉书》和诸子学说。当时乡党品评人物入仕的风气很盛，刘渊就得到了当时太原名流王昶、王浑等人的器重。加上射艺精熟、膂力过人、体貌伟岸，刘渊的前途一片光明。但是刘渊不能像同学一样入仕，因为他是匈奴人。曹操分匈奴为五部，其中的左部帅为刘豹，刘渊就是刘豹之子。曹魏后期，刘渊作为人质，留居洛阳。齐王司马攸见刘渊文武双全且得到众人推崇，就劝哥哥司马炎杀掉刘渊，不然恐怕并州不得安宁。司马炎没听弟弟的建议，刘渊才幸免于难。

西晋很快进入乱世，各派势力都借重匈奴武装，刘渊虽然是人质，却在很长时间里成了各派拉拢的对象。杨骏辅政时，署刘渊为建威将军、匈奴五部大都督。刘渊原本在匈奴中威望很高，如今更礼贤下士、轻财重义，幽冀人才纷纷不远千里依附匈奴，让匈奴力量进一步壮大。司马颖逐鹿中原，想以匈奴为外援，拜刘渊为北单于、参丞相事。他败退长安时，急需重整军势，让刘渊回并州招募匈奴助战。刘渊很高兴地返回左国城。

匈奴贵族见西晋朝廷呈现崩溃之势，开始策划"兴邦复业"。刘渊一到左国城就被五部匈奴推为大单于。匈奴各部落很快就组织起了数万军队。西晋永兴元年（304年），刘渊自称汉王，以恢复汉朝号召天下。匈奴连续祭天，大祭汉高帝刘邦、光武帝刘秀和昭烈帝刘备，还追尊刘禅为孝怀皇帝，摆出要与西晋争夺天下的架势。他们很快打败并州的西晋势力司马腾。战火和激烈的民族矛盾让并州的汉人百姓生活绝望，集体组织起来要去冀州"乞活"。"乞活"从字面上看就很悲壮，就是为了生存而背井离乡，四处闯荡，为了一顿饱饭不惜血汗乃至生命。并州流民组织成"乞活军"，司马腾率领他们东去流亡冀州。刘琨继任为并州刺史，无力回天，只能据守并州西北部部分城池。刘渊很快据有河东全境，在永嘉二年（308年）正式称帝，迁都平阳（今山西临汾），国号为汉。匈奴汉朝建立后，一心要攻占"故都"洛阳。刘渊派子侄刘聪、刘曜等人率精骑进攻洛阳，遭到东海王司马越的阻拒，没有攻下。永嘉四年（310年）夏天，刘渊病死。

刘渊死后，儿子刘和继位为帝。刘和"内多猜忌，驭下无恩"。卫尉刘锐、宗正呼延攸等人因为没有被刘渊委托为辅政大臣，怀恨在心，就怂恿刘和诛杀刘聪等功勋卓著的宗室。机事不密，刘聪知道后，率军反攻皇宫，杀死刘和、刘锐、呼延攸等人。刘聪是刘渊的第四子，汉化程度很高，除了通读儒家经典，还精通兵法，写得一手好文章。刘聪杀刘和，自立为帝，将匈奴汉朝推向了强盛的巅峰。

汉朝虽然是匈奴王朝，但刘聪深知要长治久安，非采用汉人的政治制度不可。于是他创建了两套行政体制，用游牧民族的"单于"制度治理匈奴各部，用汉人的公卿制度治理汉人，并吸纳汉人进入政权。刘聪的汉化并不彻底，政权基本上还掌握在匈奴贵族手中，还保持着残暴的特性。匈奴人和汉人的矛盾依然很严重，汉朝的统治很大程度上是形式上的。王弥、石勒等其他少数民族强藩在东方拥兵自重，阳奉阴违，刘聪也奈何他们不得。这注定了匈奴汉朝虽然在形式上统一了华北，但很快就崩溃了。

刘聪的另一成就是灭亡了西晋，开疆拓土。他派遣族弟刘曜联合中原的王弥、石勒武装，将黄河南北乃至江淮一带的西晋城池陆续攻克，孤立洛阳。永嘉五年（311年），困守洛阳的司马越和晋怀帝司马炽不和，率领大批王公大臣和晋军主力离开洛阳。途中司马越忧郁而死，余部被石勒武装包围屠杀。西晋王朝最后的主力丧失了。同年，刘曜、王弥、石勒合兵攻破洛阳，杀王公大臣三万人，俘晋怀帝，押送平阳。刘聪封怀帝为会稽郡公。这就是"永嘉之祸"。第三年，关中西晋残余拥戴司马邺为皇帝，又支持了四年。建兴四年（316年），司马邺向刘曜投降，被送至平阳为奴。至此，西晋灭亡。此时的北方大地，基本上是匈奴汉朝的天下，只有零星地区还在忠于西晋的官吏手中，分别是并州刺史刘琨、幽州刺史王浚与河西的张氏势力。刘聪对刘琨发起了进攻，又命石勒进攻幽州刺史王浚。王浚被石勒杀害，刘琨兵败，投奔鲜卑段氏，被杀。

刘聪统治后期以荒淫著称，他正式立了四位皇后，此外佩皇后玺绶者又有七人。刘聪沉湎于后宫之中，不理政事，常常出外游猎或干脆在宫中昼夜游戏。汉朝政务很快紊乱，出现党争。刘聪立弟弟刘乂为皇太弟，以儿子刘粲为丞相。刘粲能力出众，当了丞相以后，把能力都用在了骄奢专政和远贤近佞上。中护军靳准是个野心家，想浑水摸鱼，就百般亲近刘粲，怂恿他对付皇太弟刘乂。建武元年（317年），刘粲诬陷刘乂谋反，刘聪不辨真伪就相信了，废杀刘乂及其官属，坑杀一万五千人，平阳城的街巷为之一空。刘粲被立为太子。刘粲还杀害了投降的晋帝司马邺。

刘聪、刘粲父子享乐无度，朝野贿赂公行，纲纪败坏，政权迅速走向衰败。中山王刘曜占据关中地区，王弥旧部曹嶷占领山东，石勒占据河北，都保持半独立地位。朝廷能实际控制的地方，也就是现在山西、陕西、河南三省交界的狭窄地区，只相当于之前的三四个郡的地盘。

东晋太兴元年（318年），刘聪病死。太子刘粲即位，以靳准为大将军、录尚书事。刘粲以为万事大吉，终日游宴后宫，军国大事都由靳准裁决。靳准也以为万事大吉，把刘粲抓起来，一条条数说他的罪名，杀了刘粲，又把居于平阳的刘氏宗室无论老幼都斩于东市。靳准自号大将军、汉天王，遣使向东晋称藩。

平阳城大乱了，觊觎最高权力的雄藩刘曜和石勒马上行动起来。中山王刘曜是呼声最高的匈奴王朝继承人选。刘曜有和冒认的祖宗刘备一样的外表，据说"垂手过膝"，而且性格"与众不群"。刘曜是刘渊的养子，在刘渊、刘聪时代战功累累。大功有三：一是在河南一带攻城略地，孤立了洛阳；二是在"永嘉之祸"中会同石勒、王弥攻破洛阳；三是进攻关中，攻克长安，俘获晋愍帝。此后，刘曜盘踞关中，听到靳准叛乱后亲自带军赶赴平阳"平叛"。平阳还没走到，刘曜在途中借口"众望所归"，登基称帝。这是318年的事情。

石勒也正从河北带兵赴平阳，半途听说刘曜抢先当了皇帝，又接到刘曜对自己大将军的任命，勃然大怒。石勒不听刘曜的命令，催军急攻平阳。城中，靳准为部下靳明所杀，靳明出城投降刘曜。石勒更加生气，攻下平阳，抢占了刘聪原先控制的大部分地区。

刘曜同石勒顿时剑拔弩张。石勒咄咄逼人，刘曜处于弱势。刘曜在关中有后顾之忧，面临陇西张氏的威胁，同时军队数量和战斗力都逊于石勒。刘曜主动示弱，封石勒为赵王，封地是东方的二十四个郡。第二年（319年），刘曜定都长安，改国号为赵，史称前赵。石勒的赵政权史称后赵，与刘曜常相攻伐。北方进入了"两赵对立"的混战阶段。

九 / 后赵与冉魏的兴衰

刘曜的前赵（定都长安）和石勒的后赵（定都襄国），一开始并没有打起来，维持了多年的和平。因为前后赵内部都不稳定，需要先处理好内务才有能力对外。

前赵的内部麻烦主要有两个。第一是关中陇右一带的氐、羌等少数民族并不服从匈奴的统治，叛乱者数以万计。刘曜安抚和迁徙并举，平定叛乱后迁徙二十余万人充实长安。第二是安定乌氏（今甘肃平凉西北）人张轨趁中原大乱之际，割据凉州，建立前凉政权，向东晋王朝称臣，威胁前赵的后方。前赵对张氏政权用兵，迫使前凉服软称臣。

后赵的建立者石勒是并州的羯人，年轻时遇到大灾荒，被当时的并州刺史司马腾抓起来当作奴隶押到山东出卖。在山东，石勒表现突出，很有威望。主人最终释放了他。305 年，石勒和汲桑趁乱集合几十个伙伴，起兵为寇，很快组织了以羯人为核心的武装力量。他和汲桑曾攻下河北重镇邺城，杀死了贩卖过他的司马腾。汲桑战死后，石勒率部投靠了刘渊。当时匈奴汉朝的主力集中在并州、关中和河南地区，在山东、河北地区的扩张主要依靠投靠匈奴的各支杂牌军。

除了石勒，东部打着匈奴汉朝的旗号作战的还有王弥的军队。王弥是汉人，趁乱起兵，军队以汉人为主，实力足可与石勒相对抗。石勒和王弥扫荡了东部地区的西晋军队，并和匈奴的刘聪军队一道制造了"永嘉之祸"，各自杀戮了数以万计的西晋王公官吏。共同的敌人被消灭后，并肩作战的朋友就变成了敌人。

王弥图谋石勒，可惜缺乏政治技巧，思想觉悟也不高。他幻想通过拍马屁让石勒放松警惕。石勒在青州大获全胜后，王弥故意写信给石勒说："石公俘获苟晞却赦免了他，何其神勇啊！让苟晞为公左膀，我王弥来做您的右臂，石公就可以平定天下了。"石勒不相信王弥的鬼话，开始提防着王弥。王弥的军队数量不少，却分散兵力，分兵攻略地方。他亲自领兵南下，和东晋大军在寿春（今安徽寿县）相持，情况不妙，就向石勒求援。石勒当时正在和乞活军陈午的队伍鏖战，不想增援王弥。石勒的汉人谋士张宾劝他："您常常担心王弥掣肘，这次是个解决他的好机会。陈午小竖，何能为寇？王弥人杰，将为我害。"石勒听从张宾的意见，亲自率军增援，击败晋军。王弥对石勒放松了警惕。不久，石勒请王弥赴宴，王弥不顾部属劝阻，贸然前往，结果在席间被伏兵杀害。王弥的部下或散或降。石勒军队成了东部最强大的势力。

石勒和王弥名义上都是匈奴汉朝的大将。石勒擅杀王弥，匈奴朝廷严斥，可又不能追究石勒的罪责，只能默认了石勒在东部的独尊地位。石勒军队起初都是流动作战，没有后方，没有给养，沿途劫掠，是不折不扣的流寇。永嘉六年（312年）年初，石勒计划攻克建邺（282年，建业改称建邺），劫掠富庶的东南地区，在江淮地区遭到晋军的层层抵抗。江南司马睿聚集兵力防御石勒，江淮地区又连降大雨，石勒军队陷入了困境。饥饿和传染病夺走了半数官兵的生命。石勒真真切切地感受到了没有土地和人民就没有立国之本。环顾天下，长江流域、关中和巴蜀都有主人了，剩下的就只有山东、河北了。石勒毅然回军北上，去争夺河北和山东。

汉代以来，河北最重要的城市是邺城（今河北临漳县内），石勒长驱北上，进攻邺城，苦于邺城城墙高大牢固，一时难以攻下，退而占领襄国。从此，石勒以襄国为根据地，四处消灭河北地区的坞堡，收集粮草和人口充实襄国。西晋幽州刺史王浚集合数万主力，联合辽西鲜卑段匹䃅等人进攻襄国。石勒在这场关键战役中，死死支撑了下来，陆续消灭西晋部队，对段氏鲜卑先擒后纵再赠送厚礼重金。段氏鲜卑感念石勒，与他结盟，收兵撤还辽西。王浚见势不妙，撤军北逃。建兴元年（313年）四月，石勒侄子石虎攻克邺城，冀州尽入石勒囊中。

幽州刺史王浚为晋朝坚守北方的飞地，名为晋臣，其实长期脱离朝廷，已起了不臣之心，奢纵淫虐，署置百官，就差割据称王了。石勒依张宾之计，利用王浚割据之心进献厚礼，表示拥戴其称帝，还厚赂王浚的女婿枣嵩。为了麻痹王浚，当晋朝的范阳守将游统暗中派遣使者联络石勒投靠时，石勒杀死使者送给王浚。晋廷为了保持飞地，升王浚为大司马，把幽州、冀州托付给他；升刘琨为大将军，把并州托付给他。晋朝的使者先到襄国。石勒将之视为一个机会，把精锐军队都隐匿起来，在晋朝来使面前故意示弱，再写信给王浚，假称要亲赴幽州劝进，又写信给枣嵩，吹嘘他功劳显赫，要为他请官晋爵。王浚得到使者回报，相信石勒兵力薄弱，轻信石勒劝进的假话，毫无戒备。王浚做着白日梦，石勒却领兵日夜兼程偷袭幽州，兵不血刃地迅速推进到蓟城（幽州州治，在今北京市西南）城下。途中有官员见石勒来意不善，派人报信。王浚竟然杀死报信人，此后再无人报信了。石勒看到蓟城没有防备，担心有伏兵，借口献礼，先驱赶牛羊数千头入城，塞住街巷，让城内一片混乱，然后杀入城去，俘获王浚，押送襄国斩首。幽州也成了石勒的领土。

此后便发生了匈奴内乱，刘曜和石勒分立。刘曜忙于处理关中的麻烦，石勒则要与割据青州的曹嶷作战。曹嶷是王弥的余部，独立于各派势力，在感情上倾向晋朝。原来的青州州治淄博地处平原，难以防守，曹嶷找了靠山临水、易守难攻、交通发达的地方，修建了广固城（今山东青州益都），做了长期坚守的打算。太宁元年（323年），石勒派遣石虎率步骑四万讨伐曹嶷。曹嶷自知不敌，计划避徙海中保存实力。不想疾疫流行，曹嶷还没成行，石虎大军就包围了广固城。曹嶷投降，被押送襄国，后被杀。攻陷广固城后，残忍的石虎坑杀军民数万人，扬言要杀尽居民。后赵新任命的青州刺史刘征说："没有居民，我做什么刺史？干脆回去算了！"石虎这才留下几百人。青州也纳入后赵版图。

双方内部事务都解决了以后，前后赵开始兵戎相见。前赵刘曜的军力弱于石勒，便先下手为强，联合东晋军队抢先向石勒发难。东晋司州刺史李矩、颍川太守郭默等人愿意与匈奴联军。东晋咸和元年（326年），前赵联合东晋的北方军队进攻石勒。石勒派石虎迎战。双方在成皋（今河南荥阳）激战，战火蔓延到并州，前赵军队大败。刘曜败归长安，东晋军队或南逃或投降后赵。今天的河南地区完全被后赵占领。

两年后（328年），后赵主动反击，石虎率兵进攻蒲坂（今山西永济西南）。刘曜亲率精锐驰救，杀败石虎。石虎狂奔数百里逃到朝歌（今河南淇县）。刘曜乘胜进军，包围了洛阳。后赵军队坚守城池，刘曜就采取掘堤水淹的办法冲灌城墙，洛阳危在旦夕。石勒几乎是倾国而出，分兵三路救援洛阳。这时，刘曜犯了一个错误，没有在外线部署队伍阻击援军，结果导致后赵援军蜂拥而来。见势不妙，刘曜举止失措，既没有加紧围攻洛阳，也没有后撤，反而撤围洛阳，将十万大军都排列在洛河以西，和石勒隔河对峙，坐等挨打。石勒主动出击，命石虎等人攻击前赵大军各处，同时亲自提刀上阵夹击刘曜。前赵大军在这场决定性的战斗中溃败。石勒大获全胜，斩首五万余级。当时是冬天，刘曜骑马从洛河冰面上撤退，结果马坠于冰上。刘曜身上被创十余处，成了后赵的俘虏。石勒让刘曜写信令留守关中的儿子刘熙投降。刘曜却写信要求刘熙："与大臣匡维社稷，勿以吾易意也。"石勒见刘曜刚硬不降，就杀了他。

刘曜本以为儿子刘熙坚守关中，还可同石勒一搏。实际上主力覆灭后，前赵立即分崩离析。关中大乱，东晋咸和四年（329年）正月，刘熙得知父亲的死讯后，逃离长安，躲到上邽（今甘肃天水）去了。留守长安的前赵军队投降后赵。刘熙这时候又后悔了，在夏天反攻长安，没有成功，将前赵最后的实力也折损了。石虎乘机攻克上邽。前赵亡。至此，除了辽东慕容鲜卑建立的前燕政权和河西张氏，石勒统一了北方其他地区。330年，石勒称帝。

从奴隶到皇帝，石勒创造了一个奇迹。他出身少数民族，又当过奴隶，对社会实情和百姓疾苦有切身的感受，尤其是对西晋末年百姓流离失所的乱局记忆深刻。建立后赵政权后，石勒留意农业生产，派遣使者巡行州郡，招募流民，劝课农桑。随着后赵政权的稳定，流民相继归附石勒，之前农田荒芜、百业凋敝的景象有所缓解。

石勒所代表的羯人整体汉化水平不高。石勒却能够认识到汉人政治制度的优越性，在征战过程中吸纳汉人政治文明。石勒不识汉字，就找儒生读书给自己听。一次，儒生读《汉书》，读到郦食其劝刘邦分封六国后人时，石勒大惊，说这样做会天下大乱的。后来听到张良劝阻，石勒连忙说："赖有此耳。"石勒初起时，对西晋王公大臣、坞堡主及士大夫大肆杀戮。后来他逐渐认识到争取汉人上层，尤其是留在北方的士族豪门的支持的重要性。石勒在俘虏中区分士庶，将士族集为"君子营"，以示优待；在战乱中下令梳理地方家族谱系，明令不准侮易衣冠华族。建立政权后，石勒恢复魏晋以来的九品中正制，吸收士族进入后赵政权。河东裴氏、京兆杜氏、清河崔氏、颍川荀氏都有人被后赵政权擢用。

尽管有所自我约束，石勒骨子里还是个残暴的人，奉行民族压迫政策。石勒忌讳别人提及他的异族出身，后赵法令明确规定：无论说话写文章，一律严禁出现"胡"字，违者杀无赦。百姓不得不将日常食用的胡瓜改名为"黄瓜"。至于杀戮汉人、强迫移民等措施，更是激化了汉人与少数民族的矛盾。333年夏，石勒病死，遗诏令太子石弘继位。

石勒死时，后赵的实权被铁腕人物石虎掌握。石虎是石勒的侄子，为人残暴，善于征战，为后赵的建立立下汗马功劳。石虎野心勃勃，就等着石勒死后自己做皇帝，都布置好武士要抢位置夺权了。太子石弘知道自己不是对手，吓得主

· 九／后赵与冉魏的兴衰 · 045

动声明自己无才无德，石虎才是真龙天子。但石虎考虑到石勒尸骨未寒，强登皇位容易树敌，便虚情假意地拥戴石弘称帝。石弘称帝后，完全是石虎的傀儡，封石虎为丞相、魏王、大单于，总摄朝政。石虎掌握各个要害部门，进一步控制政权，在咸和九年（334年）废石弘，自称居摄赵天王。之后，石虎诛杀了石弘及石勒的其他儿子，从襄国迁都邺城，于349年称帝。

石虎继承了石勒凶残的性格和民族压迫政策，掌权后强化"胡"汉分治政策，设置大单于统治各少数民族，与汉人的行政管理制度完全分开，又强行规定称汉人为"赵人"，"胡"人为"国人"，并严禁呼羯为"胡"。为了充实新首都邺城，石虎强迫各族人民迁往邺及其周围地区。石虎故意对汉人征发繁重的赋税与徭役，长期役使百姓超过四十万。为征讨前燕，石虎又征召超过五十万百姓准备军资。石虎本人汉化程度不高，对游牧生活很留恋，将黄河以北中原地区的数万平方公里土地划为狩猎围场，规定汉人不能向其中的野兽投一块石子，否则即是"犯兽"，将处以死罪。结果发生了许多百姓被野兽害死或者吃掉的惨剧。汉人地位竟不如野兽。而石虎对此解释说："我家父子如是，自非天崩地陷，当复何愁？"当时"北地沧凉，衣冠南迁，胡狄遍地，汉家子弟几欲被数屠殆尽"。石虎的荒淫无度、率性胡为，让各种矛盾纠结在一起，把后赵政权推到了火山口上。

石虎的家庭生活也一团糟。太子石邃因为父皇宠爱弟弟石宣和石韬而担心地位不保，于是阴谋叛乱篡位，事泄后被杀。石虎立石宣为新太子，却加倍宠爱石韬，再次激化儿子之间的矛盾。新太子石宣嫉恨石韬，残忍地将石韬砍掉手足、刺烂双眼、挑破肚子，石韬惨死。石宣借石韬丧礼，一不做二不休，计划暗杀石虎篡位。石虎知道真相后，用同样的酷刑将石宣处死。石虎杀太子后，把无辜的东宫官吏、卫士十余万人谪戍凉州。

349年，一万多名获罪的东宫官兵被押送到雍城（今陕西凤翔），他们发动了起义。这场起义点燃了大叛乱的引信，关中各族百姓揭竿而起，加入起义队伍。起义军所向披靡，攻略长安，杀出潼关，人数超过十万。石虎派大司马李农调集重兵镇压，反而被起义军打败。后赵的军队经此一叛一败，元气大伤。石虎不得不利用其他少数民族武装来镇压心腹大患。氐人贵族苻洪和羌人贵族姚弋仲纷纷组织军队，合兵进攻，终于镇压了起义。起义虽然失败了，但后赵军队在重重矛盾中也基本失去了战斗力，其他少数民族的武装尾大不掉，开始威胁石虎的统治。石虎在当年一命呜呼。

石虎死后，诸子争立，骨肉相残，导致帝国分崩离析。第二年（350年），政权落入一个汉人的手里。这个人就是石闵。

石闵原名冉闵，是并州乞活军的后代。西晋末期，北方连年灾荒，又赶上瘟疫和八王之乱、胡人南下，许多地区赤地千里，饿殍遍野，牛羊猫狗都被吃了，老鼠草根也被刨出来吃了，最后出现了"易子而食""人相食"的人间惨剧。人祸接踵而来。比如在并州"寇贼纵横，道路断塞"，又"数为胡寇所掠"，到处是跨马持刀的凶徒，弱肉强食，简直是人间地狱。于是，数以十万计的流民四处流徙，寻找一切可以吃的东西和安全的地方。在流荡哄抢的过程中，流民既要抢掠生存又要自卫，逐渐形成了自发的武装组织。军官出身的田甄、李恽、薄盛等人最后将并州流民组织起来，随司马腾"就谷冀州，号为乞活"。这就是乞活军的来历。

乞活军在十六国前期是一支重要的政治军事力量，先是跟随司马腾镇守邺城，与成都王司马颖作战。司马腾死后，乞活军发生了分裂：一部分在李恽、薄盛带领下投奔了东海王司马越，后流窜在山东、河南等地，最后被石勒消灭；另一部分乞活军在田甄率领下前往上党，也被石勒打败，余部陈午等投降石勒。陈午部队中有一个人叫作冉瞻，只有十二岁，精明能干，很受石虎喜爱。石虎将他收为养子，冒姓石。石瞻后来生下一个儿子，取名"石闵"，石虎认石闵为养孙。还有一种说法是石闵是石虎的养子。虽然说法不同，但石闵原名冉闵，是汉人子孙的史实是确定的。

《晋书》描述冉闵"身长八尺，善谋略，勇力绝人"。在后赵时期，冉闵临战都冲锋在前，奋勇杀敌，深受石虎的器重，进而掌握了部分军队。石虎死后，诸子争位，当时汉人百姓普遍渴望驱逐残暴的羯人统治者，拥护汉人出身的冉闵发动政变推翻后赵。冉闵于350年夺取政权称帝，改国号为魏，建都邺城，史称冉魏。这是十六国时期唯一在中原建立的汉人政权。

冉魏政权仅仅存在三年时间。它依靠部分汉人武装，趁羯人内乱仓促建立，统治区域局限于黄河中游的南北地区——其他地区为后赵残余或趁乱割据的其他少数民族占领。支撑这个政权的精神动力就是驱逐羯人，光复汉家天下。冉闵掌权后就下令，邺城城中"今日以后，与官同心者留，不同者各任所之。敕城门不复相禁"。邺城大门昼夜不关，供百姓选择到底是支持新政权还是反对新政权。

羯人和其他少数族群惊恐不安，纷纷逃出城去，而汉人热诚支持新政权，纷纷涌入城来，"于是赵人百里内悉入城。胡、羯去者填门"。

冉闵对南方的东晋王朝抱有好感，派遣使者联络东晋，希望联合起来驱逐"胡"人。东晋君臣对冉闵很不信任，听说冉闵竟然称帝，断然拒绝联军的要求。冉闵只能靠奋勇作战来挽救局面。冉闵政变后，石虎的儿子石祗在襄国自立，并起兵讨伐冉闵。351年，冉闵将后赵残余部队杀得大败。352年正月，冉魏攻克襄国，后赵灭亡。连年作战，冉闵赖以征伐的军队疲惫不堪。慕容鲜卑的前燕政权趁乱先攻占幽州，又趁机大举进攻冉魏。冉闵再向东晋王朝求援，东晋对冉闵依然没有好感，相反对一再上表称臣的前燕政权很有好感，所以坐视前燕政权步步强大，冉魏日日削弱。冉闵集结汉人军民，以一万之众抵抗十四万鲜卑大军的进攻。在决战中，冉闵奋勇冲锋，在敌阵杀进杀出。传说他左手执双刃矛，右手执钩戟，杀死燕兵三百余人，最后马倒被擒，死于燕都龙城（今辽宁朝阳）。同年夏，邺城陷落，冉魏灭亡。

冉魏骤亡后，华北东部地区为前燕占领，关中地区被前秦占领，北方进入了前燕和前秦对立的阶段。

十 / 慕容家的内讧传统

"鲜卑"一词最早出现在东汉。在《三国志》《后汉书》中，鲜卑与乌桓并称"东胡"，东汉初年，乌桓人大量迁入塞内，与之相邻的鲜卑人也跟着南迁，这些鲜卑部落大多聚居在辽东一带。后来又有鲜卑部落内迁至辽西，因此又有辽东鲜卑、辽西鲜卑之分。这些鲜卑部落依然过着豪迈的草原生活，"放马大泽中，草好马着膘"，尚武崇力，聚散不定，呼啸成军。

辽东鲜卑一共有三部。慕容鲜卑部位于中部，东西分别为宇文鲜卑和段氏鲜卑所包围，而实力弱于两部。慕容家族的首领莫护跋在曹魏初年率领其部内迁到辽西一带。司马懿讨伐公孙渊时，莫护跋随战有功，被封为率义王，在辽西的昌黎大棘城（今辽宁义县西北）建国。莫护跋家族开始学汉人戴上步摇冠，迈着方步走路，被称为"步摇"，后转音为"慕容"，以此得姓。莫护跋的孙子慕容涉归也因为协助朝廷征讨立功，被晋武帝封为鲜卑大单于。慕容部又转迁到辽东北部。在不断的迁移过程中，慕容部落越来越接近汉人地区，逐渐汉化。

慕容涉归死后，其弟慕容耐发动政变，夺取了部落大单于之位，还派人刺杀慕容涉归的儿子慕容廆。年幼的慕容廆只好向南逃，开始亡命辽东，被好心的汉人收留掩护才幸免于难。在汉人地区生活期间，慕容廆自觉不自觉地接受了许多汉人的文化和政治智慧，深深地烙上了汉文明的印记。不久，慕容耐为手下所杀。慕容族人公迎慕容廆为新单于。

慕容廆大刀阔斧地改革部族的内政外交。首先，他主动遣使觐见晋武帝，接受了晋朝官职，自认藩属，使弱小的慕容部鲜卑获得了"尊王"的金字招牌。其次，慕容部重金联络其他两部鲜卑。段氏鲜卑是当时辽东各部中实力最强者，慕容廆便迎娶了段部单于的女儿为妻。中原八王之乱正酣，称王称霸者前仆后继。辽东最强的段氏鲜卑排斥避难而来的中原移民和汉人士大夫。而慕容廆赏罚分明、用人唯才，很快集中了北方五州的大量流亡士人。慕容廆移居大棘城，教人耕种，制定与汉人相似的法令法规。慕容鲜卑迅速繁荣起来。

晋惠帝太安元年（302年），慕容部近邻宇文鲜卑的首领宇文莫圭统一了塞外的"东胡"各部，自称单于，将进攻矛头指向慕容部。气势汹汹的宇文大军进攻慕容部。慕容廆沉着冷静，亲自迎战，首战告捷。宇文部很快又集结十万大军卷土重来，将慕容廆包围在大棘城中。一时间，亡国阴云笼罩慕容部落。慕容廆却谈笑自若，说："敌兵虽多，却毫无章法可言。胜负早在我的算计之中了。诸位只管拼力一战，没什么好愁的！"他激励士气，主动出战。宇文军队多而不精，面对冲击乱作一团，溃败得一塌糊涂。此战，慕容部追击上百里，斩首数以万计。宇文鲜卑不得不远逃塞外，慕容部一跃由弱而强。

慕容廆战后又花了多年时间整训军队，推行郡县制，建立完备的政权系统与机构，《晋书》也承认慕容氏政权"皆如魏武、晋文辅政故事"。晋室遥拜慕容廆为龙骧将军、大单于。慕容鲜卑的壮大招来了辽东的晋朝残余势力和高句丽、段氏鲜卑、宇文鲜卑等势力的集体敌视。辽东此时是东晋王朝的一块飞地。东晋任命的平州刺史崔毖名义上是本地区最高军政长官。而高句丽和两部鲜卑不愿意慕容鲜卑坐大，就在崔毖的撮合下组成了四方联军讨伐慕容部，挑起辽东史上规模最大的一战。

晋大兴二年（319年），联军浩浩荡荡攻入慕容部的境内，很快就将大棘城围得水泄不通。四方联军的致命缺陷是缺乏一致的战斗目标。宇文鲜卑的斗志最强，段氏鲜卑和高句丽是因忌妒而出兵，而崔毖就是一个空头司令。慕容廆分化瓦解，各个击破。联军日日围攻大棘城，慕容廆只管闭门固守。联军长期求战不得，没事做就开始互相猜忌。这时慕容廆趁机派人带着牛肉美酒出城，以崔毖的名义犒劳宇文鲜卑军队。宇文部也是太大意了，和来人把酒言欢。段氏鲜卑和高句丽看到宇文部与慕容廆联欢，怀疑他们在搞什么把戏，当即领军退却，观望起来。宇文部首领宇文悉独官得知中计，恼怒异常。他只得尽起本部数万士兵，连营三十多里，单独加紧攻城。

慕容廆儿子慕容翰的军队从外地回援都城。慕容廆命令儿子回城协防，慕容翰见城内防卫力量足够，留驻城外充作奇兵，等候时机内外夹攻。悉独官感觉慕容翰是个祸患，分派数千骑兵突袭慕容翰。慕容翰事先得知宇文部的偷袭计划，当机立断，派人冒充段氏鲜卑的使臣半路拦截悉独官的骑兵，请求带路，协助打击共同的敌人。宇文部信以为真，随同来人闯进了慕容大军的埋伏圈。一战下来，宇文部骑兵全军覆没。慕容廆、慕容翰父子乘胜追击，内外夹击。世子慕容廆率领精锐部队突袭悉独官大营。宇文部溃不成军，三十里连营一片火海。宇文鲜卑被击垮后，晋朝残余势力匆忙撤出辽东，鲜卑其余各部纷纷向慕容部称臣；高句丽之后两次被慕容翰等人击败，从此对辽东事务敬而远之。

慕容廆囊括整个辽东，派使到建康（为了避晋愍帝的名讳，建邺改称建康）报捷。司马睿顺势封他为平州刺史、辽东郡公。晚年的慕容廆主要在辽东操练兵马，据说他曾经写信劝东晋名将陶侃率军北伐，表示鲜卑愿为北方接应。计划没有执行，陶侃和慕容廆先后去世。

慕容廆病逝后，世子慕容皝继位。慕容皝对庶长兄慕容翰的功绩和能力很忌惮。慕容翰于是投奔了宿敌段氏。段氏大喜，拥戴着慕容翰要去与慕容皝争国。段氏鲜卑的军队很快涌入慕容部的土地。眼看慕容皝即将大败，慕容翰不忍祖国灭亡，与段氏临阵泪别，跑到宇文部，装疯行乞，流落街头。段氏鲜卑转胜为败，慕容皝转忧为喜。

那一边，同是慕容廆之子的慕容仁和慕容昭看到慕容皝迫害慕容翰，决定杀掉慕容皝自保。慕容皝察觉后，先下了手，将两位同胞兄弟杀死。经过这件事情后，慕容皝开始想念哥哥了。他派人将慕容翰接回了本国。慕容翰不计前嫌，为弟弟攻灭了宇文鲜卑，并东败高句丽。随着哥哥功绩声望日增，慕容皝再次害怕慕容翰夺位。重燃的猜忌之情迅速膨胀。一次，慕容翰受伤在家养病，慕容皝以慕容翰常在家中练剑图谋造反为由，送去毒酒赐死。慕容翰流泪道："今天我死，命当如此。但是中原还被逆贼占领，国家并不平静，我常常以扫平天下，完成父王遗愿来激励自己，现在不能满足心愿了。命也奈何。"说完，他饮鸩身亡。

慕容皝死后，其子慕容俊继立。冉魏取代后赵，中原大乱。这给慕容家染指中原提供了可乘之机。349年，慕容鲜卑大举进攻后赵，夺得幽州，迁都于蓟（今北京）。三年后，慕容部击灭冉魏，占有河北，慕容俊正式称帝，定都邺城，国号燕，史称前燕。

前燕建国之后，父辈骨肉猜忌的内讧再次重演。慕容皝的儿子都能力出众，尤其以慕容俊、慕容恪、慕容霸为最。慕容皝特别喜爱屡立军功的慕容霸，令太子慕容俊非常忌妒。慕容霸少年时喜欢打猎，有一次从马上摔下来，摔断了牙齿。慕容俊登基后，以敬仰春秋时晋人郤缺为借口，命慕容霸改名为"垂央"，后来又去掉"央"，定名叫"垂"。"垂"是个非常不吉利的名字。慕容俊的老婆吐谷浑皇后以忌妒强悍著称。慕容垂的结发妻子段氏清廉自守，与丈夫恩爱异常。但是吐谷浑皇后寻机将段氏治死，并逼慕容垂迎娶自己的妹妹长安君。慕容垂却喜欢上了段氏的妹妹。恼怒的吐谷浑皇后竟对慕容垂动了杀机。慕容垂不得不委曲求全，韬光养晦，不谈政治。

360年，慕容俊病死，十一岁的太子慕容㬙继位，慕容俊临死前想把小皇帝托付给慕容恪，可又不信任慕容恪，于是试探他说："我想把社稷交给你。"慕容恪不肯接受。慕容俊假装生气，说："我们兄弟之间何必虚饰！"慕容恪回答："陛下如果认为臣担当得起天下重任，难道就不能辅佐少主？"慕容俊这才放心，说："你能像周公辅佐周成王那样辅佐我的儿子，我就完全放心了。"新皇登基后，慕容恪以太宰身份辅政。慕容恪被后世称为"十六国第一名将"。在他主政期间，燕国不仅稳固了华北，还一度攻占了东晋的河南、淮北等地，使国家疆域达到极盛。

东晋桓温在369年率军北伐，燕军连败失地。慕容垂临危受命，领兵迎战。他派弟弟慕容德截断东晋军粮道，迫使桓温后撤。慕容垂率军追击，在襄邑大败东晋军。慕容垂逼退桓温，几乎成了国家的再造功臣。谁想，慕容垂回到家中，却得到了心爱的段氏妹妹被吐谷浑太后杀死的噩耗。好心人还悄悄告诉慕容垂，歹心的吐谷浑太后有将他治死的阴谋。慕容垂只能守在家里，过起谨小慎微的日子。好在他功勋卓著，吐谷浑太后一时难以在肉体上消灭他。

367年，慕容恪走到了生命的尽头，临死前对少主慕容㬙说："皇叔慕容垂才能胜我十倍，先帝因长幼的次序，用臣辅政。我死后他可做大司马，号令全国军队。如果那样，我国必能一统天下。"慕容恪又叮嘱慕容㬙的兄长慕容臧说："我死之后，以亲疏而言，应该轮到你和慕容冲。你们弟兄虽然才能出众，毕竟年纪还轻，不见得能够挑得起这副担子。你们的叔叔慕容垂是人中豪杰，智谋无人能及。你们若能推举他做大司马，必能一统天下。你们千万不要贪恋官职，不以国家为意。"弟弟慕容评来探望，慕容恪再一次推荐慕容垂，认为如果不加重用，恐怕对国家不利。少主慕容㬙兄弟和慕容评等人听了慕容恪的话，却没有遵守。慕容恪死后，皇叔慕容评主政，慕容臧、慕容冲兄弟掌权。

当时的北方格局是前燕和前秦东西对峙。前燕的领土和人口都超过前秦，势力原本强于前秦。慕容恪死后，主政的慕容评能力平庸，极力搜刮百姓的财产，横征暴敛，连百姓喝水都要交税。贵族官僚大量占有庇荫户，总数超过国家控制的户口，致使国家的赋税徭役减少，府库空虚。前燕在短短几年内败落。慕容评等人还将慕容垂看作潜在威胁，欲除之而后快。一帮人整天想着谋害慕容垂。慕容垂决定效仿伯伯慕容翰逃亡。他本意是逃往老家龙城，据有燕的旧疆，但没有成功，不得不带了儿子慕容令、慕容宝等投奔敌人前秦去了。

慕容垂投奔的前秦，国势蒸蒸日上。370年，前秦苻坚命王猛率大军攻燕，以慕容垂为先锋，攻破邺城，俘虏慕容暐，灭亡了前燕。北方历史进入了前秦的短暂统一时期。

十一 / 前秦统一北方

后赵灭刘曜攻占关中后，迁徙了氐、羌十万余户充实关东地区，任命本部族酋长为首领加以羁绊。氐人酋长苻洪率氐人百姓徙居枋头（今河南汲县）。石虎死后，冉闵杀戮少数民族，苻洪一度投降东晋。他在冉魏的压力下无法在东方立足，就率领关中流民西归故乡。途中，苻洪被人杀死，其子苻健继领部众，西入潼关。关中氐人纷起响应，苻健很快就攻占长安，割据关中。永和七年（351年），苻健在长安称天王、大单于，国号大秦。历史上称为"前秦"。

前秦的建国基础非常差。首先，氐是一个弱小的民族，之所以能够迅速在关中建国，主要是因为在后赵大乱、关中空虚的情况下得了便宜。前秦建国后，关中其他势力群起反对，统治极不安定；境内偏偏又连续遭遇饥荒和蝗灾，草木凋敝，牛马饿死。建国第三年，东晋桓温大举北伐。苻健率军迎战不利，退缩回长安固守，坚壁清野，封剿物资，希望能逼退桓温。桓温很快退却了。苻健又花了大力气去镇压境内的反抗。355年，苻健病重，临终前嘱咐太子苻生："六夷酋帅和执政大臣，如果不听你的命令，可把他们杀掉。"苻生性格残暴，喜好武艺，将父亲的遗嘱误以为是要他严苛暴政，继位后凶残无比，激化了矛盾。丞相雷弱儿为人刚直，在朝堂上批评苻生的亲信，苻生竟将雷弱儿及其九子、二十七孙全部杀死。一次宴会，饮酒的宾客不多，苻生借口在宴会上做酒监的尚书令辛牢劝酒不力，当场一箭将辛牢射死。苻生梦见大鱼吃蒲（苻氏本姓蒲），又听说长安有民谣说"东海大鱼化为龙，男皆为王女为公"，就把太师鱼遵及其七子、十孙都杀了。诸如此类，劣迹斑斑。苻生接见群臣时，旁边的武士弓上弦、刀出鞘，自己则把锤钳锯凿等放在手边，随时准备杀人。最后，朝中人人自危，都希望苻生早死。

东海王苻坚是苻生的堂弟，汉化比较深，为人温文尔雅，从小最受爷爷苻洪的喜欢。他在八岁的时候，突然请求苻洪聘请两位家庭教师教导自己。苻洪惊喜地说："我们氐人从来只知喝酒吃肉，如今你有心向学，实在太好了。"他给孙子请的老师教授的是汉人文化和政治制度。如今，苻坚见苻生残暴，有心推翻他，可惜力量单薄。苻坚找尚书吕婆楼商议对策。吕婆楼推荐了一位隐居华山的奇才——王猛。

王猛是青州北海郡剧县的汉人，早年颠沛流离，辗转黄河南北，满腹经纶却没有施展的舞台，隐居华山。354 年，东晋大将桓温北伐，驻军灞上，与汉人旧都长安一步之遥。关中父老夹道欢迎晋军收复失地，争以牛酒劳军。王猛心向东晋，身穿麻布短衣，径直前往桓温大营求见。桓温认真地接待了王猛，请王猛谈谈对时局的看法。大庭广众之中，王猛坐在席上，一边捉掐虱子，一边纵谈天下大势，滔滔不绝，旁若无人。桓温暗暗称奇，问道："我奉天子之命，统率十万精兵北伐逆贼，为苍生除害，而关中豪杰却无人效劳王师，是何缘故？"王猛直言："桓公不远千里深入敌境，离长安城近在咫尺却不渡灞水攻城。关中豪杰摸不透您的心思，所以不来。"王猛的话，戳中了桓温的心事。桓温北伐本心并非解救北方百姓于水火，而是借北伐提升名望和实力。他默然良久，无言以对。最后，桓温对王猛感叹道："江东没有一个人能比得上您的见识！"因为军中乏食，士无斗志，桓温很快就退兵了。临行前，桓温赐王猛华车良马，授予他都护官职，邀请王猛一起南下。王猛知道追随桓温必将助其篡晋，落下污名，拒绝官职，回华山继续隐居读书。

苻坚通过吕婆楼把王猛请到府里。二人一见倾心，在拨乱反正、发展经济和统一天下等问题上不谋而合。苻坚对王猛佩服得五体投地，直呼发现了第二个诸葛亮。王猛也为苻坚的抱负和设想所吸引，答应辅佐苻坚。

升平元年（357 年）六月的一天夜里，苻生睡觉前对侍婢说："苻法、苻坚兄弟也不可信任，明天要把他们杀掉。"侍婢痛恨苻生，连夜跑出来把消息泄露给了苻坚。苻法是苻坚的哥哥，受封清河王。兄弟两人一合计，决心孤注一掷，率领几百人就向皇宫杀去。原以为这是一次胜算不大的冒险，可是苻生早已丧失人心，积怨潜伏。苻坚等人很顺利地冲进了皇宫。宿卫将士自动放下武器，有的还倒戈参加了苻坚的政变。苻生当晚喝得酩酊大醉，听见喧闹，迷迷糊糊醒来，还没弄清楚状况就被人捆绑了起来。苻坚宣布将苻生废为越王，软禁起来，不久把他杀死，并杀死苻生的亲信党羽。苻法和群臣拥戴苻坚继位为前秦第三代君主。苻坚以王猛为柱石，开始大展拳脚。

关中屡经战乱，领土小而百姓疲弱。前秦内部政治黑暗，权力分散，法令不通；社会缺乏公正，豪强横行，普通百姓承担繁重的赋役；自然灾害频繁，田地荒芜，乡村颓废。种种因素导致氐人的统治很不稳定。苻坚和王猛执政的下手点是整顿吏治，"治乱世用重典"。王猛上任之初，杀戮不法豪强，苻坚犹豫地询问王猛：国家本就不稳，骤然杀戮过重是否对国对民不利？王猛认为，国家贫弱，人心不附，恰恰是因为之前政府力量不足，现在要拨乱反正，压制豪强，非下猛药不可。

姑臧侯樊世是跟随苻健南征北战、建立前秦的氐人豪强，自恃资历功劳，对苻坚重用王猛非常不满，曾当众骂王猛："我辈和先帝共兴事业，如今大权旁落。你没有尺寸之功，怎么能执掌大权？这样岂不是我种了田地你收庄稼！"樊世在朝堂上和苻坚说话口气强硬。一次，王猛在旁指责他没有君臣之分。樊世大发雷霆，竟然捋起袖子就要殴打王猛。被人拉开后，樊世大骂："不把王猛的脑袋挂在长安城门口，我绝不罢休！"苻坚命令将樊世立即斩首。樊世被杀后，氐人贵族常向苻坚告王猛的状。苻坚一概斥责，甚至在朝堂上鞭打告状的人，公开表示对王猛的支持。从此，前秦公卿以下官吏都畏惧王猛，不敢对他的施政指手画脚了。朝堂为之肃然。为了压制豪强，王猛兼任京兆尹。王猛一上任就抓捕太后的弟弟、危害长安的强德。苻坚得知强德被抓后，连忙派使者前来赦免。使者到时，强德已经身首异处，陈尸通衢了。此后，豪强皆小心翼翼，不敢再横行乡里，更不敢与官府作对。王猛施政旗开得胜，前秦王朝权威骤然上升，迅速实现了政令畅通。苻坚感叹："吾始今知天下之有法也！"

氐人文化水平较低，许多当官的氐人大字不识几个。苻坚和王猛大兴文教，恢复儒家教学，收氐人和其他民族子弟入学。朝廷规定，俸禄百石以上的官吏必须"学通一经，才成一艺"，不通一经一艺者一律罢官为民。强制推行后，前秦整体文化水平大大提高。

苻坚招揽流民，鼓励百姓安定下来，从事耕种。前秦征发贵族豪强的仆役庇荫户三万多人，在关中兴修水利，让关中许多荒废田地重新得到了灌溉。苻坚"与民休息"，还亲自参加耕种，他的皇后则在长安郊区开辟田地养蚕，作为天下的表率。而王猛执政，政品颇足称道，"关中良相唯王猛"。即使身居相位，王猛也克己奉公，生活俭朴，从不骄横凌人，让人抓不住把柄。他精力旺盛，工作勤勉，从不拖沓，当日决定的事情晚上就开始推行。

经过苻坚和王猛二十多年的励精图治，前秦国富民强，安定清平。史载，当时秦境"自长安至于诸州,皆夹路树槐柳,二十里一亭,四十里一驿,旅行者取给于途,工商贾贩于道"。关中地区迎来了十六国期间最稳定和繁荣的时期。

随着前秦实力增长,苻坚开始迈出统一天下的步伐。前秦衰落之时,各地割据政权不少。秦国大治,小的割据政权自忖混不下去了,纷纷主动投降。匈奴刘氏部、乌桓独孤部、鲜卑拓跋部等就先后降于前秦。367年,西部羌人叛乱,前凉君主张天锡想浑水摸鱼,出兵扩大地盘。王猛亲自率兵平叛。王猛斩首前凉官兵一万七千级,张天锡大败回河西走廊,奉表向前秦称臣。

话说苻坚的皇位是从堂兄苻生手里夺来的。苻生被杀后,他的弟弟晋公苻柳、赵公苻双、魏公苻廋、燕公苻武四人分别镇守地方。他们四人镇守的都是要冲,直接掌握着军队,威胁苻坚的统治。王猛力劝苻坚除去苻柳等人。苻坚念及骨肉之情,没有采纳。王猛在西北与张天锡作战的时候,苻柳在重镇蒲坂起兵反叛,苻双、苻廋、苻武三人响应。乱军气势很大,扬言要一举攻下长安,却没有采取实际行动。第二年(368年)春,王猛从容率军前来讨伐。苻柳以割让要地陕城(今河南陕县,扼守关中东门)给前燕为筹码,向前燕借兵。前燕慕容评才能平庸,主动放弃良机:"我等智略,非太宰(慕容恪)之比,能闭关保境足矣,平秦不是我等之事。"

苻柳硬着头皮主动迎战,王猛高挂免战牌。他以为王猛怯战,掉以轻心,留下儿子守城,亲率精锐偷袭长安。王猛侦知了情报,设伏将苻柳精锐杀得丢盔弃甲。苻柳只剩数百骑逃回蒲坂,无力坚守。城破后,苻柳被杀。其他三位公爵被各个击破,陆续被杀。苻廋被俘后,苻坚亲自审问他为什么造反。苻廋实事求是地说:"我的弟兄都造反了,臣怕受连累而死,所以索性一起造反。"苻坚赐他自尽,没有株连其他人,连苻廋的儿子也赦免了。平乱后,前秦内外肃清。苻坚、王猛开始攻伐头号敌人——东方的前燕。

前燕的基础比前秦要好得多,但掌权的慕容评等人才能平庸,国内矛盾重重,人心不稳,士气涣散。前秦正想着如何吞并前燕,南方的桓温又开始北伐了。这给前秦创造了机会。369年,桓温北伐前燕,进展非常顺利。燕都邺城震动。前燕皇帝慕容暐求救于前秦,答应割虎牢关(今河南荥阳汜水)以西领土。前秦的多数大臣目光短浅,反对救援前燕。王猛认为前秦和前燕唇亡齿寒,建议先出兵与前燕击退东晋军,然后乘前燕战后虚弱、缺乏防备再吞并它。苻坚采纳王猛的意见,出兵联合前燕,与东晋北伐军作战。九月,燕秦联军大败晋兵,桓温败归南方。战后，前燕毁约，不愿割地给前秦。前燕此举引来了前秦的大举讨伐。东晋太和五年（370年）正月，秦军包围秦燕交界处的重镇洛阳。洛阳燕军斗志全无，开城门投降。

同年夏，王猛率军六万大举伐燕。慕容评整兵三十万迎战。敌我悬殊，王猛便四处出击，掌握主动权。他自己一举攻下太行山口的要塞壶关。秦将杨安北上进攻晋阳。晋阳重兵把守，杨安连攻两个月没有攻克。王猛即率军驰援。他见晋阳城墙高大坚固，督促士卒连夜挖通地道，输送壮士数百人潜入城中。约定时间，城内伏兵鼓噪而出，杀尽守门兵丁，打开城门迎大部队入城。秦军占领晋阳，俘虏前燕王公和官兵无数，动摇了前燕抵抗的决心。王猛不给慕容评喘息的机会，率得胜之师迅速南下，逼慕容评进行主力决战。慕容评判断秦军孤军深入，不能持久，想拖垮秦军。王猛一心要速战速决，挑选五千精锐骑兵偷袭燕军辎重，放火烧个精光。这把火瓦解了燕军的士气，连坐守邺城的慕容㬒都看不下去了，派人严责慕容评。慕容评平日巧取豪夺、贪赃枉法，聚敛了大量财富。慕容㬒严令他将财富散发给士兵，鼓舞士气，然后迫令他出战。外有圣旨逼战，内无隔夜粮草，慕容评仓促决战，结果是燕军大败。慕容评只带少数亲随逃回邺城。王猛长驱东进，包围了邺城。当年十一月，苻坚以投降的慕容垂为前锋，亲率十万精兵与王猛会师，准备对邺城发动最后攻势。慕容㬒、慕容评弃城逃走，大臣开门投降。秦兵占领邺城后，追上慕容㬒将其俘获。慕容评逃到高句丽，被高句丽捆绑起来送给前秦。至此，前燕灭亡。

灭亡前燕后，前秦用兵西方。当初大败张天锡时，前秦俘虏了前凉官兵五千人。如今，王猛将这些俘虏全部放回凉州，并捎给张天锡一封亲笔信。在信中，王猛分析了天下形势，劝张天锡纳土归降。张天锡寝食不宁，翻来覆去好几天，最终向前秦投降，前凉灭亡。前秦获得了河西之地。在此基础上，382年，苻坚又命将军吕光率军经营西域。吕光攻破焉耆、龟兹等三十六国，俘获大量珍宝和马匹，自东汉以后再次将中原王朝的统治延伸到西域。

在西南方向，东晋的梁益二州远离政治核心，晋军长期武备不修、城池破败。东晋梁州刺史杨亮守土有责，认为与其坐以待毙，不如冒险出击。于是，杨亮在373年主动对前秦发动进攻，前秦的梁州刺史杨安反击，打败晋军，杀入梁州。苻坚敏锐地把握住机会，加派兵力分路南下，志在夺取巴蜀。杨亮纠集残军和本地少数民族军队再战，再败，汉中失守。梁州被前秦占领。另一支秦军直扑四川的北部天险剑阁。剑阁由晋梓潼（今四川绵阳）太守周虓防守。周虓不懂军事，只知道防守郡城，竟然没有派兵扼守一夫当关万夫莫开的剑阁，导致前秦军队顺利通过天险，包围梓潼。兵临城下，周虓率军放弃城池，保护老母幼子夺路向湖北逃去，途中为秦军俘虏。周虓投降。川北形势急剧恶化，益州的东晋官吏也闻风而逃，秦军兵不血刃开进成都。至此，前秦基本统一了北方，并占领长江上游地区，疆域达到十六国的极盛。十分天下，秦居其七。

就在前秦统一北方的前夜，前秦建元十一年（375年）六月，王猛病倒了。王猛比苻坚大十三岁，苻坚一直以长辈之礼尊敬王猛。王猛病后，苻坚亲自为他祈祷，并派侍臣遍祷名山大川。七月，王猛病情转重，弥留之际对前来探望的苻坚留下遗言："晋朝虽然僻处江南，却是华夏正统，目前上下安和。臣死之后，希望陛下千万不可图谋伐晋。鲜卑、西羌等归降贵族终怀二心，是我们的仇敌，迟早要成为祸害，应该逐渐铲除他们，以利于国家。"王猛还嘱咐其子以十具牛耕田务农，其余一无所求。王猛死后，前秦哭声震野，三日不绝。苻坚三次临棺祭奠，都恸哭不能自已。他对太子苻宏说："上天不让我统一天下，怎么这样快就夺去我的王猛啊！"

王猛死后，苻坚的许多政治弱点开始放大。首先，苻坚待敌过于宽松，厚待投降和被俘的各割据政权统治者。前凉还没投降，苻坚就为张天锡造好了府邸。张天锡投降后，苻坚立即任命他为尚书，封归义侯，没有丝毫防备。前燕灭亡后，慕容暐等皇室成员都在长安担任了新职，其中慕容暐受封新兴侯，慕容暐的母亲死了，苻坚竟然以燕国皇后之礼安葬；入宫做了苻坚妃子的燕国清河公主很得苻坚的宠爱，史称"宠冠后庭"。羌人姚氏政权进攻前秦失败，姚苌不得不率部投降，苻坚也允许他继续统领旧部，还予以安置。其他政权的亡国宗室的待遇大抵如此。防人之心不可无，苻坚一点儿都不防备身边的前敌人，还让他们出任官职、掌握军队，埋下了日后帝国崩解的隐患。

氐人兵少力弱，要统治广大的北方地区实属不易。为了巩固统治，苻坚采取迁徙氐人分镇四方的政策。他消灭其他割据政权后，往往实行徙民政策，将被征服的鲜卑、乌桓、羌等部族十万户徙至关中。同时，苻坚将关中氐人十五万户移至关东，安置在各个要镇，以此来加强对新征服区的控制。这就分散了原本就薄弱的氐人势力。更要命的是，苻坚没了王猛的辅佐，开始"圣心独断"，在383年一意孤行，倾全国之力南征，终于爆发了淝水之战。

十二 / 司马睿建国江东

司马懿有一庶出的少子司马伷，是司马懿的小妾伏夫人所生，被封为琅邪王。第三代琅邪王司马觐的王妃夏侯氏私通小吏牛氏，生司马睿。西晋末年，皇室内讧，多少皇亲贵胄身首异处，血流满地，司马炎一系的近支子弟更是损失殆尽。作为皇室远支疏宗的琅邪王司马睿幸存下来。

司马睿十五岁世袭了琅邪王的爵位，但无权无兵，"八王之乱"前夕，司马睿"每恭俭退让，以免于祸"。永兴元年（304年），晋惠帝被挟持到邺城，司马睿随行。东安王司马繇劝掌权的成都王司马颖对晋惠帝客气优待，司马颖不仅不听，还把他杀了。司马睿是司马繇的亲侄子，怕遭牵连，赶紧化装逃走。成都王司马颖下令一切关口、渡口都不准贵人通过。司马睿到达黄河渡口，就被拦住了。情况紧急，幸亏有个叫宋典的随从急中生智，拿马鞭朝司马睿身上一拂，笑道："舍长（看管房子的小吏），官府把你当作达官显贵拘留了，看来你很有贵相啊！"守渡口的官兵信以为真，就把司马睿等人放行了。

司马睿逃亡后，坚定地站到了东海王司马越的阵营一边。永兴二年（305年），司马越授意司马睿去守下邳，并派自己的参军王导给司马睿当助手。王导出身琅邪王氏，眼光独到，看到天下已乱，看中了司马睿的低调和没有历史包袱的清白背景。司马睿对琅邪王氏也很有好感，刻意笼络。史称王导"倾心推奉"，司马睿"亦雅相器重，契同友执"。司马睿出镇下邳，开始了两人的搭档生涯。王导和司马睿同龄，当年都三十岁。

中原大乱愈加激烈，王导和堂兄弟王敦、王旷商议，觉得中原局面混乱，不如去相对安定的东吴故地开辟新局面。王导建议司马睿去东南地区独当一面。司马睿很赞成，向司马越申请移镇南方。朝廷中的王氏兄弟王衍、司马越的妃子裴氏二人被司马睿和王导做通了工作，都鼓动司马越同意司马睿的请求。司马越答应了。永嘉元年（307年），司马睿出任安东将军、都督扬州诸军事，联合王导等人搬到了建邺。司马睿前往东南，名义上是移镇，其实类似逃亡，带动了北方官民的南逃浪潮，史称"永嘉南渡"。

西晋末期，朝廷对南方控制减弱，江南先后爆发了张昌、陈敏两次大规模的叛乱。建邺是东吴的故都，不是谁坐在这里都能得到东南地区的支持。西晋平吴后，江南童谣称："局缩肉，数横目，中国当败吴当复。""局缩肉"是对司马皇室的蔑称。"横目"就是一个"四"字，"数横目"就说西晋寿命只有四十年左右。四十年后"中国当败吴当复"。而从265年司马炎建立西晋王朝到307年司马睿南下，已经四十年了，恰好天下大乱，很多东南百姓就认为改朝换代的时候到了。又有民谣说："宫门柱，且当朽，吴当复，在三十年后。"意思是东吴灭亡三十年后将会复国。当年陈敏反叛，在东南能迅速掀起大风大浪，和民心反晋思吴有很大关系。

司马睿到建邺时，距离陈敏覆灭才过去半年光景。南方局势也不是一潭静水，世族大家和一般百姓都心存观望。司马睿到建邺大半个月了，竟然没有一个江东士人前来拜访。西晋王朝已经分崩离析了，皇室成员在江东士人心中早已大大贬值。而司马睿这个琅邪王又是西晋皇室中的边缘人物。江东的世族大姓轻蔑地称司马睿、王导等人为"伧父"。

司马睿南下建邺的一个多月后，是三月三日"修禊节"。司马睿坐在奢华的肩舆之上，在皇家仪仗的簇拥下，缓缓出现在秦淮河边。王导、王敦等北方世族和名流都恭恭敬敬地骑马跟随其后。整个队伍威严肃穆又不失豪华热闹，将西晋王朝的泱泱皇室风范展现给江南人士看。江东的纪瞻、顾荣等著名大族都在江边搭着席位过节。目睹这一幕，他们的内心受到了极大震撼。皇室骨肉相残之后竟然还能保持这么威严的阵势。原来司马睿在北方的地位这么高，得到了这么多大人物的支持！震撼之余，南方人士纷纷拜倒在路旁。司马睿落座后，江东各大族纷纷前来拜见。司马睿、王导等人专门挑一些南方人不知道的新闻、礼仪、赏赐来说事。江东的世族大家听得晕头转向的。回家后，世族大家纷纷感叹，司马睿这批人不可小瞧！

紧接着，南方各大人物和名流先后接到了司马睿的聘书。司马睿一下子征辟了一百六十个幕僚，许诺以高官厚爵。司马睿任用顾荣为军司，加散骑常侍，遇到军国大事都向他咨询；任用贺循为吴国内史，将东南核心的吴郡托付给本地人治理。纪瞻、周玘、张闿等江东世族也都被委以重任。东吴灭亡后，江东士人的仕途变得很不顺畅。如今司马睿大施恩惠，史载："由是吴会风靡，百姓归心焉。"

在这其中，王导发挥了重要作用。谯国龙亢（今安徽怀远）世族桓彝南渡过江之初，看到司马睿势力微弱，担忧地对同样南渡的汝南世族周𫖮说："我们因为中原大乱才到此间来求生存，不料官府如此微弱，怎么能维持下去！"后来桓彝见到了王导，交谈之后对周𫖮说："我刚才见了管仲，再也不担忧了。"北方世族在北有强敌、南有土著的不利情况下，拥戴司马睿，同心协力在江南一隅打开局面。

西晋末期，义兴周氏、吴兴沈氏领衔江东世族，号为强宗。紧随其后的是吴郡四大家张、朱、陆、顾。北方世族初来，都不敢直接和他们对抗，纷纷避开现在的苏南和太湖流域，深入浙江、江西一带圈地占田，发展势力。其后有会稽的孔、魏、虞、谢四家。但是，江东世族在东吴灭亡后，没有统一的组织，形不成合力。始终没有一个强权人物成功领导江东世族与西晋朝廷对抗。也许是为了稳定多次骚乱后的江南，江东世族没有反抗北方世族南下，坐视他们逐渐站稳脚跟。等到北方世族开始挤压土著势力的发展空间，江东世族开始后悔了。随着统治逐渐巩固，北方世族在笼络策略之余，采取分化方法让江东世族自相削弱。王敦亲近吴兴沈家，以沈充为心腹和谋主，后来派沈充带兵消灭了义兴周家。沈充依靠王敦势力坐大，一度私铸钱币，还参与了王敦之乱。王敦造反被平定后，沈充被部下所杀。吴兴沈家转衰。周、沈两家内耗衰落，标志着江东世族力量下滑。在整个南朝时期，江东世族都处于北方世族之下。

司马睿在江东立足稳固了，但他占据的仅仅是扬州一隅。当时长江中下游从上到下依次为荆州、江州、扬州，大致对应现在的两湖、皖赣和江浙。荆州、江州都听命于洛阳朝廷，已有都督或刺史。没有广袤的土地和稳固的上游，司马睿想在扬州下游立国很困难。

江州刺史华轶差不多和司马睿同时来到南方，也是东海王司马越的党羽。他在江州恩威并施，交好江州豪杰士人，收揽逃亡来的官民。华轶借口"洛京尚存"，不听从司马睿的指挥，势同水火。永嘉五年（311年），司马睿以王敦为都督西征，统甘卓、周访等人逆江而上，企图武力吞并华轶势力。华轶上表请南方名将陶侃为扬武将军，率兵三千屯夏口防备下游。江州刺史参军陶臻是陶侃的侄子。陶臻装病辞官，劝说陶侃："华轶有忧天下之志，可惜才不足，且与琅邪王不平，恐怕在劫难逃。"陶侃觉得背弃华轶有违忠义，气愤地将陶臻抓起来送给华轶。陶臻中途偷偷跑到建邺投奔司马睿去了。为了争取陶侃，司马睿"提升"陶侃为奋威将军，给予"假赤幢曲盖轺车、鼓吹"的待遇。陶侃权衡再三，倒向了司马睿阵营，结果导致华轶在王敦等人的进攻面前兵败身亡。事后，陶侃再升为龙骧将军，实授武昌太守。

司马睿争夺江州的同时，西边的荆、湘二州（拆分荆州南部为湘州）陷入了杜弢之乱。

四川大乱后，大批巴蜀居民东迁避难，有好几万家进入荆、湘二州。流民常和本地人发生摩擦，又受官府歧视，就推四川人李骧造反。荆州刺史王澄，是个能说会道却不知军务的公子。流民起义起初规模很小，遭到各地方官府的镇压，李骧不得不向王澄投降。王澄画蛇添足，假意答应流民投降，趁其不防，偷袭起义军，并株连百姓，屠杀了八千多名流民。流民更加怨恨，于永嘉五年（311年）正月再次推举成都人杜弢在湘州起义。

杜弢祖父和父亲都是晋朝的县令，李骧起义时，杜弢是醴陵县令，率军镇压起义。如今，杜弢却被流民推举为起义的领导人，自称梁益二州牧、平难将军、湘州刺史，发兵进攻长沙、零陵、桂阳、武昌等郡。王澄和杜弢作战，屡次败北。后来，原新野王司马歆帐下牙门将聚众起兵，自称楚公。原荆州刺史参军王冲叛变，自称荆州刺史。王澄仓皇顺江东下，逃亡建邺。司马睿借机介入荆州。在江州的王敦势力加派陶侃、周访、甘卓等进入荆州镇压杜弢。

流民武装擅长远途奔袭和流动作战，杜弢充分发挥这一特点，想趁陶侃大军外出的机会奔袭陶侃的大本营武昌。陶侃立即撤军，抢在杜弢前面返回武昌，给予敌人迎头痛击。杜弢大败逃向长沙。王敦喜出望外："若无陶侯，荆州将非国家所有！"他向司马睿推荐陶侃为荆州刺史。杜弢武装在几年征战中，损失惨重，后续乏力。杜弢本不愿造反，希望能投降朝廷，写的降书言辞恳切优美，司马睿同意了，派使者去受降。然而，前线众将贪功，仍不断地向流民进攻。杜弢气愤不过，杀掉受降使者，坚持造反到底。直到建兴三年（315年）八月，陶侃才击溃流民武装，平定湘州。杜弢逃亡，不知所终。陶侃镇压杜弢后，乘胜北上讨伐荆州乱军杜曾。杜曾勇而无谋，没有远略，并不难平定，谁料官军内部矛盾滋生，延误战局。陶侃之前的胜利，离不开王敦的幕后支持。随着陶侃军功鼎盛、声名鹊起，王敦左右钱凤等人忌妒起来，开始向王敦进谗。王敦产生了猜忌的心理。他召陶侃相见，要解除陶侃的职务。陶侃的部将都劝他不要去见王敦。陶侃坚持前往，果然被王敦扣留，调任广州刺史。广州远在南粤，在西晋人眼中是极偏远之地，陶侃的这项任命等于流放。王敦再任命堂兄弟王廙为新荆州刺史。荆州诸将怨恨王敦处事不公，起兵抵制。王敦认为这是陶侃指使，披甲执矛竟想杀陶侃，犹豫着，进进出出好几回。不想，陶侃过来正色对他说："使君之雄断，当裁天下，何此不决乎！"说完，他坦然自若地去上厕所。王敦佐吏提醒说，陶侃的亲家周访统兵在外，如果杀害陶侃，恐怕再激起周访兵变。王敦这才改变主意，设宴欢送。

陶侃连夜出发，赶赴广州。在广州，陶侃平定了南粤的骚乱，做了十年的刺史。每天早晨，他都搬一百块砖到室外，晚上再搬回室内。旁人奇怪，问他为什么这样做。陶侃说："我方致力中原，生活太安逸恐怕以后不堪事，所以坚持锻炼。"这便是"陶侃运甓"的故事，当时陶侃已经是个花甲老人了。

陶侃被排挤走后，荆州将领郑攀、马隽等人为陶侃鸣不平，遭到王敦训斥，便率领军队叛变，加入杜曾乱军。而远在长安的晋愍帝任命第五猗为新荆州刺史。杜曾、郑攀等乱军就拥戴第五猗为刺史，与司马睿势力的荆州刺史王廙作战。建武元年（317年），杜曾连战得胜，大军向江陵挺进。司马睿命周访迎战。周访是陶侃的同乡兼亲家，之前和陶侃并肩作战多年，如今领兵八千，在沌阳（今汉阳西）和杜曾乱军激战。从清晨激战到傍晚，周访军队渐渐不支。周访挑选八百名精兵，亲自敬酒，鼓励大家死战。杜曾大军涌到周访中军阵前三十步时，周访亲自击鼓，敢死队奋勇出击，大破杜曾的冲锋，扭转了战况。周访连夜乘胜追击，把杜曾大军打得溃不成军。战后，周访因功升任梁州刺史，担起了镇压杜曾的主要责任。大兴二年（319年），周访最终攻杀杜曾，俘虏第五猗。如何处理第五猗，是个难题。第五猗是晋愍帝任命的官，在法律上是正牌刺史。王敦照杀不误。因为当时司马睿已经在江南称帝。

316年，匈奴人攻陷长安，晋愍帝投降。司马睿成为仅存的握有实权的藩镇宗室。残存的晋朝州县，比如北方并州的刘琨，南方扬州、荆州、江州的王导、王敦等人纷纷向司马睿劝进，敦促他延续晋室血脉。第二年，司马睿在建康称晋王，改元建武。东晋开始。建武二年（318年）三月，晋愍帝遇害的消息传到建康，晋王司马睿顺理成章地称帝，史称晋元帝。

司马睿刚到建康的时候，君臣等人连吃一回猪肉都是奢侈的享受。最好的猪脖颈肉自然是司马睿独享，其他人只好眼巴巴地看着他吃。那块肉因此被称为"禁脔"。十年后，南渡的北方官民就完全改变了局面，开创了一个新的王朝。

十三 / 祖逖北伐

祖逖，范阳遒（今河北涞水）人，出身官宦世家，性情豁达，年少时争强好胜，到十四五岁还大字不识一个。父亲早死，哥哥们很为祖逖担心，担心他日后败坏官宦世家的名声，或者干脆就当了江洋大盗。尽管家人很担心，祖逖却很受乡党宗族的好评，因为他轻财好侠，慷慨助人，每次看到有困难的人都大把散发谷帛接济，却假称是哥哥们的意思。

祖逖长大后心性改变，开始博览群书。他记忆力超群，古今军政都了然于胸，往来京师见者都称祖逖有赞世之才。他开始频繁进出各个王爷和权臣的幕府，当的都是些参军之类的职务。大抵上，他长于处理重要事务或者棘手的事，而不善于坐在衙门里埋头于文山案牍。可惜，司马诸王没能给他施展才能的舞台，他们埋头于内讧争斗。所以，祖逖的前四十多年都湮没无闻，一事无成。

祖逖曾和刘琨同时担任司州主簿。刘琨比祖逖小五岁，两人感情很好，住在一起，同被而眠。两人都是俊杰，都有匡扶国家之心，常常谈论时政，有时通宵达旦，都认为晋朝将"四海鼎沸，豪杰并起"。想到动荡的前景，二人互相勉励，约定"相避于中原"。一天凌晨，荒野响起鸡鸣，祖逖醒来，踢踢刘琨说："这不是恶声。"于是，两人摸黑出来舞剑，锻炼身体。"闻鸡起舞"由此而来。刘琨的才能逊于祖逖，但因为是汉朝宗室后裔，名冠一时，提拔得比祖逖快，后来成了西晋在北方的支柱。

"八王之乱"高潮时，祖逖率领亲党数百家向江淮地区逃难。途中，祖逖把所乘的车马让给同行的老弱病残，自己徒步前进，又把药物、衣粮都拿出来和大家分享。百姓见祖逖有权略、重义气，公推祖逖为"行主"。所谓"行主"，本质上是流民领袖。天下大乱，人口流动频繁，人数众多，形成多股流民潮。流民组织有领袖，有武装，迁徙到某地定居后，常常建造堡垒自守，平时耕种周围土地，有事就收缩回堡垒。这些堡垒史称坞堡，流民领袖被称为坞主。坞堡少的有几百人的武装，多的能拼凑数千军队，遍布江淮地区。其中大的武装则占领城池，比如祖逖武装就进驻泗口，此外还有苏峻、郗鉴等武装入驻徐州、扬州等地。各个政权分别委以流民领袖县令、太守乃至刺史职务，笼络流民武装。司马睿就任命祖逖为徐州刺史，以为笼络之策。祖逖进一步南下丹徒的京口（今江苏镇江）。在这里，祖逖招揽勇士为宾客义徒，待之如子弟。当时扬州突然大旱，出现饥荒，南下流民多为盗窃，攻剽富室。祖逖颇有侠气，不闻不问。遇到有流民为官府捕获，祖逖也千方百计解救。因此，祖逖在南下流民中的威望越来越高。

祖逖因为朝廷倾覆，常怀振复之志。北方流民背井离乡、流离失所，也有恢复故土的强烈要求。整个东晋时期，南方都存在强烈的北伐复国的呼声。祖逖虽然不断南迁，但沿途号召南方各派力量团结起来北伐。在江南稍微站稳脚跟后，祖逖就上奏司马睿，鼓吹北伐："晋室之乱，并非朝廷无道、百姓怨叛造成的，而是由于藩王争权，自相诛杀，导致戎狄乘隙毒流中原。如今，百姓遭受残酷杀戮，人人有奋击反抗之志。大王诚能发威命将，如果让祖逖我统兵北伐，则郡国豪杰必争相来投，沉弱之士欣然拥护，不久国耻可雪。"

司马睿、王导等人并不热衷北伐。对于南渡的司马睿政权来说，首要的是在南方扎下根去，巩固统治。争夺江州、荆州地盘，争取江东世族的支持，调解南下世族的内部矛盾，样样事情都比北伐重要得多。司马睿的名望很低，万一哪个重臣大将北伐成功了，声名大振，功高盖主，对司马睿有什么好处呢？司马睿是皇室疏宗，万一北伐找到几位皇室血统更近更高的宗室，司马睿往哪里放啊？所以，司马睿、王导力主收缩力量，稳定南方，不愿意分兵北伐。然而，北伐具有不容辩驳的道德优势，司马睿和王导不便公开反对。他们能做的是口头赞赏，暗地里布置种种障碍，阻挠北伐。这种"阳奉阴违"的北伐对策，由司马睿和王导首创，被之后的东晋朝廷继承。

祖逖自请北伐，司马睿便任命祖逖为奋威将军、豫州刺史。豫州（今河南地区）大部分在石勒手里，刺史是虚的，需要祖逖自己去夺回。那么司马睿给祖逖多少北伐军需呢？一千人份的军饷，三千匹布，没有一兵一将，没有一副铠甲一把刀。王导向祖逖解释说，朝廷捉襟见肘，只好委屈你勉为其难，自行招募军队北伐。

317年，祖逖率领百余家跟随自己的北方流民渡江北上，开始了悲壮的北伐。渡到长江中流，祖逖敲击着船桨立誓："祖逖不能清中原而复济者，有如大江！"

他辞色慷慨悲凉，旁人闻之，慨叹不已。"中流击楫"典出于此。渡过长江后，祖逖在江阴短暂逗留，冶铸兵器，并招募志愿军。北方流民纷纷参军，他很快组织起两千余人，继续北上。

永嘉南渡后的豫州实际掌握在各支流民武装手中。西晋政府之前笼络坞主张平为豫州刺史、樊雅为谯郡太守，他们是两支最强大的流民武装，此外还有董瞻、于武、谢浮等十几支队伍，各有数百到几千人马，各自为政。祖逖到后，拉拢一派打击一派，大力削弱流民武装。他先引诱谢浮进攻张平，杀掉了张平。樊雅大惊，在一天夜里突袭祖逖，攻破了北伐军的营垒。樊雅拔戟大呼，亲自冲向祖逖的营帐。北伐军大乱，祖逖在危急时刻体现出了枭雄本色，命左右列阵防守，从容指挥部下反击，击败了樊雅。樊雅失败后，联合张平余众继续与祖逖作战。祖逖则联合自封陈留太守的坞主陈川与之对抗。陈川派遣部将李头率兵增援祖逖。双方联军攻克谯城。战斗中李头勇敢向前、战功赫赫，战后祖逖得到了樊雅的坐骑骏马，李头很想要却不敢说，祖逖主动送上门去。李头感念祖逖的恩遇，叹息道："若得此人为主，吾死无恨。"陈川知道后，大怒，竟然因此杀死了李头。李头部众四百人逃奔祖逖。陈川更生气了，与祖逖决裂，派兵劫掠豫州诸郡，抢劫人口车马。祖逖陆续剿灭抢劫的兵丁，将赃物尽量物归原主，严明纪律，不让北伐官兵留有私产。陈川自忖战胜不了祖逖，向石勒投降。祖逖闻讯，率众讨伐陈川，石勒派石虎领兵五万救陈川。祖逖北伐正式进入与外族作战的阶段。

祖逖兵少，追求巧胜，屡次伏击石虎，取得小胜。双方相守四旬，北伐军后勤运输漫长而艰难，司马睿政权又拒绝支援，粮草很快接济不上。祖逖知道石虎的军需也很困难，就看敌我双方谁先支持不住了。他想出一条计策来，用布囊盛土做出米袋的模样，派千余人佯装运粮，途中令几个人扛着真米，佯装掉队在路旁休息。后赵军队上前劫掠，那几个人赶紧放下米袋逃跑。石虎检查截获的米袋，误以为祖逖粮草充足，顿时信心大减。石勒派将军刘夜堂赶了上千头驴运粮支援石虎。祖逖在汴水伏击刘夜堂，俘获军粮。石虎更是丧失了坚持的勇气，主动撤军了。北伐军推进到雍丘（今河南杞县），此后，祖逖和石勒在雍丘僵持了起来。祖逖多次主动进攻，让后赵的屯戍防不胜防。北伐军侦察兵常常俘虏后赵领土内的濮阳人，祖逖款待后遣归故里。这些人回去后，感念祖逖的恩德，陆续率乡里投奔北伐军。北方陆陆续续有五百家投奔祖逖。石勒曾经抽调精骑万人进攻祖逖，反为祖逖所败，此后陷入被动防守态势，再无主动进攻。

北伐形势一片大好，归附者甚多。当日黄河南北赵固、上官巳、李矩、郭默等流民武装相互攻击，祖逖遣使为他们和解，晓以大义和切身祸福。这些流民武装都接受祖逖的指挥。黄河北岸有许多堡垒的坞主不得不送儿子在后赵政权中当人质，不能旗帜鲜明地投靠祖逖。祖逖也悉听尊便，默许他们的"两属"状态，有时还派遣小股部队伴攻这些堡垒，让后赵知道他们没有投靠北伐军。坞主们对祖逖的细心考虑感恩戴德，更加倾心北伐军。后赵政权有什么计划和阴谋，他们事先都偷偷报告祖逖。北伐军的优势更加明显了。由于祖逖指挥得当，手腕灵活高超，"黄河以南尽为晋土"。

祖逖收复了河南，现在的山西北部和河北北部一带也还在晋朝残余势力手中。在领土格局上，晋朝力量对河北的石勒政权和关中的刘曜政权形成了夹击的态势。

先前，坚守河北北部的是西晋任命的幽州刺史王浚。王浚利令智昏，自以为天高皇帝远，自不量力，妄想割据，最后被石勒吞灭。坚守山西北部的就是当年和祖逖一起闻鸡起舞的并州刺史刘琨。刘琨这个刺史是在司马腾带领山西军民东出"乞活"，并州十室九空的情况下上任的。他在黄河边上组织了几百士卒，边打边走，穿越匈奴的领土才赶到晋阳（今山西太原）到任。刘琨在晋阳惨淡经营，与刘聪、石勒两派不断拉锯作战。晋愍帝遥授刘琨为司空，都督并、冀、幽三州诸军事，把北方的乱局托付给了他。遗憾的是，刘琨志大才疏，生性豪奢，又误信谗言，始终不能团结并州军民组建强有力的军队，最终还是被石勒赶出了并州。段氏鲜卑倾向晋朝，刘琨向北投靠了鲜卑，并和段匹磾歃血为盟，结为兄弟，发表檄文号召各部族拥戴晋朝。317 年，刘琨派妻侄温峤到建康报告北方情形，并劝司马睿即位做皇帝。临别，刘琨对温峤说："晋祚虽衰，天命未改，我当立功河朔，使卿延誉江南。"温峤后来果然在江南举足轻重、盛誉一时。刘琨听到老友祖逖北伐成就斐然，高兴地致信祖逖："我夜间都枕着兵器睡觉等天亮，一心期待消灭敌人，如今你跑到我前面去了。"他时刻准备杀敌，但天不佑他，第二年被背信弃义的段匹磾杀害，时年四十八岁。他的死意味着晋朝势力在华北地区覆没。

却说祖逖北伐初胜后，立志将河南建设为根据地。他为政俭朴，廉洁自律，不蓄私产；劝督农桑，恢复农业生产，亲自率领子弟耕耘砍柴，又收葬枯骨，为之祭醊。乱后初定的豫州百姓纷纷拥戴祖逖。祖逖曾置酒大会乡亲，豫州耆老流涕放歌："幸哉遗黎免俘虏，三辰既朗遇慈父。玄酒忘劳甘瓠脯，何以咏恩歌且舞。"司马睿顺水推舟提升祖逖为镇西将军。

石勒处于劣势，不敢窥兵河南。他采取通好政策，派人修缮了祖逖母亲墓地，写信要求相互通使、交市。石勒是朝廷仇敌，祖逖自然不能与之通使交好。但交市通商有利于百姓，也有利于河南经济的恢复和发展。祖逖耍了个手腕，对石勒的来使置之不理，对南北方自发的通商交往也不加制止，听任互市。河南百姓在互市中获利十倍，民富而政府强，很快河南就公私丰赡，北伐军强盛。祖逖满怀信心地要"推锋越河，扫清冀朔"。

大兴四年（321年），晋元帝司马睿派戴渊为征西将军、都督司兖豫并雍冀六州诸军事、司州刺史。祖逖认为朝廷派戴渊来监督他，是对他不信任。面对声望和军队都成倍增长的祖逖，司马睿猜疑心起。祖逖没有猜到的是，司马睿派戴渊到河南抢夺胜利果实。戴渊是南方人，虽有才望，但并不热衷北伐。河南收复后形势大好，如果拖延过久不再接再厉，一旦民心泄气，石勒缓过劲来，北伐难度将大为增加。可北伐已经不是自己说了算了，祖逖只能怏怏不乐。

戴渊出镇河南，坐镇荆州的王敦反应最强烈，表露出与朝廷公开决裂的态势。祖逖担心朝廷将起内讧，更加拖累北伐大业，忧虑过度而发病。在病中，祖逖还在筹划进一步北伐。他营缮了武牢城。该城北临黄河，西接成皋。他计划建设成向北向西进军的据点，又在河南筑垒，巩固战果，以备北伐失利时坚守。城没修成，祖逖在雍丘病逝，享年五十六岁。豫州百姓，为之立祠。朝廷追赠祖逖为车骑将军。据说王敦久怀逆志，畏惧祖逖的北伐军才不敢与朝廷决裂。听到祖逖死讯后，王敦开始肆意作乱。

祖逖原本可以在东晋获得丝毫不逊于刘琨的声望，可惜接替他的祖约日后率领这支流民武装参加叛乱，又投降了石勒，祖家被族诛，间接损害了祖逖的声誉。瑕不掩瑜，祖逖作为无私无畏的战士的形象，始终得到后人的尊崇。

十四 / "王与马，共天下"

永嘉南渡移民潮，给东南地区带来了近百万新人口。许多北方名门望族带着族人，来到了长江下游沿岸。琅邪王氏除了王导，还有王廙、王含、王舒、王彬等兄弟和王羲之、王胡之、王彪之等子侄辈，统统搬迁到了原来的东吴旧都建邺（今江苏南京）。王家在秦淮河边一条叫乌衣巷的街道里聚族而居。来自陈郡的谢家紧随而来，和王家做起了邻居。

此时的王家，和权力的关系并不紧密。琅邪王家最大的骄傲是家族道德凛然，家风高尚。王导的曾祖母朱氏是曾祖父的续弦，对王导的伯祖父王祥和祖父王览极尽虐待之能事。王祥两兄弟无怨无悔，真心侍奉后母。朱氏变着法子地折磨两个孩子。寒冬腊月，朱氏深夜要吃鱼，逼王祥去捉活鱼。王祥跑到河边，开始凿厚厚的冰层，准备捕鱼。不料，冰面自动裂开，两条鲜活的鲤鱼蹦到王祥脚下。这就是《二十四孝》中"卧冰求鲤"的故事。王览为了防止朱氏给王祥下毒，每次饭前都替兄弟尝毒。兄弟俩的道德故事感天动地，东汉政府多次征辟两兄弟做官，都被兄弟俩拒绝了。直到年老了，王祥才千呼万唤始出来，出任了曹魏王朝的徐州别驾。这是琅邪王氏步入政坛的开始。王祥、王览两人官越当越大，先后担任了朝廷重臣。甘露五年，司马昭杀死小皇帝曹髦时，已经不得不考虑王家的意见了。当时小皇帝的尸体还没有入殓，司马昭一再催促王祥来商量后事。王祥到了现场，先抱着小皇帝的尸体大哭一场，自责救驾来迟，同时赞同司马昭的后事安排。他给家族树立了既重视道德说教，又重视政治务实的好榜样。

王览的孙子辈飞黄腾达。先是王衍担任了太尉，成为掌权人物，再是王澄出任荆州刺史，王敦出任青州刺史。王衍很得意地说："荆州有江、汉之固，青州有负海之险，卿二人在外，而吾留此，足以为三窟矣。"王衍这个人平日里不干正事，整天拿着一把拂尘夸夸其谈，信口雌黄。暗地里，王衍却早设计了王家"狡兔三窟"的退路，得到了祖父辈的真传。王衍后来被石勒抓住，压死在墙下。但是王导、王敦有了博取进一步荣华富贵的基础。

王导是琅邪王家崛起的关键人物。他继承了王家与人为善、为政务实的作风。在东晋万事草创的初期,王导的执政核心就一个字:静。调和南北方世族的关系,在政策上清净无为,适应形势的需要。王导经常大摆筵席,款待宾客。一次,南方名士刘真长来拜访王导。时值盛夏,王导正把大腹便便的肚子贴在弹棋盘降暑。他看到刘真长来,忙自嘲不雅动作,说:"何乃渹?"渹是南方方言中冷的意思,整句话就是"真凉快"的意思。刘真长出来后,旁人问他:"王公这个人怎么样?"他感叹:"没有什么特别的,只是听到他在说吴语。"一句吴语,一下子就拉近了与南方世族的距离。朝廷初立,国库空虚,只有练布数千端。王导灵机一动,做了一套宽大的布衣,穿在身上出去走了一圈。结果,朝野官员士人认定这是服装界的新风尚,纷纷购买练布做衣服。国库中的练布很快以"一端一金"的高价销售一空。王导"镇之以静,群情自安",东晋政局和人心稳定了下来。

司马睿登基之日,对王导的辅助和拥立之功感激万分。他竟然在庄严肃穆、百官列队的时候,拍拍龙椅的空处,招呼王导"升御床共坐"。王导连忙推辞。司马睿招呼他三四次,言辞恳切。王导跪地启奏:"如果天上的太阳和地下的万物一样升列高位,苍生到底要仰望哪一个呢?"司马睿这才不再坚持要王导同坐了。民间用一个俗语形象地形容这一幕:"王与马,共天下。"

东晋初期,司马睿完全信任王导,叫他"仲父",把他比作自己的萧何。王导也经常劝谏司马睿克己勤俭,优待南方,与人为善。琅邪王家也达到了权势的高峰,除了王导担任丞相,王敦控制着长江中游,兵强马壮。四分之三的朝野官员是王家的人或者与王家相关的人。另外,王家在南朝时期出了八位皇后。

等司马睿坐稳了龙椅,王家势力的膨胀侵犯了皇权独尊的敏感神经。司马睿开始暗中限制、削弱王家的势力。他提升重用琅邪王时的王府旧人刘隗和刁协。刘、刁两人不断出头打压王家势力。面对皇权的打压,王导谦抑自守,退居家中静观时局变化,其堂兄弟王敦却没有如此心胸。

王敦从小就是个潇洒的公子哥,放荡不羁,为人仗义,自尊心强,睚眦必报,长大后名列清谈名士行列。在讲述魏晋士人豪爽洒脱风范的《世说新语》一书中,他是当仁不让的主角之一。按照现在的心理分析,王敦是个无畏的破坏者,勇往直前,潇洒豪迈。晋武帝司马炎很喜欢王敦相貌不凡、举止雄豪,把女儿襄城公主嫁给了他。可并不是所有的人都喜欢王敦,太子洗马潘滔曾评价王敦

"处仲（王敦的字）蜂目已露，但豺声未振，若不噬人，亦当为人所噬"。王敦去石崇家做客。石家的厕所里有十多个婢女充当服务员。她们穿着华丽的衣服，捧着甲煎粉、沉香等东西，服侍宾客上厕所，宾客出来前还给他换上新衣服。客人一般都不好意思在石家上厕所。王敦却大方地接受婢女的服侍，脱衣穿衣，喷香抹粉，神色傲然。婢女私下里议论："这个客人日后一定做贼！"

"八王之乱"时，王敦投靠了东海王司马越，转任管辖江东的扬州刺史，司马越让他负责军事讨伐南方的异己力量。东晋建立前后，王敦勇往直前，纵横长江中下游各州；知人善任，重用陶侃等人数载苦战，肃清了境内的乱匪。王敦后晋升大将军，都督江、扬、荆、湘、交、广六州军事，被封为汉安侯，控制着长江中游地区，成为东晋最大的实权人物。他和王导，一个在外，一个在内，是朝廷的中流砥柱。

东晋和南朝时期，朝廷的重心是扬州和荆州。两地人口密集、经济发达，又都能制造兵器军械。其中首都建康在扬州，扬州就成了朝廷的中枢。而荆州处于上游，虎视扬州。如果镇守荆州的大臣再拥兵自重，飞扬跋扈，朝廷和荆州的矛盾就难以避免。东晋建立后，王敦出镇武昌，总管长江中游军事和政务后，飞速膨胀。同时，王敦身边聚集了一批别有用心的部属，比如钱凤和沈充等寒门出身的士人，都希望借助王敦的政治飞跃来实现各自的政治梦想。王含、王廙等同族也聚拢在王敦身边，恭维怂恿他，王敦更加骄横专擅。

在司马睿的授意下，御史中丞刘隗和尚书左仆射刁协全力抑制王氏势力，暗中做军事部署。戴渊镇守合肥，刘隗镇守泗口，预防王敦顺江东下。皇叔司马承担任湘州刺史，在南边监视王敦。王敦对此愤愤不平，先是上书指责司马睿，为王导抱不平。上书送到建康后，先到达王导手中，老好人王导把它退给了王敦。王敦不甘心，第二次直接给司马睿上书。司马睿看完王敦的上书，更加猜忌王敦。王敦干脆在武昌兴兵东进，招呼兄长王含等人带上大军，顺江而下。党羽沈充在吴兴起兵响应王敦，叛军迅速推进到建康附近。司马睿派出的刁协、戴渊、刘隗等人，都不是王敦的对手。

王敦的造反给王导带来了棘手的大麻烦。造反是诛灭满门的重罪。王导赶紧给王含写信，劝他罢手。王敦、王含等人坚持造反。王导只得选择坚定地站在司马睿一边，反对王敦等人造反。听说刘隗和刁协已经在劝司马睿诛杀王导和王家的所有成员了，王导赶紧带上王邃、王彬、王侃等在朝廷任职的王氏宗族二十多人，每天跪到宫门外候罪。此举得到了许多朝臣的同情。尚书仆射周𫖮决定进宫保王导等人。周𫖮来到宫门口，王导情急之下冲着他大呼："伯仁（周𫖮的字），我一家老小百余口性命都交到你手上了！"周𫖮不能公开站在王导一边，让司马睿觉得自己是来当说客的。他看也不看王导，径直进宫去了。在宫中，周𫖮竭力担保王导的忠诚，言辞恳切。本来，劝完皇帝，周𫖮应该出来安慰王导。可周𫖮是个酒鬼，在宫中喝得酩酊大醉才出来。王导在宫外跪了一天，又向周𫖮呼救。大醉的周𫖮还在伪装，不但不搭理王导，还转头对随从说："我要杀尽乱臣贼子，换取金印，挂在手肘后！"王导顿时误会，对周𫖮恨之入骨。谁料，周𫖮回到家后还上书力证王家无罪。在周𫖮等人的力保下，司马睿在宫中召见了王导。王导跪地请罪："逆臣贼子，何代无之，不意今者竟出臣族！"司马睿感动得光脚走下龙椅，扶起王导，拍拍他的手，表示绝对相信王导。

三个月后，建康石头城的守将给王敦打开了城门，叛军兵不血刃入城。王敦胜利了！城破后，刁协和刘隗向北逃亡。刁协年老，随从又逃散了，结果独身被杀死在长江边。刘隗投靠了石勒。司马承坚守湘州百余日，兵败被俘，押送建康途中遇害。

王敦把持了朝政，官员进退操于其手。王敦因为周𫖮声望很高，想让他出任三司，特地跑来征询王导的意见。王导没说话。王敦就想降低任用周𫖮，王导还是沉默。王敦说："那就只有杀掉了。"王导不发一言，眼看着王敦下令斩周𫖮。后来王导从文书中得知真相，大哭道："我虽不杀伯仁，伯仁却因我而死。"

王敦的叛乱，并没有给东晋王朝造成什么动荡，朝野官员基本各安其位。司马睿依然是皇帝，下诏大赦，赦免参与叛乱诸人的罪过，并封王敦为丞相、都督中外诸军事、录尚书事、江州牧，晋爵武昌郡公。王敦不愿意见他，王导就在王敦和司马睿之间充当沟通的桥梁，努力维持着朝廷的稳定。对于王敦进一步擅权逼宫的做法，王导坚决抵制。王敦自己也并没有做皇帝的想法，对停留在朝廷处理烦琐的政务也没有兴趣，不久打道回武昌，遥控建康。

掌握大权后，王敦迅速腐化堕落。史载"敦既得志，暴慢滋甚，四方贡献多入其府，将相岳牧皆出其门"。王敦没有收敛张扬的个性，更糟糕的是，他宠信沈充和钱凤，听任二人胡作非为。这两个人得势后，"大起营府，侵人田宅，发掘古墓，剽掠市道"。朝野上下、官僚百姓都希望做尽坏事的沈、王等人早点儿死去，希望王敦集团早点儿失败。

司马睿经过王敦的打击后，很快身亡。太子司马绍继位，史称晋明帝。司马绍是司马睿的庶长子，据说生母荀氏是燕赵地区的鲜卑人，出身微贱，当婢女时得到司马睿的宠爱生下了司马绍。司马绍长得胡须发黄。讨厌司马绍的王敦因此叫他"黄须鲜卑奴"。司马绍继位后，一改父亲庸碌无为的作风，锐意进取，立志铲除王敦。

王敦决定先给司马绍来个下马威。太宁元年（323年），王敦讽谏朝廷征召自己，并率大军东移。司马绍以退为进，亲手写诏赐予王敦加黄钺、班剑武士各二十人，可以奏事不名、入朝不趋、剑履上殿。司马绍还设牛酒犒劳王敦。在这个回合里，司马绍不卑不亢，王敦称病不见。司马绍登基前娶世族女子庾氏，继位后以庾氏为皇后，提升妻弟庾亮为中书监，分王导的权势，同时重用郗鉴、温峤等才能与威望兼具的忠臣。

324年，王敦的身体状况越来越差。王敦清楚继子王应年纪很小，担心自己死后王应掌控不了部队。他给部属设计了上中下三策：上策是解散军队，归身朝廷，保全门户；中策是退兵武昌，屯兵自卫；下策是趁自己还活着，推翻朝廷。钱凤和沈充等人要的是当开国元勋，一致认为王敦的下策是上策，决定挟着王敦的余威，兴兵作乱。王敦便自命为扬州牧，并大肆任命党羽为朝官和地方官吏。

司马绍于是正式下诏讨伐王敦。王敦理当迎战，无奈身体每况愈下，只好委派王含率领水陆大军，气势汹汹地杀向建康。第二次王敦之乱爆发。战争开始后，司马绍着戎装、跨骏马，仅带两名随从去王敦大营侦察虚实。当时，王敦正卧床打盹儿，迷迷糊糊中梦见太阳在营垒上空盘旋。他醒来惊呼："此必黄须鲜卑奴来也！"他马上派出轻骑搜索营垒附近。司马绍三人很快就被王敦的骑兵追上了。情况紧急，司马绍看到路边有个老太太，就把御用的七宝鞭递给她，嘱咐说如果有骑兵追来就拿鞭子给他们看，然后他们又用冷水把马粪浇透才骑马再逃。一会儿，追兵赶到，看到老太太就问有没有看到一个黄胡须的骑马人经过。老太太说看到了，说完把七宝鞭拿给追兵看。七宝鞭镶金嵌玉，引起追兵围观，追兵又发现马粪已冷，相信司马绍已经跑远，放弃追赶，怏怏而还。司马绍回到建康，郗鉴建议朝廷征召苏峻、祖约等入卫京师。司马绍采纳了。苏峻、祖约等人觉得王敦胜算不大，纷纷出兵，饮马长江，护卫建康。在军力对比上，王敦并不占优势。

王导再次坚定地站在朝廷一边，主动挂帅，总督各军与王敦作战。他扬言王敦已死，带着建康的王氏家族子弟为王敦发丧。朝廷军士气大振，叛军气焰下挫。司马绍适时下诏数王敦之罪，表示除了要治罪王敦和钱凤，"余众一无所问"！

王敦见诏，暴怒，病势更加沉重，不能统兵打仗，命令王含起兵。太守二年（324年）秋七月，王含率水陆大军五万杀向建康，攻至长江南岸。温峤焚烧秦淮河上的浮桥，率军固守北岸。司马绍意气风发，组织勇士夜渡秦淮河，偷袭王含大营，大败之。王敦听到王含失利的消息，哀叹："我兄长就是个老婢。门户衰败，大势去矣！"他运起最后的力量，要亲赴前线，无奈病入膏肓，挣扎起来后马上又躺倒在地。临终前，王敦叮嘱王应："我死后秘不发丧，一定要把建康打下来！"王敦病死，终年五十九岁。

嗣子王应果然不给王敦发丧，草草埋在营帐中，然后自己花天酒地，享乐去了。纸包不住火，几天后，大军渐渐知道王敦真的死了，兵败如山倒。沈充正从东边向建康进攻，无奈大势已去，逃亡途中为旧将所杀，首级传给朝廷。钱凤逃到江州，为地方太守所杀。王含、王应抛弃王敦亲手带起来的军队，一路逃到荆州，投靠族人荆州刺史王舒。王舒大义灭亲，把王含父子痛殴一顿后扔进长江喂鱼去了。王敦势力烟消云散。

平定王敦之乱是晋明帝司马绍最大的政绩。王敦尸体被戮，脑袋被割下来挂在朱雀桥上示众。王导对策得当，琅邪王家非但没有受牵连，还因讨伐王敦有功加官晋爵。王导以司徒进位太保，王舒升湘州刺史，王彬任度支尚书。

此外，司马绍没有株连他人。太宁三年（325年）秋，司马绍病死。司马绍临终前，考虑到皇太子司马衍才五岁，留下遗诏，让太保王导任录尚书事，与中书令庾亮一同辅政。

司马衍继位，史称晋成帝。司马绍的皇后庾氏以皇太后身份临朝称制。庾亮仗着庾太后的势力，很快就把实权集中到了自己家族手中。王导淡然处之。庾亮年轻而雄心勃勃。有人向王导进谗，说庾亮可能举兵擅权，对王导不利，劝王导多加防备。王导说："他若逼我，我就一身布衣，回家养老去，有什么可怕呢？"后来苏峻起兵叛乱，建康遭焚。朝廷一度考虑迁都，有人建议迁都豫章，有人要求南迁会稽。王导则哪儿都不去，坚持定都建康。许多朝臣对照王导的恬淡无争，引为榜样。之后尽管东晋屡次出现政治变动，朝廷始终保持了大致稳定，变动也没有波及普通百姓的生活。

东晋朝臣给晚年的王导起了一个雅号——糊涂宰相。王导每年考查官员，都流于形式，考查的结果你好他好大家好。有人有意见，王导就说，害国之鱼我们都能容忍，何必每年纠缠于那些小鱼小虾呢？他晚年常说："现在说我糊涂，只怕将来有人还要怀念我的糊涂呢！"咸康五年（339年），王导病逝，终年六十四岁。此时琅邪王家在东晋根基日渐深入，繁衍昌盛。

十五 / 北伐是剂猛药

东晋的军权被外戚庾氏掌握。庾亮执政初期，逼反了苏峻、祖约，消灭了后者的流民武装，又掌握了荆州军权，胸中的雄心壮志开始蠢蠢欲动。他宣称以北伐中原为己任，选择襄阳方向为主攻点，集结军队准备收复河南。《晋书》评价庾亮这个人"智小谋大""才高识寡"。收复中原必将破坏现有的势力均衡，引起上自皇室下至世族势力的阻挠破坏。祖逖就是前车之鉴。庾亮本来就掌握了地方军权，内部又有庾太后的支持，已经遭人妒忌了，如今更是成了大家的眼中钉。

庾亮在襄阳意气风发，全力组织北伐军。其他世族不方便公开反对，就暗中捣乱。大军未动，粮草先行，庾亮向各地征调军需粮草，结果所得寥寥。其他人不给庾亮军队，也不给他粮秣，结果整件北伐大事就成了庾亮在荆州的"地方行为"。庾亮北伐的时机也不对。北方的后赵政权还相当强大，庾亮的北伐仅局限在现在的河南南部地区，还屡战屡败。朝野的冷嘲热讽纷至沓来。庾亮壮志难抒，心情抑郁，在咸康六年（340年）正月病逝。兄弟庾翼继任荆州刺史，庾冰在朝中配合。庾氏依然掌握朝廷实权，继续推动北伐。

342年，二十二岁的晋成帝司马衍病死。庾冰、庾翼力排众议，拥立晋成帝的同母弟弟司马岳。司马岳继位，史称晋康帝。司马岳兄终弟继。因为他是庾氏的外甥，继位可以方便庾氏继续专权。不幸的是，司马岳在继位的第三年也死了，年仅二十三岁。

庾冰、庾翼出于私心，继续反对司马岳的儿子继位，主张拥立长君。他们推出司马睿的幼子、曾经和司马绍争夺皇位的会稽王司马昱为新君人选。司马昱为晋成帝、晋康帝的叔叔，按说没有机会登基，一旦登基自然会感激庾氏，再次方便庾氏掌权。宰相何充等大臣强烈反对。晋康帝临终前，曾立两岁的儿子司马聃为皇太子。晋康帝一死，何充等人就抢着发布遗诏，拥戴司马聃登基。司马聃史称晋穆帝。庾太后就成了太皇太后，不方便再干政了。庾氏兄弟在皇位更替上输了一仗，威望和势力都大减。

晋穆帝即位后，庾冰在朝中不像以往那样顺畅了，遭到了其他大族的排挤，不久去世。荆州的庾翼孤立，不得不将主要精力放到防备朝廷上去。他离开北伐前线襄阳，委托亲信和儿子留守，自己还镇夏口。在夏口，庾翼还不忘修缮军器、囤积粮草，为北伐做准备。永和元年（345年）夏，庾翼在夏口去世，这标志着庾氏发动的第二波北伐浪潮的过去。

庾翼临终上奏由儿子庾爰之代理荆州刺史。庾氏试图将荆州固定为自家势力范围，但朝中根本没有人支持庾爰之。荆州为国家重镇，朝臣一致声称荆州刺史不能为世袭职位。丞相何充就认为："荆楚，国之西门，得人则中原可定，失人则社稷可忧，岂可以白面少年当之哉！"他推荐桓温担任荆州刺史。于是，桓温在永和元年（345年）出任荆州刺史，取代庾氏获得了长江中游的兵权。

桓温是桓彝之子，"少有壮志"，以本朝初期名臣刘琨、陶侃为榜样。桓彝在苏峻之乱中遇害，江播是杀父帮凶。父亲死时，桓温才十五岁，就枕戈泣血，扬言要复仇。桓温十八岁那年，江播病死了，江彪三兄弟为父亲发丧。为了防备桓温来寻仇，江彪三人都刀不离手。桓温就混在吊唁的宾客中进了江宅，当堂手刃江彪，并追杀他的两个弟弟。东晋朝廷对世族间的仇杀睁只眼闭只眼，没有处分桓温。桓温反而获得了巨大的声望，历任琅邪太守、徐州刺史。晋明帝还把大女儿南康长公主嫁给了桓温。

桓温有胆略，有能力，敢作敢为，一心建立功业，上任荆州刺史后，就打出了"统一天下"的旗号来。到任的第二年（346年），桓温就孤注一掷，率军逆江而上进攻成汉政权。朝野还没缓过神来，前方就传来了桓温平定蜀地，汉王李势投降的捷报。这下，东晋朝廷不得不思考一个现实问题：桓温俨然在荆州称雄了！朝廷原本是为了去除庾氏割据倾向而任命桓温，不料桓温成了新的庾氏。可是，桓温功勋卓著，又不得不赏。东晋朝廷只好采取两面手法：一方面提升桓温为征西大将军，封临贺郡公；另一方面对桓温暗中限制，不给兵，不给粮。

永和五年（349年），后赵的石虎死了，北方大乱。大批北方百姓南迁投奔东晋，后赵的寿春守将也投降了东晋。民间北伐声音大增。桓温抓住时机大造舆论，主动进屯安陆。他甚至扬言，如果朝廷不北伐，则将在军，君命有所不受，他就要自行北伐了。

朝廷的压力实在太大了，又不愿意让桓温把北伐的首功抢走，就仓促出面组织了一次北伐。这是东晋朝廷出面组织的第一次北伐。北伐军的兵力只有三万人，统帅是晋穆帝的外祖父、褚太后的父亲褚裒。褚裒是一代名士，打仗却很外行。当时中原的形势很混乱，大批百姓携家带眷南下。褚裒最明智的做法就是组织南下的百姓，让他们做向导，直捣后赵的巢穴邺城。可惜褚裒指挥北伐军以接应南下百姓为主，纠缠南北边界各个城池的得失。后赵从容组织反扑。代陂一战，北上接应百姓的东晋部队全军覆没。褚裒忙从彭城退到广陵。寿春的东晋将领听说统帅失败，吓得烧掉军需、毁掉城池而南逃。北伐就此失败。褚裒惭愧不已，很快在京口（今镇江）郁郁而终。

褚裒生前推荐了殷浩主持北伐，朝廷便征殷浩为建武将军、扬州刺史。殷浩上疏推辞，朝廷就继续征召他，一直持续了四个月，殷浩才答应上任。殷浩也是当时的名士，善于玄言，名望极高。一般人都把他与管仲、诸葛亮相提并论。他的名言是："官本臭腐，故将得官而梦尸；钱本粪土，故将得钱而梦秽。"朝廷一再给他官做，庾亮、庾翼北伐时也征召他，殷浩全都拒绝。他称疾不起，屏居墓所将近十年之久。桓温灭蜀后，威势高涨。当时在朝堂上主政的是司马昱，他想借助殷浩的盛名对抗桓温，就树立殷浩为扬州强藩，与荆州的桓温抗衡。

殷浩任职前也高喊北伐口号，说得头头是道。他上任后恰值冉闵称帝、北方混乱加剧，正是北伐的好时机。朝廷就任命殷浩为中军将军、假节、都督扬豫徐兖青五州军事，主持北伐。殷浩意气风发，组织了阵容庞大的北伐团队。他的关键措施有两条：一条是招降前秦的大臣和将领；另一条是利用投降东晋的胡族力量，主要是羌人姚襄的力量，让他们打前站。前秦苻健一度杀戮大臣，侄子苻眉自洛阳西奔，殷浩误以为前秦内部乱得一塌糊涂了，上奏请求进屯洛阳，修复西晋皇室园陵。他信心满满，志在必得，甚至请求卸任扬州刺史，专镇洛阳。后来证明前秦并没有内乱，相反却是投降东晋的将领张遇降而复叛，打败了谢尚的晋军。殷浩主要依靠姚襄的羌人军队，却不信任姚襄。他将姚襄部队迁徙驻地，又派人监视。姚襄也不是真心投降，一度杀害友军壮大自己，殷浩也不能制止。在进军途中，姚襄叛变，在山桑伏击了东晋大军。殷浩原本就没想实打实地北伐，听说姚襄造反了，吓得抛弃辎重南撤。北伐军的器械物资都被姚襄掠走。东晋军损失惨重，殷浩北伐也以惨败告终。朝廷废殷浩为庶人，押往浙中安置。

褚裒、殷浩先后失败，东晋再也没有理由压制一直叫嚷着要北伐的桓温了，索性将北伐重任授予他。至此，桓温掌握了北伐主动权。

永和十年（354年），桓温第一次北伐，兵分两路，他亲率步骑四万余名出湖北，命令梁州方面出秦岭。桓温在蓝田、白鹿原连续击破氐人苻健的军队，推进到长安郊区的灞上。苻健据守长安城。第一次北伐可谓旗开得胜，政治影响巨大。关中百姓"持牛酒迎温于路者十八九"，一些老年人感极而泣："没想到今生还能再见到官军！"桓温的北伐依靠的仅仅是荆州的物资，经过两场恶战，推进到长安城郊后，北伐军的后勤供应出现了问题。桓温就在灞上停顿了下来，一边等待后方的军需运达，一边抢收关中地区的春麦作为军粮。另一种说法是桓温此时已经有了谋逆自立的野心。他想借北伐来揽权立威，并非真心收复失地。秦军抢先收走了粮草，对北伐军坚壁清野，桓温粮秣不继，被迫撤返襄阳。第一次北伐失败。

永和十二年（356年），桓温第二次北伐。北伐的目标是叛晋的姚襄势力。叛晋后，姚襄一度游离在前秦和前燕之间，盘踞在河南洛阳、许昌等地。桓温北上击败姚襄，收复了河南地区。其中西晋首都洛阳光复，具有重大政治意义。桓温大做政治文章，建议"还都洛阳"，并建议南迁的世族大家返乡。洛阳在桓温控制之下，让朝廷和达官显贵都迁徙洛阳，不是重复"挟天子以令诸侯"的旧戏吗？建康的达官贵人激烈地反对桓温的建议。就在东晋朝臣的相互猜忌和扯皮之际，前燕慕容恪、慕容垂领兵进攻河南。许昌、汝南、陈郡等地失守。洛阳守将陈佑以救许昌为名南逃，留沈劲的五百人守城。沈劲是王敦死党沈充之子。沈充背负叛逆的恶名，沈劲引为终身憾事，如今以区区五百人坚守洛阳，非但不怨天尤人，反而觉得是以身殉国、挽回家族名声的良机。洛阳很快被前燕攻占，沈劲全军覆没，被俘遇害。至此，桓温第二次北伐的成果全部丧失了。

其间，东晋经历了一次皇位变革。361年，晋穆帝司马聃病逝。堂兄司马丕被推举为新皇帝。司马丕是晋成帝的长子，原本早就有希望称帝了，结果因为庾氏专权被闲置了。他苦等晋康帝、晋穆帝两个皇帝都死了，才坐上本属于他的龙椅，史称晋哀帝。桓温因为功勋卓著，被晋哀帝加封侍中、大司马、都督中外诸军、录尚书事、假黄钺。桓温移镇姑孰（今安徽当涂），让兄弟桓豁领荆州刺史；桓冲任江州刺史，监江州及荆、豫八郡诸军事。至此，桓温成了东晋最大的实力派。除了长江最下游的部分郡县，中下游军政大权都落入桓氏之手。

晋哀帝司马丕继位后，醉心黄老之术，服药求长生而中毒，死于365年，年仅二十五岁。大臣拥立其弟司马奕为新皇帝，史称晋废帝。

369年，手握大权的桓温为了树立更高的威望，率五万人北伐前燕。北伐开始很顺利，一路势如破竹。经过金城时，桓温见到自己担任琅邪太守时种的柳树已经长成老树，感叹道："木犹如此，人何以堪！"人已老，桓温也年过半百了。他攀枝执条，泫然流涕。可当北伐军推进到枋头（今河南汲县境内）时，桓温又逡巡不前。当时前燕军队并不弱，并且前秦已经出兵增援前燕，两国联军对付桓温。而北伐军又遇到了老问题：后勤跟不上来。这个后勤的老问题，根子在于朝廷并没有收复失地的真心，加上其他世族大家不愿意桓温建立大功，一家独大，所以后方没有为桓温全力提供保障。桓温在前线很快就没有粮食吃了，又得知前秦援兵将至，只好烧船弃甲，撤退回国。北伐军撤退途中，缺粮少水，只能凿井而饮，又不断遭到前燕的伏击，最后只有万余人逃回南方。

惨败后，桓温把责任推卸给负责后勤的袁真。袁真不满而在寿春造反。桓温进攻寿春，直到371年才攻克。当时袁真已死，据守城池的袁瑾被杀。尽管找了替罪羊，桓温的威望仍然大减。桓温便想用废立皇帝的办法来立威。371年，桓温废司马奕为海西公，改立司马昱为帝。司马昱就是简文帝。他原本可以成为东晋的第二个皇帝，结果在晚年才成了东晋的第八个皇帝。他的雄心壮志早已消磨光了，他在位就是个傀儡，一切朝政由大司马桓温独断。

长期手握大权，桓温也厌倦了"北伐—失利—再北伐"的老路，有了更大的"追求"。他抚枕而叹："人生在世，既不能流芳百世，不足复遗臭万载耶？"桓温开始以王敦为榜样，他和王敦的处境惊人相似。王敦曾经和皇位一步之遥，桓温的手也可以摸得着龙椅。

十六 / 谢安东山再起

在东晋南朝，与琅邪王氏齐名的陈郡谢氏的起点很低。其祖先向上只能追溯到曹魏典农中郎将谢缵。谢缵之子谢衡是一代大儒，入晋后相继做了博士、国子祭酒，终于散骑常侍。谢衡之子谢鲲抛弃家学，转攻玄学，钻研《老子》和《易经》，大谈特谈云彩和人心的关系，二十岁就跻身"名士"行列。谢鲲在晋末乱世举家迁往南方，最后在建康城里朱雀桥边的乌衣巷安家，成为乌衣巷谢家的第一代主人。谢鲲因为王敦提携，步入政坛，时任豫章太守，在王敦叛乱期间努力进谏，忠于朝廷，事后并没有被视作叛党而受到处理。相反，东晋王朝追赠谢鲲为太常，追谥"康"。

谢鲲死时，儿子谢尚才十岁出头。谢尚刚会走路，父亲谢鲲带他一起迎来送往。一次，有客人夸奖谢尚是"当代颜回"。谢尚应声答道："这里没有孔子，哪里来的颜回！"这既表达了谦逊之情，又轻松幽默，让宾客感叹不已。成年后，谢尚"开率颖秀，辨悟绝伦，脱略细行，不为流俗之事"，一副典型的玄家名士派头。他仕途一帆风顺，年纪轻轻就被大将军桓温征辟为官。谢尚的外甥女褚蒜子后来成为东晋皇后、皇太后。谢尚外有声望，内有奥援，政治地位开始直线上升，刚过而立之年就历任建武将军、历阳太守，后转督江夏、义阳、随三郡军事，江夏相，开始威震一方。

镇守武昌的安西将军庾翼看不起谢尚。一次，两人一起射箭。庾翼不屑地对谢尚说："你如果能射中靶心，我就送你一支军乐队。"谢尚拉弓出箭，正中靶心。庾翼很佩服，真的把自己的军乐队送给了谢尚。谢尚为政清简，不惊扰军民。刚上任时，郡府拍马屁，用四十匹布给谢尚造了一顶乌布帐。谢尚拆除布帐，给军士制作衣物被褥，赢得声誉。

桓温北伐。谢尚率军从淮南进攻河南，作为一支偏师。进军之初很顺利，前秦的张遇率军投降，不久复叛，还占据许昌与谢尚军队为敌。谢尚被张遇杀得大败，损兵折将逃回东晋。按律，谢尚罪行很大，够不上砍头也得罢官为民。结果在外甥女的干预下，谢尚仅降为建威将军，依然在前线领兵。他的运气也实在是好，象征至高无上皇权的传国玉玺竟然流落到了谢尚的手中。谢尚极为重视，派铁骑三百夜以继日将玉玺送到建康。东晋王朝在建康以中华正朔自居。但是东晋皇帝并没有发号施令的玉玺，被北方讽刺为"白版天子"。谢尚及时送来传国玉玺，解决了王朝的法统难题，功劳完全抵消败军南逃的罪过。东晋王朝实授谢尚豫州刺史，把淮南地区的防务委托给了他。

淮南连接着东南地区和中原大地，是南北拉锯的东部主战场。谢尚占据并经营淮南，承担了王朝的安全重任。此时，大司马桓温流露出篡位夺权的野心。桓家控制了长江中流，子弟掌握了荆州、江州、扬州等要地，控制了大部分国土。谢家控制的豫州在军事要地之外，又多了一层政治抗衡的意义。谢尚成了东晋政治角力的关键人物。但是，残酷的权力现实和沉重的政治责任并没有影响谢尚洒脱的生活态度。淮南首府寿阳城内大路旁，人们经常看到有一个中年人坐在酒楼门口的胡床上，穿着紫罗襦，抱着琵琶弹奏《大道曲》。歌声高亢，歌手陶醉，没有人知道他是盘踞淮南的镇西将军谢尚。谢尚和桓温的关系也很奇妙。按说他们是政治对手，却惺惺相惜，像是知心朋友。谢尚在桓温手下当官的时候，桓温就很欣赏他。桓温北伐收复洛阳后，还上疏请求让谢尚都督新土、出镇洛阳。也许是生活过于洒脱，缺乏自律，谢尚身体情况每况愈下。朝廷提升他为卫将军，加散骑常侍，召回建康养病。谢尚病重不能成行，死在了历阳，终年五十岁。

谢尚去世，朝廷继续让谢家子弟都督淮南军事，作为王朝的屏藩。他们选择的是谢尚的堂弟谢奕。谢奕的父亲谢裒，从跟随司马睿开始，终于吏部尚书。他生下了一群日后赫赫有名的儿子：谢奕、谢据、谢安、谢万、谢石、谢铁。

谢奕为人放达，也是从桓温的幕府开始政治生涯。他和桓温虽然是上下级，言谈举止却像是老朋友。谢奕随便戴块头巾，就跑到桓温家里做客，长啸吟唱，一点儿都不把自己当外人。谢奕酗酒，还逼着桓温陪酒。桓温酒量不行，不胜其烦，最后发展到看到醉醺醺的谢奕，就跑到老婆南康公主房间里躲藏起来。桓温工作很忙，南康公主难得见到丈夫，所以很感激谢奕，说："若无谢奕这个放荡司马，我怎能见到驸马呢！"如今，谢奕突然被破格提拔为与桓温抗衡的藩镇，两人念及感情，依然相安无事。

谢奕在豫州刺史任上只有一年，就死了。谢奕二弟谢据早死，三弟谢安本该出任豫州刺史。可是谢安把机会让给了四弟谢万。

朝廷任命谢万出掌淮南，在世族内部引起了轩然大波。因为谢万过于洒脱，狂妄自大，常年不理政事。谢安的好朋友王羲之听到谢万的任命后，特地写信给谢万，要他收束情绪，勤勉政事。谢万根本没听进去。上任第二年，谢万受命与徐州方向的郗昙兵分两路，北伐前燕。谢万把北伐当作郊游，一路饮酒唱歌，一点儿办事的样子都没有。三哥谢安千里迢迢写信劝他说："你现在是主帅，不是可以任性生活的隐士，应该懂得率军打仗。要多和将领交流，让大家和你同心协力。"谢万于是大摆宴席，招待众将。宴会开始，谢万自顾自地吃喝得很高兴，突然觉得应该说几句话。憋了半天，谢万终于对众将说："诸位都是劲卒。"饭局目的没达到，反而把部将都得罪光了。战争开始，徐州方向主将郗昙病倒，率军暂退。谢万误以为友军败了，慌忙下令后撤。豫州军队一哄而散，众将各自组织撤退，结果北伐不战而败，前燕反攻，占领了东晋大片土地。东晋军喘息稳定后，竟然找不到主帅了。原来谢万逃得最快，早早躲到大后方去了。事后追究责任，谢万被废为庶民。谢家在淮南名声坏了，几代人努力的成果付诸东流。

陈郡谢家能否复兴，天下人都把目光投到了隐居东山的老三谢安头上。谢安四岁时，桓温之父桓彝见到谢安就喜欢不已，赞叹这个孩子"风神秀彻"，日后肯定能扬名立万。晚年王导对这个邻家后辈也大为赞赏。就在美妙前程即将开启的时候，谢安做出了惊人的选择：隐居东山，纵情山水。东山在今天的绍兴，当地是东晋隐士避世的大本营。谢安在此认识了许多同道中人，还参加了名垂千古的兰亭集会。两晋南朝的多数隐士，满口玄学，名声很大，实际上缺乏实践能力。谢安则属于稳重而超脱，有能力却不愿意从政。一次，谢安与王羲之、孙绰等人出海游玩。海上突起大浪，波涛汹涌，船只有倾覆的危险。王羲之和孙绰被吓坏了，风度全无，船头船尾跑来跑去，惊慌失措。谢安平静地说，大家再这么慌乱瞎闹，船没被海浪掀翻，反而可能被船上的人跑翻了。众人很惭愧，佩服谢安的沉稳宁静，最后平安返航。事后，王羲之对谢安钦佩不已："安石（谢安字）有镇国气度，我们应该举他出仕。"大名士刘惔则说："如果安石不出山，我们就聚集天下的名士一起来推举他。"于是天下名士高呼："斯人不出，若苍生何？"

司徒、亲王、吏部等反复征辟谢安走出东山来当官，谢安统统拒绝。朝廷觉得谢安可能是不愿意接受虚职，竟然拿出掌管官员考核升迁的吏部郎实职来授予谢安，谢安依然拒绝了。一直到四十岁，谢安都在东山中与花鸟鱼虫为伴。朝廷屡次被拒，干脆宣布对谢安"禁锢终身"，不想，人们对他的崇拜和期望更高。

《晋书·谢安传》说时人比谢安为王导，但是谢安"文雅过之"。

事实上，谢安心中有强烈的责任感，始终默默关注着东晋王朝的政治走向和亲戚的仕途命运。谢万被废，谢安看到国事危难、家族衰败，决心踏足政治。四十一岁时，谢安走出了东山。依然是野心家桓温给谢安在幕府中安排了一个职位。371 年，桓温废黜司马奕为海西公，改立司马昱为帝，并族诛了陈郡殷氏、颍川庾氏两家，声势如日中天。桓温的做法侵害了其他世族的利益。已在朝中为官的谢安和另两大世族——太原王氏和琅邪王氏坚定地反对桓氏篡权。他们拉拢一批中小士族，形成共同抵制桓温的联盟。而谢安趁机与各个世族大家联姻，壮大本族力量。从此，谢家子女婚嫁基本不出世族大家。

司马昱当了不到两年皇帝，也死了。桓温一度授意司马昱立下遗诏，将天下传给自己。谢安赶紧联合王坦之、王彪之等人逼司马昱改写遗诏，将政权传给儿子司马曜。王、谢两家抓紧在 373 年拥戴司马曜即位。司马曜就是孝武帝，在位二十四年，是东晋在位时间最长的皇帝。桓温勃然大怒，率军入京"朝觐"新皇帝。桓温引兵入朝，朝野盛传此来是"诛王谢，移晋鼎"，一日数惊。朝廷没有力量阻挡桓温的军事威胁，司马曜只能下令王坦之、谢安等率领百官到新亭迎接桓温。王坦之手忙脚乱地跑来向谢安问计。谢安也不知道怎么办，但平静地说："大晋存亡，就看这一回啦。"

"新亭风波"就此上演。一方是大兵压境的桓温，一方是王坦之和谢安等朝臣，所争的就是东晋王朝的江山社稷。桓温拉起了许多帏帐，不用风吹起帐角，肉眼都能看到帐后密密麻麻的持械武士。王公大臣跪拜在道路两旁，甚至连抬头看一眼桓温的勇气都没有。领头的王坦之惊得汗流浃背，紧张得连手板都拿倒了。只有谢安面对层层重兵，用带有浓厚口音的"洛阳普通话"夸奖了一番桓温的部队，再从容地质问桓温："有道诸侯训练甲士替朝廷防守四方，现在明公在幕后埋伏武士，唱的又是哪出戏呀？"桓温没料到谢安会这么直接、这么坦然。好在桓温心胸也很豁达潇洒，受了谢安当头一棒，立马调整了情绪，撤去了埋伏的武士，客气地拉着谢安就高谈阔论起来，把其他人都晾在一边。桓温的一生都在追求权力和沉溺玄学之间徘徊，犹豫不决，错过了许多揽权的机会。如今，桓温因为谢安的阻挠，放弃了逼宫夺权的计划，与谢安做了一场长谈之后竟然撤军了。

谢安几乎成了再造社稷的功臣，更因为临危不惧的名士风范，地位迅速跃升。王坦之原来名望在谢安之上,从新亭回来后声望就落在了谢安之后。

撤军后,桓温大病一场,借机搬到建康附近的姑孰养病,派人暗示朝廷授他九锡。九锡是皇帝独享的礼器,霸占九锡礼器几乎成了权臣篡位的冲刺动作。随着病情越来越重,桓温求九锡的心情越来越强烈,直接授意文臣袁宏起草加授九锡的诏令。袁宏写好,按照程序将诏令草稿拿给中枢重臣谢安批准。谢安看完,对袁宏说需要修改。袁宏修改后再拿给谢安看。谢安还是不满意,两人单单在程序上就这样往来了几十天,诏令迟迟不能定稿。袁宏也是一代文豪,生气了,问谢安为什么老不满意。谢安说了一句:"拖着好。"袁宏一下子就明白了。果然,拖到373年的夏天,桓温没等到诏令就病死了。

桓温死后,谢安取代了相位。谢安并没有党同伐异。桓温的弟弟桓冲继承了哥哥的荆州地盘。别人提醒他要和谢安争权。桓冲承认名望能力都在谢安之下,甘居地方藩镇,没有异心。东晋朝廷在王敦、桓温之乱后出现了团结稳定的局面。民俗说:"关中良相惟王猛,江南万民望谢安。"

十七 / 淝水之战

桓温死后的十年，东晋王朝的主要威胁来自北方的前秦。随着前秦的强大，苻坚统一的愿望越来越强烈。逐个削平群雄后，他的敌人只剩下南方的东晋了。

苻坚选中的突破口是荆州北部的襄阳。襄阳扼守汉水和江汉平原的要冲，东晋集中重兵派遣名将把守。苻坚想通过进攻襄阳，动摇东晋的长江防线。襄阳守将名叫朱序。朱序出身行伍世家，曾长途奔袭，擒拿欲割据蜀地自立的东晋梁州刺史司马勋。到任之后，朱序学起了名士风度，喝酒下棋，对防务放任不管。他认为襄阳有汉水天险和坚固城池在，固若金汤。太元三年（378年）年初，种种迹象都表明前秦将大兵压境了，朱序还是不慌不忙地和名士文人交游唱和。

新年刚过，苻坚即以儿子苻丕为统帅，率领降将慕容垂、姚苌等人和十万秦军南下，直冲襄阳而去。秦军为得胜之师，长驱直进，如入无人之地。朱序对汉江天险盲目信任，没有在江边设防，秦军精锐骑兵游马渡江，直逼襄阳城下，将城池围得水泄不通。朱序慌忙调军守城。襄阳军民同仇敌忾，挡住了十万秦军的猛攻。谢安接到边警，派桓冲率领七万大军增援襄阳。桓冲和荆州各将害怕秦军，只敢在战场之外"声援"襄阳，不敢上前与秦军鏖战。襄阳孤城，在异常艰苦的情况下坚守了将近一年时间。

苻丕统率大军困于襄阳城下，劳师动众，遭到了内部的反对。前秦御史中丞李柔上表要求将苻丕按军法从事。苻坚迫于压力，派使者到前线重责苻丕，同时赐剑一把，严令第二年春天如果再不攻克襄阳，就让苻丕等人以剑自裁。苻丕和慕容垂、姚苌等人督率秦军加紧围攻襄阳。朱序和军民陷入了绝境，连379年的春节都是在生与死的厮杀中度过的。三月，晋军督护李伯护失去信心，叛国投敌，打开襄阳北门引秦军杀入城中。朱序被秦兵活捉。苻坚接到捷报，下令杀了投降的李伯护，却赦免了朱序，还任命他为尚书。

382年，苻坚召集群臣，讨论南征东晋的问题。苻坚的态度很明确："朕继承大位将近三十年。四方平定，只有东南一角还在大秦治外。大秦有雄兵百万，朕准备御驾亲征。"朝廷炸开了锅。除了少数几个人附和,多数大臣都反对伐晋。前燕宗室慕容垂和羌人将军姚苌希望苻坚伐晋失败,以便自己乘机谋求复国,所以竭力怂恿苻坚南伐。他们请求苻坚"圣心独断"。苻坚甩开大臣,只留弟弟苻融商量要不要出兵。苻融明确反对伐晋。他举出了伐晋的三难:一是天道不顺,东晋毕竟是天下正朔;二是东晋内部基本平稳,无隙可乘;三是后秦征战多年,士卒疲惫,百姓厌战。要命的是,鲜卑、羌、羯等被征服部族并未诚心臣服,可能会趁秦军南征之际造反。然而,苻坚听不进去。苻融就搬出王猛来,劝谏道:"难道丞相王猛的临终遗言忘记了吗?"王猛临终告诫苻坚不要贪图东晋,可惜现在苻坚满脑子都是统一天下,把王猛的遗言放到了一边。其爱妾张夫人、太子苻宏也劝苻坚不要伐晋,苻坚都听不进去。

太元八年(383年)七月,苻坚下诏大举攻晋。他自信满满地在诏书中提前封赏东晋君臣,封孝武帝司马曜为尚书左仆射,封丞相谢安为吏部尚书,封桓冲为侍中。苻坚还体贴地开始在长安为三人建造府邸。为了组织大军,高门富豪子弟和精通武艺的青壮年都被授以羽林郎,一共得到了三万多名军官。这批军官指挥的是逢十抽一强征来的平民。北方各郡县不仅被抽走了十分之一的劳力,公私马匹也全部充公,还要承担前线的粮秣供给。最后,苻坚一共组织了九十七万人的大军,狂傲地宣称只要大军将马鞭投江,就能阻断长江流水了。

如此庞大的军队,根本集结不起来。苻坚就兵分三路,分别从四川、荆州和淮南三个方向进攻。前秦的主力集中在淮南方向,由苻融率二十五万人为前锋,苻坚亲率大军断后。秦军进军像苻坚预料的一样顺利,如入无人之境一般渡过了淮河,顺利攻占了淮南重镇寿阳。苻坚大喜,亲自来到前锋,和苻融会合。

前秦百万大军攻过淮河,东晋危矣!建康全城震动,百姓惊恐不安。东晋王朝文恬武嬉,早丧失了勇气。他们唯一的救命稻草就是谢安。孝武帝任命谢安为征讨大都督,全权负责抵抗救国。

谢安也不知道如何抵抗前秦大军,但他明白必须临危不惧、坦然应对。谢安给侄子谢玄加了"都督徐兖青三州、扬州之晋陵、幽州之燕国诸军事",作为前锋抵挡敌人进攻的步伐。谢安又任命弟弟征虏将军谢石、儿子辅国将军谢琰等率领大军与他会合。晋军总兵力为八万人。除此之外,谢安没有进一步举动。

丞相如此作为,显然不能安抚建康的人心。荆州的桓冲没有信心,挑选了三千精锐派往京城,交给谢安调遣,以备安排朝廷逃跑。谢安谢绝了,说国家存亡不在于几千士兵，倒是荆州是上游重镇，更需要精兵加强防守。谢安给桓冲传话，一切他自有安排，桓冲好好守住长江中游就可以了。桓冲急得对幕僚叹道："谢安一介文人宰相，没有大将之才，他尽派些没有经过风浪的年轻子弟抵御强敌。这下可好，我辈都将陷入敌手了！"就连前线主将谢玄也心虚得很，跑回来问谢安怎么办。谢安一如既往地坦然，平静地说："到时候会有旨意的。"谢玄不敢再问，托部下张玄再来找谢安询问怎么办。谢安也不回答，带着张玄来到别墅。别墅里亲朋毕集，谢安拉着张玄下围棋，谢安的棋技比张玄要差，但当天张玄心里恐惧，竟然输给了谢安。

淝水之战前后，谢安频繁在公众面前出现，甚至连夜游玩，装出一切如常的样子。东晋的各个世族为了切身利益，暂时放弃了争斗，团结起来一致对外。时间久了，东晋的人心竟然稳定了下来，官民都屏气凝神地关注着前线战事。

谢安的希望都寄托在前线的侄子谢玄身上了。谢玄小时候一副娇贵美男子的模样，喜欢衣着华丽，腰上别着别致的丝巾，手里拿着漂亮的紫罗香囊把玩。谢安把他叫到面前来说：伯伯和你打赌玩，好不好？谢玄欣然答应，没几下就中了谢安的套子，输了。谢安说，我要拿走你的紫罗香囊作为赌注。谢玄满不在乎地将香囊给了伯伯，谢安拿到香囊，轻轻地扔到火炉里烧掉了。小谢玄明白伯伯不赞成自己的纨绔作风，决心痛改前非。有一次，谢安问子侄将来要做什么样的人。其他人的回答大同小异，无非说要学好，做有能力有道德有声望的人。只有谢玄仔细思考后回答说要像"芝兰玉树"一样自由茁壮地成长，庇护一家门庭！谢安很欣赏谢玄的回答，认为他有独立的思想和强烈的责任感。

东晋王朝面临前秦侵犯，朝廷寻求良将镇御北方。谢安就推举谢玄出任建武将军、兖州刺史，领广陵相，监江北诸军事，去前线打仗。中书郎郗超平日里和谢玄的关系不好，听到任命后叹息说："谢安举贤不避亲，看来是看好谢玄的能力。谢玄这次去必定不负推举，有一番作为。"其他人都不以为然，觉得富贵人家的英俊公子谢玄去前线，能镀镀金就不错了，不会有所作为。

江北的京口、广陵是北方南渡流民的集中地。这些流民在南方的生活并不如意，对北方政权有着刻骨的仇恨，战斗力强。谢玄挑选流民中的骁勇之士组建部队。彭城（今江苏徐州）人刘牢之等人勇敢又有胆略，纷纷投军。谢玄以刘牢之为参军，训练了一支精锐部队。他率部队多次阻拦了前秦对彭城等地的骚扰，战无不捷，威震敌胆。东晋称京口、广陵等地为"北府"，所以谢玄的部队得名

"北府兵"。这支部队逐渐成为东晋王朝战斗力最强的部队。刘牢之、刘裕等人在其中扛枪打仗，逐步崛起。而北府兵随着形势发展逐渐摆脱谢家势力的影响，成为左右南朝政局的独立力量，呼风唤雨近百年，也完全超出了谢安、谢玄等人的预料。在组建初期，北府兵还是服从朝廷的精兵。当时普遍认为南方军队柔弱，无法与北方少数民族铁骑对阵。后来南北大战，一代枭雄苻坚远远看到北府兵的阵势，对左右将领说："谁说南方没有劲旅，我看对面就有一支强敌。"

接受抵抗前秦百万大军的重任后，谢玄明白王朝的命运和家族的命运都在此一搏，没有退路了。前秦军队正长驱直入，谢玄冷静地抓住前秦军队规模过大、缺乏统一步伐的弱点，集中北府兵精锐五千人交由部将刘牢之率领北上。前秦梁成的部队前突到淮河南边、寿阳东边的洛涧，呈现孤军之势。刘牢之猛攻梁成的部队，梁成猝不及防，在交战中被杀。秦军步骑争相后撤，结果在淮河边争抢着渡河，乱成一团。刘牢之纵兵扫荡，生擒敌将多人，缴获大量军需物资。东晋首战大捷，谢石下令水陆并进，暂时遏止了秦军推进的势头。

前秦虽败，但依然掌握着战场优势。苻坚率大军在淝水（淮河的一条支流，在今安徽寿县东南）北岸安营扎寨，对南岸的东晋部队虎视眈眈。这一天，苻坚站在寿阳城头，望见郊外的晋军"部阵齐整，将士精锐，又北望八公山上，草木皆类人形"，开始意识到南征的决策草率了一点儿，心中隐约泛起忧虑来。

苻坚想利用数量优势，不战而屈人之兵。他派随军的朱序去游说谢玄，企图说动谢玄投降秦军。不想朱序身在曹营心在汉，正想找个机会报效故国，见到谢玄非但没有劝降，反而把前秦军队的弱点和盘托出。前秦大军号称百万，但真正效忠苻坚的氐人部队比例很小，而且大部队还没有到达前线。针对前秦内部矛盾重重的情况，朱序建议谢石、谢玄等人："秦军尚未集结完毕，宜在速战。如果能够打败秦军的前锋，可能会撼动大局。"谢玄等人赞同朱序的判断，主动向前秦下战书，说："你们远涉我国国境，却临水为阵，明摆着不想速战速决。现在，请你们稍微向后撤退，让我军将士有渡河周转回旋的地方。到时，我要和你们一较高下！"前秦将领认为不应该撤军让东晋军队渡河，我众彼寡，迟早会把谢玄等人拖死。苻坚则乐观地认为："我们暂且退军，让敌人渡河。等他们还没列好阵势，我们的数十万铁骑就突然杀过去，把敌人逼进淝水里杀死，不是更好吗？"苻融附和哥哥的意见，赞同趁晋军渡河过半的时候进行突袭。

第二天，晋军如约开始渡河。苻融就组织部队后撤。秦军人心本来就是散的，后面的部队见前面尘土飞扬，纷纷后撤，巴不得早点儿回家的降卒和壮丁想当然地以为失败了，扭头就跑。回到秦军营中的朱序趁机大喊："打败了，我们打败了！"军心瞬间涣散，各怀鬼胎的将领纷纷拉起队伍逃跑。后方大军还在源源不断地向前行军，前方大军突然向后涌，挤成一团，乱成一锅粥。苻坚、苻融等人根本制止不了。谢玄没有想到会出现这样的好事，率精锐八千强渡淝水，追着前秦败军的部队就猛杀猛砍。前秦百万大军居然一败涂地。

苻融被乱军杀死，苻坚中了流矢，仓皇北逃。他曾自负地相信能投鞭断江，现在前秦大军自相踩踏、溺水而死的尸体真的堵塞了淝水，淝水因此断流多时。逃跑的路上，前秦大军丢盔弃甲，日夜逃命，听到风声鹤唳，都以为东晋追兵来了，结果沿途又饿死冻死了十之七八的官兵。史称"淝水之战"。

前线快马向谢安报捷，谢安正和客人下围棋，把捷报平静地放到床上，面不改色地继续下棋。客人问是怎么回事，谢安慢慢回答："晚辈们在前方打败了贼军。"坚持下完棋，谢安回到内室，终于抑制不住狂喜的心情，过门槛的时候连鞋被碰坏了都没有发觉。

此战，东晋取得了辉煌胜利，杀敌数十万人，缴获的仪服、器械、军资、珍宝等堆积如山，其中包括苻坚的座车，另有牛马、驴骡、骆驼十万余头。谢玄战后乘胜收复了黄河南岸地区，带动四川、汉中等地投降东晋。刘牢之率领的北府军还一度逼近黄河以北的邺城。司马曜因为任内的这一胜战而得名"武帝"。东晋朝廷表彰功臣，封谢安为庐陵郡公，谢石为南康公，谢玄为康乐公，谢琰为望蔡公。陈郡谢家一门四公，从此尊贵无比，成为东晋顶尖的名门望族。家族势力太昌盛了，引起了皇室的猜忌。司马曜很担心谢安成为第二个桓温。皇弟司马道子开始揽权。谢安修身多年，很清楚盛极而衰、月盈则亏的道理，刚好东晋乘胜收复失地、事务繁重，谢安就在385年主动要求离京出镇广陵，以督促前线为名行避祸之实。在广陵，谢安生病了，只好申请回京养病。夏末，谢安在建康病逝，享年六十六岁。死后极尽哀荣，朝廷追赐太傅，史称"谢太傅"。

在前线主持战事的谢玄堪称第一功臣。朝廷升他为前将军、假节，赐钱百万、彩千匹。只可惜，长期的军旅生涯极大损害了谢玄的身体。淝水大捷后，谢玄的身体每况愈下。朝廷调任他为左将军、会稽内史，方便养病。谢家从此丧失了北府军的控制权。第二年，谢玄病死在会稽，终年四十五岁。淝水之战后封公的谢琰是谢安的儿子。淝水大战让谢琰染上了骄傲狂妄的毛病。孙恩在浙东大起义，朝廷派遣谢琰前往镇压。谢琰到浙东后，无绥抚之能，又不整军备战。400年，孙恩趁谢琰不做防备，集中军队偷袭，谢琰兵败逃亡，被部下杀害。儿子谢肇和谢峻同时遇害。朱序在淝水之战后返回东晋，此后长期参与对北方游牧民族政权的作战，十年后病逝。

十八 / 后燕与后秦

淝水一战，苻坚的主力部队丧失殆尽。原先被前秦消灭的各个割据政权的皇族纷纷揭竿而起，图谋复辟。慕容家族本就念念不忘复国，自然加入了华北重燃的狼烟。最有希望扛起复国大旗的就是掌握军队的慕容垂。

淝水之战中，冠军将军慕容垂率本部兵马三万人随军南征。他的部队还没上前线，秦军就在淝水一战中惨败了。慕容垂的军队是战后前秦国内唯一完整的部队。战败的苻坚跑到了慕容垂军中避难。聚拢在慕容垂周围的前燕旧臣都劝慕容垂立大功者不顾小节，趁机取代前秦。慕容垂光明磊落，他回顾了自己落难前燕时，无所置身，苻坚盛情款待，授权给兵的恩德。当时的宰相王猛力劝苻坚杀掉慕容垂，苻坚仍然以国士之礼厚待他。"此恩何可忘也！"慕容垂慷慨陈词，说服众人，一路护苻坚返回长安。到长安边的渑池，慕容垂请求苻坚允许自己到华北去安抚"轻相煽动"的百姓。华北是前燕旧地，慕容垂的意图也很明显，但苻坚爽快地答应了。谋士权翼力劝苻坚不可，苻坚重诺言，虽然觉得有理也没有收回成命。权翼无奈，私自在黄河桥边设下埋伏，打算袭击慕容垂。慕容垂早有提防，在无人处偷渡黄河，逃过一劫。慕容垂东出河南，聚拢鲜卑旧部，招兵买马，部队一下子发展到二十万。384 年，慕容垂在河南荥阳称燕王，标志着鲜卑复国成功。两年后，他自立为帝，定都河北中山，史称后燕。此时，历经磨难的慕容垂已经是六十岁的老人了。他建立的后燕政权在此后十多年里牢固占据关东地区，是当时北方最强大的割据政权。

前燕灭亡后，皇帝慕容暐和弟弟慕容泓、慕容冲被带往长安，受到优待。三兄弟都满怀先辈创业复国的激情，伺机而动。前秦兵败后，慕容泓率先招揽鲜卑部众，扯起了反旗。慕容冲也起兵投奔慕容泓。兄弟俩很快聚拢了数万人，与前秦残部在关中展开血战。前燕灭亡后，大批鲜卑人被迫迁徙关中。关中的鲜卑人思念复国，支持慕容暐、慕容泓、慕容冲三兄弟。慕容泓在部下骚乱中遇害，而慕容冲就是幕后黑手。之后，慕容冲整合关中的鲜卑势力，复用燕国旗帜，史称西燕。西燕建国后的主要目标就是进攻长安，俘虏苻坚。苻坚困守长安，悲伤于慕容家族背信弃义，把慕容暐叫到跟前大骂："你们家族兄弟子侄布列上将，当时虽称是灭国，其实我待你们像归家一样。现在慕容垂、慕容冲、慕容泓各个称兵，你们家族真是人面兽心，枉我以国士待你们。"慕容暐伏地涕泣，表白忠心。苻坚宽厚惯了，将慕容暐叫来责备就表示他没有杀心。慕容暐总算蒙混过关了。苻坚又派人送了一件锦袍给慕容冲，希望慕容冲念及过去的恩情。慕容冲答道："我以天下为任，怎能受这一袍小惠！如果苻坚束手就擒，我对待苻家不会比他当年待我们家差。"苻坚闻报，后悔不及："悔不用王猛和苻融之言，使白虏敢猖狂如此！"长安城里，慕容暐时刻不闲，以儿子成婚为名邀请苻坚参加。苻坚答应了。术士王嘉认为慕容暐杀苻坚的计划不会成功，预测"会天大雨，不得杀羊"。当夜，长安果然大雨滂沱。苻坚因此察觉慕容暐的阴谋，这才下了杀心，杀了慕容暐父子及其宗族。长安城内残存的数千鲜卑人，无论男女老少都被斩除。

城外，慕容冲率军猛攻长安。苻坚不敌，留下太子苻宏守长安，自己率部逃往五将山，结果为后秦姚苌所杀。苻宏最后弃城而逃投降东晋。慕容冲杀进长安，进行屠城作为报复。占领关中后，慕容冲计划以长安为都城，长期经营。但鲜卑部众都希望迁回河北、辽东老家，反对留居关中。慕容冲旋即在兵变中被杀。西燕帝国的四十万军民大举东归。途中，内乱频仍，慕容永最终夺取政权。因为慕容垂已在东方建立了后燕帝国，慕容永不敢再往东走，就转向北边，占据了山西南部一带。第二年，慕容垂以势不两立之势对西燕发动进攻。394年，西燕都城长子城被攻破，慕容永被杀，西燕灭亡。西燕融入了后燕。

慕容鲜卑经过这么多的变故，原本有限的实力更不足以统治整个中国北部。后燕随即遭遇了同种同源的辽西鲜卑拓跋部的挑战。拓跋鲜卑占据后燕的西北方向，对慕容垂形成压迫态势。暮年的慕容垂寄希望于取得一场对拓跋部的主力决战的胜利。395年，他以太子慕容宝为元帅，率大兵攻魏。拓跋部众赶着牲畜渡过黄河西迁一千多里，佯装远逃他乡，实则诱敌深入。慕容宝迫切要扬名立威，追至河套地区。在这里，后燕大军渡河为暴风所阻，和拓跋部隔河对峙。拓跋珪派出小股部队骚扰慕容宝的后方，截断了后燕大军与朝廷的联系。几个月来，慕容宝都得不到国都中山的消息。他出发时，父皇慕容垂已染病在床，如今连父皇是死是活都不知道，心里焦急。拓跋珪就利用慕容宝的这个心理，逼被俘的后燕往来使者隔河叫喊："慕容垂已死,你们还不早点儿回去!"后燕大军不辨真伪,士气大为衰退。慕容宝决定退兵,退兵前他烧毁了黄河沿岸所有的船只,阻止拓跋部追击。谁知,十一月初的黄河结了厚厚的坚冰,拓跋珪率精锐骑兵从容过河,追击燕军。后燕大军在岱海(今内蒙古自治区凉城县东北)被拓跋部追上。燕军官兵惊慌失措,四散逃跑,自相践踏而死的就有上万人,还有四五万人束手就擒。慕容宝仅以身免。

次年(396年)初春,已是七十一岁的慕容垂御驾亲征,征调残余的燕国军队西征复仇。燕军旗开得胜,慕容垂阵斩勇将拓跋虔。拓跋珪这回真的是避其主力,坚壁清野,不与燕军作战。慕容垂最后掳掠拓跋部三万余户东归。后燕大军过参合陂时,见去年燕兵尸骨堆积如山,全军哭声震天。慕容垂气恨难当,呕血病倒,死于撤军途中。

慕容垂死后,拓跋珪频繁组织反攻,最后将后燕重镇中山和邺城包围。继位的慕容宝放弃了都城中山,打算逃回辽东祖宗故地。拓跋部攻占河北各地,后燕被截为南北两部分。留守南边邺城的是慕容垂的弟弟——皇叔慕容德。慕容德坚持了半年后,率领城中四万户鲜卑人突围南逃。慕容德来到河南滑台,自称燕王,史称南燕。第二年,拓跋部紧随而来,滑台失守。慕容德又辗转夺取了青、兖二州,入据广固,于400年称皇帝,建立了南燕帝国。这是第四个燕国。五年后,年老的慕容德去世,侄子慕容超继位。慕容超不修内政,喜好游猎,诛杀功臣,增加赋役,很快使南燕陷入内忧外患交困的境地。409年,东晋刘裕率师北伐,次年二月攻下广固,将城池夷为平地。慕容超被俘杀,南燕灭亡。

北逃的慕容宝返回辽东途中,长子慕容会阴谋叛乱夺位。慕容宝诛杀了长子,不久却被他的亲家杀死。另一子慕容盛杀死岳父,报了杀父之仇,自立为后燕主,返回旧都龙城。三年后,慕容盛也被手下杀死。慕容宝的幼弟慕容熙即位。慕容熙也是内政不修的昏君,行事荒唐。407年,将领冯跋潜入龙城,攻杀慕容熙,后燕亡。

冯跋是汉人,出生在河北。其父冯安曾任西燕将军。西燕亡,冯跋随家人东迁到后燕,担任禁卫军将领。冯跋和弟弟冯弘曾因小事获罪于慕容熙。慕容熙有杀冯跋兄弟之意,冯跋兄弟只好逃匿深山。后来,慕容熙的皇后死了,慕容熙举办了盛大的葬礼。在葬礼上,冯跋兄弟潜入龙城,杀死慕容熙。冯跋推出慕容家的养子,实际上是高句丽人的高云为燕王,改元正始。这就是燕系的最后一个国家——北燕。北燕的疆域以辽东为主，在强盛时期曾经拥有河北东北部。

高云作为傀儡，任命冯跋为侍中、征北大将军，把军国大事全都托付给冯跋兄弟处理，自己不久被宠臣离班、桃仁砍了脑袋。冯跋平定叛乱后，干脆走向幕前，即天王位，改元太平，沿用"大燕"国号。冯跋勤于政事，革除后燕苛政，奖励农桑，轻薄徭役，因此国家安定。虽然外有拓跋部建立的强大的北魏相侵，北燕依然维持了二十二年的安定。除以州郡治民之外，北燕还以太子领大单于，置前后左右四辅，推行"胡"汉分治政策。冯跋、冯弘都曾派遣使者到江南。当时的南朝称北燕为"黄龙国"。

北燕太平二十二年（430年），冯跋病重，命太子冯翼摄理国家大事。冯跋的宋夫人在冯跋病重期间，图谋立自己的儿子为新君。皇弟冯弘率军进宫平变。冯跋在惊惧中去世，冯弘继位。强大的北魏连年进攻，采取掠徙北燕民户的蚕食政策。北燕的地盘越来越小，冯弘不得不转而依靠高句丽的保护。北魏太延二年（436年）四月，北魏发动灭亡北燕之战。五月，冯弘在高句丽军队保护下率龙城百姓东渡辽水，投奔高句丽。北魏占领龙城，北燕亡。

除了慕容家族的燕国，当时北方最主要的就是后秦了。话说当年后赵从关中迁徙陇西羌人充实关东。后赵亡，这支羌人为了避免东方迭起的战乱，南下投降了东晋。东晋用他们来镇守淮河，防备北方少数民族。羌人首领姚襄就在淮南招集流民，屯兵储粮，引起了东晋的猜疑。姚襄最终叛晋，西进谋取关中。他在与苻坚的战争中被擒斩。其弟姚苌率余部投降了前秦。苻坚依然任命姚苌统领羌人部族，参与了在西北、四川和襄阳的一系列战斗。淝水之战时，苻坚任命姚苌为龙骧将军，都督益梁二州诸军事。

淝水之战后，慕容家族起兵。苻坚派儿子苻叡率军五万讨伐慕容泓，姚苌为司马辅助他。战前，姚苌建议秦军在慕容鲜卑的后面鸣鼓追击，任由返乡心切的鲜卑人退出关外。可惜苻叡好大喜功，一心追求战功，领兵截击，结果败死。皇子阵亡，姚苌害怕了，派人向苻坚谢罪。苻坚盛怒之下，杀了姚苌的使者。姚苌逃奔渭北。当地北地、新平、安定十余万户羌人推举姚苌为领袖，姚苌顺势叛乱。

当时慕容家族诸人与苻坚相互攻伐。姚苌坐山观虎斗。他遣使与慕容冲求和，趁机攻占北地，厉兵积粟。苻坚对姚苌的叛乱很愤怒，亲自率领步骑两万进攻姚苌。苻坚打败了姚苌，还截断了羌人的运水之路。姚苌军中都有人渴死了，情况非常危急。关键时刻，天降大雨，羌族军营中积水三尺，军心大振。当时苻坚刚要进食，看到大雨，无心再吃，谈道："天其无心，何故降泽贼营！"恰好慕容冲乘虚进逼长安，苻坚便放过姚苌，撤守长安去了。姚苌预测前秦将被慕容鲜卑打败，而慕容鲜卑迟早会东归，关中地区迟早会是自己的天下。于是，姚苌移兵岭北，在前秦和慕容鲜卑都没有关注的关中北部、西部攻城略地，占领了西到安定、南至秦岭的大片土地。

鲜卑人围攻长安，苻坚亲自督战杀敌，身上中了好几箭，血流满身也不退后。无奈围城日久，城中乏粮，最后都出现了人吃人的惨剧。宽厚的苻坚拿出皇宫中最后的口粮设宴款待群臣。席间，大臣把肉塞进嘴里，舍不得咽下，含回家吐出来给妻子儿女吃。长安已经到了山穷水尽的绝境了，百姓死亡无数。最后，苻坚迷信谶言"帝出五将久长得"，留太子苻宏守城，自己带着一支部队逃到五将山（今陕西岐山）。姚苌派兵包围苻坚的孤军。秦兵溃散，苻坚坦然被俘，被带到姚苌跟前。姚苌向苻坚索要传国玉玺。苻坚大骂："国玺已送晋朝，怎能送给你这个忘恩负义的叛贼！"姚苌就要苻坚禅位给他，苻坚骂他："禅代是圣贤之事。你姚苌什么东西，敢自比古圣先贤！"姚苌羞愤难当，派人把苻坚缢死在新平佛寺。一代枭雄苻坚就这么死了，终年虚岁四十八。这是385年的事情。

慕容冲攻入长安，烧杀抢掠之后便浩浩荡荡东出。长安成了一座空城，被姚苌接收。386年，姚苌在长安即皇帝位，国号依然是"秦"。史称后秦。后秦与关东的后燕相互对峙。

姚苌迷信。苻坚对他有恩却被他杀死，姚苌总觉得苻坚阴魂不散。姚苌曾经在军中立苻坚像祈祷，把责任都推给部属，表白"新平之祸非臣罪也"。后秦军作战不利，姚苌每夜都从噩梦中惊醒。他认定是苻坚的魂灵作怪，竟然将当初擒杀苻坚的有功之臣斩首，希望求得平安。人杀了，姚苌每晚还是不得安宁。他总是梦见苻坚率领天官使者、鬼兵数百人突入营中，要杀自己。姚苌病情迅速加重，变得疯疯癫癫，时常大呼："陛下，杀您的是我的哥哥姚襄，不是臣，请不要冤枉臣。"太元十八年（393年），姚苌病死，终年六十四岁。他一共做了八年后秦皇帝。太子姚兴继位。

割据陇西的前秦残余苻登听说姚苌的死讯，大喜："姚兴小儿，不难对付。我折根拐杖就能鞭打他。"于是，他倾其所有，搜罗了前秦的所有余部，东进争夺关中。后秦新君姚兴年轻，出动精兵强将迎战。苻登的残兵败将不是对手，节节败退，又被后秦军队堵塞了水源，官兵争水不得，渴死了十之二三的人。突围一再失败后，前秦军队连夜溃散。苻登单人匹马逃回，收集若干氐部逃入马毛山。姚兴的追兵很快就打到了。苻登向陇西鲜卑卑躬屈膝，求得了两万援兵，再与姚兴在马毛山南进行最后的决战。在这场前秦与后秦的最后一战中，苻登阵亡，终年五十二岁。

姚兴彻底铲除前秦势力后，继续开疆拓土。西边陇西鲜卑建立的西秦，面对后秦得胜之师，不是对手，很快败亡。再往西的河西走廊是后凉政权。前秦大将吕光奉苻坚之命进军西域，迫降三十多国后凯旋。到达姑臧（今甘肃武威）时，吕光得知前秦分崩离析、中原大乱，索性就地割据，占据河西，建立了后凉政权。后秦大军压境，后凉政权也很快败亡。后秦的北方是拓跋氏鲜卑和赫连氏匈奴，双方时战时和。后秦的东边是强大的后燕政权，中间的山西地区夹着西燕政权。西燕被慕容垂攻灭，姚兴趁其败亡，轻松攻取了河东。后秦的南边与东晋抗衡。东晋在淝水之战胜利后，大举推进到黄河以南。弘始元年（399年），后秦大规模出兵进攻东晋，一举攻陷洛阳。晋军不敌，撤出淮河和汉江以北的广大地区。后秦统治疆域迅速扩大，西至河西走廊，南到秦岭淮河，东到现在的山东西部。

姚兴时期，后秦进入鼎盛期。关中地区部分恢复了前秦王猛时期的景象。姚兴比较注意选才纳谏，释放自卖为奴的人；前期执法比较简约，与民方便；提倡儒学，长安儒生数目逐渐恢复到万人以上。后秦社会的一大现象是佛教开始兴起。姚兴广建寺院，尊奉龟兹高僧鸠摩罗什为国师。鸠摩罗什原本是苻坚命吕光从西域迎接而来的，可惜吕光中途在河西独自割据，就留鸠摩罗什在河西耽搁了十七年。姚兴平定河西后，邀请鸠摩罗什来长安讲学译经，还支持法显和尚赴印度等国取经访问。法显历经艰辛，遍游印度后，从海路返回了东晋管辖下的青州。在朝廷支持下，后秦境内佛教大兴，长安成为当时全国的佛教中心。后秦对佛教的支持与传播，对之后的中国产生了深远的影响。

姚兴晚年，后秦由盛转衰。后秦领土毕竟饱经战乱，羌人本身实力弱小，国库很快空虚，军队逐渐疲乏。姚兴的对策是加税。他大幅度加重税赋，奴役百姓。同时，姚兴诸子不和。太子姚泓懦弱。皇子姚弼最受姚兴宠爱，行为骄横，在416年谋反篡位，事败被杀。同年，姚兴在忧虑中病死，太子姚泓继位。

十九 / 孙恩—卢循起义

作为东晋在位时间最长的皇帝，司马曜毫无作为。他十岁即位，长大后爱好酗酒，常做长夜之饮。司马曜清醒的日子越来越少，醉得不成人形。司马曜的酗酒，或许为一种逃避。东晋皇权衰微是不争的事实。末年，司马曜看到长星划过天际，举杯邀请说："长星，劝汝一杯酒，自古何有万岁天子邪！"因为悲观而又无能为力，司马曜干脆逃避到酒乡中去，听任朝野大臣争斗。这又反过来加速了皇权衰微。

谢安死后，司马曜的同母弟司马道子领徐州、扬州刺史，录尚书事，都督中外诸军事，把持朝政将近二十年。司马道子恣意妄为，营造园林，亲近僧尼，沉迷于酒色之中；重用王国宝、赵牙等奸佞小人，卖官鬻爵，横行无道，很快就把朝政搞得一团糟。

司马道子重用的王国宝出身太原王家，是谢安的女婿，家世很好，可惜品行恶劣。谢安很不喜欢这个女婿，故意压制他。谢安在世时，王国宝就到处诋毁岳父。司马道子掌权后，王国宝的堂妹嫁给了司马道子为妻，两人很快沆瀣一气。他迅速升官为中书令、尚书左仆射，几乎与司马道子共掌朝政。王国宝上任后，最擅长的就是捞钱，过着腐朽的生活。在司马道子、王国宝等人的治理下，东晋百姓"殆无三日之休，至有生儿不复举养，鳏寡不敢嫁娶"，怨声载道。司马曜对弟弟的胡作非为是不满的。有一次，两人一起酗酒，司马道子恃宠，对司马曜不够礼敬，司马曜大怒。兄弟因而失和。司马曜几次想废黜司马道子，都遭到母亲李氏的阻止。

太元二十一年（396年）冬的一天，司马曜又喝醉了。醉眼惺忪中，他看到得宠的张贵人陪在身边。张贵人年近三十，司马曜就开玩笑说："你都这么大年纪了，也该被废了。"说者无心，听者有意。张贵人越想越凄凉，由怕生恨，对司马曜下了杀心。司马曜开完玩笑就昏睡过去，张贵人熬到夜幕降临，狠狠地用被褥捂死了司马曜。司马曜终年三十五岁。司马道子扶立侄子司马德宗继位。司马德宗就是晋安帝。

非常不幸，上天给了晋朝两个白痴皇帝，一个是引发"八王之乱"的司马衷，另一个就是司马德宗。司马德宗从小到大说不了完整的话，连四季冷热饥饱都分不清，生活完全不能自理，理政能力就不言自明了。司马德宗登基初期，因他年幼，司马道子辅政，操纵实权。成年后，司马道子表面还政，实权仍操纵于亲信王国宝等人之手。司马德宗完全是个傀儡。

朝廷有名无实，政令不通，真正能够控制的地盘也就是建康附近的几个郡县，西有荆州强藩，北有中原大将把守，东边是强大的扬州刺史辖区。这些官职被势力强大的世家大族控制。司马道子、王国宝等人决心打压地方势力，为朝廷揽权揽财，开始了轰轰烈烈的"削藩"。首先对朝廷削藩不满的是青兖二州刺史王恭。

王恭也出身太原王家，是孝武帝司马曜的王皇后之兄、司马德宗的舅舅。王恭是东晋著名的名士，同时出身优越，起家便为著作郎。可他还感叹："不当宰相，我的才志不足以施展！"司马曜时期，王恭为前将军，出任青兖二州刺史，负责江北的防御。他指挥着战斗力很强的淝水之战主力部队北府兵。隆安元年（397年）四月，王恭以清君侧、除王国宝为名，向都城建康进军，挑起内战。

桓温的儿子桓玄在荆州怂恿荆州刺史殷仲堪响应王恭。殷仲堪是著名的孝子，父亲常年卧病在床，殷仲堪衣不解带地伺候。为了给父亲治病，他半路出家学医，究其精妙，煎药的时候瞎了一只眼睛。当了刺史后，殷仲堪自然以忠君自诩，起兵顺江而下，进攻建康。建康陷入了三面包围之中。司马道子不敢迎战，而是赐死王国宝等人，然后请王恭、殷仲堪退兵。王国宝死后，王恭等人没了起兵的借口，只好偃旗息鼓。

经此一战，司马道子也意识到自身力量薄弱。他任用王愉为江州刺史，希望广植势力。隆安二年（398年），司马道子又划出豫州管辖下的四个郡，转归江州管辖，壮大王愉的力量。结果豫州刺史庾楷（庾亮的孙子）对辖区缩小强烈不满，愤而起兵，声称讨伐谯王司马尚之、江州刺史王愉。司马尚之是皇室旁支，继王国宝之后为司马道子倚重。庾楷起兵后，王恭也第二次率北府兵造反了。荆州刺史殷仲堪、南郡太守杨佺期和唯恐天下不乱的桓玄也顺江而下，造反了。建康又陷入了藩镇军队的重围中。诸镇推王恭为盟主。

这回，司马道子没有替罪羊可以杀，慌乱得不知怎么办才好。其子司马元显刚十六岁，主动请求迎战诸藩镇。司马道子无奈之下，只好任命儿子为征讨都督，率王珣、谢琰等出战。司马元显胆识过人，清醒地看出诸藩镇中最强大的是王恭，而王恭的强大全靠北府兵。因此，司马元显决定策反北府兵的首领刘牢之。

刘牢之面紫赤色，须目惊人，在谢玄创建北府兵时即参军，之后身经百战，尤其是在淝水之战中作为尖兵立下了赫赫战功。他长期指挥北府兵，在军中有崇高的威望。而作为北府兵统帅的王恭，自恃高贵，醉心佛道，故意疏远将士，结果在北府兵中没有根基。司马元显派人用重利策反刘牢之。王恭指挥军队向建康进军，北府兵故意输给了司马元显的乌合之众。王恭撤退回城，刘牢之的女婿高雅之紧闭城门，不放他进来。王恭逃奔曲阿。曲阿人殷确，曾在王恭手下干过参军，用船载着王恭，把他藏在苇席下面，打算走水路去投奔桓玄。途中被人告发，王恭被捕送京师。司马道子本想留王恭一条性命，听说殷仲堪、桓玄等人的荆州军已至建康城外的石头城，怕王恭在城内生变，下令将之斩首。

王恭死后，庾楷也被司马元显打败，投奔荆州军而来。荆州来的桓玄、殷仲堪、杨佺期三人剩下孤军一支，惧怕朝廷讨伐，不得不求和。司马道子和司马元显父子正害怕荆州军，闻讯马上应允，安抚殷仲堪任荆州刺史，任命桓玄为江州刺史、杨佺期为雍州刺史。这第二次朝廷和藩镇之战，也虎头蛇尾地收场了。

桓玄、殷仲堪、杨佺期虽然退兵了，但与朝廷离心离德。为了自保，三个刺史在浔阳正式结盟。桓玄因家世显贵被推为盟主。朝廷和藩镇的矛盾非但没有消除，反而因为三人的结盟而强化了。

建康城中，司马道子度过危机，又开始纵情酒色。一日，司马道子醉酒不起，司马元显入宫禀告白痴皇帝司马德宗，请求提升父亲为太傅，任命自己为扬州刺史。司马德宗哪里知道其中的奥妙，按照司马元显的意思颁布诏书。司马道子醒来，发现被儿子夺了实权，恼怒非常又无可奈何。他索性更加纵情酒色，把摊子交给司马元显打理。

司马元显和朝廷面临着上游三刺史的重兵压迫，想要建立一支嫡系部队，动起了征兵的念头来。当时朝廷政令只能施行在东方的会稽、吴、吴兴、义兴等八郡。司马元显知道八郡百姓已被压榨得疲于奔命了，把目光转移到了世家大族控制的人口身上。这些人口，既包括没有人身自由的奴隶，也包括依附世家大族的门生故旧、食客、佃农和家丁家将。399年，司马元显下命令：征发江南诸郡免奴为客者（已经脱离奴隶身份却还依附他人的人口）当兵，号称"乐属"。征兵令激起了普遍不满，民心骚动。

江南民间盛行五斗米教，信众很多。去年王恭起兵的时候，五斗米教首领孙泰趁机聚拢信众起义。朝廷镇压，孙泰父子被杀。孙泰的侄子孙恩侥幸逃脱，躲藏在海岛上，继任为五斗米教的首领。孙恩见民怨沸腾，于399年从海岛率徒党百余人攻破会稽郡。会稽是江南重镇，王谢等世家大族的根据地。会稽被攻破，震动了天下大局。百姓奔走相告，各地都有攻杀官吏、响应孙恩的起义。没几天，孙恩的部队超过了十万人。

孙恩起义，缺乏周密的组织，占领会稽后没有扩大战果，而是率领党徒在诸郡烧杀抢掠，毁房屋，塞水井，砍林木，掳掠妇女。东晋朝廷从最初的惊慌中反应过来后，司马元显慌忙派遣谢琰、刘牢之率领北府兵南下镇压。孙恩没有组织百姓反抗晋军，谢琰收复义兴、吴兴两郡，刘牢之收复吴郡。起义百姓纷纷逃往会稽。北府兵渡过浙江后，孙恩就说："我并不觉得逃跑是丢人的事情。"谢琰、刘牢之兵临会稽城下，孙恩不做抵抗，掳掠男女二十余万人逃往海岛。在海岛上，孙恩不断骚扰浙东各郡县。

获胜的谢琰镇守会稽。他自恃在淝水大破苻坚的战功，不将孙恩放在眼里，会稽守备松懈。400年，孙恩登陆突袭会稽。谢琰草率迎战，兵败后为部下所杀。当年年底，刘牢之负责东征，率领北府兵寻找孙恩决战。孙恩不敢应战，再次主动退入海岛。刘牢之就屯兵上虞等处，监视孙恩。

刘牢之派部将刘裕卫戍句章城（在鄞江南岸）。刘裕曾受命率数十人侦察义军的行动，途中遭遇数千人的包围。他勇敢地率领侦察小分队投入战斗，结果所有随从都战死了，刘裕也坠落水中。起义军下去捉拿刘裕，刘裕挥舞长刀砍杀了好几个人，重新登岸吼叫着与人决斗。最后，起义军不再与他纠缠，过路而去了。刘裕不仅勇猛凶悍，而且带兵有方，在部队的声望越来越高。句章城很小，刘裕部下战士只有数百人。刘裕身先士卒，经常披坚执锐冲锋在前，小小的句章城成了朝廷在沿海的坚固堡垒。东征的其他官军毫无军纪，到处劫掠，只有刘裕治军整肃，法纪严明。百姓都喜欢投奔刘裕的军队寻求保护。因为讨乱有功和刘牢之的赏识，刘裕升任建武将军，领下邳太守。

第二年二月，孙恩第三次登陆。他亲率大军进攻句章城，久攻不下，反而遭到刘牢之反击，不得不退走入海岛。三月，孙恩攻海盐，依然攻不下来。这回是刘裕带兵来救援海盐，孙恩主动退兵，北上攻克沪渎（今上海）。孙恩部队士气大振，六月乘胜逆长江而上，又成功攻克丹徒。至此，孙恩部队再次迅速膨胀，拥众十余万，楼船千余艘，军旗遮天蔽日。

丹徒离建康很近。朝廷守卫建康的兵力薄弱。司马元显一边戒严，一边急调在浙江的北府兵遣将入卫京师。停驻海盐的刘裕，率不满千人的小部队长途驰援建康。短视的孙恩没有抓住建康空虚的良机，派出轻兵进攻建康，而是坐在高高的楼船上，指挥十几万人的大部队一起进军。楼船几层楼高，非常笨重，又是逆江而上，行进速度异常缓慢，很快就被刘裕的部队在镇江追上。孙恩仗着人多势众，与刘裕正面交锋。他率部队登陆，抢占镇江的蒜山，阻击刘裕。刘裕所部不顾疲累，毅然猛攻蒜山。孙恩起义军为乌合之众，很快溃散。孙恩退至船上，放弃陆路，全力从水路进逼建康。刘裕在岸上随行监视。起义军的楼船实在太慢了，又花了好几天才到达建康郊外的白石垒。眼看建康就在眼前了，可惜刘牢之率领的大部队也赶到了。孙恩心虚，不敢决战，放弃建康，分兵袭取北岸的广陵（今江苏扬州），再率主力北上进攻郁洲（今江苏云台山），打败高雅之率领的晋军。孙恩从海上南下，因缺衣少粮，于402年入寇临海郡。临海晋军勇敢迎战，击败了孙恩。孙恩穷困不堪，对前途丧失信心，投海自杀。余众推孙恩的妹夫卢循为首领，盘踞在浙江东南沿海。

卢循出身世族，因为门第不高，南渡较晚，在东晋遭到排挤。朝廷对卢循施以怀柔，任命他为永嘉（今浙江温州）太守，希望招安起义军的余部。卢循接受了任命，可依然率领部队在今浙江金华、温州一带劫掠。朝廷痛下决心，派刘裕南征，卢循泛海而逃，越过福建，来到了广东沿海。404年，卢循攻陷番禺（今广州）。东晋朝廷考虑广州偏远，在第二年（405年）顺水推舟任命卢循做广州刺史。卢循梦想稳坐一方藩镇，任命姐夫徐道覆做始兴（今广东韶关）相，扼守南岭，大有关起门来安居岭南的意思。

可是徐道覆不甘寂寞，一心要卷土重来。在广东的五六年时间里，徐道覆暗中操练兵马、打造军械，怂恿卢循北伐。相对应的是，东晋实权逐渐落入刘裕的手中。刘裕掌权后，主要精力在北方，发动了多次北伐。徐道覆见刘裕远征在外，大军一时难以返回，觉得是乘虚而入的良机，便不征求卢循意见，在义熙六年（410年）二月从始兴北伐。卢循阻止不及，不得不兵分两路。卢循攻长沙，徐道覆攻江西。

卢循的部队是百战余勇，加上休养操练多年，北伐后势如破竹。东晋江州刺史何无忌领兵迎敌，阵亡。卢循和徐道覆联军，逼近建康。建康人心惶惶。刘裕正在北伐南燕的前线，闻讯担心建康有失，只带几十名随从轻装返回建康指挥御敌。刘裕考虑北伐将士尚未返回且劳顿多病，主张消极防守。镇守姑孰的豫州刺史刘毅本是刘裕创业期的盟友，后来地位落在了刘裕的后面，渐渐与之不睦。他力主出兵迎击卢、徐，企图借战功压过刘裕，进而夺权。刘裕从大局出发写信劝阻，又派人去面劝他暂缓出兵。刘毅铁了心，带上两万精兵和全部家当迎敌，结果在桑落洲一战被卢循杀得落花流水。几百艘大船和堆积如山的辎重都成了起义军的战利品。他本人历尽艰辛，才逃回建康。

刘毅这一败，大大损耗了东晋的有生力量。剩下的几千建康守军，要对抗十几万起义军。形势危如累卵。刘裕悬出重赏，招募建康百姓当兵，又动员百姓修筑石头城，集中兵力扼守城池。当年五月中旬，起义军包围建康，秦淮河入江口都出现了卢循的士兵。徐道覆主张烧毁舟舰，登陆猛攻建康各个城门，以示有进无退的决心。如此重要关头，卢循还对前途没有信心，怕烧了船再战败了就无路可逃了，留着船还能留条后路。他主张暂缓攻城，采取围城的方式，寄希望于建康主动投降。卢循借口说："从大势看来，建康不日自会溃乱。"他分兵攻略周边各县。徐道覆无可奈何，悲叹道："我终为卢公所误，大事将不成；我若能为英雄效劳，天下可定也！"起义军没有集中兵力对建康城发动猛烈攻势，刘裕也勒令部将不准出城挑战，凡是违令出战失利的都被他斩首。而卢循在建康周边的攻略收获不大。相持到七月，起义军士气疲乏，卢循主动退到浔阳休整。建康城守住了。

刘裕出奇兵，派沈田子等带兵数千，从海路南下偷袭起义军的老巢广州。卢循北伐，倾巢而出，广州兵力微弱，沈田子的数千晋军竟然攻占了广州。消息传到长江前线，起义军军心动摇。战争形势大变。十月中旬，刘裕从建康出师，主动与起义军决战。卢循接连失利，徐道覆企图西进占领荆州，为荆州刺史刘道规所败。年末，卢循、徐道覆带着几千残部退回岭南。义熙七年（411年），刘裕派兵平定岭南。二月，徐道覆在始兴战败被杀。卢循反攻广州，为沈田子所败，逃往交州，又被守军打败。卢循走投无路，毒死家人，然后投水而死。

孙恩—卢循起义跨越了十多年，纵横半个中国，席卷数十万百姓，是魏晋南北朝时期规模最大的农民起义。起义重创了本已衰微的东晋朝廷，为实权人物的上台铺设了基础。

二十 / 桓玄篡国

江州刺史桓玄是权臣桓温的小儿子，年幼即承袭南郡公的爵位。桓玄七岁时，荆州文武聚集在叔父桓冲家。桓冲摸着桓玄的小脑袋，无限感叹地说道："这些人，之前都是你家的部属、幕僚。"桓玄听后泪流满面，惊动满堂宾客。东晋朝廷没有追究桓温逼宫篡位的罪行，但对桓氏子弟非常防备，桓玄兄弟的仕途非常不顺。桓玄直到二十三岁那年（391年）才被任命为太子洗马。几年后，桓玄出任义兴太守，觉得不得志，登高望震泽，叹道："父为九州岛伯，儿为五湖长！"他干脆弃官回到封国南郡（今湖北江陵）。

397年，王恭第一次起兵。当时的荆州刺史殷仲堪态度摇摆不定。桓玄敏锐地意识到这是一个浑水摸鱼的机会，劝他："听说朝廷要征召刺史大人入京担任中书令，不知道消息是否准确？"一下子就点中了殷仲堪害怕司马道子夺去实权的心理。殷仲堪于是决心参与王恭起兵，并分兵给桓玄率领，以之为前锋。这次起兵以司马道子杀王国宝、王恭，主动罢兵结束。桓玄断定司马道子懦弱无能，在第二年（398年）向朝廷求授广州刺史之职。司马道子本就将桓玄看作潜在威胁，希望他走得越远越好，爽快地任命其为广州刺史。不想，桓玄接受了广州刺史的任命并不上任，继续逗留荆州，拉帮结派，聚拢力量，以荆州主人自居。官民都忌惮他。荆州刺史殷仲堪的亲党主张除掉桓玄，殷仲堪优柔寡断，迟迟不敢动手。王恭第二次起兵。殷仲堪、桓玄和南郡太守杨佺期联合出兵。荆州内部的矛盾就暂时冷冻起来了。这次起兵的结果是王恭被杀，殷仲堪等三人都被任命为刺史。三位刺史在浔阳结盟以求自保。桓玄由于家族声望和历史，被推为盟主。

做了盟主后，桓玄更加骄纵。三人内部矛盾凸显。雍州刺史杨佺期为人骄悍，在与前秦的战斗中，积累军功，不断得到提升，算不上官场正途，为世族子弟所轻视。桓玄一点儿面子都不给，每次都直呼杨佺期为"寒士"，处处压他一头。杨佺期隐忍不发。三人结盟后，各归辖区。殷仲堪回江陵当他的荆州刺史，杨佺期去襄阳镇守。桓玄知道了杨佺期愤恨自己，又想吞并杨氏地盘，就屯兵夏口（今武汉）。三个盟友各怀鬼胎。不久荆州发大水，殷仲堪全力赈灾，造成荆州仓廪空竭。桓玄乘人之危，发兵讨伐殷仲堪。殷仲堪向杨佺期求救。杨佺期从襄阳增援江陵。桓玄避其锋芒，全军暂且退后。杨佺期围追其后，桓玄部队突然掉转枪头迎战。经过一番苦战，杨佺期溃败，本人被俘遇害。困守江陵的殷仲堪闻讯，弃城北上，途中被俘遇害。此前，桓玄又假传圣旨，控制了梁州。三刺史联盟仅仅维持了一年时间，桓玄就消灭了两位盟友，尽占长江中游一带。次年（400年），朝廷不得不应桓玄的请求，任命他为都督荆司雍秦梁益宁江八州及扬豫八郡诸军事、后将军，兼荆江二州刺史。至此，桓玄恢复了父亲桓温时期的势力范围。

朝廷虽然由司马道子、司马元显父子相继专权，但能够管辖的仅仅是江南八郡而已。江北由北府兵刘牢之、豫州刺史司马尚之分割，不久，江南又爆发了孙恩起义，一度失去控制。而桓玄掌握着东晋超过一半的领土，募兵征粮，持续自肥。桓玄大造舆论，屡次在辖区内制造祥瑞，名为宣示个人功绩，实为公然示威。

元兴元年（402年）正月，血气方刚的司马元显控制朝廷，下诏讨伐桓玄。他自任征讨大都督，以刘牢之为前锋都督、征西将军。为了拉拢刘牢之，司马元显剥夺桓玄的江州刺史官职，转授给刘牢之。桓玄留哥哥桓伟守江陵，顺江而下进驻浔阳，移檄建康，公布司马元显的罪状，反过来讨伐司马元显。司马元显一时意气用事，并没有周密计划。他原本已经上船准备开拔，看到檄文后迟迟不敢动身。那边，桓玄过了浔阳，还没有见到司马元显的一兵一卒，部队士气也高涨起来。桓玄兵抵姑孰，分兵击破了倾向朝廷的襄城太守司马休之和豫州刺史司马尚之。

司马元显没主意了，派使者向刘牢之询问战事。刘牢之犹豫不决，消极怠工，带着北府兵进驻建康西南的溧洲就止步不前了。桓玄适时地派其族舅何穆来当说客，说："高鸟尽，良弓藏；狡兔殚，猎犬烹。刘将军的情况是，战败了则家族不保，战胜了也难逃满门抄斩的命运，你怎么办？倒不如幡然醒悟，与桓公联手，保有富贵。"刘牢之觉得何穆所言有理，要派使者去向桓玄请降。外甥何无忌和部将刘裕苦苦劝谏，刘牢之都听不进去。儿子刘敬宣也劝阻说："父亲和桓玄是当今天下最有实力的两个人。桓玄借家族优势，据有全楚，割朝廷三分之二领土，威望已成，父亲恐怕难以与他共存。父亲如果投靠他，只怕董卓之变，将在今矣。"刘牢之怒道:"你说的这些我难道不知道?我是可能打败桓玄。但平定桓玄之后,我又怎么和司马元显相处呢?"最终,刘牢之还是向桓玄营中请降。

刘牢之率北府兵投降后,桓玄大军沿江而下,轻松登陆。司马元显硬着头皮整军在宣阳门外列阵迎战。无奈,军心已乱,晋军不战自溃。司马元显匹马逃到家里,问父亲司马道子怎么办。父子俩相对哭泣。桓玄兵不血刃进入建康,抓住司马元显,将他和司马尚之一起处死。司马元显当时才二十周岁。司马道子不久也被毒死,终年三十九岁。桓玄控制白痴皇帝司马德宗,自任丞相、都督中外诸军事,控制了朝廷。

桓玄掌权后,首先就要削弱北府兵。他任命刘牢之为征东将军、会稽太守,剥夺了军权。刘牢之恍然大悟,哀叹祸将至矣。刘敬宣就劝刘牢之袭击待在建康丞相府中的桓玄。关键时刻,刘牢之犹豫不决,没有采纳儿子的建议,而是计划带着北府兵渡过长江,与在江北的女婿高雅之联合据守北岸,与桓玄相持。北府兵将领厌恶刘牢之反复无常,纷纷走散。刘牢之的主张得不到部下支持。他事先安排儿子刘敬宣到京口安置家眷,如今见儿子失期未到,以为他遭遇不测。众叛亲离之下,刘牢之自缢而死。等刘敬宣赶回来,见父亲已死,急忙投奔高雅之而去。北府兵将吏将刘牢之安葬在丹徒。桓玄下令斫棺斩尸,把刘牢之尸体抛暴于大街上。

除去刘牢之后,桓玄矫诏任命自己为太尉、都督中外诸军事、扬州牧,领豫州刺史,完全掌控了国政。对群龙无首的北府兵,桓玄举起了血腥的屠刀,接连杀害了高素、竺谦之、刘袭等旧将。刘敬宣、高雅之和冀州刺史刘轨起兵自保,被桓玄打败。三人北逃,投降了南燕的慕容德。剩下的北府兵将领人人自危。何无忌找刘裕商议对策,刘裕镇定地回答:"如果桓玄能效忠朝廷,我们就服从他。如果桓玄篡国谋权,我们就对付他。现在正是桓玄矫情树威、施展拳脚之时,肯定用得着我们。"果然,桓玄并没有对北府兵将领斩尽杀绝,他派堂兄桓修镇守丹徒,任命刘裕为中兵参军。其他北府兵将领依然在位。而刘裕在刘牢之死后,无形中成了北府兵将领的中坚力量。

元兴二年(403年)二月,桓玄矫诏自任大将军。九月,他又加授相国,封楚王,封地有十郡,并加九锡,准备篡位了。篡位之前,桓玄还是放心不下北府兵的残余力量。他派堂兄桓谦刺探刘裕的态度。刘裕毫不犹豫地回答:"楚王勋德盖世,众望所归,乘运禅代,有何不可!"桓谦大喜过望:"刘将军说可以,那就真的可以了！"桓玄得报，以为自己得到了刘裕为代表的北府兵旧将的支持，再没什么忌惮的了。永始元年（403年）十二月，白痴皇帝司马德宗献出国玺，禅位于桓玄。桓玄经过一番辞谢表演后，粉墨登场称帝，国号楚，史称桓楚。桓玄贬司马德宗为平固王，迁居浔阳。

桓楚建立初期，令人耳目一新。《晋书》承认桓玄"初至也，黜凡佞，擢俊贤，君子之道粗备，京师欣然"。然而，没过多久，桓玄就暴露出拙劣的品行来，让人大失所望。桓玄"本无资力，而好为大言"，没有全盘建设的计划，做的都是些无关紧要或者沽名钓誉的行为。比如，桓玄经常亲自审讯囚犯，不管罪刑轻重，多予释放；对于拦御驾喊冤的人，也都给予救济，对罪犯和申冤者反映的问题则不闻不问。在政务处理上，桓玄继承了先前烦琐苛刻的风格，又喜欢炫耀自己。桓玄喜欢奇珍异宝，百般搜求宝物。民间有书法名画或佳园美宅，桓玄都要占为己有。他还派遣官吏四处求宝，掘果移竹，不远千里给他输送宝物。他把搜集的奇珍异宝和名贵书画都放入轻舸中。别人劝他没必要，桓玄说："这些书画服玩应该时刻放在身边，我把它们放在船上，遇到紧急情况可以方便运输。"没过几个月，桓玄就因为"陵侮朝廷，幽摈宰辅，豪奢纵欲，众务繁兴"，而致朝野失望，人心思变。

北府兵旧部对桓玄心怀怨恨，刘裕暗地琢磨着推翻桓玄。永始二年（404年）二月，刘裕随同徐兖二州刺史、安成王桓修入朝。桓玄见过刘裕后对司徒王谧说："我昨天见到刘裕了。此人风骨不凡，是天下人杰呀。"桓玄妻子刘氏善于识人，提醒丈夫："刘裕龙行虎步，视瞻不凡，恐怕不是甘居人下之人，应该早些处置他。"桓玄不同意："我正要平定中原，非刘裕不可以托付国家大事。等平定关陇以后，再谈处置不迟。"他对刘裕优待赏赐，希望刘裕能够为己所用。

刘裕却在寻找机会离开建康，返回江北。永始二年（404年）二月，刘裕推说打猎，和何无忌纠合了一百多人。等清晨京口城门刚开，何无忌诈称朝廷使者，当先进城，一百多人跟着一拥而入。守将桓修还没有弄清真假，便被砍了脑袋。同日，京口对岸由桓弘驻防的广陵也发生了政变。刘毅、孟昶和刘裕的弟弟刘道规带几十名壮士冲入桓弘府中，将桓弘杀死。考虑到兵力薄弱，难以坚守广陵，刘毅随即率众渡江，与刘裕在京口会合，队伍壮大到一千七百余人。刘毅、何无忌等推刘裕为盟主，号召天下反桓。首义之初，刘毅推荐刘穆之为参谋。刘穆之是莒县人，出身平民，博览群书，精明能干，做过地方小官，当时正闲居京口。刘裕听说过刘穆之的文才，立刻派人去请。巧了，刘穆之听到城中军队喧闹，出来探望，遇到来请他的使者，就跟着去见刘裕。两人一见，顿生相见恨晚之感。刘穆之欣然同意担任刘裕的主簿，将首义事务处理得井井有条。从此，刘裕和刘穆之开始了"刘备—诸葛亮"般的亲密合作。

刘裕整顿完毕，主动进攻建康。桓玄仓促应对，第一是赦免扬、豫、徐、兖、青、冀六州百姓，收揽人心；第二是任命桓谦为征讨都督，派吴甫之、皇甫敷两人分别率军迎战刘裕。三月，刘裕和吴甫之在江乘遭遇。吴甫之是桓玄的骁将，带领的部队也是百战精兵。这一场仗打得异常惨烈，刘裕手执长刀，冲入敌阵。起义军奋勇前进，阵斩了吴甫之，击溃桓军。刘裕进军到罗落桥，皇甫敷率数千人迎战。刘裕冲向敌阵，前后奋击，越战越勇，最后攻破皇甫敷部队，将皇甫敷斩首。

吴甫之、皇甫敷接连被杀，桓玄大惊，召集大臣讨论。一上来，桓玄就问："朕会失败吗？"曹靖之回答："如今神怒人怨，臣恐怕前途不妙。"桓玄说："百姓或许怨恨我，神灵为什么也发怒呢？"曹靖之回答："您把晋朝宗庙移到江滨，让它漂泊失所。大楚的祭奠，只祭奠了先皇（桓温），连祖父（桓彝）都没有祭奠，上天当然要发怒了。"桓玄追问："那你之前怎么不劝谏我？"曹靖之回答："您身边的人都奉承您为千古圣君，粉饰现在是尧舜之世，我哪敢多言！"桓玄后悔莫及，又恨又怕。

桓玄还得硬着头皮迎战刘裕。他一面找术士诅咒刘裕，一面收拢两万军队，派遣桓谦、何澹之屯东陵，卞范之屯覆舟山西，准备战斗。刘裕推进到覆舟山东，让将士饱餐一顿后，抛弃余粮，以破釜沉舟之势对桓军发动攻势。他选派年老羸弱的人在蒋山上分张旗帜，然后指挥部队分道进攻。桓军的侦察兵看到后，以为刘裕军队人数众多，回去报告桓玄："裕军四塞，不知多少。"桓玄加派庾颐之带领建康城内的精兵增援前线。

决战正式开始，刘裕、刘毅等将领身先士卒，向前冲击。将士人人死战，喊声惊天动地。刘裕见东北风急，就沿途放火焚烧，烟尘张天。建康城内都能听到城外鏖战的声音，看到漫天的烟尘。桓军士气低落，刘裕等人斗志昂扬。桓谦诸军被击溃，纷纷后逃。城内，桓玄集合亲信数千人，扬言要出城决一死战，暗地里却带着儿子桓升、侄子桓浚等出城坐上事先准备的小船，向长江上游逃去。

建康光复，周边郡县也纷纷反正。当时，晋安帝司马德宗被桓玄软禁在浔阳，刘裕决定找一个皇族出来暂代朝政。桓玄篡位后，司马皇室都被贬居外地。其中，武陵王司马遵被贬为彭泽侯，被勒令到彭泽居住。司马遵出发时船坏了，他就留了下来。于是，刘裕等人推举司马遵为大将军，搬入皇宫居住，代行大权。司马遵大赦天下，但是和桓玄同祖的子弟不在赦免行列。

桓玄退出建康，到浔阳挟持了晋安帝司马德宗，继续向西逃回江陵。对于自己的惨败，桓玄心里接受不了，常常整天不吃不喝的。儿子桓升只有几岁大，懂事地抱着桓玄的胸抚摩。桓玄更是悲不自胜。

西撤后，桓玄施行严刑峻法来整肃内部，部众反而越加离心。四月，司马遵在建康就任大将军，发兵讨伐桓玄。桓玄也在荆州重整部队，以投降的前秦太子苻宏为前锋，东下与刘毅率领的晋军决战。桓玄的军队占据数量优势。刘毅的部队只有几千人。桓玄发扬畏战的一贯传统，在御船旁边系着一条小船，装着宝物和给养，一看情况不妙，随时准备开溜。将士见此，哪有斗志？刘毅乘风纵火，一场火攻将桓玄的荆州兵杀得大败。桓玄不但不思收拢败兵再战，反而烧掉辎重，连夜逃回江陵。

部将冯该劝桓玄在江陵准备最后的决战。桓玄完全没有勇气，计划逃亡汉中投靠梁州刺史桓希。他不顾忠心将士的劝阻，连晋安帝也不要了，要率部弃城北逃。江陵城中顿时大乱，指挥混乱，政令不通。桓玄带少数人马出城，出城门时遭遇怀恨在心的旁人行刺。刺客没有刺中桓玄，却导致桓玄身后部队相互猜疑，起了内讧。最后，桓玄狼狈地和几个亲人逃到船上，逆江泛舟而去。

桓玄逃跑后，忠于晋室的官员将晋安帝司马德宗迎入南郡府舍，等候晋军的到来。

之前，东晋的益州刺史毛璩的弟弟毛璠死了，他派了其孙毛佑之、参军费悦带着二百人送葬回江陵。毛璩的侄子毛子修有心杀桓玄，就劝诱桓玄入蜀。桓玄同意了，途中遇到毛佑之和费悦一帮人。毛佑之等人里应外合，对桓玄发动突袭。一时间箭如雨下，桓玄平时宠幸的近臣丁仙期、万盖等人用身体护着桓玄，各中数十箭而死。桓玄也中箭了，儿子桓升在旁帮他拔出箭来。益州督护冯迁抽刀，跳上桓玄的大船。桓玄一边拔下头上的玉饰递给冯迁，一边喝问："你是何人？敢杀天子！"冯迁说："我是在杀天子之叛贼而已！"刀起头落，桓玄死了，终年三十六岁。桓升和父亲一同丧命。桓玄的脑袋被送到建康，悬挂在大街上示众。围观百姓莫不叫好。

桓家经营多年，势力盘根错节。桓玄死后，其侄桓振谥为武悼皇帝。桓振、桓谦、苻宏等人在荆州一带顽抗，还一度重新攻陷江陵，再次俘虏晋安帝。东晋花了几年时间才诛杀桓振等人，讨平叛军。406年，司马德宗才回归建康，司马遵奉还政权，改拜太保。

二一 / 刘裕横扫中原

刘裕，字德舆，小名寄奴。先祖是彭城绥里（今江苏徐州）人，曾祖刘混随晋室南迁到京口（今江苏镇江）居住，属于普通的城市平民家庭。刘裕生于兴宁元年三月（363年4月），母亲难产而死，父亲刘翘因为家境赤贫，难以养活儿子，就想将刘裕抛弃。同族刘怀敬之母听闻，赶过来阻止，并承诺自己抚养婴儿。亲生儿子刘怀敬尚未满月，刘母就毅然断了儿子的奶水去哺乳并非亲生的刘裕。刘裕在贫困环境中长大，身长七尺六寸，识了几个文字，为了糊口从事一些力气活，有时也编席卖鞋。他喜欢赌博，经常输得除了随身衣物外一无所有。因为赌博，刘裕还不起有钱有势的刁逵三万钱赌债，被刁逵抓了过去，缚在马桩上受尽凌辱。世族王谧到刁逵的家中偶然见到刘裕，就替他还了债。王谧对刘裕说："卿当为一代英雄。"让刘裕感动不已。

谢玄在江北招募贫苦流民，组建北府兵。广陵、京口及其附近的贫苦百姓和流民构成了北府兵的主力。刘裕入伍当兵，得到稳步提升，担任过将领孙无终的司马，后来转入刘牢之手下做参谋，逐步代替刘牢之成为北府兵的真正领袖。在推翻桓玄的战斗中，刘裕身先士卒，接连以少胜多，力量越来越强。推翻桓玄后，朝野竭力称赞刘裕平定桓玄之功。朝廷封刘裕为侍中、车骑将军、徐青二州刺史。刘裕就此成为南方最强大的实权人物。

刘裕接任徐青二州刺史后，主动出镇外地，推司马遵出来维持局面。王谧等大臣准备推举刘裕统辖扬州。刘裕坚决辞谢，把扬州刺史让给了王谧，将盟友刘毅、孟昶等留在建康，以便遥控朝政。

义熙三年（407年）十二月，王谧去世，盟友刘毅不满居于刘裕之后，聚集一帮人商议任命中领军谢混为扬州刺史，或者让刘裕兼任扬州刺史，但不让刘裕入建康，而把政务交给孟昶管理。商议定后，刘毅等人毕竟心虚，派尚书右丞皮沈带着这两个方案，前去征求刘裕的意见。皮沈到了丹徒，先向刘穆之透露了来意。刘穆之假装起身上厕所，迅速写了张条子送交刘裕："皮沈所言，切不可应允。"皮沈告别刘穆之后,就去见刘裕。刘裕听完皮沈的陈述,只是安顿好朝堂使节,之后迅速将刘穆之招来商议。后者强烈要求不能拱手让出扬州,建议刘裕前往建康稳定局面。刘裕听从刘穆之的话,接受了扬州刺史的任命,冠冕堂皇地前往建康就任。朝廷任命刘裕为侍中、车骑将军、扬州刺史、录尚书事,仍兼任徐青二州刺史的职务。刘裕在刘穆之的协助下,按照轻重缓急进行朝政清理和政策矫正。他以身作则,勤政严法,不到一个月,建康的官风民俗就大为改观。尚书左仆射王愉的儿子王绥,出身世代公卿的王家,加上其少小得名,讥笑刘裕地位卑贱。刘裕毫不犹豫地将他杀死。刘裕写得一手烂字,加上生性不喜读书习字,主政后苦恼不已。刘穆之出主意说:"将军可以坚持一直写大字,一个字写成一尺大也无妨。大字能够掩藏拙处,而且有气势。"刘裕欣然采纳,把文告写得硕大无比,一张纸只有六七个字,贴得满墙都是,远远看去气势非凡。

刘穆之对内是刘裕的行政管家,对外是刘裕在朝廷的主要助手。他能力超群,处理问题快如流水,文件和事情在他的手里从来没有堆积迟滞的。他眼睛看着文件资料,手里起草批阅意见,耳朵听着情况汇报,嘴里当场答复下属的询问,应对自如,从不出错。从京口讨伐桓玄开始到义熙十二年(416年)年底去世,刘穆之与刘裕合作了十三年时间。刘裕评价刘穆之"深谋远猷,肇基王迹,勋造大业,诚实匪躬"。刘宋王朝建立后,刘穆之被追封为南康郡公,谥文宣公。

刘裕的权力是建立在北府兵的支持上的。北府兵的刘毅、何无忌等人推举刘裕为盟主,同时自身保留强大的军队。刘毅长期处于北府兵二号人物地位,官爵仅次于刘裕,加上文雅有学问,得到世家大族的支持,内心深处想和刘裕一决雌雄。刘毅与刘裕的关系慢慢出现了裂缝。广州的卢循乘虚北上进攻建康。时任江州刺史的何无忌领兵迎战阵亡,震动了全局。刘毅时任豫州刺史,镇守姑孰,一心镇压卢循起义军以建立大功来盖过刘裕,于是整军迎战,结果几乎全军覆没。他本人历尽艰辛,才逃回建康。卢循起义被平定后,刘毅接替病重的刘道规担任荆州刺史,掌握了极其重要的荆州,在当地网罗党羽,壮大力量。刘毅身体不好,没多久就病重了,向朝廷请求让堂弟刘藩继任荆州刺史。刘裕答应了。因为刘藩正担任兖州刺史,去荆州上任需要经过建康。刘裕就以司马德宗的名义征召刘藩入京。刘藩到了建康后,刘裕马上以刘毅、刘藩和尚书仆射谢混共谋不轨的名义,赐死刘藩和谢混,并出兵讨伐刘毅。刘裕封锁消息,不让刘毅知道刘藩的死讯,逆江而上的讨伐军也伪装成刘藩部队,宣称是新任荆州刺史赴任。讨伐军一路走到江陵，荆州都没有防范。讨伐军对江陵发动突袭，刘毅兵败，自缢而死。

刘裕讨伐刘毅时，诸葛长民驻守建康。诸葛长民是反桓起义时的重要人物，也是刘毅、何无忌等人之后硕果仅存的实权人物。听到刘毅死讯，诸葛长民很害怕："昔年醢彭越，今年杀韩信。祸其至矣！"其弟辅国将军诸葛黎民就劝他造反。诸葛长民犹豫不决，暗中写信给冀州刺史刘敬宣，串联造反。刘敬宣是北府兵元老刘牢之之子，父亲遇害后逃奔了南燕。在南燕，刘敬宣和高雅之等人阴谋政变，失败后逃归东晋，被刘裕收留。刘敬宣不但拒绝造反，还向刘裕告密了。刘裕赶紧命讨伐荆州的军队返回建康。义熙九年（413年），刘裕大摆宴席，和诸葛长民笑谈如常，开怀畅饮。诸葛长民渐渐失去了警惕，喝得酩酊大醉时，被刘裕事先埋伏的武士从背后用绳子勒死。刘裕又派人诛杀诸葛家族。诸葛黎民一贯骁勇，面对围兵格斗至死。至此，昔日的盟友和潜在的政敌都被消灭了，刘裕成了唯一的强权人物。

桓玄篡位之时，益州刺史毛璩出兵讨伐桓玄。不想四川人不愿意背井离乡去打仗，推举四川人谯纵为首领，杀死毛璩。谯纵建立了继成汉之后的第二个四川割据政权，一边向北方的后秦称臣，被后秦封为蜀王，一边频繁入侵东晋的荆州地区。刘裕消灭刘毅的同年（412年）就开始对四川用兵。他提拔资历浅的朱龄石任益州刺史，领兵攻蜀。谯纵本就是趁东晋内乱侥幸立国的，势力薄弱，在晋军攻击下节节败退。义熙九年（413年）七月，谯纵自缢而亡，四川重新进入东晋版图。

刘裕权势日渐巩固，为了更上一层楼，北伐被提上了议事日程。义熙五年（409年），南燕成了刘裕北伐的第一个目标。南燕是后燕分裂后的偏安政权，力量薄弱。末代君主慕容超又轻浮好动，嫌太乐伎人数太少，在当年二月发兵攻击东晋淮北，掳去大量人口。第二个月，刘裕就以此为借口，上表请求伐燕。四月，刘裕就率领北府兵浩浩荡荡北伐。和桓温北伐纯粹为了立威不同，刘裕需要扩大疆域，所以北上途中遇到险要之处都筑城留兵防守。南燕主要盘踞在山东。北伐军进入山东后，刘裕必须经过地形险峻的大岘山。大岘山两旁是高山峭壁，中间有一条小道通过，万一燕军埋伏怎么办？刘裕坚持全军快速从山下过山，北伐军将士都心惊胆战地通过大岘山的窄道，刘裕心底也没有百分百的把握。直到全军安然走过了大岘山，不见燕兵，东晋将士欢呼雀跃。刘裕举手指天，喜出望外。大岘山是南燕可以依赖的最重要的天险，慕容超并不加利用。他以为东晋军队深入北伐，是刘裕为了立功，不能持久，所以既没有派军扼守险要，也没有坚壁清野。刘裕率领北伐军越过大岘山，人人抱定死战之心，又利用沿途南燕的粮草解决军需问题，进展神速。六月，南北两军在山东临朐大战。刘裕扬长避短，用四千辆车子围住步兵，分左右两翼徐徐推进。南燕骑兵被车辆阻碍，横冲直撞的优势发挥不出来。两军正僵持着，刘裕命参军胡藩带一支奇兵绕过燕军，轻松攻取临朐。燕军主力闻讯大乱，被刘裕打败。慕容超仓皇逃回首都广固城固守。刘裕将广固团团围住，安抚百姓，就地筹集军需。广固城被围两个月，慕容超向后秦姚兴求救。姚兴清楚唇亡齿寒的道理，可要出兵救燕又有心无力。他耍了个花招，派使者到刘裕军中恫吓：“大秦已派十万雄兵进驻洛阳，若晋军不撤，大秦将长驱东进，联燕灭晋。”刘裕断然回答：“我本想在灭燕之后休兵三年，然后进取关中灭秦。如今姚兴自己送上门来，再好不过。让他快点过来吧！”后秦使者吓得赶紧溜走了。刘穆之担心激怒后秦，广固没有攻克，羌人骑兵已到。刘裕笑道：“兵贵神速。姚兴如果真想救援，就不会事先派遣使者通知。我看他是无力出兵，恐吓而已！”事实证明，在东晋和南燕交战期间，后秦一直按兵不动。南燕派往后秦的使者张纲回来时被晋军抓住。刘裕让张纲向广固城喊话：“后秦无兵相救！”南燕军民斗志更加低落了。义熙六年（410年）正月，广固城内部分丧失信心的官员开城投降。慕容超突围时被擒，被送往建康斩首。南燕灭亡。

南燕灭亡后，西边的后秦成了刘裕下一个目标。后秦疆域虽广，但内部始终有匈奴赫连勃勃建立的夏政权的侵蚀，有生力量不断削弱。义熙十二年（416年）二月，后秦君主姚兴去世，继位的姚泓软弱无力，国内其他民族频繁爆发反秦起义。刘裕留刘穆之在建康，总摄朝野政事，自己第二次北伐，志在灭秦。

后秦在河南地区的抵抗很薄弱，当年十月晋军前锋进逼洛阳，守将姚洸投降。在这危急时刻，后秦内部不仅没有同仇敌忾，反而加速同室操戈。先是姚泓的弟弟太原公姚懿在蒲坂造反，要抢夺帝位。接着是宗室齐公姚恢在岭北起兵，率数万人马进攻长安，也要抢夺帝位。二人造反都没有成功，但后秦内忧外患，不能集中全力对抗刘裕，形势越来越不妙。

第二年（417年）正月，刘裕率水军从彭城（今江苏徐州）出发，王镇恶、檀道济等率别部进逼潼关。东晋对后秦开始了总攻。潼关后秦守军死守关隘，刘裕闻讯，督率水军加速逆黄河西进，增援王镇恶等人。一旦晋军云集，后秦的处境更加不妙。姚泓向黄河北岸拓跋鲜卑建立的北魏政权求援。北魏灭亡后燕，占有黄河以北大部地区，有能力也可能援助后秦。北魏是否出兵，成了晋秦之战的关键因素。刘裕也派使者向北魏"假道"，要求北魏中立。北魏内部意见分歧：一派主张截击刘裕的水军，理由不仅有唇亡齿寒，更有人怀疑刘裕表面伐秦实际想攻魏；另一派认为刘裕伐秦志在必得，如果北魏出兵介入晋秦之间的战争，可能会引火烧身。北魏刚刚占领华北，百废待举，北方又在与柔然交战，实在不想和晋军硬碰硬地决战。最后，北魏明元帝做了折中，集合十万大军部署在黄河北岸，监视晋军行进。

刘裕发现北岸的魏军后，就立刻在战和之间做出了选择：战！逆流西进必须排除魏军的威胁，必须通过血战让北魏看到晋军灭秦的决心和能力。四月，七百名北府兵乘坐一百辆战车，主动登陆北岸。这些车辆组成半圆形的阵势，两头的车辆紧靠河岸，中间的车辆（半圆形的弧顶）离岸一百多步。这阵名叫"却月阵"。三万名魏军见势，包围过来。他们不知道这小股晋军为什么主动挑衅。就在魏军徘徊不前的时候，朱超石率领两千人携带大弩一百张登陆。每辆车增兵二十人，在车辕上竖起盾牌，掩护却月阵里的情形。每辆车都配备一张大弩。魏军判断晋军是要在北岸建立据点了，开始进攻。魏军一拨拨地冲来，又一拨拨地倒在弓箭面前。尸体越积越多，魏军最终还是逼近车前。晋军的大弩发射不及，朱超石就下令将长矛截断，留下三四尺长，一人执矛，一人在后面用大锤锤矛，一根根断矛成了一枚枚巨箭，呼啸而出。由于魏军蜂拥密集，一矛射出常常刺穿三四人。魏军死伤惨重，留下更多的尸体溃退而去。朱超石乘机追击，又重创魏军。此战，晋军以极小的代价重创监视的魏军，战后魏军丧失勇气，脱离与晋军的接触。

战场上重新恢复为晋军和后秦的对决。为了突破潼关天险，沈田子、傅弘之在当年七月率领一千多人的小部队从南边的武关进入关中，很快推进到蓝田。这支疑兵让姚泓大为紧张。原本，姚泓纠集了数万兵马准备增援潼关。如今，他怕大军东出后被晋军偷袭了后方。姚泓决定先带着后秦的主力军消灭沈田子等人。沈田子的小部队处境异常危险。沈田子只能险中求生，乘姚泓立足未定，率领一千多人主动向秦军冲锋。秦军毫无防备，竟然被沈田子的一阵冲杀打乱了阵脚，伤亡过万。姚泓狼狈逃往灞上，连自己的御驾都成了沈田子的战利品。后秦援军就这么莫名其妙地溃散了。正面攻击潼关的刘裕、王镇恶意外听到沈田子所部的捷报，乘机猛攻潼关。晋军水军乘艨艟小船从黄河突入渭水。艨艟船体低矮，从上面看，艨艟全部被遮盖起来，行进起来像是横冲直撞的大乌龟。关中的秦兵从来没有看见过这种船，茫然不知如何应对，接连溃败。

八月底，突入关中的晋军与后秦最后的生力军在渭桥决战。秦军大败，姚泓单骑逃回长安宫中。王镇恶尾随而来，长安城无兵可调，无人愿守了。姚泓万般无奈，率家人至王镇恶营前投降。除姚泓外，刘裕将后秦宗室全部处决。姚泓被押送建康斩首。后秦灭亡。

九月，刘裕率北府兵进入长安。长安是之前中原王朝最重要的都城，它的光复的政治意义绝不在洛阳之下。长安自316年被匈奴攻陷后，已经一百多年没有见到汉家军队了。史载长安光复后，三秦父老"不沾王化，于今百年。始睹衣冠，人人相贺"。刘裕的声望如日中天。他祭扫西晋皇陵，把彝器、浑仪、土圭、记里鼓、指南车等送往建康。

黄河以南和关中地区的大片地区为晋收复。当时北方最强大的四股力量，南燕和后秦先后覆灭，北魏刚刚被刘裕打败，赫连勃勃还在陕北游荡，刘裕完全可能扩大战果。可惜，他志在南归代晋。而经过多次血战的南方官兵也思乡南归，很少有人愿意留在北方从事政权建设。刘穆之又在这时病故，刘裕担心后方不稳，急着在当年十二月离开长安南下。关中百姓沿途痛哭，请求晋军不要撤退。但刘裕狠狠而还。北部的赫连勃勃乘虚而入，加上留守关中的东晋诸将又自相残杀，关中很快为匈奴人占领。刘裕灭秦，为赫连勃勃做了嫁衣裳。回到建康后，刘裕在朝廷的地位显赫无比。他接受了"相国、宋公、九锡之命"，开始篡晋。

二二 / 赫连勃勃大王

自从匈奴汉国和前赵覆灭后，匈奴人长期没能再建立割据王朝，在十六国中处于被其他部族奴役的地位。匈奴铁弗部落在相当于今内蒙古和河套地区的地域游牧，酋长也以刘为姓，接受过匈奴汉国和前赵的封爵，南方的匈奴王朝覆灭后，继续游牧在草原上。刘卫辰担任部落酋长时，这支匈奴的力量已经相当可观。强邻拓跋鲜卑与之鏖战，拓跋珪在391年大破该部匈奴，刘卫辰父子被杀，部众星散。

不过，拓跋珪没能斩草除根。刘卫辰的小儿子刘勃勃在混乱中逃脱，投奔叱干部。酋长叱干他斗伏不敢收留刘勃勃，派人把他送交拓跋鲜卑。他斗伏的侄儿阿利劝不了他斗伏，就在中途救下刘勃勃，送交后秦的高平公没奕于。没奕于简直是刘勃勃的大恩人，不仅收留了他，将他养大成人，还招他做了女婿。

刘勃勃作为一个孤儿，在其他部族的阵营中孤独地成长。再考虑到弱肉强食的大背景，刘勃勃的人格出现了偏差，对人对事冷酷无情；智商很高，可惜不是聪明而是狡黠。《晋书》说他长大后"身长八尺五寸，腰带十围，性辩慧，美风仪"。后秦皇帝姚兴很欣赏刘勃勃，深加礼敬，任命他为将军，一些军国大事都找他商量，对他的宠遇并不比勋旧大臣差。但是姚兴的弟弟姚邕觉得刘勃勃是个危险人物，劝姚兴要防着点儿："勃勃天性不仁，难以亲近。陛下宠遇太甚，臣窃惑之。"姚兴固执地认为刘勃勃有济世之才，可以用来平定天下，别人越反对他反而越看重刘勃勃，搜罗河套地区的各部落和其父刘卫辰的残部三万人，交给刘勃勃指挥，还想让他协助岳父没奕于镇守高平（今宁夏固原），同时防备拓跋鲜卑。姚邕再次劝止，指出让刘勃勃领兵很危险。姚兴反驳弟弟："你怎么知道刘勃勃的性情不能领兵？"姚邕说："刘勃勃奉上慢，御众残，贪暴无亲，轻为去就。过分宠信他，恐怕终为边害。"姚兴犹豫了一段时间后，还是提拔刘勃勃为安北将军，封五原公，还将朔方（今陕西延安）拨给他驻扎。姚兴可谓是刘勃勃的第二个大恩人，他信任刘勃勃，让他成了一方藩镇。

刘勃勃很快就走上了扩军自肥、烧杀抢掠的道路。刚一上任，他就抢劫了河西鲜卑献给姚兴的八千匹骏马，用来壮大自己。接着，刘勃勃又带上三万人马，假装去高平川打猎，对抚养自己长大的岳父没奕于发动突袭，竟然将岳父杀死，吞并了高平的部队。刘勃勃的部队一下子扩展到数万人，不过这是通过忘恩负义、杀戮亲人实现的。407年，刘勃勃觉得羽翼丰满，正式脱离后秦自立。他宣称匈奴是夏朝的苗裔，定国号为夏，自称大夏天王、大单于。这是十六国后期的又一个匈奴割据政权。

夏国建国以后，仅有高平、朔方一隅。不过匈奴骑兵剽悍强劲、机动性强，部将都对战胜后秦有信心，主张建都高平，与后秦争夺关中。刘勃勃却不以为然。他认为建都高平，将陷入与后秦漫长的拉锯战，秦夏众寡悬殊，一城一地地争夺不具备优势。刘勃勃的思路是利用匈奴云骑风驰的优势，对庞大的后秦展开出其不意的骚扰，敌前我后，敌进我退，等后秦疲于奔命时再集中优势力量歼灭后秦的有生力量。他自信用此战术，不出十年，岭北、河东将尽为匈奴所有。没有根据地、飘忽不定的行动也让匈奴夏国长期游荡在关中北部、陇西一带，没有固定的国家形式，和一般的王朝有别。

刘勃勃的战略取得了辉煌的成功。他以区区几万之众不断骚扰后秦北方州县，牢牢掌握着主动权。后秦防不胜防，北方各城干脆大白天都紧闭城门。姚兴这才懊悔没听姚邕的话，可惜没有后悔药吃。刘勃勃的骚扰贯穿至后秦灭亡，极大制约了后秦的行动，消耗了后秦的国力。刘勃勃的日子过得非常滋润，四处劫掠让他得到了充分的供给，不愁军队的吃穿用度，潇洒得很。

刘勃勃残暴的性格在战争中完全暴露了出来，给西北百姓造成了极大的伤害。匈奴夏国每次击败敌人，杀伤动辄过万，占领的城池被抢劫一空，百姓中精壮者补充部队，其余遭到杀戮或者活埋。《晋书》中留下了诸如"坑将士四千余人，以女弱为军赏""杀……将士五千人，毁城而去"等血淋淋的记载。

在刘勃勃的游战杀戮过程中，西北的南凉政权基本上是被刘勃勃消灭的。刘勃勃独立建国，向南凉君主秃发傉檀求婚。南凉是西北最强大的割据政权，傉檀哪愿意把女儿许配给后秦叛将刘勃勃，断然拒绝。刘勃勃大怒，亲率两万骑兵杀入南凉，抢掠三百余里，驱掠两万七千口、数十万牛马羊凯旋。傉檀要率众追击，部将焦朗劝阻道："刘勃勃天姿雄骜，军队强悍，我们不能轻敌。现在匈奴人满载而归，遇到追兵会人自为战，保全战利品，我军难与争锋，不如抢到他们前头去结营阻击。"傉檀和其他将领则认为刘勃勃的部队是到处游荡的乌合之众，拿着那么多战利品，肯定不会死战，大军临之必土崩瓦解。所以傉檀发动南凉的主力，追击刘勃勃。事实证明，焦朗对游荡骑兵的判断是正确的。速度是他们的优势，财富是他们的目的，两者是不可分的。抢掠的财富丝毫不会降低他们的速度，反而会激发他们保卫财富的坚强斗志。结果，刘勃勃听说南凉追兵赶来，回头迎战。尽管在战斗中被傉檀安排的神箭手射中左臂，刘勃勃还是坚持率军大败追兵，反过来追回去八十余里路，杀伤万计，斩南凉大将十余人。刘勃勃将敌人的尸体垒起来，筑为京观，取名"髑髅台"。南凉经此一败，伤了元气，从此落后于邻国北凉和西秦。没几年，傉檀投降西秦，南凉灭亡。

数年的游荡作战，让形势朝着利于刘勃勃的方向发展。尤其是后秦镇北参军王买德投降后，刘勃勃以他为谋臣。夏政权开始建立完备的规章制度，寻求固定下来。于是，刘勃勃决定建造都城。413年，刘勃勃在"朔方水北，黑水之南"选中一块"临广泽而带清流"、水草肥美的地方（今陕西省靖边县以北约五十公里）营造都城。

为了这座都城，十万百姓花费了数年时间。刘勃勃任命叱干阿利为负责人。阿利主要采取夯筑的方式建造城池，之前将土蒸一遍，增加坚实度。夯完一段城墙，阿利就验收一段。验收的标准是用锥子扎，如果能扎进去一寸深就认定这段城墙不合格，就要推倒重来。原来筑造这段墙的民工都会被杀死，尸体混在泥土里当建筑材料用。阿利如此残暴，却深得刘勃勃赏识，很认同他的管理方法。结果，整座都城虽然没有钢筋巨石，却造得异常坚固，一直到北宋时期还是夏州的治所，是西夏与北宋作战的堡垒之一。都城的装饰和储备的物资，也是追求刚硬。叱干阿利用铜铸大鼓、飞廉、翁仲、铜驼、龙兽等装饰物，外表涂以黄金，排列在都城宫殿中。阿利同时负责督造兵器。造的弓箭射不穿铠甲，便斩弓箭匠；射穿了，便斩铠甲匠。他监制的"百炼钢刀"，锋利无比；制造的龙雀大环，号曰"大夏龙雀"，背上有铭文："古之利器，吴楚湛卢。大夏龙雀，名冠神都。可以怀远，可以柔迩。如风靡草，威服九区。"铭文豪气冲天，对自己的质量自信满满。为了追求高品质、高标准，工匠制造时稍有不慎即遭杀身之祸。"凡杀工匠数千，以是器物莫不精丽"，整座都城可以说是建筑在百姓的尸骨上的。

刘勃勃认为："朕方统一天下，君临万邦，可以统万为名。"这座都城得名"统万城"。城市开始建筑的第一年，刘勃勃改姓赫连。原来的刘姓来源于西汉和亲的公主,现在刘勃勃声称子从母姓不合于礼,帝王是天的儿子,"其徽赫与天连",所以改姓赫连。刘勃勃就变为赫连勃勃大王。原来铁弗部落中同姓却非直裔的匈奴人则改称铁伐氏,意思是坚硬如铁、锐可伐人。赫连勃勃的狂傲气焰可见一斑。

义熙十三年(417年),刘裕北伐关中,姚泓投降,后秦灭亡。赫连勃勃的判断是后秦必然灭亡,但刘裕不会长久盘踞关中。他认为刘裕北伐不是为了光复失地,而是立威,迟早会返回南方。赫连勃勃决定趁刘裕南返再南下关中,于是他一方面与刘裕北伐军通使友好,一方面秣马厉兵,等待时机。后秦投降后,西北许多郡县都投降了赫连勃勃。夏政权的实力得以飞速增长。

赫连勃勃的判决完全正确,年末刘裕就离长安南返,留十三岁的儿子刘义真守备长安。夏政权随即对争夺关中的策略进行讨论。王买德提出了一个"关门打狗"的方案,即匈奴骑兵利用速度优势,寻找占领青泥关、上洛、潼关等要塞,截断关中晋军退却的道路,然后发布檄文,号召关中各族百姓讨伐刘义真。赫连勃勃依照这个方案执行,进占各个要点,自率大军向长安杀去。

留守关中的晋军面临被包围的厄运。刘裕留在关中的兵力并不弱,大多是跟随自己百战的北府精兵。辅助刘义真的沈田子、王镇恶等人也是身经百战的大将。赫连勃勃想吞并关中,并非易事。在最初的接触中,晋军两次打败匈奴骑兵,迫使正面的夏军采取守势。遗憾的是,刘裕一走,留守的晋军将领起了内讧。先是沈田子杀了王镇恶,接着是刘义真的长史王脩杀了沈田子。十三岁的刘义真又听左右说"王镇恶要反,所以沈田子要杀他。王脩又杀沈田子,可见王脩也要造反",就轻率地下令杀死王脩。结果,刘义真处于无将可派的境地,晋军被动地困守各座城池。长安城人心恐慌。刘义真为了保住长安,又命令晋军向长安收缩,将兵力都挤在城里,关上城门死守。赫连勃勃顺利占领咸阳,关中其他地区纷纷投降夏政权。

刘裕得知关中败绩,决定召回刘义真,派大将朱龄石代替他镇守长安。义熙十四年(418年)十一月,朱龄石到达长安,刘义真率领大部晋军向东逃窜。刘裕命令他轻装而行,迅速逃离关中。可是晋军官兵带着大批辎重、子女,沿途又烧杀抢掠,毫无纪律,一天都走不了十里路。部将傅弘之劝刘义真丢弃辎重,轻装快进,刘义真不听。很快,三万匈奴骑兵追上了逃亡的晋军。傅弘之断后,掩护刘义真逃跑。晋军边走边打,至天黑全军覆没,傅弘之等人被俘。刘义真因为跑在最前面，天黑后匈奴骑兵停止追击，才幸免于难。刘义真孤身一人伏在草丛里不敢吱声。后来听到参军段宏在叫他的名字，到处寻找他，刘义真才从草丛里钻出来，和段宏两个人逃回南方。

刘义真的惨败，让刘裕丧失了多年依靠的北府精锐。本来刘裕光复两京，关中汉人百姓对他还有很高的期待。刘裕迅速离开长安南归，就让部分百姓失望了。如今刘义真率领晋军大肆掳掠，又全军覆没，更是让关中的汉人对刘裕和晋军失去了信心。民心不再思晋，很多百姓还恨透了军纪败坏的晋军。困守长安的朱龄石处境就很尴尬。他既兵力薄弱，又得不到百姓的支持，面对步步紧逼的赫连勃勃，无奈地烧毁长安宫殿，向潼关退却。赫连勃勃进占长安，一路追击，消灭了关中的最后一支晋军。朱龄石被俘，和之前被俘的傅弘之等人最后死在长安。洛阳则被拓跋鲜卑占领。刘裕北伐光复两京的战果，至此全部丧失。

完全占领关中后，赫连勃勃在灞上即皇帝位。夏政权东与拓跋鲜卑建立的北魏对峙，南与东晋对峙，成了三分天下的割据王朝，达到势力的顶峰。群臣要求定都长安，赫连勃勃认为长安离北魏太近，便退回统万城，以它为都城。

赫连勃勃的夏政权靠匈奴人的军事强权勃兴，又抓住了刘裕北伐的失误得以占领关中。大凡一个政权建立在军事强权基础上，都长久不了。赫连勃勃在政权达到顶峰后没有整顿内政，励精图治，反而变本加厉地残暴杀戮。他常常站在统万城上，旁边放着弓和剑，看哪个行人不顺眼就亲手杀了他。对于看不顺眼的大臣，赫连勃勃就毁其目；觉得取笑自己的大臣，则决其唇；如果有大臣敢进谏，赫连勃勃就说他诽谤，先截断他的舌头再砍脑袋。很快"夷夏嚣然，人无生赖"，赫连勃勃的统治弄得天怒人怨。

奇怪的是，赫连勃勃竟然能够善终，一直到刘宋元嘉二年（425年）逝世。他死时，夏政权已经危机重重，呈现末世景象：内部因为不修内政，国穷民困；外部则受到北魏政权的步步挤压。赫连勃勃死后，儿子赫连昌继位。第二年长安被北魏攻破，第三年统万城也被北魏攻破，第四年赫连昌也成了魏军的俘虏。赫连勃勃的小儿子赫连定继位，负隅顽抗。431年，赫连定被吐谷浑俘虏，夏亡。

二三 / 拓跋鲜卑的狂飙之路

拓跋鲜卑是中国古老的民族，发源于今内蒙古呼伦贝尔大兴安岭北段。拓跋部众喜欢剃掉头顶的部分头发，再把周边的头发编成小辫子垂下来，东汉称之为"索头鲜卑"。东汉时期，占据蒙古高原的北匈奴被东汉打败西迁，拓跋部趁机向南、向西迁移，逐步占领、消化了原来匈奴人的领地。到东汉桓、灵二帝时，拓跋部已经生活在辽河西部地区，开始了游牧生活。此后，他们沿着阴山山脉继续向西南迁徙，进入内蒙古南部地区。

三国时，拓跋力微担任大酋长，带着部落大规模南下，最后迁居到盛乐（今内蒙古和林格尔）一带。力微施行强权统治，部落中有首领不服从号令或者仅仅是没有按时参加部落集会就会受到严刑惩罚。拓跋部和中原王朝积极交往，用皮毛、牲畜交换中原的粮食、布匹和金银。魏晋为了笼络拓跋部，不时给予丰厚的赏赐。拓跋部落的力量进一步增强。据说力微活了一百多岁。北魏建国后，追谥他为"神元皇帝"，庙号"始祖"。

力微死后，拓跋部出现了短暂的动荡，最后力微的孙子拓跋猗卢重新统一了拓跋部。猗卢将祖父的强权统治发扬光大。他屠杀了任何胆敢挑战自己权威的部落贵族和百姓，进一步集权。当时，中原大乱，强大的拓跋部成了北方各派争取的对象。猗卢支持西晋残余势力，和刘琨势力一起四处出击。西晋在建兴三年（315年）封猗卢为代王。

猗卢死后，拓跋部又经历了短暂的动荡，直到东晋咸康四年（338年），猗卢的侄孙拓跋什翼犍成为新一任代王。什翼犍从小被当作"质子"前往后赵居住，学会了汉人的政治话语和手腕。他对拓跋部落的政治贡献是里程碑式的。什翼犍设官分职，任用汉人，颁布法律，制定国家机构，正式建立了代国。经过一番作为后，拓跋部势力大涨，统治区域东到现在的辽宁，西到甘肃一带，南据阴山，北尽沙漠。什翼犍想让部落定居下来，计划在盛乐等地筑造城池。可是，以他母亲为代表的贵族反对定居，担心一旦定居下来可能遭到敌人的包围。什翼犍最终放弃了筑城定居的计划。

376年,前秦苻坚率领五十万秦军大举进攻拓跋部。什翼犍大败,向蒙古高原逃亡。沿途缺乏粮草,拓跋部伤亡惨重。屋漏偏逢连夜雨,什翼犍的庶长子拓跋寔君又听信谗言,先杀储弟,后杀什翼犍。什翼犍终年五十七岁。苻坚捕杀了拓跋寔君,将拓跋鲜卑残余分散治理。代国灭亡。

拓跋部落在常年的迁徙和游牧中强化了凝聚力,亡国后相互之间还保持联系,一心谋划复国。383年,前秦在淝水之战中惨败。北方各族纷纷复国。386年,拓跋各部推举什翼犍的嫡孙——十六岁的拓跋珪为代王,正式复国。拓跋珪移居盛乐,改国号为魏,史称北魏。拓跋珪就是北魏道武帝。

拓跋珪陆续击败周围部落,势力日益强大。当时北方最强大的势力是慕容鲜卑的后燕。什翼犍曾向前燕的慕容皝求婚,迎娶了慕容皝的妹妹。就辈分论,拓跋珪是慕容垂的外甥。北魏起初向后燕称臣,双方关系和睦。拓跋珪征战兵力不够时还向舅舅慕容垂求援。慕容垂也都出兵相助。几年后,拓跋珪羽翼丰满,对后燕的态度发生变化。388年,拓跋珪派堂弟拓跋仪出使后燕首都中山。慕容垂问他:魏王为什么不亲自前来朝贺?拓跋仪回答:北魏和后燕的先世都是晋朝臣子,两国应该世代结为兄弟。他委婉地主张地位平等。慕容垂很生气。而拓跋珪等人看到"燕主衰老,太子暗弱",暗暗有了兼并后燕之心。

慕容垂灭掉西燕后,决心远征北魏。395年,慕容垂以太子慕容宝为主帅,率领后燕主力大举进攻北魏。拓跋珪避其锋芒,坚壁清野,取得了参合陂大捷,仅俘虏的燕军就有四五万人。此战扭转了北魏和后燕的力量对比。慕容垂郁郁而终,拓跋珪趁热打铁,吞噬后燕的领土。396年,北魏占领了并州,并越过太行山进入冀州。拓跋珪亲临阵前,魏军包围了中山城。慕容宝弃城北逃,半年后中山城被北魏攻克。自此,后燕大部被北魏吞并。398年,拓跋珪称帝,定都平城(今山西大同),北魏成为北方最强大的势力。

攻占并州后,拓跋珪仿照汉人政治制度建立官署,又在地方上设置刺史、太守等官,同时任用拓跋宗室、鲜卑贵族、鲜卑平民或者汉人为官。拓跋珪很重视生产,立国不久就组织屯田。占领华北大部后,拓跋珪强迫上百万人口迁移到平城。他们当中有的人"计口受田",租种国有土地,做了国家的农奴;有的被分配到作坊从事手工业,生产商品;有的被划定为"营户",世世代代当兵;有的被赏赐给鲜卑贵族当奴婢。以平城为核心的地区,过去就是拓跋部游牧的地区,如今成了北魏的根据地和政治中心。

拓跋珪创建了北魏王朝，文治武功都很了不得。但他有一个毛病：性格残暴。拓跋珪老觉得有人觊觎皇位，所以残暴地镇压部下。堂兄弟拓跋遵、拓跋仪等人先后被推上了断头台，还有不少人被满门诛杀。他们当中多数人都是死于拓跋珪的猜疑。北魏朝廷人人自危。北魏天赐六年（409年）十月，拓跋珪猜疑贺夫人，贺夫人所生的清河王拓跋绍惶恐不安，抢先动手，杀掉了拓跋珪。拓跋珪当时只有三十九岁。拓跋珪死时，十七岁的长子拓跋嗣正在外地。拓跋鲜卑有个陋习：皇子被挑选为继承人后，生母要自尽。拓跋珪要立拓跋嗣为太子，就逼其生母刘贵人自尽。拓跋嗣知道后悲伤得日夜哀号。拓跋珪怒责他。拓跋嗣不得不逃出平城，流亡在外。拓跋绍杀了父皇后，平城的贵族却不拥戴他，都希望拓跋嗣继位。于是，拓跋嗣在宫中卫士的支持下顺利杀入皇宫，砍死弟弟拓跋绍，于同年即位。拓跋嗣就是北魏明元帝。

拓跋嗣喜欢汉学，在位十五年。他继续推进父皇的制度建设。在对外征伐上，拓跋嗣打败了南方刘宋军队，占领了河南和山东等地，将南北边界线推向淮北一带。由于长途征战劳顿，拓跋嗣回到平城不久就病死了，年仅三十二岁。拓跋嗣死后，继位的拓跋焘只有十六岁，和祖父辈一样又是少年继位。

前秦灭亡后，北方经过多年的相互征伐，还有北魏、北凉、北燕、夏和西秦几大政权。其中北魏占领现在的山西、河北大部和河南、山东的一部分，最强大。匈奴后裔赫连勃勃建立的夏国占据陕西大部，势力仅次于北魏。北燕是后燕残余，占领京津地区和辽东一带。西秦、北凉是现在甘肃、青海一带的割据政权。拓跋焘继位后，把统一北方作为首要目标。

拓跋焘严格治军，以身作则，每次征战不但御驾亲征，还身先士卒。拓跋焘征战的同时也不放松生产。北魏统治民族众多，拓跋焘尊重各民族的风俗习性，不强迫百姓改俗易性，尊重汉人的农耕和商贸。很快，北魏兵强马壮，和其他割据政权的差距越拉越远。统一的时机成熟了！先消灭谁呢？

以长孙嵩、长孙翰、奚斤等为代表的鲜卑武将主张先进攻柔然。新兴的游牧民族柔然不断侵扰北魏北方边界，日益成为北魏的大患。大臣刘絜等则主张先打北燕，因为北燕最弱小。太常卿崔浩认为应该先进攻最强大的赫连氏大夏政权。夏政权残暴无道，已经失去了人心，看似强大其实不难战胜。始光三年（426年）冬，拓跋焘毅然接受崔浩的主张，亲自领军渡过黄河袭击夏国首都统万城。对大夏的征战并不太顺利。赫连氏匈奴还有相当强大的军队。拓跋焘没能攻破统万城，只掳获牛马十多万班师。为了消灭夏军的有生力量，拓跋焘在始光四年（427年）再次进攻统万城。这一次，他只带一支小部队佯攻城池，然后假装不敌撤退，引诱夏军离开统万城追击。拓跋焘早在城外的山谷中埋伏了主力，就等夏军出城打围歼战。赫连昌看到北魏军队"战败"了，并没有出城追击。崔浩向拓跋焘献计，故意让犯死罪的士卒逃走报信，说魏军粮草已尽，军中士卒每天只吃菜，而辎重补给还在后方，步兵也未能赶到。赫连昌终于上当，亲自带兵出城追击。严阵以待的北魏主力给了夏军致命打击。就是在这次激战中，拓跋焘坠马又身中流矢，仍然血战不停，鼓舞士气，消灭了夏军的主力。赫连昌狼狈而逃，放弃统万城逃往甘肃一带去了。夏军残余则逃入统万城。拓跋焘带少数随从混在败军中冲进城里。匈奴人觉察到有魏军混入城中，把城门全都关上，四处搜捕。拓跋焘和随从闯入宫里，拿到女人的裙子，化了装，翻城出去，最终脱险。第二天，他指挥大军猛攻统万城，最终占领统万城。

　　在南边，魏军攻占了长安。夏国仍在挣扎，在西部和北魏打持久战。第二年（428年），魏军在陇西俘获赫连昌。赫连定在陇西即位称帝，继续抵抗魏军。他一度击败北魏军队，夺回长安。两年后，北魏再次收复长安，平定关中地区。赫连定向西逃窜，竟然在431年迫使乞伏暮末投降，灭亡了西秦。但是，北魏大军接踵而来，赫连定畏惧魏军，不敢接战，向青海一带继续逃窜。同年六月，赫连定为吐谷浑所俘。夏国灭亡。

　　夏国灭亡的第二年（432年），北魏再接再厉进攻北燕，包围其都城和龙。北燕皇帝冯弘连战连败，在太延二年（436年）烧毁宫殿、城池，逃往高丽。北燕灭亡。

　　十六国政权中就只剩下一个北凉了。北凉对自身实力本来就没有信心，不断依附于中原强者，先后向东晋、刘宋、北魏称臣。太延五年（439年），拓跋焘御驾亲征北凉，包围其首都姑臧（今甘肃武威）。凉主沮渠牧犍困守孤城一个半月，山穷水尽而降。北凉灭亡，十六国结束。北魏灭北凉后，西域各国纷纷臣服北魏，北魏影响力剧增。从晋末张轨割据河西以来的一百多年时间里，河西地区相对安定。中原人士避居河西的人很多，其中有许多读书人，世代诗书相传。北凉灭亡后，北魏将这些文人迁到平城。他们对北魏王朝的汉化进程起到了重要作用。至此，拓跋焘基本统一了北方。

拓跋焘表面上统一了北方，但深层次的民族问题、财政问题等更要命，更难解决。拓跋焘的高超之处就在于他不仅打倒了其他枭雄，还大大缓解了深层次的矛盾。

柔然是继鲜卑之后兴起的少数民族。鲜卑人南下后空出来的塞北草原被柔然占领。到北魏初期，柔然已经占领了东起朝鲜半岛、西到西域、北达西伯利亚、南至长城的广袤土地，成为中原王朝新的心腹大患。拓跋焘刚继位，柔然就出兵侵扰。拓跋焘亲自迎战，结果被柔然骑兵包围了整整五十重。全赖北魏将士拼死杀敌，拓跋焘才脱险逃出。北魏王朝转而在北方各地建立军镇，以守住现有疆域为前提，然后瞅准时机积极出击。拓跋焘一共对柔然发动了不下十次征战，给了柔然不小的打击。尤其是在429年，拓跋焘大败柔然，取得了战略性胜利。北魏俘获柔然军民数十万人、牛羊上百万头，将他们南迁，安置在边界南北。柔然余部北遁，逃到了漠北地区。原先依附于柔然的高车等部落改弦易辙，投靠北魏。拓跋焘虽然没能根除柔然势力，但基本解除了威胁。

华北地区犬牙交错地生活着汉、匈奴、氐、羌、鲜卑、羯等民族。战争和仇杀导致民族关系非常紧张。北魏也推行民族高压政策，尊崇鲜卑人，对反抗的异族力量大开杀戒。拓跋焘用兵关中和陇西，为筹措军需对关中百姓横征暴敛。因此，北魏王朝民族矛盾激烈，尤其以关中地区最厉害。关中百姓的反抗屡有发生，北魏只能控制长安、杏城等重要军镇。太平真君六年（445年）九月，盖吴起义，关中各族人民纷纷响应，起义军迅速扩大到十万余人，分兵三路进逼长安。河南、山西等地老百姓闻讯，也纷纷响应，占领弘农等地，进逼潼关。一时间，烽火燃遍北魏王朝半壁江山。拓跋焘紧急抽调军队镇压起义。盖吴起义没有明确的发展战略，四处活动，却没有攻克长安、潼关等战略要地。拓跋焘先调兵赶赴长安固守，又派兵屯守渭北，阻止关中局势进一步恶化。拓跋焘自领主力先清剿山西、河南一带的起义。第二年（446年），拓跋焘亲自杀向关中。盖吴闻讯北撤，在杏城遭到魏军包围，损失严重。八月，盖吴遇害。

大起义的爆发，让拓跋焘意识到国家财政的窘迫。常年征战让原本就不富裕的北方百姓捉襟见肘，北魏的横征暴敛是大起义的重要原因。可国家掌握的户口很有限，分担给每个人的赋税自然就重了。所以，当务之急是增加户口，只有增加了户口才能增加收入。

拓跋鲜卑入主中原之初也接受了佛教，从拓跋珪开始，北魏统治者大多礼敬沙门。寺庙规模日渐扩展，最后发展成拥有大批土地、财产和依附百姓的庄园经济。许多信众信仰、尊崇神佛超过了对朝廷的信仰，奉献寺庙而不服从衙门，这就在官府和寺庙之间产生了矛盾。拓跋焘的赫赫武功恰好需要大批的物资支持，于是激发了蓬勃发展的寺庙经济和北魏朝廷的矛盾。他一改之前对佛教的尊崇，强迫寺庙经济纳入朝廷的控制。讨伐北凉时，他就下令五十岁以下的和尚全部还俗，参军作战。太平真君五年（444年）正月，拓跋焘正式下令"禁佛"。规定上自王公下至平民，有私养和尚及师巫的，限在二月十五日前遣送官府，不得藏匿。过期不送，一经查实，和尚身死，主人抄家。太平真君七年（446年），拓跋焘侍从牧马来到一座寺院，发现其中藏有大批武器。经搜查后，官兵又在其中发现数以万计的赃贿之物和密室等。拓跋焘勃然大怒，在大臣崔浩的进言下，将"禁佛"发展为"灭佛"。他发布了更为严厉的灭佛诏：佛图形象及佛经一律击破焚烧，和尚无论长幼一律活埋。这就是中国历史上著名的"太武帝灭佛"。北魏境内难觅佛教僧侣踪迹，北方佛教势力一时陷于衰落。拓跋焘经此一举获得了大批物资和人口，缓解了北魏朝廷的收入困境。

拓跋焘还面临着南方的威胁。早在拓跋焘全力剪灭割据群雄的时候，南方的刘宋王朝就很有"想法"，想趁北方内战来收渔翁之利。刘宋元嘉二十七年（450年），宋文帝刘义隆发动了轰轰烈烈的"元嘉北伐"，很有毕其功于一役的架势。宋军一开始也取得了部分成绩，但很快就在拓跋焘的御驾亲征下转胜为败。当年年底，拓跋焘就带着北魏官兵饮马长江，对宋都建康指指点点了。最终，南北方都付出了巨大的伤亡，在淮南达成了均势。

拓跋焘脾气暴躁，人到中年后脾气越来越差，每回生气都杀人，诛戮过多，造成身边的人终日战战兢兢。拓跋焘杀完人之后也后悔莫及，但就是改不了暴脾气。拓跋焘经常领兵在外，留太子拓跋晃在平城监国。拓跋晃身边自然聚集了一批人辅佐他。但是拓跋焘又不放心让太子去做，而是信任太监宗爱，放任宗爱留在平城宫中胡作非为。拓跋晃集团不时限制宗爱，双方就产生了矛盾。正平二年（452年），宗爱向拓跋焘进谗言，诬陷太子身边的辅佐大臣行为不轨。拓跋焘不辨真伪，就处死了他们。太子拓跋晃担心父皇接下来就要对自己开刀，竟然惊惧而死，年仅二十四岁。事后查明，太子集团并没有不轨行为。拓跋焘追悔莫及，号啕大哭。宗爱害怕拓跋焘治自己的诬陷之罪，决定先下手为强。在一个漆黑的夜里，宗爱趁拓跋焘熟睡之时，将他杀死在床上。拓跋焘稀里糊涂地死在了亲信太监手中，终年四十五岁。北魏史书对拓跋焘做了极高的评价："世祖（拓跋焘的庙号）聪明雄断，威豪杰立，藉二世之资，奋征伐之气，遂戎轩四出，周旋险夷……遂使有魏之业，光迈百王，岂非神睿经纶，事当命世？"等于是将拓跋焘看作开创北魏百年基业的领袖。

二四 / 千古一后冯太后

北燕被拓跋焘灭亡，末代皇帝冯弘带着家人跑到高句丽，后来在高句丽被杀。冯氏家族纷纷逃回中原，投降北魏。北魏接纳了这些亡国皇室后裔。冯弘的一个女儿被拓跋焘纳入后宫，封为左昭仪。冯弘的一个儿子冯朗被封为西域郡公，当过秦州和雍州刺史，后来牵连进某宗案子被杀。冯朗留下一个幼女，孤苦无依，姑姑冯昭仪就将她接到宫中，亲自抚育。小女孩儿在北魏后宫平安地成长，耳濡目染，了解了诸多的政治风暴，无形中锻炼了才干。

北魏正平二年（452年）三月，拓跋焘被宦官宗爱杀害。宗爱倾向扶立便于操控的新皇帝。拓跋焘的太子拓跋晃已死，拓跋晃之子拓跋濬是皇位第一继承人。但是拓跋濬才十二岁。尚书左仆射兰延、侍中和定以及侍中薛提三人认为主少国疑，新皇帝还是找年纪大的人来做比较好。他们三人属意拓跋焘第三子秦王拓跋翰，并将拓跋翰叫到宫中，准备登基。其间，薛提突然变卦，觉得不顾血统亲疏改立秦王，会引发动乱。分歧导致了冲刺时刻的犹豫。这一犹豫就被宗爱利用了。宗爱也在同时策划拥立拓跋焘第五子吴王拓跋余为新皇帝。宗爱先假传皇后诏令，召兰延、和定、薛提三人入内宫杀掉，又将秦王拓跋翰骗入密室杀害，然后拥立拓跋余为新皇帝。拓跋余暴得皇位，喜出望外之余，任命宗爱为大司马、大将军、太师、都督中外诸军事，封冯翊王。没几天，拓跋余就后悔了。因为天下的实权都被宗爱夺走了，自己成了傀儡。于是，拓跋余谋划削夺宗爱权力。宗爱一不做二不休，干脆又杀害了拓跋余。禁卫军官刘尼得知宗爱弑君，告诉了尚书源贺、陆丽等人。几人联手，捉拿宗爱。宗爱并没有多大的实力，很快就成了刀下之鬼。朝臣重新迎立皇孙拓跋濬为帝，史称文成帝。

文成帝拓跋濬在位十四年，重新推崇佛法。拓跋焘执行了严厉的灭佛令，公开的佛像和佛教势力被摧毁了，但民间信仰持续扩散。拓跋焘末期，官员对灭佛令的执行渐渐松弛。兴安元年（452年）年底，文成帝正式允许各州县建立佛寺，承认和尚剃度出家。拓跋濬本人似乎也信仰佛教，他不仅亲手为高僧剃发，还在僧侣的建议下，选定首都平城西北约三十里的武州山南麓，开凿石窟，窟中雕凿石佛像。这就是著名的云冈石窟的缘起。

太安二年（456年），拓跋濬立十五岁的冯氏为皇后。北魏规定，先挑选一定数量的皇后候选人，候选人要完成"手铸金人"的考验。"手铸金人"类似铸造玩偶的手工艺活动，是挑选过程中关键的一道程序。如果候选人不能铸造成功，便被淘汰。而冯氏手铸金人一次成功，顺利打败其他竞争者。有理由相信，姑姑冯昭仪长期的宫廷生活经历对侄女冯氏的胜出起到了重要作用。立后的同时，拓跋濬立时年三岁的拓跋弘为皇太子，当夜依据制度赐太子生母自尽。冯氏没有生育，这是她的不幸，但她因此免于杀戮的命运。

和平六年（465年）五月，文成帝拓跋濬在平城驾崩。按照北魏风俗要焚烧文成帝生前的衣物用器等，文武百官和后宫嫔妃要到现场哭泣哀悼。正当众人痛哭之时，冯皇后忽然扑火要自焚。众人赶紧将她拉了出来。此事可见冯氏的刚硬和勇敢。太子拓跋弘继位，史称献文帝。冯皇后升格为冯太后。

事实证明，北魏"子贵母死"的家法并不能防止皇权旁落。当时，献文帝拓跋弘年幼，车骑大将军乙浑趁机要揽权。他矫诏杀害大臣，自称丞相，位居诸王之上，摆出一副独断专行的样子来。冯太后对乙浑的行为假装不闻不问，暗中调大臣入京，突袭乙浑，将他杀死。接着，冯太后以皇帝年幼、防止奸臣揽权为名，宣布临朝称制，掌控朝政大权。

献文帝拓跋弘天资聪明、刚毅果断，几年后又生下了皇子拓跋宏（父子名字同音），冯太后临朝的理由不充分了，于是归政献文帝。这是冯太后第一次临朝主政。

冯太后名为太后，其实还不到三十岁，加上结束临朝后无事可做，熬不住寂寞，看到大臣李奕风流倜傥，就和他"亲密接触"，出双入对。朝野议论纷纷。拓跋弘血气方刚，得知后怒不可遏。巧的是，李奕的弟弟李敷在相州刺史任上收受贿赂，被人检举。拓跋弘抓住此事不放，大开连坐之门，诛杀了李奕、李敷全家。冯太后遭到情感和颜面两方面打击，对拓跋弘心生怨恨。母子失和。拓跋弘钟爱黄老之学，对佛经手不释卷。他治理的朝廷处于乱世，后宫又母子失和，不免心烦意乱，竟然萌发了退位归隐的想法。拓跋弘要把皇位让给叔叔——京兆王拓跋子推。大臣纷纷反对说禅位给皇叔紊乱宗祀，万不可行，如果皇上一定要禅位，也要禅位给皇太子。拓跋弘在皇兴五年（471年）八月禅位给五岁的太子拓跋宏。拓跋宏就是孝文帝。

拓跋弘做了太上皇，冯太后则升格为太皇太后。拓跋弘这个太上皇只有十八岁，虽然禅位，但依然对朝政有决定性的影响，每天依然像之前一样处理政务，赏罚严明。五年后的一天，二十三岁的拓跋弘"暴亡"。原来拓跋弘禅让之后，和冯太后的关系非但没有好转，还进一步疏远。皇位更替后，孝文帝拓跋宏年幼，冯太后本想再一次揽权，不料拓跋弘把着实权不放，激起了冯太后的杀心，在他的酒里下毒。毒死拓跋弘后，冯太后揽权道路上的障碍，就只有十岁出头的孝文帝拓跋宏了。

对于孙子，冯太后的心态很纠结。为了大权独揽，冯太后不惜大开杀戒，北魏因为遭冯太后猜忌而被覆灭者十余家。孝文帝的外祖父南郡王李惠的家族因为是可能替代冯太后的外戚，而被族诛。拓跋宏聪慧过人，对祖母表现得非常顺从。有宦官对冯太后搬弄是非，说拓跋宏的坏话，冯太后盛怒之下痛打了他一顿。拓跋宏默然接受，并不申辩。冯太后还是担心他日后对自己不利，想要废掉孝文帝。浓厚的猜忌心让冯太后甚至曾经在寒冬腊月、冰冻刺骨之时，把只穿单衣的拓跋宏关到小屋里，三天没给饭吃。大臣李冲、拓跋丕、穆泰等纷纷劝阻冯太后，她才改变主意。（孝文帝拓跋宏因此对李冲异常尊重，皇帝对王公重臣都直呼其名，但是拓跋宏见到李冲都不呼姓名，而叫他"李中书"。）

冯太后消除了废帝的心意后，转而用心教导拓跋宏，希望孙子能够成为一代圣君。拓跋宏接受了正规的儒学教育。冯太后亲自写了《劝诫歌》三百余章和《皇诰》十八篇，作为拓跋宏的行为准则，悉心教导孙子治理天下的原则、方法。在冯太后的主持下，北魏展开了一系列变革维新，历史上把这一时期的一系列改革称为"太和改制"（太和是孝文帝的年号），现代人多直接称为"孝文帝改革"。实际上在太和十四年（490年）之前，冯太后才是北魏的实际执政者。她开启了一系列改革的序幕，还亲自策划、推行了诸多重要的方针政策。

因为出身汉人，冯太后启动的改革带有鲜明的汉化色彩。冯太后改革从整顿吏治入手，规定地方官只要治绩突出，任满一年就升迁一级；而治绩不好的即使就任不久也要受到处罚。过去，拓跋鲜卑的赋税制度混乱，地方上州郡县争收租调。现在朝廷严令只能由县级政权征收，削弱州郡的财权。如此一来，朝廷（其实就是冯太后）对地方官的控制就加强了，地方反抗中央的资本也大为削弱了。冯太后的人事改革还有许多清明的地方。比如北魏一改鲜卑人的掠夺本质，在朝廷执行班禄制。鲜卑贵族原来是没有"薪水"的，要用钱的时候就到地方财政上拿，或者公然敲诈勒索、索取贿赂。现在冯太后申明任何官员在俸禄以外贪赃满一匹绢布者，处死。考虑到许多官员都拖家带口，俸禄可能不够，朝廷又规定地方官可以按官职高低领取一定数量的俸田，耕种收获，补贴家用。这些俸田不准买卖，官员离职时移交下任。后来其他政权觉得"俸田制"不错，纷纷效仿。冯太后也算是为中国官场提供了一项原创制度。

长期的战乱造成了大批无地农民，也让北魏朝廷掌握了大量无主土地。朝廷于是颁布均田令，根据百姓家庭的不同情况，授予不同数量的国有土地。授田有露田、桑田之别。其中露田种植谷物，不准买卖，得田百姓七十岁时交还国家；桑田种植桑、榆、枣等经济作物，不须交还国家，允许百姓自由买卖。均田制的推行对于"不习农桑"的鲜卑经济来说是一大进步。它的本质是国有经济，以国家掌握的土地和人口为基础。战争导致百姓脱离田地，背井离乡，国家手里掌握着大片无主土地，但就是缺乏人口（原先固定在土地上的百姓不是成了游民就是依附豪强地主，成为后者的"荫户"）。因此北魏和地方豪强宗主展开了对人口的争夺。冯太后在国内推行三长制，抑制地方豪强荫庇户口。朝廷调查人口，规定每五家为邻，设立一个邻长；每五个邻为一里，设立一个里长；每五里为一个党，设立党长。三长协助官府管理人口、征发赋税，大大削弱了地方豪强的势力，保证了均田制需要的人口。与均田制相适应，朝廷调整了租调制，规定以一夫一妇为征收单位，每年交纳帛一匹、粟二石。均田制和租调制相结合产生了巨大成功，以至于日后漂洋过海，为日本等国所效仿。

历史上冯太后"多智略，情猜忍，能行大事，生杀刑罚，决之俄顷"。但她知人善用、生性俭素。冯太后注意培养、选拔贤能之士为己所用。李奕被杀后，冯太后又挑选了不少健美强壮的男子作为新宠。其中她最宠爱王睿、李冲。王睿本是以天文卜筮为生的江湖中人，长得伟岸英俊。冯太后因事接见王睿后就喜欢上了他，欢愉之后立刻破格提拔王睿为给事中。之后，王睿青云直上，历任散骑常侍、侍中、吏部尚书，赐爵为太原公。王睿内参机密、外预政事，恩宠日隆。但他不是一个只会献媚的佞臣，而有相当的胆略和才干。太和二年（478年），冯太后、孝文帝率百官、宫人去虎圈赏虎，有只吊睛大老虎偷跑出来，眼看就要冲到御座之前了。左右的卫士和宫人全都被吓跑了，唯有王睿一人挥舞画戟，站在冯太后和孝文帝面前阻挡老虎。老虎最后被吓走了。王睿被升为尚书令，封中山王，在四十八岁时病逝。李冲出身高贵，是敦煌公李宝之子，自少就文雅大度、交游广阔，声誉很高。他虽然也出于床笫原因得到提拔，升任中书令，晋爵陇西公，但才干出众，对北魏政治多有贡献。比如影响深远的三长制就是他创造的。

冯太后宠爱王睿、李冲等人，多有赏赐。但冯太后本人日常生活俭素，不好奢华，一改北魏宫廷之前食不厌精、脍不厌细、花样繁多的旧制，将食谱减少了十之八九，平日就在一种宽仅几尺的几案上就餐，杜绝铺张浪费。她平日穿戴，都是缦缯（没有花纹装饰的丝织品），不用锦绣华丽的装饰。冯太后在朝政上也厉行节约，临朝之初就下令取消鹰师曹，禁止各地上贡鹰鸟。但是冯太后好佛，北魏因敬佛而花费钱财巨大，投入成百上千的黄金，将金玉珍宝成斗成斗地装嵌在佛堂佛像上。北魏时期的佛像形制恢宏，至今还多有遗物。对于身边的宦官，冯太后恩威并施，宠信有加，但也不放任自流。冯太后个性严明、不徇私情。左右宫人有小过错，她就大加鞭挞，少的几十下，多至数百下。可事情过后，冯太后心中不存芥蒂，对受惩罚者待之如初，许多人还更加富贵，"是以人人怀以利欲，至死而不思退"。

冯太后对拓跋宏的控制极严，一直到冯太后死前，拓跋宏都不知道自己的生母是何人。拓跋宏生性至孝，事无巨细都先禀明冯太后再做定夺。他长期生活在冯太后的高压下，却养成了正常的心态，既能看到祖母揽权强硬的一面，又没有心生怨恨，而是看到了祖母对国家发展有功的一面。他对祖母推行的诸多改革打心眼里赞同，终身奉行，还进一步深化推进。490年，冯太后病逝，终年四十九岁。拓跋宏哀痛至极，五天五夜浆水不进，给祖母上谥"文明太皇太后"，历史上因此称冯太后为文明太后。

拓跋宏成功处理了和冯太后的关系，并且养成了沉稳老练的性格，深谙政治。而改革的倡议者和主持人冯太后虽然缺乏高尚的目标和响亮的口号，却在南北朝历史上刻上了深深的痕迹。只是冯太后长于战术却短于战略，她仅仅揭开了一次伟大改革的幕角，没能让它成为一场辉煌的大戏。

二五 / 孝文帝迁都

490 年，拓跋宏将冯太后风光大葬后，从权力舞台的幕后走到了前台。

祖母启动的改革取得了一些成效，却没有解决帝国的深层次问题：北魏王朝与占人口多数的汉人依然存在隔阂。鲜卑贵族是在马上得的天下，王朝建立后始终保持着游牧习惯。冯太后推行了许多改革，却没有触及鲜卑人的精神层面。拓跋鲜卑依然保守。从小接受儒家教育的拓跋宏决心仿效中原先进文化，破解鲜卑人落后保守的面貌。

平城是拓跋鲜卑的老根据地，但越来越满足不了一个日益强大的帝国的需求，北魏王朝不得不从各地征调物资和人口来支撑首都的正常运转。且不说平城气候恶劣、环境恶化、经济薄弱，也不说平城远离中原腹地，不利于王朝对中原地区的控制，就只说平城笼罩着的浓厚的游牧民族气息和保守的思想就让拓跋宏受不了。平城的气氛与拓跋宏的思想不符，也不利于王朝的长远发展。当时，柔然的军队能够威胁到平城的安危。拓跋宏觉得继续和柔然纠缠下去，北魏永远摆脱不了游牧民族的圈子。现在的北魏王朝已经不是游牧王朝了，需要一次飞跃。那就是迁都。迁到何处呢？拓跋宏计划迁都到洛阳去。洛阳是之前东周、曹魏和西晋王朝的首都，处于中原人口和经济的中心，具有深厚的汉人政治文化智慧的积累。迁都洛阳，可以解决物资保障问题，接受汉人政治遗产的滋养，争取汉人主体的支持。拓跋宏认定自己给北魏王朝找到了一个正确的发展方向。

太和十七年（493 年），拓跋宏突然宣布要南征，统一全国。他在明堂上当众命令太常卿王谌亲自去做龟卜，看看南伐是否吉利。没多久，王谌就呈上来一个大大利于出兵的"革"兆。商汤当年伐夏前占卜就得了一个"革"卦。鲜卑人迷信占卜。拓跋宏高兴地宣布："这是汤武革命，顺天应人的吉卦。我们要择日兴兵，南伐宋朝。"可征战南方、统一全国是大事，不是短时间内能够准备好的，更不是儿戏。群臣一下子蒙了，都低头不敢说话。

任城王拓跋澄是拓跋宏的叔叔，站出来说："陛下拥有天下，占卜出征，只能说是'伐叛',不能说是'革命'。因此,占卜得到'革'卦,并非君人之卦,并不吉利。"群臣待拓跋澄话落,纷纷点头表示同意。拓跋宏厉声反驳:"象云'大人虎变',何言不吉也!"拓跋澄说:"陛下龙兴已久,怎么能和虎变相提并论!"拓跋宏想不到遇到这么大的阻力,变色道:"社稷是我的社稷,任城王难道想破坏士气,阻碍国家南伐吗?"拓跋澄也不示弱:"社稷的确是陛下的社稷,但臣是社稷的臣子,既然参与政事以备皇上垂问,就不能不竭尽所能,畅所欲言。"拓跋宏想不到南伐刚提出来,就遭到了拓跋澄的坚决阻击,心里一下子就烦躁不安起来。不过,他很快就从情绪中解脱出来,不再提南伐,转移到了其他话题上。等到退朝,拓跋宏立刻召拓跋澄来见面。拓跋澄还没走上台阶,拓跋宏就远远地对他说:"我们再不谈什么'革'卦了,刚才在明堂之上,我是怕众人争相发言,阻我大计,所以厉色震慑群臣。我现在叫你来,是希望你能了解我的真意。"接着,他把名为南伐、实为迁都的计划单独告诉了拓跋澄:"(平城)用武之地,非可文治,移风易俗,信为甚难。崤函帝宅,河洛王里,因兹大举,光宅中原,任城意以为何如?"拓跋澄原本是担心年轻的拓跋宏一时兴起,现在知道了拓跋宏深谋远虑,立即表示支持:"伊洛中区,均天下所据,陛下制御华夏,辑平九服,苍生闻此,应当大庆。"拓跋宏的心放宽了一些,但还担忧:"北人恋本,突然听到朝廷要迁都,不能不惊扰。"拓跋澄坚定地说:"迁都大事,本来就是非常之事,当非常人所知,只要陛下圣心独断,其他人亦何能为也?"

拓跋宏决心甩开群臣,开始"南伐"的准备。他先加封拓跋澄为抚军大将军、太子少保,又兼尚书左仆射,再任命汉人尚书李冲负责选拔勇士南征,正式宣布南伐,还命令与南朝接界的扬州、徐州征发民夫,招募兵丁。夏末,拓跋宏告别平城,率领文武百官和三十万大军浩浩荡荡往南去了。

拓跋宏率领着大军,风尘仆仆地"途经"洛阳。河南一带阴雨连绵,长途跋涉、全副武装的将士苦不堪言。拓跋宏只下令在洛阳短暂休息,又下令全军继续南进。当时,河南地区道路泥泞,士兵前行困难、士气低落。文臣武将纷纷劝阻拓跋宏。尚书李冲指出此次南伐本来就没有取得朝野的一致意见,现在皇上又紧紧催促进攻,群臣恳请他收回成命。他的话得到了许多大臣的认同,但拓跋宏毅然决然地要继续南伐。安定王拓跋休等人哭着劝谏皇帝不要南伐了。拓跋宏严肃地说:"此次朝廷兴师动众,如果半途而废,岂不是贻笑大方?既然停止南伐,不如就将国都迁到洛阳。"大臣面面相觑,谁都不敢抢先发表意见。拓跋宏紧接着说："同意迁都的站到左边，不同意的站在右边。"眼前的雨水和危险的南伐是最紧迫的问题，迁都可以停止南伐，因此多数官员只好表示拥护迁都，往左边站了。安定王拓跋休等少数人站到了右边，反对迁都。少数服从多数，南安王拓跋祯代表多数大臣说："今陛下苟辍南伐之谋，迁都洛邑。此臣等之愿，苍生之幸也！"

迁都一事确定后，拓跋宏派拓跋澄返回平城宣布迁都决定。留守平城的文武大臣无不惊骇失色。好在拓跋澄耐心做思想工作，才没有在平城引发出大骚乱来。第二年（494 年）年初，拓跋宏亲自回平城安排迁都事宜。留守平城的鲜卑元勋显贵借机向拓跋宏发难，反对迁都。燕州刺史穆熊说："国家北有柔然，南有南齐，西有吐谷浑，东有高句丽，四方不定，这个时候迁都，时机不对。况且征讨四方，需要大量戎马，平城有马而洛阳没有马，迁都怎能取胜呢？"拓跋宏反驳说："朝廷只要在北方设立牧场，何必担心无马？平城在恒山之北，九州之外，非帝王之都，所以要迁都中原。"尚书于果反对说："本朝自先帝以来世代久居平城，百姓已安，一旦南迁，众人未必乐意。"老资格的宗室拓跋丕反对说："臣等初奉恩旨，心中惶惑。迁都大事，应当讯问卜筮，审定是否大吉，然后定夺。"拓跋宏耐心回答道："卜以决疑，不疑何卜？帝王以四海为家，或南或北，哪能常居一地！本朝远足，世代居于塞外荒漠，平文皇帝开始南下草原，昭成皇帝营建盛乐新城，道武皇帝才迁都平城，朕为什么就不能迁都洛阳呢？"至此，拓跋宏从细节、心理和理论上全盘驳斥了反对迁都的言论。保守大臣争辩不过，哑口无言。拓跋宏强行下诏迁都洛阳，祭拜太庙，把祖庙的神主牌位迁往洛阳。平城的王公大臣及后宫都迁往洛阳，许多百姓也扶老携幼开始前往洛阳。整个行动直到第二年的下半年才大致完成。

迁都只是手段，不是目的。迁都洛阳为拓跋宏大刀阔斧地深入改革提供了契机。

拓跋宏到洛阳不久，南方的大士族王肃从江南逃奔北方。王肃是东晋大丞相王导之后，博学多通，尤其精通政治，给北方带来了完备的汉人政治思想和制度。拓跋宏亲自召见。王肃辞义敏捷，对答如流，对国家大事和发展引经据典，非常切合拓跋宏的思路。拓跋宏细心地与王肃交谈多日，有时谈至深夜也不觉得疲惫。拓跋宏的改革正需要王肃这样的人才。拓跋宏放心地对王肃委以重任，之后北魏王朝的礼乐改革、移风易俗和制度制定，多数是由王肃主持的。大量有真才实学的汉人得到了重用。而反对改革或者思想保守的贵族大臣，逐步淡出了政治核心。拓跋宏任命反对迁都的拓跋丕留守平城，剥夺了他的实权；陆睿由镇北大将军调整为尚书令、定州刺史。

社会改革的难度则大得多。迁都洛阳后，大批鲜卑人南下中原，他们编发左衽，男子穿袴褶，女子穿夹领小袖，与汉人显得格格不入。多数的鲜卑人不会说汉语，就是在朝堂之上，鲜卑人和汉人的官员也不能直接交流。为此，朝廷和社会上都出现了专门的翻译。更大的问题是鲜卑人居无定所，又不善耕种，缺乏粮食。在各种问题面前，南迁的鲜卑人难免人心恋旧，对迁都颇有微词。

拓跋宏很快开始移风易俗，禁官民穿"胡"服，服装一律依汉制。此令一出，引起了鲜卑人的巨大反弹。多数鲜卑人都没有改换服装，依然我行我素。留守平城的太傅拓跋丕就公然拒不换装。太和十九年（495年）年初，太师、京兆公冯熙在平城病故。冯熙是冯太后的哥哥，又是拓跋宏的岳父，按礼拓跋宏要参加他的葬礼。于是拓跋丕联合陆睿等人上书，请求拓跋宏回平城参加冯熙的葬礼。如果皇帝公开返回平城参加葬礼，无疑给反对迁都的人增加了口实。拓跋宏一眼就看出了拓跋丕等人的心思，斥责他们"陷君不义"，下诏将拓跋丕降为并州刺史，调离平城。拓跋宏下令将冯熙的灵柩迎至洛阳安葬。拓跋宏还干脆将所有南迁官民的籍贯都改为河南洛阳。类似的改革很多，比如让鲜卑人学习汉语。拓跋宏首先在朝堂上做起，规定三十岁以下的官员在朝堂上不讲汉语的，一律免官，三十岁以上的官员不强求，但也要慢慢学；又比如下令鲜卑人将复姓改为音近的单音汉姓。拓跋宏率先将皇族拓跋氏改为元氏，因此拓跋宏就变成了元宏。其他的，比如独孤氏改为刘氏，步大孤氏改为陆氏。

语言和姓氏对一个民族的心理有着根深蒂固的影响力。拓跋宏要在短时间内告别以往的民族特征，遭到了强大的阻力。整场改革更多的是依靠拓跋宏的皇帝权威去强力推行。一次，拓跋宏出巡看到许多鲜卑妇女还穿着"胡"服，回来就处罚了相关官员。为了让皇族起表率作用，拓跋宏下令北方四个世家大族的代表人物（范阳卢敏、清河崔宗伯、荥阳郑羲、太原王琼）将女儿送进后宫。李冲出身陇西大族，与汉人世家的关系错综复杂。拓跋宏娶了他的女儿为妃。拓跋宏的六个弟弟已经娶妻，也在哥哥的要求下再婚，分别与陇西李氏、范阳卢氏、荥阳郑氏和代郡穆氏联姻。

拓跋宏很早就立长子元恂为太子。之后，元恂跟随父亲来到了洛阳。拓跋宏出外征巡时，元恂都留守都城，主执庙祀。元恂年纪轻轻，却长得很胖，一到夏天就浑身流汗，很不舒服。元恂对河南的气候很不适应，老是想念平城相对凉爽的气候。对于一个十五岁的孩子来说，这种思想是纯真的，不带任何政治因素的。496年，拓跋宏巡幸嵩山，留元恂在洛阳主持政务。途中，拓跋宏接到紧急报告，说元恂要逃回平城去，还亲手杀死了苦苦劝他留在洛阳的中庶子高道悦。领军元俨为了防止变乱，赶紧关闭宫门，才阻止了太子的出逃。拓跋宏立刻中止了出巡，匆匆返回洛阳。

拓跋宏将太子出逃上升到了政治事故的高度。元恂要逃回平城，难道不是公开和自己唱对台戏，反对改革吗？这样的太子还怎么能托付大任？拓跋宏迅速废黜了元恂的太子位，当众斥骂他的罪过，还亲自杖责儿子。后来打累了，又令咸阳王元禧等人替他杖责了元恂百余下。元恂遍体鳞伤，足足趴在床上一个月难以活动。拓跋宏还恶狠狠地说："此小儿今日不灭，乃是国家之大祸。"之后，废太子元恂被软禁在河阳，由兵丁看守，每日只有粗食过活。

真正反对迁都和汉化的代表人物是元丕、穆泰、陆睿等人。

穆泰出身鲜卑贵族世家。祖父穆崇对拓跋珪有救命之恩，任太尉，父亲穆真是冯太后的姐夫。穆泰本人又娶了章武长公主，既是功臣之后，又是皇亲国戚，先后担任尚书右仆射、定州刺史、征北将军等职。当初，冯太后曾将拓跋宏幽禁，计划废黜。穆泰劝谏冯太后不要随意废立皇帝，保全了拓跋宏的皇位。拓跋宏亲政后，对穆泰很感激。君臣关系一度非常亲近。但是拓跋宏推动改革后，穆泰毅然站在了反对立场上。穆泰对汉化改革难以接受，借口不适应定州的气候，奏请转任恒州（治所就是平城）刺史。时任恒州刺史是同样保守的陆睿。拓跋宏于是让穆泰、陆睿二人对调一下职位。

穆泰其实是要割据平城叛乱。他到恒州时，陆睿还未起程。穆泰就煽动陆睿共同起兵。两人一拍即合，并联络了安乐侯元隆，抚冥镇将、鲁郡侯元业，骁骑将军元超，阳平侯贺头，射声校尉元乐平，前彭城镇将元拔，代郡太守元珍，镇北将军、乐陵王元思誉等人。其中元隆、元超、元业三人是元丕的儿子。他们秘密推举朔州刺史、阳平王元颐为新主，要与拓跋宏分庭抗礼。元颐对起事缺乏信心，派人快马向拓跋宏告密。拓跋宏立即派任城王元澄率领大军讨伐。元澄先派治书侍御李焕潜入平城了解情况。李焕在平城展开攻心离间工作，各个击破叛乱分子。穆泰一不做二不休，亲自带领一百多号人围攻李焕的住处。结果没有打下来，穆泰只好单枪匹马逃跑，被擒。元澄的大军迅速进城，将叛乱分子一一抓获。

事后，拓跋宏亲临平城，审问罪犯，穆泰等多人被斩首。陆睿是老臣。冯太后曾赐他铁券金书，答应许他不死。拓跋宏便将陆睿"赐死"。兵变时，元丕已经八十岁了，并不在城内，更没有参与兵变，但其子曾将密谋告诉过父亲，元丕没有发表意见。事后，元丕被认为"心颇然之"，应该连坐受死。拓跋宏念旧情，开恩将元丕削爵为民。乐陵王元思誉、穆熊等也被削爵为民。

废太子元恂在河阳每日忍饥挨饿，对自己的行为很后悔。他每天的行动主要是礼佛诵经，还经常书写学佛心得。太和二十一年（497年）四月，中尉李彪告发元恂与左右谋逆。拓跋宏随即用"椒酒"赐死元恂。元恂死后，粗棺常服，被葬于河阳城。第二年，御史台令龙文观检举李彪诬告。拓跋宏赦免了李彪。

拓跋宏实现了北魏从一个北方蛮夷政权到全国政权的飞跃。他的迁都和改革让北魏融入了中原。南朝名将陈庆之北伐中原，感叹道："自晋、宋以求，号洛阳为荒土，此中谓长江以北，尽是夷狄。昨至洛阳，始知衣冠士族，并在中原。礼仪富盛，人物殷阜，目所不识，口不能传。"

拓跋宏的汉化改革付出了惨痛的代价，取得了影响深远的成功。从物质上来衡量，改革非常成功。西晋鼎盛的太康年间，朝廷"编户二百四十五万九千八百四，口千六百一十六万三千八百六十三，此晋之极盛"。到520年，北魏朝廷控制的人口就超过了五百万户，是西晋太康时期的两倍还要多。洛阳城在拓跋宏到来的时候几乎是一片废墟。经过拓跋宏的营建和北魏之后几十年的经营，洛阳迅速恢复为中原重镇，规模宏大，市井繁荣。四方人士会聚洛阳。四方归附的敌对势力和少数民族，就超过了一万户。史书说："自葱岭已西，至于大秦，百国千城，莫不欢附，商胡贩客，日奔塞下，所谓尽天地之区已。"洛水岸边，"门巷修整，阊阖填列，青槐荫陌，绿树垂庭，天下难得之货，咸悉在焉"。

改革成功后的北魏国力强盛，四方百姓归附。拓跋宏自居天下共主的君王，不断发动对南朝的征伐。499年4月26日，拓跋宏逝世于南征途中，年仅三十三岁。

二六 / 刘裕篡位建宋

东晋朝廷建立在各大世家大族的势力均衡上。司马家族的权威和声望并不高，世家大族更多的只是将朝廷作为权益的招牌而已。长期以来，全赖地方藩镇和世族相互厮杀，谁都没有能力独霸大权，司马家族才能维持微弱的统治。桓玄一度推翻司马家族自立，更是让司马皇室名声扫地。东晋末年，军政大权完全操纵在权臣刘裕手中。刘裕势力日增，无人能敌。几乎所有人都很清楚，刘裕篡晋自立只是时间问题了。

在位的晋安帝司马德宗自然不知道刘裕的篡逆之心，因为他是个白痴。但其弟司马德文很清楚东晋王朝已然风雨飘摇。司马德文和哥哥的感情很好。晋安帝被桓玄废掉的时候，司马德文陪伴着哥哥软禁在浔阳，在桓玄死后，又一起被迁到江陵。桓玄死后，桓振继续叛乱。当时桓振跃马奋戈，冲到晋安帝面前质问："臣桓氏一家有什么辜负国家的地方，要遭到朝廷的屠灭之祸？"司马德文当时在榻上陪伴瑟瑟发抖的白痴哥哥，下床对桓振说："这难道是我们兄弟的意思吗？"这句话说得桓振无话可说。的确，司马德宗是个天下皆知的白痴，连话都不会说，更不用说谋划屠杀桓氏家族了。而桓玄是被刘裕打败的，桓氏一家是在建康被杀的，与这两个可怜的兄弟没有什么关系。这一句话也说出了司马德文兄弟的无奈。身为皇室成员，他们对朝廷大事根本做不了主，却要在乱世中因为血统饱受颠沛流离之苦。

418年，刘裕急于篡位，密令党羽中书侍郎王韶之买通司马德宗左右侍从，要伺机除掉司马德宗。司马德文知道刘裕的企图，加上哥哥不辨饥寒，没有自理自卫能力，便坚持天天随侍于哥哥左右。王韶之等人一时无法下手。年底，司马德文突患急病，不得不回府医治。王韶之乘机入后宫东堂，指挥侍从用散衣结成带子，将司马德宗活活勒死。司马德宗终年三十七岁，在位二十二年。还在府中医治的司马德文突然听到宫中噩耗，失声痛哭。

杀晋安帝后，刘裕本想自己登基，但之前社会上有图谶盛传"昌明（晋孝武帝）之后有二帝"。刘裕觉得时机还没有成熟，人心对晋朝还有依恋，便指使党羽伪造遗诏，于418年改立司马德文为皇帝，次年（419年）改年号为元熙。

元熙元年（419年）正月，司马德文为了表彰刘裕的"策立之功"，下诏进封刘裕为宋王，将十个郡增划为宋王封地。到了十二月，司马德文又不得不允许刘裕佩戴十二旒的王冕，建天子旌旗，出警入跸，乘金根车，驾六马，备五时副车，置旄头云罕，乐舞八佾，设钟虡宫县；进封宋王太妃为太后，王妃为王后，世子为太子。

转眼到了420年，刘裕已经是五十八岁的老人了。一生的征战让刘裕遍体鳞伤，身体情况并不好。他急于在有生之年称帝。但是下面的大臣没有再出现刘穆之那样知道他心意的人。或许他们觉得主子刚扶立了一个新皇帝不到一年，不会马上受禅登基的。或许还有人以为他要做第二个曹操或司马昭。刘裕想了个方法，在宋国首都寿阳召集群臣宴饮。席间，刘裕感叹说："桓玄篡位，晋室鼎命发生移动。我首倡大义，兴复帝室，南征北战，平定四海，功成名就。于是我接受皇上的九锡之礼。现在，我也进入了迟暮之年，身份尊贵至此，生怕物极必反，不能久安。因此我计划奉还爵位，归老京师。"刘裕这番话是希望群臣向他劝进。可惜大臣都只理解了刘裕讲话表面的意思，纷纷拍马屁，盛赞宋王的功德。

参加宴会的中书令傅亮在回家的途中，突然灵光闪现。这不是刘裕的称帝暗示吗？傅亮连忙折回宋王府，求见刘裕。当时宋王府的宫门已经关闭，傅亮不顾礼节，叩门请见。刘裕下令开门召见。傅亮见到刘裕后，憋了好一会儿，才说出一句话："臣请求暂时回建康。"刘裕马上就理解了傅亮的意思，直接问道："你需要多少人马相送？"傅亮说："只需要数十人就足够了。"刘裕马上布置人手，跟着傅亮去建康，听从他的指挥。几天后，傅亮带着草拟好的禅位诏书入宫去见司马德文。他将诏书递给司马德文，让他誊抄一份。登基不到一年的司马德文欣然允诺。他边抄边对左右侍从说："桓玄篡位时晋朝就已经亡国了。多亏了刘公出兵平定，才恢复晋朝。我们司马家族得以继续君临天下近二十年全靠刘公之力。今日禅位之事，我心甘情愿。"司马德文誊抄完诏书，交给傅亮，然后主动携同后妃等眷属搬出宫去。傅亮马上宣布了皇上禅让的消息。

刘裕依照惯例上表推辞。但是司马德文早已经自去帝号，搬进原来的官邸居住。天下已经没有了皇帝。刘裕的让表自然也没有了呈送对象。相反，以陈留王曹虔嗣（曹奂的后代）为首的建康贵族官员和宋国的群臣二百七十人向刘裕上表劝进。刘裕还是不答应即位。依照之前的惯例，群臣还要三请。这回，太史令骆达呈上了天文符瑞数十条；群臣又更加恳切地恭请刘裕登基。刘裕这才答应下来。六月，刘裕在建康南郊登上受禅台，接受皇帝位，并举办柴燎告天仪式。

刘裕定新的王朝国号为宋，刘裕是为宋武帝。傅亮因为有佐命辅立大功被封为建城县公，入值中书省，权重一时。司马德文则被降封为零陵王，迁居秣陵县城，由冠军将军刘遵考带兵监管。司马德文不仅保持皇帝的待遇和礼仪不变，而且在与皇帝的来往中可以不用称臣，在封国之内奉行晋朝正朔。宋朝先是规定零陵王在贵族百官中的排位是"位在三公之上、陈留王之下"。之所以将零陵王放在陈留王之后，是因为刘裕觉得自己的天下是先由陈留王所代表的曹氏传给零陵王的司马家族，再传给刘氏的。

之前禅位的刘协和曹奂的待遇都还不错，但是司马德文就没有前辈这么幸福了。刘裕一开始就没打算让司马德文继续活在世上。刘裕不仅派兵监视司马德文的一举一动，而且时刻寻找机会暗杀逊帝。司马德文皇后的哥哥褚秀之、褚淡之是晋朝的太常卿和侍中，在妹夫落难后迅速投靠刘裕，协助监视帝后。司马德文的褚皇后在禅让之时已经怀孕，逊位后生下一个儿子。刘裕怕这个刚出生的婴儿日后对刘家不利，下达了暗杀令。褚秀之兄弟执行刘裕的命令，残忍地将刚出生的外甥杀死了。经过这件事后，司马德文夫妇心惊胆战，日夜生活在惊恐之中。夫妇俩整天共处一室。一切饮食也都由褚皇后亲自动手。刘裕及其爪牙一时无法下手。永初元年（420年）九月，刘裕命令琅邪侍中、司马德文原来的侍从张伟携带毒酒一瓶前去毒杀司马德文。张伟不忍心谋害故主，对刘裕又无法交代，在路上饮毒酒自杀了。刘裕又生一计，派遣褚淡之兄弟出马。两兄弟假意去探望褚皇后，士兵悄悄地跟随在他们身后。褚皇后听说兄长来了，暂时离开丈夫出门相迎。士兵乘机越墙跳入司马德文室内，将毒酒放在他面前，逼他速饮快死。司马德文摇头拒绝说："佛曰：人凡自杀，转世不能再投人胎。"几个兵士于是一拥而上，将司马德文按在床上，用被子蒙住他的脸，使劲扼死，然后再跳墙而去。司马德文死时三十六岁。之后，刘裕对司马皇室痛下杀手，几乎夷平了全族，开了后世受禅之君屠杀逊帝及先朝宗室的先河。

多年来，东晋王朝名存实亡，完全丧失了制约地方尤其是手握实权的军阀的能力。在野心勃勃的造反者面前，东晋的最后几代皇帝只能逆来顺受，毫无抵抗之力。刘裕不仅拥有军队，而且代表着他所生长的那个阶层的利益。在东晋时期,门阀世族的力量已经大大削弱了,刘裕所代表的寒门地主逐渐掌握了实权。他们自然期望出现一个寒门皇帝。而且,东晋末期的乱政和动荡已经让普通百姓对司马家族丧失了信任。晋朝皇帝失去了民心,失去了君临天下的道德基础。而刘裕作为事实上的主政者,他的功绩和能力有目共睹。再加上普通百姓对终日清谈、无所事事的世家大族的失望,人心已经倾向了刘裕一边。

刘裕的崛起意味着之前中国历史上以个人出身为考核标准的门阀政治的瓦解,以及一个新的平民政治时代的到来。

作为从社会底层跃起的皇帝,刘裕即位后做得很出色。魏晋以降,皇室、官府、世家崇尚奢华。由于是孤寒出身,刘裕知道稼穑艰辛。他平时清简寡欲,事事严整有度,车马不加装饰,后宫不奏音乐,内府不藏财宝,甚至连床脚上的金钉也令人取下,换上铁钉。女儿出嫁,嫁妆绝无锦绣金玉;日常回到家里,马上脱掉公服,只穿普通衣衫,脚下则拖双连齿木屐;住处用土屏风、布灯笼、麻绳拂。他喜欢逍遥散步,每次只带几个随从,从不要任何仪仗。刘裕平定关中的时候,得到了姚兴家族的女儿。刘裕一度非常宠爱这个女子,并因此荒废了政事。谢晦为此劝他。刘裕马上将这个女子遣走,恢复了勤政的生活。

刘裕对珠玉车马、丝竹女宠十分节制。一次,长史殷仲文上奏朝廷应该备齐音乐,武帝以没有闲暇且不会欣赏为由予以推托。殷仲文再劝皇帝经常听听,自然会懂得欣赏。刘裕直接回答说:"正以解则好之,故不习耳。"刘裕患有热病和刀伤,需要睡在冷物上。宁州进献光彩艳丽、价逾百金的琥珀枕,光洁华丽。刘裕听说琥珀可以疗伤,令人捣碎分发给将士。刘裕不仅内外奉禁,处处节俭,还能不忘穷时。为了警诫后人,他在宫中悬挂着当年做工时使用过的农具、补缀多层的破棉袄。侍中袁盛上奏称赞皇帝节俭朴素。刘裕回答说:"田舍公得此,已为过矣。"后来,刘裕的孙子宋孝武帝刘骏看见这些东西,批评祖父是"乡巴佬"。

在宏观方面,刘裕采取了一系列抑制豪强兼并,减轻人民负担和恢复农业生产的措施,与民生息。可惜的是,刘裕只做了两年多皇帝就驾崩了,终年六十岁。他开启了一个小康之世的大门。在宋武帝刘裕和其子宋文帝刘义隆统治时期,南方出现了难得的安定局面——元嘉之治。

二七 / 元嘉之治

刘裕只当了两年皇帝，就在永初三年（422年）五月病死了。长子刘义符继位，史称少帝。刘义符当时只有十七岁。刘裕临终前指定了四个顾命大臣辅佐儿子。这四个人分别是司空徐羡之、中书令傅亮、领军将军谢晦和镇北将军檀道济。

徐羡之，和刘裕一样出身草根，少学问而能办实事。刘裕初起时徐羡之就进了他的幕府，开始是刘穆之的副手，刘穆之死后成了刘裕的大管家。徐羡之把握全局、处理政务的能力较强，称得上刘宋王朝的元老重臣。谢晦是陈郡谢氏的成员，长于谋略。刘裕北伐中原的行动计划，十策有九策是谢晦出的主意。刘裕北伐先胜后败，北府兵精锐损失殆尽，王镇恶、沈田子、朱龄石等名将相继陨落。檀道济是仅存的北府兵旧将，指挥着北府兵余部。应该说，这样一个顾命大臣班子能力出众，兼顾各方利益，是可以有所作为的。但问题是这个班子太强势了，把朝政权力抓得太紧了，反而让皇帝成了摆设。

宋少帝刘义符继位后，不理朝政，嬉戏无度，让朝野失望。在给父皇刘裕守孝期间就不遵丧礼，召集乐工伶官歌唱奏乐取乐。他似乎很有商业头脑，把宫中华林园开办成市场，亲自开店沽酒叫卖。后来觉得做买卖不过瘾，又开渎聚土，挖人工湖、造龙船，和随从一起呼喊号子拉船取乐。朝臣谏阻，刘义符压根儿就不听。

既然小皇帝不听，徐羡之等人也不客气，直接废帝！按照长幼顺序，应该拥立刘裕第二子——庐陵王刘义真。刘义真当年留守长安，北方大败后侥幸逃了回来。大难不死后，刘义真比较排斥军事，和一帮文人搅和在了一起。他和谢灵运、颜延之、僧人慧琳等人交好，扬言如果自己当了皇帝，要任命谢灵运、颜延之为宰相，让僧人慧琳做西豫州都督。说者无心，听者有意。徐羡之等人担心权位不保，干脆先置刘义真于死地。徐羡之等人就告发刘义真"潜怀异图"，以皇帝的名义废刘义真为庶人，安排在新安郡软禁。之后，徐羡之等人决定以刘裕第三子——宜都王刘义隆取代刘义符。

废帝计划开始了！领军将军谢晦借口自家府舍翻修，先调集了一拨将士。在建康的徐羡之、傅亮和谢晦三人意见一致，镇北将军檀道济在外地统兵，不知道他的心意如何。于是，徐羡之把檀道济叫到建康来，告诉他废帝计划。檀道济起初不赞成，但是少数服从多数，随大溜同意了。行动的前一晚，檀道济和谢晦一起夜宿领军府，同居一室。世家出身的谢晦辗转反侧，夜不能寐；行伍出身的檀道济睡得又快又沉。谢晦自叹不如。第二天清晨，檀道济率领尖兵打前站，徐羡之等带着大部队跟进，冲向皇宫。前一天，宋少帝刘义符在华林园玩得很晚，睡在龙船上。乱哄哄的政变队伍把刘义符惊醒了。他看到全副武装的将士冲杀过来，知道不妙，赶紧指挥左右随从抵抗。一场小规模的战斗爆发了，政变将士杀死了两名皇宫随从，刘义符手指被砍伤，疼得嗷嗷大叫起来，束手就擒。徐羡之等人没收了刘义符的皇帝玺绶，把他迁往吴郡软禁。刘义符前脚刚走，徐羡之等人后脚就担心了，派人去吴郡杀刘义符。刘义符暂居在吴县金昌亭，看到杀手，吓得拔腿就跑。杀手用门闩将刘义符一棍子打倒，再补上一刀杀死。同时，徐羡之等人还派人去新安郡杀了刘义真。

刘义符被废后，宜都王刘义隆来建康继位，改元元嘉，史称宋文帝。刘义隆心里对两位哥哥的死耿耿于怀，更对徐羡之等人拥有废立皇帝的能力如鲠在喉。但他深知徐羡之等人盘踞朝野，掌握大权，轻易难以铲除，所以采取了迷惑和安抚的策略。他登基后还给他们加官晋爵，由他们继续掌权。刘义隆勤奋谦虚，很符合明君圣主的标准，很快成年，徐羡之四人没有理由继续辅政了。元嘉二年（425年），徐羡之与傅亮上表，主动归还实权。刘义隆开始还不同意，推辞了三次。徐羡之两人就连续请求了三次。最后刘义隆才同意了。徐羡之逊位，退居私第。

归政前，徐羡之的侄子徐佩之、侍中程道惠、吴兴太守王韶之等人都苦劝他不要放弃实权。徐羡之没有听从，不过他也留了一手。谢晦出任荆州刺史。徐羡之退位后，谢晦还在荆州拥有重兵。刘义隆亲政后，不露声色，暗中抓紧积蓄力量。他任命亲信到彦之为中领军，掌握首都的军队。

元嘉三年（426年）正月的一天，这是南方最冷的时节。皇宫里传出诏书，宣召徐羡之、傅亮二人进宫。傅亮接到诏书，乘车就向皇宫赶去。走到宫门口的时候，傅亮遇到了谢晦的弟弟谢嚼。谢嚼是当天皇宫值班的黄门郎。他拦住傅亮，轻声对他说："殿内有异，皇上可能要处分大臣。"傅亮慌忙夺了一匹马，向城外跑去。徐羡之正在乘车前往皇宫的途中，听到警报也赶紧驱车向城外跑去。出城后，六十三岁的徐羡之舍车步行，一直走到了新林。刘义隆知道徐羡之、傅亮两个人都没来，派兵追捕。徐羡之后有追兵，前路茫然，最后逃入一个陶灶中，拔剑自刭而死。傅亮乘车出城后，也茫然不知所去。他骑马来到哥哥傅迪的墓前，一直待在墓地里，直到追兵将他逮捕。傅亮被杀，终年五十三岁。

刘义隆旗开得胜后，立即公布徐羡之、傅亮、谢晦三人杀害宋少帝和庐陵王的罪行，宣布捕杀三人。谢晦不在建康，但家人受到株连杀害。檀道济是废帝弑君行为的胁从，并不是主谋，加上他掌握北府兵，刘义隆对其安抚利用。他将檀道济从广陵召回建康，开诚布公地说："废立之事，你未参与谋划，我不加追究。"檀道济对刘义隆感恩戴德。接着，刘义隆说："如今谢晦割据荆州，抗表犯上，不知你有何良策？"檀道济马上分析："谢晦老练干达，但未曾亲临疆场，军事非其所长。若陛下信任，请让我率兵征讨他。"刘义隆大喜。第二个月，刘义隆御驾亲征荆州，以到彦之为先锋，檀道济随后，率水师溯长江西上。

谢晦留弟弟谢遁带领一万士兵留守江陵，亲率水师两万人，顺江而下迎战。谢晦和到彦之两军在现在的长江湖南岳阳段相遇。谢晦行军打仗全靠长史庾登之。庾登之率军占领了巴陵（今岳阳）。到彦之部队的战斗力很弱，将士怯懦无能，弃营而逃。首战失利后，部将建议到彦之退守夏口（今武昌）。到彦之坚持屯守巴陵前线，敦促檀道济部前来会师。檀道济率领北府兵很快抵达前线。谢晦原以为檀道济会站在自己一边，如今发现檀道济不仅被赦免，还率军前来讨伐自己，太出乎意料了！谢晦深知领兵打仗自己远不及檀道济，惶恐起来。双方很快又打了一仗。谢晦部队有战败的迹象。他已经丧失了信心，一看情形不妙，拔腿就逃，导致全军大乱，四处奔散。谢晦逃到江陵后，见部众散尽，出城北逃，被擒后押送建康斩首。

刘裕留下的顾命集团势力就此灰飞烟灭。刘义隆以全新的姿态闪亮登场，时年十九岁。在南朝四个朝代中，刘宋王朝立国的时间最长，一共是六十年。其中，宋文帝刘义隆一人就在位三十年。论执政成就，刘义隆是南朝皇帝第一。

刘义隆亲政后，和世族豪门保持了密切的联系。元嘉前期，刘义隆将朝政委托给王弘、王华、王昙首等世族子弟，刘宋政权得以稳定发展了十几年。王弘、王华、王昙首三人都是赫赫有名的琅邪王氏的子孙。其中王弘是王导的嫡曾孙。

琅邪王氏众兄弟虽然在蜜罐中长大，却没有沾染上富贵病，反而生活简朴，能力出众，操心国事。王弘主政的基本思路是保持稳定。他建议刘义隆一方面要澄清吏治，严惩贪腐，一方面要与民为善，减轻百姓负担。东晋时期，男子年满十三岁就要服半役，年满十六岁就要服全役。王弘认为天下太平，并禁止大兴土木，奏请将半役的年龄提高到十五岁，全役的年龄提高到十七岁，被刘义隆采纳。王弘很懂为臣之道，在巅峰时期懂得谦让，主动引进宗室彭城王刘义康共同执政。王弘等人逐渐隐退，把刘义康推到了前台。元嘉中期以后，王弘、王华、王昙首相继逝世，实权转移到彭城王刘义康的手中。

刘义康是刘裕第四子。他不喜读书，知识浅薄，率性而为，主持朝政后独揽大权。好在刘义康办事勤勉、自强不息，政务没有出乱子。刘义隆重视亲情，对浅陋任性的四弟并不猜忌，所以兄弟君臣两人关系还算融洽。刘义康又调自己当彭城王时的长史刘湛到朝廷当自己的助手。刘湛不尚浮华，也很有实干精神，协助刘义康把朝政处理得不错。天下承平日久，刘义康浅陋骄纵的小毛病恶化成了大问题。他独揽朝野内外大权，在自己的王府中决策朝廷大事。每天一早，彭城王府门口停的车子常有数百辆之多。渐渐地，刘义康在三哥面前越来越随便，混乱了君臣之别。各地献给皇帝的贡品，刘义康把上等货送进彭城王府，把次等货留给刘义隆使用。有一次，刘义隆嫌宫中的柑子滋味差，刘义康说："今年送上来的柑子，有一些还不错。"他随即派人到王府拿来上等柑子和三哥分享。刘义隆知道自己这个四弟不读书、没脑子，拿着柑子笑笑而已，并不深究。

刘义康入朝前担任荆州刺史，入朝后荆州刺史出缺。刘义隆任命江夏王刘义恭继任荆州刺史。刘义恭是刘裕第五子，从小最受刘裕宠爱。刘裕讲究节俭，其他兄弟都不敢向父亲讨要什么好东西，但是刘义恭要什么，刘裕就给什么。他出任荆州刺史的时候才十七岁，刘义隆特地写了一封《诫弟书》，语重心长地提醒五弟礼贤下士、勤奋节俭。刘义隆的教诲事无巨细，细致到要求五弟每个月的零花钱不能超过三十万钱。

西晋以来，由于皇室权贵带头，中原社会崇尚奢华。刘裕出身孤寒，知道百姓的艰辛，执政后简朴清淡。刘义隆进一步与民生息，清理户籍，扩大赋税征收面，减轻户籍百姓的负担；对于百姓拖欠政府的陈年旧账，一律免除。刘义隆还派官员视察地方行政，了解民间疾苦。元嘉年间，南方经济得到了很大的发展。史书记载："三十年间，氓庶蕃息，奉上供徭，止于岁赋。晨出暮归，自事而已……民有所系，吏无苟得。家给人足……凡百户之乡，有市之邑，歌谣舞蹈，触处成群，盖宋世之极盛也。"后世称为"元嘉之治"，将它列为中国古代的若干盛世之一。元嘉之治是南朝国力最强盛、人民生活最安定的时期。

刘裕时期，刘宋王朝依然保有黄河以南的大部地区和山东省大部地区。刘宋主要通过控制战略要点，将这些点连成线，然后实现面的占领。在河南，刘宋主要防守洛阳、虎牢（今河南荥阳）、滑台（今河南滑县）、碻磝（今山东茌平县）四个重镇；在山东，历城（今济南）、淄博、东阳（今青州）等城市是宋军重点防守的。这些点连起来就是刘宋的北方防线，它保障着黄河以南地区。刘裕驾崩后，北魏在永初三年（422年）兵分两路越过黄河，一路攻陷滑台、洛阳、虎牢，一路向东攻陷临淄。南方丢失了多数重镇，防守局势恶化。刘义隆一心要收复失地。

元嘉七年（430年）三月，北魏因为北方战事削减黄河以南屯兵，黄河中下游魏军兵力空虚。刘义隆派遣使者出使北魏，告知北魏，宋军即将北伐，目的是收复黄河以南失地。宋军五万人在到彦之的率领下，走水路进入黄河，逼向各镇。北魏在碻磝、滑台、虎牢、洛阳四镇守军薄弱，且无力增援，主动弃城退往黄河北岸。到彦之轻易收复四镇，重新恢复了先前的北方防线，又派出先头部队向西进逼潼关，觊觎关中地区。宋军上下皆大欢喜。殊不知，几万宋军沿着黄河排成东西两千里的一条线，军力异常分散，连重要城市都只能分摊到几千人防守。十月，黄河开始结冰，鲜卑骑兵渡河反攻，瞬间将宋军防线撕得粉碎。洛阳、虎牢迅速失陷，分散各处的宋军相继奔散。到彦之在滑台附近，得悉城池失守、诸军溃散，下令全军焚舟弃甲，狼狈地逃往彭城。

刘义隆任命檀道济为都督征讨诸军事，率众北上。元嘉八年（431年）年初，檀道济率军在山东地区与魏军激战，胜多败少，扭转了宋军溃败的局面。宋魏两军形成了对峙状态。遗憾的是，檀道济的部队粮尽，只得从历城南退。魏军马上追击。檀道济为迷惑魏军，令人用沙子冒充粮食，在"粮堆"上覆盖一层真的谷米，然后带领官兵在晚上公开、高声地测量、统计"存粮"。追兵看到这一幕，以为宋军粮草充足。檀道济又命将士披甲穿戴整齐，自己穿着白服乘舆车，列队缓缓出城南返。魏军担心有伏兵，不敢追击。檀道济将全军安全带回南方，还留下了"唱筹量沙"的典故。刘义隆的第一次北伐以失败告终。此战不仅没有收复失地，宋军还略有损失。但是檀道济在魏军围攻中全军而退，刘义隆提升他为司空。

檀道济功名赫赫，下朝回家，从者如云，仪仗威武。宋文帝刘义隆本就不亲檀道济，加上自己身体羸弱，登基之后疾病不断，更不放心让檀道济留在身边，就命他去镇守寻阳。元嘉十二年（435年），刘义隆忽然病重。刘湛见刘义隆一度病重，就对刘义康说："一旦皇上驾崩，就没有人控制得了檀道济了。"刘义康就矫诏召檀道济入朝。檀道济入京，刘义隆病情好转。刘义康就慰劳了他几句，又放他回寻阳。檀道济在江边准备上船时，一群白鸟聚集在船篷上悲鸣。刘义隆病情突然加重，刘义康派追兵赶来，将来不及登船的檀道济逮捕。他矫诏杀死檀道济及其子弟八人，还捕杀了部将薛肜、高进之二人。檀道济临死之前，目光如炬，愤怒地摘下巾帻掷在地上，厉声说："你们这是自毁长城！"死讯传出，南方官兵寒心、百姓震惊。刘义隆心中虽有不忍，但也默认了四弟的做法。

消息传到北魏，鲜卑官兵欣喜若狂，自此频频南侵。刘义隆继续养病，政权更是被刘义康把持。刘义康日渐仰仗谋主刘湛，放权让他去干。刘湛开始权倾朝野。刘湛想从幕后走到台前，排挤掉名义上的丞相——尚书仆射殷景仁，取而代之。他不断地在刘义康面前说殷景仁的坏话，在政务上一味和殷景仁作对。

殷景仁久经宦海，就称疾解职，连续向宋文帝上表请求辞职。刘义隆需要援引殷景仁作为外援。他没有批准殷景仁的辞职申请，而是让殷景仁在家好好养病，还派人嘘寒问暖，以示尊崇。刘湛一计不成又生一计，干脆派人劫杀殷景仁。刘义隆听到了风声，在皇宫边上给殷景仁安排了住所。殷景仁搬过来住后，刘义隆秘密和他交换意见，每日两人住所之间文件政令的往来达十几次乃至数十次之多。麻痹大意的刘湛见宋文帝多病，竟然与亲信商量，打算等刘义隆一死便拥立刘义康继位。

元嘉十七年（440年）十月初三，刘义隆让刘义康在中书省住宿，处理政务，似乎刘义隆的身体又一次不行了，需要四弟来主政。当夜，刘义隆突然驾临华林园，召殷景仁进宫。殷景仁接令，立即进宫。他因为腿脚不方便，刘义隆就赐他坐在小床上，授权殷景仁主持今夜的行动：杀刘湛，废刘义康！刘义康、刘湛全无准备，且被分隔两处，毫无还手之力。刘湛被闯入的官兵轻松逮捕。刘湛被杀，同时被杀的还有他的儿子和党羽。刘义康被贬为江州刺史，送往豫章郡。刘义隆收回实权。殷景仁接替了刘义康的职位，但没过多久就死了。

刘义康在江州名为刺史，实是囚犯。政事全由咨议参军萧斌处理。元嘉二十二年（445年）年底，有人告发太子詹事范晔、孔熙先等人密谋拥立刘义康。刘义隆处死范晔等人，将刘义康及其子女废为庶人，徙往安成郡正式软禁。元嘉二十八年（451年），北魏大军南侵，南方局势动荡。刘义隆担心有人再把刘义康捧出来作乱，遣人给刘义康送去毒药"赐死"。刘义康也信佛，说："佛说自杀者来世不复得人身，我不能这么死。"他就是不肯服药自杀。好在刘宋王朝的臣子在处理这种事情上很有经验，找了条被子将刘义康捂死了。刘义康终年四十三岁。刘义隆此举，开了刘宋皇室骨肉相残的先例。

二八 / 草草的元嘉北伐

元嘉后期，国家太平无事，府库渐渐充实，刘义隆颇为志得意满。美中不足的是，北魏始终对南方构成威胁，且霸占着河南、山东等地。刘义隆觉得自己文治有余，武功不足。而打败北魏收复中原无疑是最好的建功立业的途径。他对北伐中原的兴趣越来越大。

大臣也怂恿刘义隆北伐。这些怂恿的大臣几乎都是文官，没有武将，大致可以分为两类。第一类人纯属拍马屁，比如御史中丞袁淑。第二类人是真心要北伐中原，觉得南方有能力打败北魏，比如彭城太守王玄谟。王玄谟出身著名的世族太原王氏，没有打过一场仗，却喜欢谈论军事。他对刘义隆大谈北伐计划，畅想胜利前景。刘义隆特别喜欢听王玄谟的空谈，听得入神时还对左右说："王玄谟的话，令人有封狼居胥的憧憬。"刘宋朝野弥漫着一股激烈而乐观的战争气氛。

元嘉二十七年（450年），拓跋焘诛杀大臣崔浩的消息传来，北魏内部出现不稳迹象；柔然又千里迢迢派遣使节来到建康，表示愿意配合宋军北伐；春夏之交，南方水量充沛，河道通畅，便利军队、粮草运输，似乎天时地利都倾向南方。于是，丹阳尹徐湛之、吏部尚书江湛、彭城太守王玄谟等大臣在六月鼓动刘义隆出兵。

以沈庆之为代表的军队将领反对北伐。沈庆之，吴兴（今浙江德清）人，出身贫寒，年轻从军，因在镇压内部反叛和少数民族起义中立下赫赫战功而跻身高级将领行列，当时已经六十四岁了。他列举了两条反对理由：第一，军事优势在北方，南方步兵对北方骑兵天生就处于劣势；第二，当年檀道济、到彦之北伐都失利而返，仓促北伐恐怕会再一次失利。

刘义隆从政治层面思考北伐，对老将军的意见不以为然：第一，"小丑"窃据中原，我们是正统王朝，有责任收复中原；第二，之前北伐失利是因为檀道济"养寇自资"、到彦之私自撤退；第三，魏军的优势在骑兵，但现在夏水浩荡，河道通畅，我们用水军恰好可以扬长避短。只要宋军在河流结冰前收复各个重镇，构筑钢铁防线,就等着魏军自投罗网!北伐大事,最终由刘义隆敲定了。

这次北伐,刘义隆追求毕其功于一役,几乎倾尽了全国之力。朝廷征发青、冀、徐、豫、南兖、北兖六州的壮丁,每户有三名壮丁的抽一人从军,有五名壮丁的抽两人从军,又出钱招募有武艺的壮士出征;由于军费不足,朝廷发动臣民捐献金帛,又向富豪巨室和富裕的僧尼借贷。北伐的部署是这样的,主力放在东路,由王玄谟率沈庆之、申坦等水军入黄河,受青冀二州刺史萧斌指挥。东路目标是收复山东、河南;西路由柳元景、薛安都等率领,从襄阳北上,进攻关中地区,受雍州刺史、随王刘诞(刘义隆的儿子)指挥。东西两路之前还有刘康祖、臧质等人率领的小股部队,以为策应。元嘉北伐就此拉开序幕。

北魏没有料到刘宋会倾国而出,被打得措手不及。碻磝的北魏守将弃城而走,宋军留沈庆之守碻磝,王玄谟继续率主力进攻滑台。王玄谟率领的主力兵源充足、军械精良,滑台被宋军围得水泄不通,魏军坚守不降。城中茅屋很多,部将建议用火攻,王玄谟却说:"火攻会烧毁房屋、伤害百姓,即便我们攻下了也只是得到一片焦土,有害无利。"所以,王玄谟坚决不同意火攻。中原人民看到宋军来到,纷纷携带武器投军,有的还成组织地前来参军。平均每天都有上千人之多。但王玄谟不用义兵首领,把投军的壮士当作新兵分散补充到自己的亲信部队。同时,王玄谟贪财好利,一匹布要换人家八百只大梨。宋军的种种逆行,让中原人民大失所望。结果,小小一座滑台城,宋军主力攻打了两个月还没有打下来。大军困于坚城之下,北伐前途堪忧。

九月,天气转凉,北魏太武帝拓跋焘集结了六十万南下大军,御驾亲征,第一站就直驱滑台。拓跋焘是何等人物?宋军得知北魏援兵南下,部将也好,同事也好,都劝王玄谟抓紧在拓跋焘到来之前不惜一切代价攻下滑台,避免遭到内外夹击。王玄谟不听,仍旧不紧不慢地攻城。拓跋焘即将到了,部将集体劝王玄谟赶紧建立车营,作为屏障。王玄谟还是不听。拓跋焘大军也是几乎倾国而出,号称有百万之众。魏军击鼓之声震天动地。王玄谟这时候急得六神无主了。部将请示如何迎战,王玄谟磨叽了大半天,才挤出一个字:"走!"顿时全军溃散。魏军随后追击,杀死宋军一万余人,缴获的军资器械堆积如山。元嘉之治二十多年积累的军械,几乎都成了北魏的战利品。

王玄谟下令撤退,却不做任何组织,导致宋军主力四散溃败,几乎流失殆尽。中途遇到沈庆之率军前来接应,才收拢了部分残军败将。此次巨大失败,王玄谟罪责难逃。战后，东路主帅萧斌要杀王玄谟。沈庆之主动站出来为王玄谟说好话，认为拓跋焘是当世雄才，谁遇到他都没有获胜的把握，又说阵前杀戮大将会引起军心混乱。王玄谟这才得以保全性命，免官善终。东路宋军滑台大败后，转入被动防御，不断放弃城池，步步后撤。赖有沈庆之这样的老将维持，才没有出现全局性的溃败。

之前，西路宋军进展不错。不少将领是北方人，熟悉关中情况，比如大将薛安都就曾在北魏担任雍州、秦州都统，几年前逃奔宋朝。而北魏占领关中不久，统治并不稳定，各族人民纷纷起兵响应宋军。弘农等重镇被宋军攻克，宋军进围陕城。陕城一战，大将薛安都杀得性起，丢掉头盔，脱去铠甲，再去掉坐骑的护具，怒目挺矛，单骑冲向敌阵。胳膊沾染了敌人和自己的鲜血，手中的长矛也打断了，薛安都就换一根再冲杀。两军恶战两天，宋军大胜，攻克陕城，斩魏军三千余人，俘虏两千余人。宋军把俘虏、投降的北魏士兵全部释放，又乘胜攻克潼关。关中豪杰闻风而起，派人与宋军接洽。西路北伐形势一片大好。然而，东路大败的消息逆转了西路的胜利。东路败后，刘义隆认为柳元景、薛安都等不宜孤军深入，下诏班师。西路宋军含泪放弃城池，退回襄阳。元嘉北伐以失败告终。

宋军虽然战败了，但战场并没有沉寂。拓跋焘态度强硬，寸土必争，抓住宋军后撤的良机扩大战果。在滑台大败王玄谟后，拓跋焘将大军分为两路，长驱南下。其中永昌王拓跋仁率领一路从洛阳向寿阳（今安徽寿县）进军，一路攻占悬瓠、项城。宋军防守寿阳的将领是豫州刺史南平王刘铄。刘铄是刘义隆的儿子，年轻无经验。刘义隆怕寿阳有失，急招刘康祖回援。刘康祖这支偏师在寿阳城外几十里地与拓跋仁大军遭遇。刘康祖手下只有八千人，部将提议绕道走山路以地利削弱鲜卑骑兵的冲击，刘康祖不听，组成车营，等待魏军的进攻。临战前，刘康祖下令"顾望者斩首，转步者斩足"，以必死之心迎战。魏军倚仗人多势众，分为三拨，从四面轮番进攻宋军，企图用疲劳战术消灭刘康祖。刘康祖指挥部属顽强顶住。后来，天上刮起了西北风，拓跋仁趁势火烧车营。宋军拼死抵抗，在熊熊烈火中以失败告终。刘康祖身受十多处伤，仍奔走呼号，最后因颈部中箭而死，部下八千人全军覆没。此战可算是元嘉北伐中最惨烈的一战。战后，拓跋仁进抵寿阳，刘铄闭门不出。好在宋军在寿阳经营多年，城坚粮足，魏军是骑兵，没有攻城的经验，只好在城郊大肆烧杀抢掠一番后，继续南下。刘铄也不敢追击，只求守住寿阳。

第二路由拓跋焘亲自统率，进攻彭城。镇守彭城的是刘义隆的五弟江夏王刘义恭和刘义隆的儿子武陵王刘骏。刘义恭要弃城逃走。城内其他人都不同意。长史张畅说："王爷绝对不能走，您一走就群龙无首，非输不可了。"刘骏则说："叔叔要走，悉听尊便，侄子决心与彭城共存亡。"刘义恭羞红了脸，留了下来，和大家一起守城。彭城也是宋军经营多年的重镇，城池坚固，魏军攻打了几天，彭城岿然不动。攻城本非魏军的长项，拓跋焘扬长避短，发挥骑兵行动迅猛的特点，绕开彭城继续深入江南。刘义恭、刘骏叔侄俩也不敢追击。

拓跋焘渡过淮河后，遇到了宋朝辅国将军臧质的部队。臧质和刘康祖一样，也是此次北伐的偏师。刘义隆听到彭城告急后，命令臧质率领部下一万人救援。两军相遇，臧质的一万步兵哪是几十万鲜卑骑兵的对手，一触即溃。臧质只带着残部七百人逃向附近的盱眙（今江苏盱眙）。

盱眙驻扎了三千名宋军。因为盱眙地处南北交通要道，太守沈璞早早就开始准备防守，想接纳臧质残部。但城内官绅不同意，担心接纳臧质会把拓跋焘的主力吸引过来，得不偿失。沈璞力排众议，将臧质的七百人接入盱眙城，还将全城的防务交给臧质指挥。好在虚惊一场，拓跋焘再次擦城而过，绕开盱眙，马不停蹄地向南冲了。

年底，各路魏军在长江北岸会师。人们在长江南岸用肉眼就能看到拓跋焘那耀眼的皇帝车驾。拓跋焘在北岸耀武扬威了一番后，选择在瓜步（今江苏南京六合东南）建起了行宫。魏军在江北忙于劫掠杀戮，各地的刘宋官员要么望尘奔溃，要么望风而降。兵力薄弱的江南裸露在鲜卑铁骑的刀锋之下，刘宋王朝面临着立朝以来最大的威胁。建康城内空前紧张，朝廷紧急征发壮丁从军。建康所在的丹阳郡辖区内王公子弟以下的男子一律从军。宋军沿江慌忙布防。刘义隆临江登高瞭望，看到魏军旌旗摇曳，面露忧色，叹息道："如果檀道济还在，岂能让胡马至此！"

就在刘宋局势危如累卵、人心惶惶之时，拓跋焘很清楚，鲜卑骑兵连寿阳、彭城这样的城池都没有能力攻下，更不用说城墙更加坚固，又有滚滚长江屏护的建康了。他知道魏军的攻势已经达到极限了。魏军在江北劫掠以后满载北归。第二年（451年），浩浩荡荡凯旋的魏军又一次经过盱眙城。魏军本无意停留，可拓跋焘突然想喝酒，就派人去盱眙索要美酒。宋军守将臧质撒了一泡尿，用坛子封好给拓跋焘送去。拓跋焘勃然大怒,驱动大军进攻盱眙。数十万魏军一夜之间就围着盱眙城造了一堵长堤,又挖土运石填平了流向盱眙的水源,彻底切断了盱眙的水陆通道。盱眙军民迅速迎战。盱眙之战就此打响。

  盱眙为了这一战已经准备了好几个月了,器械充足,士气鼎盛。魏军遭到了顽强的抵抗,士卒伤亡严重。拓跋焘这个时候犯了一个错误,他满不在乎地给臧质写了一封信。信中说:"我驱赶攻城的士兵,都不是我们鲜卑人。攻打盱眙城东北的是丁零人与胡人,南边的是三秦的氐人、羌人。你们帮我多杀一点儿丁零人,我们就能减少常山、赵郡(在今河北)的盗贼;帮我多杀一点儿胡人,正好减少并州(今山西)的叛军;如果氐人、羌人都死了,关中的反贼也都没有了。所以,你杀的士兵越多,对我越有利。"拓跋焘可能是想通过这封信告诉臧质自己会不惜伤亡攻下盱眙,但这封对士卒伤亡满不在乎的亲笔信被臧质利用。臧质将拓跋焘的"御笔"展示给攻城的魏军士卒看,大声宣布:"你们的皇帝用心险恶,根本不把你们当人看,你们不要为他卖命了!"臧质又写了许多传单,发给攻城的少数民族士兵,号召广大士兵倒戈一击,凡是斩拓跋焘首级者,封万户侯,赏赐布、绢各一万匹。拓跋焘见状,暴跳如雷,下令做一张铁床,在上面扎满铁刺,发誓要踏平盱眙,活捉臧质,将他钉在铁床上。

  魏军在拓跋焘的驱使下掀起了一拨拨更猛烈的进攻。他们造了钩车来钩城楼,城内宋军就用大绳系住钩车,数百人呼喊着一起牵拉,使车不能退。到夜晚,宋军把士兵装在大桶里坠下城墙,截下车上的铁钩,缴获钩车。魏军又造了冲车攻城。无奈城墙坚固,冲车每次冲击都只能冲落几斗土,难以奏效。魏军最后只好采取最原始的方法:肉搏上阵,搭云梯登城。一拨拨的魏军像潮水一般涌上前去,又像潮水一样退下来,在盱眙城下留下了数以万计的尸体,死尸堆积得与城墙一样高。就这么猛攻了整整一个月,盱眙城还牢固地控制在宋军手里。南方的春天来了,魏军水土不服,伤员病号越来越多。更糟糕的是,刘义隆派遣宋军水师从东海进入淮河,命令彭城的宋军南下,会师截断魏军的归路。为了避免被南北夹击,拓跋焘在二月烧毁攻城器械,主动退走。宋军不敢拦截,仅出动少数水师佯攻,逼迫魏军速撤。

  盱眙之战,宋军大获全胜。刘义隆对这场意外的胜利大喜过望,对守城有功的臧质大加赏赐,提升他为冠军将军、雍州刺史,负责中部边界军务。

  元嘉二十七年(450年)、元嘉二十八年(451年)的南北激战就此结束。南方在领土方面的损失不大，但国力遭受巨大损耗。魏军进出南方，大肆烧杀抢掠，仅掳掠而走的江北百姓就数以十万计，宋朝伤亡的军民更是不知有多少，南兖、徐、北兖、豫、青、冀六州城镇残破、废墟累累。"自是邑里萧条，元嘉之政衰矣"，之前二十多年治世积累的物质成果几乎荡然无存。北魏方面也伤亡惨重，损失鲜卑精锐数以万计。当然，拓跋焘对刘宋的胜利，使北魏的统一更为巩固。这个成果比劫掠的物资更加重要。而刘义隆志得意满的心态被惨败击得粉碎。

二九 / 刘家的精神病史

刘义隆妻妾众多，共生了十九个皇子，分别是刘劭、刘濬、刘骏、刘铄、刘绍、刘诞、刘宏、刘祎、刘昶、刘浑、刘彧、刘休仁、刘休佑、刘休茂、刘休业、刘休倩、刘夷父、刘休范、刘休若。其中刘劭是袁皇后所生嫡长子，年近三十，在古代不算年轻了。他渴望早日当皇帝。可等了一年又一年，父亲"病危"了一次又一次，龙椅摆在眼前，刘劭就是坐不上去。

刘劭找同父异母的二弟始兴王刘濬商量，制作了巫毒娃娃，还堂而皇之地埋在东宫院子里。很快，刘义隆知道了两个儿子干的好事，龙颜大怒。他舍不得废太子，也不责备刘濬，只是下令抓捕那个女巫。搜捕了多日，找不到人。有人向刘义隆告密说：女巫被太子藏在东宫保护起来了。刘劭此举，火上浇油。刘义隆出离愤怒，决心要废太子。刘义隆不能当机立断，而是召徐湛之、江湛、王僧绰入宫商议。王僧绰一听，赶紧说："如果陛下下定决心要废黜太子，请立即发布命令，以免消息泄露，发生变故。"关键时刻，刘义隆动摇了，不肯颁布诏书，表示要再考虑考虑。可是，刘濬的生母潘淑妃已经派人通知刘濬，刘濬又急报太子。刘劭惊恐万分。他干脆一不做二不休，要和父皇兵戎相见了。之前，刘义隆给东宫调拨了一万名禁军执行安保工作，归刘劭指挥。现在，刘劭就指挥这支部队，在第二天清晨突袭杀入皇宫。刘义隆还在寝宫中，被乱军砍死，享年四十六岁。徐湛之、江湛、王僧绰三人也被杀死。这是元嘉三十年（453年）的事情。刘劭终于继位为帝，改元太初。

刘劭弑父自立，登基之时人心涣散。刘劭当然明白自己的处境。除了照例加官晋爵，刘劭也开始搞些小动作，一心想除去皇位的威胁。他心中的头号敌人，就是三弟——领兵在外打仗的武陵王刘骏。

刘骏时任江州刺史，正统率各路军队在长江中游剿灭反叛的少数民族。刘劭、刘濬弑父后，三弟刘骏递补成为继承皇位的合法人选。而且刘骏掌握军队，也最有能力起兵造反。刘劭秘密写信给和刘骏一起作战的老将沈庆之，要他杀掉刘骏。沈庆之的动向就成了决定时局的关键。沈庆之接到密信后，求见刘骏。刘骏听说大哥二哥谋杀了父皇后，正担心大哥派人来杀自己。他听说大将沈庆之求见，怀疑沈是刺客，吓得称病不敢接见。沈庆之硬冲进去，把密信递给刘骏看。刘骏战战兢兢地看完，吓得泪流满面，乞求沈庆之让他到屋内和母亲诀别。谁料到，沈庆之刚毅地说："臣受先帝厚恩，一心图报。今日之事，只能起兵推翻篡位的刘劭。殿下不用怀疑臣。"刘骏这才缓过神来，起身拜谢沈庆之："家国安危，在于将军！"在沈庆之的主持下，武陵王刘骏领衔举起了讨逆大旗。沈庆之集合兵马，迅速顺江而下，进攻建康。荆州刺史、南郡王刘义宣（刘裕第六子）和雍州刺史臧质、司州刺史鲁爽、兖冀二州刺史萧思话、宣城太守王僧达等地方实力派纷纷起兵响应刘骏。讨逆军的队伍不断壮大。刘骏很快兵临建康城下，在新亭（今南京附近）称帝，改元孝建，史称孝武帝。

刘濬只能搜罗建康的军队负隅顽抗，无奈众叛亲离，组建的乌合之众被讨逆军击溃。讨逆军前锋薛安都率兵最先攻入宫殿，活捉刘劭。刘劭和全家一起被杀。刘濬企图逃跑，中途被抓，也遭到屠杀。

讨逆胜利，弑君者死，一切看起来很"正义"。谁料到，刘骏是一个异常糟糕的皇帝人选。他特别好色，几乎到了饥不择食的程度。只要看到有感觉的女性，不管亲疏贵贱，都召入宫里临幸。这就涉及乱伦。大臣和宗室家的女眷，时常会被叫到宫中朝谒太后。刘骏就在女眷朝谒的时候闯进去，看见中意的就拉到宫中侍寝。最可怕的是，刘骏还和生母路太后乱伦。他不仅留宿生母宫中，还在公开场合和生母亲昵。南方史书对此多有隐晦，但《魏书》忠实地记载了这肮脏的一幕。刘骏是中国历史上唯一被正史记载与生母乱伦的皇帝。

刘骏的六叔刘义宣镇守荆州，盘踞多年，兵强马壮。他的四个女儿留在建康。刘骏看到四个堂妹长得如花似玉，竟然将她们纳入宫中乱伦。丑闻传到荆州，刘义宣义愤填膺，发誓要推翻刘骏，联系江州刺史臧质一起干。臧质灭刘劭有功，调任江州刺史，居功自傲，骄横专行。两人再联系对刘骏胡为不满的豫州刺史鲁爽、兖州刺史徐遗宝。孝建元年（454年），四人推刘义宣为首，一同起兵讨伐刘骏。刘骏派遣沈庆之、王玄谟、柳元景、薛安都等人迎战。这是刘宋王朝第三次大内战。

战斗打响后，造反的兖州刺史徐遗宝进攻重镇彭城失败，丧失信心，竟然弃军投奔豫州刺史鲁爽。鲁爽率军从寿阳直趋历阳（今安徽和县），与臧质合兵。

两人会师后，水陆并进，直指建康。刘骏以薛安都为前锋去阻挡鲁爽。两军接触，薛安都击斩鲁爽的前锋，堵住了鲁爽前进的势头。沈庆之赶到军前督战。两军大战爆发。薛安都跃马大呼，单骑直入敌阵，直冲敌将鲁爽，一枪将他杀死。鲁爽系出将门，平素勇武异常，号称万人敌，却在薛安都的冲锋面前毫无还手之力。部队哗然大溃。沈庆之、薛安都等乘胜追杀，一举攻克寿阳。徐遗宝逃出，途中被杀。宋军集中兵力，专心对付刘义宣、臧质两军。

沈庆之派人将鲁爽的首级送给刘义宣。刘义宣、臧质万分惊骇。站在刘骏一边的太傅刘义恭又使离间计，派人送书信给刘义宣，说臧质"少无美行"，如果你们俩反叛成功，恐怕他不再是池中之物。刘义宣不禁对臧质疑忌起来。战争还在继续，刘义宣军大败。宋军借助风势放火，叛军的船舰都被烧毁。臧质找刘义宣商量对策，发觉刘义宣对自己的疑忌，惊慌失措，抛弃部队逃往寻阳。其部或降或散。一支宋军追到寻阳，臧质焚烧府舍，带着妻妾逃入南湖躲避，饥饿难耐时就采摘莲子充饥。宋军追兵搜查南湖，臧质用荷叶盖在头上，沉到水里，只把鼻孔露出水面呼吸。就是这样，臧质还是在六月被人发现，先中了一箭，然后被乱刀砍死。刘义宣也很快失败，自己和十六个儿子全部被斩。

除了好色，刘骏的猜忌心很重。除了屠杀叔叔刘义宣一家，南平王刘铄、竟陵王刘诞、武昌王刘浑、海陵王刘休茂等兄弟也先后遭到刘骏杀害。南平王刘铄是他四弟，从小最受父皇刘义隆的宠爱，看不起刘骏。刘骏当皇帝不久，就派人毒死了刘铄。十弟武昌王刘浑从小顽劣成性，十几岁就当上了雍州刺史。在雍州，刘浑自称楚王，立年号，备百官，被人告发。刘骏逼刘浑自杀。刘宋皇室原本枝繁叶茂，如今遭到沉重打击，造成了后来频繁内战。

刘骏六弟竟陵王刘诞之前忠诚地站在他这一边，在讨伐刘劭和平定刘义宣等战争中都立有功勋，逐渐占据高位。刘诞的府第建筑精巧、园林优美，冠绝一时，他经常在府中大会宾客，和文人武将应酬，因此遭到了刘骏的猜忌。孝建二年（455年），刘骏外放刘诞为南徐州刺史，赶出建康，赶到京口上任。他又嫌京口距离首都太近，又在大明元年（457年）调任刘诞为南兖州刺史，调往广陵（今扬州）。刘诞知道刘骏猜忌自己，开始积蓄实力以防不测。他借口防备北魏入侵，大力修建城防，积聚粮草军械，积极训练军队。刘骏更不放心了，授意有关大臣告发竟陵王刘诞谋反，下令将他降爵、削职。刘诞不愿束手就擒，举兵造反。他完全是被刘骏逼反的。

刘诞造反，东部局势不稳。刘骏下令内外戒严，挑选将领出征。老将沈庆之已经退休，获封始兴公在家养老。刘骏请他出来担任车骑大将军、南兖州刺史，主持讨伐刘诞。沈庆之只好率军东进。刘诞备战多年，又实行坚壁清野战术，焚烧广陵外城的民房，将居民迁入城中闭门自守。在重重围困之中，刘诞制作了许多传单，用一切方法投送城外，宣称自己无罪，并宣扬刘骏秽乱宫廷的种种丑行。刘骏大怒，下令斩杀刘诞心腹的亲族上千人。他急欲攻下广陵，连发诏书督促沈庆之攻城。为了早日得到捷报，刘骏命沈庆之在广陵城西南修筑烽火台，如果破城就点燃烽火，以便自己能早些得知消息。重压之下，沈庆之不得不督率将士日夜攻打，还制造楼车、填平沟堑、修筑土山，可三个月过去了，还是毫无进展。刘骏大怒，命大臣弹劾沈庆之，再下诏不予追究，催逼沈庆之攻战。沈庆之不顾年迈，身先士卒，亲冒矢石，冲在前线，终于攻破广陵。刘诞被杀，传首建康，其母亲、妻子在城破时自杀。刘骏认为广陵全城附逆，下令屠城，经沈庆之苦苦劝阻，最终改为男子五尺以上一律屠杀、女子被赏赐给军队。屠杀广陵男子后，刘骏还将尸骨筑为京观，用来炫耀。

至此，刘骏乱伦、猜忌、嗜杀的问题充分暴露，而且都很严重。镇压多次反抗后，刘骏越发肆无忌惮。他嬖宠一个昆仑奴。该昆仑奴长得高大强壮，刘骏让他拿着棍子侍立在身边，他对哪个大臣不满就命昆仑奴上前殴击。刘骏还日益骄侈。为了警诫子孙，刘裕在宫中特地保留了几个房间，里面收藏自己用过的衣具、补丁叠着补丁的棉袄。刘骏翻新宫殿，发现祖父的遗物，讥诮祖父是"乡巴佬"。国库很快因为多次战争和皇帝的骄奢而空虚，刘骏想出一个敛财的方法：赌博。每次遇到地方刺史、太守等高官卸职还都的时候，刘骏都召他们来赌博，规定大臣只能输不能赢，而且金额巨大。这就变相逼迫地方官员贪污腐败、搜刮地方，最后这些赃款大部分进了刘骏的腰包。

大明六年（462年），刘骏宠幸的殷淑仪病死了——殷淑仪其实是刘义宣的女儿、刘骏的堂妹，冒姓殷。刘骏十分伤心，将她的丧事大操大办，并要求朝野大臣都去坟前哭泣，谁哭得不伤心，轻者责罚，重者免官。刘骏自己哀伤过度，身体每况愈下，从此很少理政。两年后，刘骏病死。

刘骏广纳后宫，子女成群，所生皇子多达二十八个，分别是刘子业、刘子尚、刘子勋、刘子绥、刘子深、刘子房、刘子顼、刘子鸾、刘子仁、刘子凤、刘子真、刘子玄、刘子元、刘子羽、刘子衡、刘子孟、刘子况、刘子产、刘子云、刘子文、刘子舆、刘子师、刘子霄、刘子雍、刘子趋、刘子期、刘子嗣、刘子悦。他们名字中间都有一个"子"字，将成为新的骨肉相残闹剧的主角。孝武帝刘骏终于死了，十六岁的长子刘子业登基。人们以为可以松一口气了，但是很快发现：刘子业也有精神病，而且是个重症患者！

刘子业和父亲刘骏一样爱好乱伦、猜忌、嗜杀，并且非常变态。比如新蔡公主是宋文帝刘义隆的女儿，刘子业的亲姑姑，已经嫁给宁朔将军何迈为妻。刘子业看上了新蔡公主，将姑姑纳入后宫封为夫人，对外谎称新蔡公主已死，还杀了一名宫女冒充新蔡公主举行了隆重的葬礼。又比如他继位后，命令宫女赤身裸体在宫中奔跑嬉戏，自己站在一旁津津有味地观看，看到哪个宫女不愿意赤身裸体或者不情愿，就拉出去砍头。刘子业的妹妹山阴公主淫恣过度，对刘子业说："我与陛下，虽男女有别，可都是先帝的子女。陛下后宫佳丽上万，可我只有驸马一人。这太不公平了！"刘子业就为山阴公主安排了面首三十人。山阴公主还是不满足，看到吏部郎褚渊体壮貌美，请求刘子业把他也赏给自己当面首。刘子业竟然同意了，将大臣赏给妹妹当面首。褚渊在山阴公主身边十日，虽被公主逼迫，誓死不从。山阴公主最后没办法，才把褚渊放回去。

大臣戴法兴在刘骏时期深受信任，实际主持中枢政务。他对刘子业的变态行为多有劝谏。刘子业嫌戴法兴多嘴，将他杀死。两个弟弟始平王刘子鸾和南海王刘子师，辈分低，年纪轻，也被杀。结果，朝野震动不安，人心惶惶。

大将柳元景、颜师伯等人心怀恐惧，不知道刘子业哪日就要杀自己。他们就密谋废杀刘子业，拥戴刘义恭称帝。柳元景觉得应该争取三朝元老沈庆之的支持，就上门去做工作。颜师伯当时掌握实权，对沈庆之这样的老前辈不以为然，曾公开说："沈公，就是一介武夫、一个爪牙，哪能干预政事呢！"沈庆之因此对颜师伯极为不满，对拥立刘义恭的计划不赞成，向刘子业告发了此事。于是，刘子业亲自率羽林军杀死刘义恭及其四子。他将叔祖刘义恭斩断四肢，分切肠胃，挖出眼睛，浸在蜜里，取名"鬼目粽"。他还杀了柳元景。柳元景的八个儿子、六个弟弟及诸位侄子也都被杀。颜师伯和他的六个儿子同样没能幸免。沈庆之因告发颜、柳有功，得到刘子业的信任。但是老将军对刘子业的胡作非为也看不惯，说了几句劝谏的话，刘子业就不高兴了。沈庆之惧祸，赶紧闭门谢客，以求自保。一些人仍然希望沈庆之推翻刘子业的荒唐统治。吏部尚书蔡兴宗就对沈庆之说："皇上的所作所为，人伦丧尽，根本没有希望改正。沈公威名天下所服，在如今人心惶惶之际举兵起义，谁不响应！如果沈公犹豫不决，只会坐观成败，灾祸早晚要降临的。"沈庆之借口退休在家、没有军队，不愿意领头。他将一切寄托在"天命"身上，听天由命。蔡兴宗苦苦再劝："当今有心起义的人，都不是想邀功求富贵的小人，只是为了自保哇！领兵的将帅，只要听到有人首先发难，肯定会群起响应。沈公领兵几十年，部将门生遍布朝野，受您恩惠的人也很多，何患没有军队！况且尽管您不出面，保不准有人打着您的名义起事，到时候您也免不了附从之祸。"沈庆之还是下不了决心，一味推辞。青州刺史沈文秀是沈庆之的侄子，率部驻扎在建康城外，也劝沈庆之："皇上狂暴如此，祸乱不久将至。天下人心思变，如今借助众力推翻暴君，易如反掌。机会难得，不可失也。"沈文秀劝了叔叔好多次，最后都流涕相劝了，沈庆之始终不同意。没几天，宁朔将军何迈谋反失败，被刘子业诛杀，牵连沈庆之。刘子业派沈庆之的侄子沈攸之送药"赐死"沈庆之。沈庆之不肯服毒，沈攸之就用被子捂死了叔叔。沈庆之死时八十岁。

　　刘子业继位后，叔叔湘东王刘彧、建安王刘休仁、山阳王刘休佑都镇守一方。刘子业不放心，把他们召回建康，关在宫中当作木桩给自己练习拳脚，之后变本加厉地把三人关在竹笼子里。刘彧三王都长得很胖。刘子业给他们一一过秤，最重的刘彧获得"猪王"的绰号，刘休仁其次，被称为"杀王"，刘休佑第三，被称为"贼王"。刘子业对三人任意侮辱，每次出宫都把他们关在竹笼里随行，招摇过市。

　　有民谣说："湘中出天子。"刘彧恰恰是湘东王。刘子业对他猜忌最重，侮辱最多。既然叫刘彧"猪王"，刘子业觉得就得向猪的生活靠拢。他命人挖了一个土坑，在坑里灌上泥水，把刘彧扒得赤条条地扔到泥水坑里，然后用木槽盛上猪食，强迫刘彧像猪一样趴在木槽里吃猪食。每次看到"猪王"哽咽着吃猪食的样子，刘子业都笑得前仰后翻。刘彧不堪其辱，拼命反抗。刘子业二话不说，命人把刘彧五花大绑，像挑猪一样用棍子挑着四肢，抬到御膳房。刘子业吩咐御厨："杀猪！"建安王刘休仁当天恰好被允许在竹笼外放风，看到这一幕，悄悄跟到了御膳房，急中生智，嬉皮笑脸地对刘子业说："皇上不该杀这头猪！"刘子业奇怪地问为什么。刘休仁说："皇上的生日快到了，到时候再杀，取猪肝猪肺！"刘子业想想有道理，继续将刘彧关押。刘彧不断遭受刘子业凌辱，好几次都是命悬一线，全靠刘休仁装疯卖傻、取巧逢迎，才一次次逃过鬼门关。

修理完三个叔叔，刘子业又对镇守地方的兄弟猜忌起来。其中最让他不安的是担任江州刺史的晋安王刘子勋。刘子勋当时只有十岁，还是个孩子，政务都委托长史邓琬，有什么值得猜忌的呢？原来，宋文帝刘义隆在兄弟中排行老三，孝武帝刘骏也排行老三，刘子勋很不幸，在刘子业几个兄弟中也是老三。单单凭这个排行，刘子业就得要三弟的命。

刚好建康城内发生了宁朔将军何迈谋反事件。何迈是刘子业的姑父，妻子新蔡公主被刘子业纳入后宫乱伦后，何迈既恼怒又担心受祸。他密谋在刘子业出巡时发动政变，迎立刘子勋为皇帝。事情败露，何迈被杀。刘子业广开株连之门，先杀了老将沈庆之，再派人去江州"赐死"刘子勋。江州长史邓琬闻讯，义愤填膺地表示："我本江南寒士，承蒙先帝厚恩，以爱子相托。当今昏君当道，邪恶残暴，致使社稷危急。我当置性命于度外，以死来报效先帝。"他立刻统一江州内部意见，决定起兵反抗，拥立刘子勋为新皇帝。景和元年（465年）十一月，晋安王刘子勋在众人的拥戴下自寻阳起兵，向各处州县发布讨伐刘子业的檄文。

听到刘子勋造反的消息，刘子业非常兴奋。他马上决定御驾亲征。出发前，刘子业对留在建康的刘彧、刘休仁、刘休佑三人不放心，决心杀了他们，免得夜长梦多。刘彧等人危在旦夕。江东寒士阮佃夫是刘彧的心腹。阮佃夫联合刘彧的另一个亲信李道儿，决定拼死一搏，杀掉刘子业，救出刘彧。阮、李二人再联合皇帝的近臣寿寂之、太监钱兰生等十几人。大家都有诛杀暴君的意思。一天晚上，刘子业在华林园"射鬼"。刘子业杀人太多，老觉得皇宫中有女鬼纠缠自己，巫师就建议他射鬼。射鬼的时候，刘子业屏退侍卫，只留巫师、彩女跳舞、射箭。阮佃夫等人觉得机不可失，决定当晚行动。寿寂之带头闯入华林园，刘子业看到寿寂之持刀恶狠狠地走过来，知道情况不妙，慌忙向他射了一箭。没有射中，刘子业掉头就跑，被寿寂之追上，一刀劈死。

刘子业死时十七岁，在位仅一年多，史称"前废帝"。"废"字比一般的恶谥更糟糕，意味着这个皇帝一无是处，连谥号都没法上了。为什么加一个"前"字呢？因为后面还有一个和刘子业一样糟糕的坏皇帝：后废帝刘昱。

杀死刘子业后，政变集团把刘彧解救出来，拥戴他为新皇帝。由于事起仓促，刘彧连鞋子都没穿，光脚走到宫殿，还戴着一般人戴的乌帽。等他坐定了，刘休仁发现穿戴不妥，才叫奴仆找了顶白帽给刘彧戴上，又慌忙布置了羽仪礼器。刘彧登基，史称宋明帝。

人们对刘子业一边倒地谴责痛斥。《宋书》欢呼刘子业之死："其得亡亦为幸矣！"事后，太皇太后（刘义隆的皇后）颁布诏书追认了政变的合法性，痛斥孙子刘子业恶贯满盈，行为如同禽兽，连上古的暴君夏桀、商纣王都比不上他，简直是开天辟地以来闻所未闻的暴君！客观地说，皇室将罪责都推给刘子业一个人，有失公允。从刘裕开始，皇帝忙于政务，疏于管教皇子，而刘家出身草莽，没有家学底子可谈，也没有系统的教育方法，反而是许多皇子刚学会说话就封王授官，去镇守地方。比如，刘骏在四岁就离开建康出镇地方了。等于在孩子正需要教育的黄金时期，把他们放养了。刘宋皇室对皇子教育失败，加上大封宗室、授予实权，两者结合导致了皇帝无道、骨肉相残的种种悲剧。

三十 / 刘家的变态史

宋明帝刘彧仓促登基。当时舆论认为，刘子业有罪该杀，但刘彧以叔叔的身份夺了侄子辈的皇位也不对，况且之前晋安王刘子勋已经起兵讨伐刘子业，得到天下响应了。刘子勋是刘骏的儿子，在继承序列上比刘彧更有资格当皇帝。

刘彧登基后，尝试和刘子勋妥协，提升侄子为车骑将军，希望能罢兵修好。但是邓琬等人不接受，还在泰始二年（466年）正月在寻阳为刘子勋举行了登基仪式。刘子勋称帝，改元义嘉，设置百官，成立了和建康对峙的中央政府。让刘彧尴尬的是，他虽然占据着首都、称帝比较早，但天下大多数州县承认刘子勋为新皇帝，不承认他。刘子勋得到广泛响应，徐州刺史薛安都、冀州刺史崔道固、青州刺史沈文秀等实力派都宣布效忠寻阳的朝廷，还派兵响应刘子勋。湘州、广州、梁州等地也向刘子勋表示效忠；东边的会稽、吴等地也效忠刘子勋，并且起兵反对刘彧。刘彧能控制的，只有首都建康和周边丹阳、淮南等几个郡的地方。

刘彧心态很好。他本来就没想到能当皇帝，现在也不在意将皇位让给刘子勋。铁杆兄弟刘休仁拉住刘彧，不让他让位，鼓励他奋战一场再决定进退不迟。于是，刘彧在泰始二年（466年）正月下令内外戒严，以司徒、建安王刘休仁为都督，任命王玄谟为江州刺史，发兵讨伐刘子勋。刘彧即位后，原本依附刘子业的沈攸之遭到冷遇。沈攸之告发昔日同伴等人"谋反"，得到了刘彧的好感，重新被任用。这次，沈攸之也列名讨伐将领行列。他确实有才，而且从军多年，经验丰富，屡败刘子勋的部队。而刘子勋称帝后，以邓琬为丞相，邓琬虽有热血，却无谋略，且拉帮结派、贪图享受。面对节节推进的沈攸之等人，邓琬惶恐无计，在内乱中被杀。沈攸之攻入寻阳，擒斩十一岁的刘子勋。刘休仁再分别派遣将领进攻荆、郢、雍、湘等州，相继削平支持刘子勋的势力。

在东部，刘彧起用将军吴喜。吴喜在东部郡县有为政宽松的好名声，得到百姓的支持，很快扭转了局势，平定了响应刘子勋的势力。薛安都、崔道固、沈文秀等人见刘子勋死了，也转向刘彧宣布效忠。南方重归一统，刘彧没费几个月时间就坐稳了皇位。

　　危机一解除，刘彧身上好色、猜忌和残暴等家族病迅速爆发出来。刘彧和刘骏、刘子业一样变态。他把后妃、公主与命妇聚集到宫中宴饮。喝到半醉的时候，刘彧命令无论宫中的嫔妃还是宫外的命妇，都要脱去衣服裸露身体，相互戏嬉。后妃、公主与命妇都不敢违抗刘彧的命令。

　　刘彧猜忌成性，对宗室极不信任，继续大开杀戒，杀人之多，不仅令刘骏望尘莫及，就连刘子业也叹为观止。刘彧是刘义隆的儿子，他将当时还生活在南方的十二个兄弟都无端杀害，只留下一个平庸无能的桂阳王刘休范。刘彧是刘骏的弟弟，他把刘骏的二十八个儿子一口气杀光了。需要指出的是，刘彧杀害这些兄弟、侄子，不是单单杀他们一人，而是满门抄斩，包括生母、妻妾、子女全部屠杀。令人发指的是，刘彧连铁杆兄弟、建安王刘休仁也杀了。刘休仁和刘彧一起被刘子业关过竹笼，因为他的多次搭救，刘彧才侥幸存活。刘彧称帝后，刘休仁忙前忙后，帮哥哥巩固皇位。刘彧对这个有大恩于己的弟弟也不放心，犹豫要不要杀。最后，刘彧还是把刘休仁召入皇宫，强灌毒药害死了。将军吴喜平定东部郡县，功勋卓著，也被刘彧无端杀害。

　　大规模屠杀亲人、功臣后，刘彧信任阮佃夫、沈攸之等人，放手让他们处理军政事务。阮佃夫救主有功，在刘彧称帝后被封侯、赐官，掌握朝廷实权。阮佃夫本是刘彧的家庭教师，没有成熟的政治构想，掌权后也提出不了什么政策措施，就知道行贿受贿，凡事没钱不行，而且行贿者送钱少了还不行，甚至连老家的侄子来找他谋个一官半职，阮佃夫也逼侄子行贿。阮佃夫的住宅园林，赛过宫廷，家中堆满珠玉锦绣，蓄养女伎数十人，才貌冠绝当时。为了泛舟游玩，阮佃夫从家中向东挖掘人工河，河长达十里，他泛舟河上，命女伎弹奏作乐。阮家的厨房中水陆珍馐齐备，临时操办招待数十名宾客的宴席，一眨眼的工夫就能办完。阮佃夫豪奢的生活，为京城中人仿效。同时，阮佃夫暴得大权，对权力一点儿都不珍惜。他手握官职予夺之权，滥封仆从为官。阮家拉车的人都是虎贲中郎将，马旁的随从都是员外郎。朝士无论贵贱，都奉承巴结阮佃夫。阮佃夫自我膨胀，自高自大到极点，一般人根本就不搭理，能进入他房间谈话的只有一两个人而已。刘宋政治风气早在刘骏时期就已败坏，阮佃夫掌权后则加速滑向黑暗的深渊。

　　朝政黑暗，刘彧多疑，曾经支持刘子勋的薛安都等人惶恐不已。果然，刘彧惦记着薛安都。薛安都表示效忠后,刘彧派张永、沈攸之领重兵北上"迎"薛安都。薛安都知道大祸临头,派使者向北魏投降,表示愿意献出徐州的土地、军队,并协助北魏进攻刘宋。

薛安都纳土归降,在北魏朝堂引起了一阵骚动。很多大臣认为薛安都开始是北魏大臣,中途投降刘宋,现在又主动归降,如此反复,未必可信。最后,北魏献文帝拓跋弘圣心独断,接受薛安都的投降,授薛安都为镇南大将军、徐州刺史,赐爵河东公,对投降的宋军大规模封赏,就连薛安都的儿子都一律封侯。从此,本是刘宋北方长城的薛安都所部铁了心效忠北魏,与南方为敌。同时,大批魏军进入彭城,接收徐州等地。泰始三年(467年)正月,薛安都的降军联合北魏援军,击败张永、沈攸之的宋军。薛安都继而引魏军攻破历城,崔道固投降;攻克东阳,俘虏沈文秀。刘宋王朝受到伤筋动骨的打击,外部局势迅速恶化。

元嘉北伐虽然失败,但北方重镇彭城、历城、东阳等都控制在宋军手中。南北边界保持在离黄河南岸不远的地方。如今因为薛安都的投降,刘宋在淮北的四州以及豫州、淮西等郡县先后沦陷,南北边界推移到淮河一线。南方在对北方战争中更加处于劣势,之后一退再退,直至灭亡。刘彧逼反薛安都,导致北方领土沦陷,是南北朝双边关系的重大事件。

刘彧统治后期,好鬼神,多忌讳,制定言语文书中有祸、败、凶、丧及疑似的语句应回避的规定数百上千条,大臣谁违反了必加罪戮。宫中禁忌特别多,移张床、粉刷墙壁都要先祭土地神,派文人撰写文词祝策,搞得同朝廷大祭一样。刘彧年纪越大,越残忍,越喜欢虐杀。左右忤逆了他的意思,往往被斫剖断截。结果自然是"内外常虑犯触,人不自保",活脱脱是刘子业时期的恐怖时光再现。刘彧时期比刘子业时期更不如。因为刘子业只是荒唐了一年多,刘彧却胡作非为了十多年,把南方搞得乌七八糟的。薛安都叛变后,淮河南北战斗不断,导致府藏空竭,一度连官员的俸禄都发不出来了。但是刘彧依然过着奢侈无度的生活,不断追加苛捐杂税,盘剥百姓。百姓困苦不堪,州县骚动。"宋氏之业,自此衰矣。"

说来奇怪,之前刘宋宗室的生育能力很强,子孙众多。刘彧的生育能力却不强,长久没有儿子。

据说,荒唐的本性让刘彧想出了一个匪夷所思的方法。他看到亲信李道儿生了很多儿子,就将宠妾陈妙登赐给李道儿。后来,刘彧又将陈妙登接回来。陈妙登就这样生下了儿子，取名刘昱。刘彧将刘昱当作自己的亲生儿子，并册立为太子。他找了个借口将李道儿赐死。不过，社会上始终风传刘昱是李道儿的儿子。刘昱也听到了那些传言，成年后还常常自称"李将军"，一点儿都不为父母避讳。尝到有儿子的甜头后，刘彧派人秘密将诸王怀孕的姬妾接进宫里，让她们在宫中生产。如果孕妇生下来的是男孩，刘彧就杀了母亲留下孩子，让宠姬冒充孩子的母亲。通过这样的手段，刘彧一共"有"了十二个儿子。

泰豫元年（472年），刘彧病死，才十岁的太子刘昱继位。临终前，刘彧指定袁粲、褚渊二人为顾命大臣辅佐儿子。袁粲是老官僚了，历经数朝逐步升迁而来。褚渊在仕途上的成功，则主要仰仗两个优势：第一，其父褚湛之娶了宋武帝刘裕的女儿始安公主，褚渊自己娶了宋文帝刘义隆的女儿南郡公主，和刘宋皇室亲上加亲；第二，刘彧还是湘东王的时候，褚渊就和他关系密切。

这两个顾命大臣搭建领导班子有些力不从心，觉得有必要再拉几个人一起干。袁粲提名了刘秉。刘秉是刘裕的侄孙，当时刘宋宗室能干的不多，刘秉还算是少数能够拿得出来的宗室成员之一，就被袁粲调到朝廷。褚渊也提名了一个人——萧道成。萧道成出身将军世家，是个职业军人。褚渊早年路遇萧道成，就对人说："此非常人也。"他认为萧道成"才貌非常，将来不可测也"。于是，刘秉担任了尚书左仆射，参与政事；萧道成担任右卫将军、卫尉，负责首都军事。

新继位的刘昱虽然年纪很小，但荒唐胡闹、残忍无道，一点儿都不输给祖辈。在东宫的时候刘昱从不好好学习，喜欢嬉戏，特别喜欢学猴子爬油漆竿。那些竿子离地面有丈余高，刘昱爬到顶端再滑下来，老师都管不了他。稍微长大，刘昱喜怒无常。左右有不顺他意思的，动手就打，习以为常。

刘昱的主要爱好有两个：一是出宫游玩，二是无故杀人。刘昱喜欢穿件小衣衫，带着几个随从出宫，不管是郊野还是市井，哪里有趣就往哪里凑。陈太妃起初还时常乘着车跟随他。但刘昱一出宫就似蛟龙入海，转瞬间将母亲甩得无影无踪。陈太妃越来越力不从心，对宝贝儿子也就睁只眼闭只眼了。刘昱常常是夜里从承明门出去，次日凌晨回来，或者早上出去，晚上回来。每次在外面，刘昱困了就投宿客栈，有的时候甚至找个路边空地睡一觉。他交往的对象不是卖柴养马的商贩，就是拉车担货的少年。遇到被人呵斥辱骂，刘昱就淡然一笑；遇见婚丧嫁娶，刘昱就冲入人群高歌饮酒取乐。官吏见了，都习以为常。

刘昱如果仅仅是微服出游，与民同乐，倒也罢了。遗憾的是，他总是携带钳凿斧锯，发明了击脑、椎阴、剖心等刑罚。通常情况下，刘昱每日都杀数十人，有些人则是刘昱亲自用长矛刺穿的。一次，刘昱闻到一个叫孙超的大臣口中有蒜味。为了证明他吃过大蒜，刘昱让左右抓牢孙超，亲手剖腹查探他肚子里有没有大蒜头。建康城传闻大臣孙勃聚敛了许多金银财宝，刘昱就带着人马劫掠孙勃。抢劫开始了，刘昱挥刀冲锋在前，第一个冲入孙家。一伙人杀掉孙勃后，刘昱记得小的时候被孙勃管教过，竟然脔割尸体解恨。

从即位第四年起，刘昱就无日不出去胡闹。最后他发展到手执长矛大棒，凡是遇到男女行人及犬马牛驴就立即扑杀，致使人民惊扰，道无行人，俨然是强盗行径。刘昱杀人成瘾，如果一日不杀人就闷闷不乐。老太后多次加以训斥，刘昱竟然下令太医煮毒酒，准备鸩杀老太后。左右侍从慌忙劝他说："如果太后死了，陛下就得参加各种各样烦琐的丧礼仪式。我们就没时间陪陛下出宫游玩了。"刘昱一想也是，打消了毒死太后的念头。

却说阮佃夫在刘彧死后没能成为顾命大臣，内心失落。虽然继续身居高位，但他的不满和怨恨越积越多。阮佃夫看到刘昱嗜杀成性，朝野人人自危，就联合将军申宗伯、朱幼、于天宝等人密谋杀死刘昱，拥立其弟刘准，通过废立来夺取大权。阮佃夫制订了详细的政变计划，拟定趁刘昱去江乘射雉的时候发难。政变的保密工作做得很好，然而百密一疏，不知道刘昱为什么当日临时改变路线，没有去江乘，害得阮佃夫的周密计划无法施行。同谋的于天宝心理素质差，见计划没能执行，吓得告发同谋以求自保。刘昱迅速将阮佃夫捕获处死，并封存了他搜刮的不义之财。

刘昱即位第二年（474年），桂阳王、江州刺史刘休范在江州起兵反叛。刘休范就是那个刘彧觉得平庸无能而懒得杀的兄弟。作为硕果仅存的皇叔，刘休范自以为德高望重，对自己没能成为顾命大臣非常不满，因此起兵谋反。他亲率大军两万从寻阳出发，昼夜兼程杀向建康。朝廷派出萧道成率军迎战。两军在新亭迎战。刘休范的确无能。萧道成使了一个小小的诈降计，指使部将张敬儿、黄回前去敌营诈降。刘休范轻易相信了二人，当晚还备了酒宴招待张敬儿、黄回。酒过三巡，张敬儿借敬酒之机，从刘休范腰间抽出佩刀，手起刀落，将刘休范斩首，然后取下头颅疾驰而去。刘休范一死，叛军很快被击溃。

平定刘休范之乱后，袁粲、褚渊、刘秉、萧道成四人轮流在朝廷值日，形成了新的政治格局，号称"四贵"。这"四贵"的排名，萧道成最末。他资历最浅、职位最低，在战后给褚渊、袁粲的书信中还自称"下官"，说自己"志不及远"。他和褚渊关系亲近，袁粲则和刘秉关系亲近，班子内部隐约分为了两派。

  桂阳王刘休范死后，南方刘义隆诸子全都死了，孙子辈中以建平王刘景素年龄最长。刘景素勤学好文，招集人才，声望不错。朝野曾流传刘景素"宜当神器"。之前刘景素就被朝廷忌惮，他因此更加注意结交人才，积蓄力量以防不测。刘休范死后，刘景素内心惊恐，举兵自卫。兵败后，刘景素被满门抄斩。之后，刘宋宗室中再也找不出像样的人才了。刘家这么大的一个家族，在刀光剑影和骨肉相残中凋敝殆尽。时人流传："遥望建康城，小江逆流萦。前见子杀父，后见弟杀兄。"说的就是皇室的内讧导致人丁凋零。

  之后，萧道成篡位的时候，又将刘宋宗室不论长幼一律杀死。刘裕的子孙只剩下一个逃往北魏的刘昶。刘昶是刘义隆的儿子，封义阳王，任徐州刺史。景和元年（465年），前废帝刘子业诬陷刘昶谋反，下诏讨伐刘昶。刘昶闻讯，只好造反，被打败后，仅带数十骑连夜逃奔北魏。在北魏，刘昶生活得远比在南方要好，不仅娶了公主当了驸马，还获封丹阳王。刘宋宗室遭到系统杀戮后，刘昶成了唯一幸存者，在北方延续了刘家的血脉。

三一 / 萧道成建立南齐

萧道成，东海兰陵（今山东枣庄峄城）人，祖先在西晋末年南迁，寓居武进（今江苏丹阳）。元嘉四年（427年），萧道成出生于职业军人家庭。父亲萧承之历经战争，因功升迁为刘宋王朝的右军将军。萧道成年幼时学习儒学，但在十四岁那年发生了彭城王刘义康被废事件，父亲的部队要移防豫章，萧道成只好放弃学业，正式参军，跟随父亲去江西。萧道成先后历经大小数十战，为刘宋王朝出生入死，官职和权力逐步得到提升。泰始四年（468年），他正式成为南兖州刺史，先是镇守广陵，后来移镇淮阴，成为南方对北魏作战的前线指挥官。

建康城一度出现了"萧道成当为天子"的流言。刘彧原本就觉得萧道成相貌出众，不是久居人下的人，听到民间流言后更加怀疑前线的萧道成有野心，会对自己构成威胁。他决定试探一下萧道成，于是千里迢迢派遣使者送给萧道成一壶酒。萧道成戎装出迎使者，谢过天恩后，毫不怀疑地仰面喝下御酒。听完使者的回报，刘彧判断萧道成不会造反，于是放过了他。

泰始七年（471年），宋明帝刘彧病重，派人召萧道成入京。部将都觉得此行凶多吉少，为萧道成担心。萧道成清醒分析道："当今皇上诛杀兄弟，而太子稚弱。皇帝病重，正在考虑自己的身后事，既想寻找辅政大臣，又不想威胁到太子的地位。皇上召我，我正应该迅速应召，如果迟迟不去，反而是自取其祸呀。"一到建康，他就被拜为散骑常侍、太子左卫率，加邑二百户。不久，刘彧驾崩，遗诏任命萧道成为右卫将军，领卫尉。他很快掌握了禁卫军的兵权，为日后的政治发展打下了基础。南朝政治不稳，昏主迭出，禁卫军权对朝政影响更大。

刘昱继位后，杀人如麻，毫无理性可言。元徽五年（477年）盛夏的一天，刘昱微服出宫，途经萧道成府邸，临时起意，将熟睡的萧道成绑起来，要当成射箭的箭靶。后来在随从的劝说下，刘昱去掉了箭头。萧道成才幸免于难。回到宫中，不尽兴的刘昱磨刀霍霍，扬言要杀萧道成。陈太妃赶过来制止儿子，骂道："萧道成统领禁军，是国家的功臣。你杀了他，谁还为国家出力呀！"刘昱一琢磨，她教训得有道理，也就把杀萧道成的事情搁到一边去了。但萧道成内心极度不安。谁能保证自己哪天不会被变态小皇帝杀掉呢？

为了自保，萧道成觉得只有推翻刘昱才行。他首先想到通过正常途径废立皇帝。他找到"四贵"中的袁粲、褚渊，提议废黜刘昱。领衔"四贵"的袁粲不同意，说："皇上还在幼年，有些错误将来会改正的。废立皇帝是大事，纵使成功，我们最终也没有好下场。"褚渊默然不语。他觉得刘昱荒唐无道，推翻他未尝不是好事，同时又觉得袁粲的意见也有道理。正常途径走不通，萧道成就密谋通过"非正常途径"废掉刘昱。他四处联络同道力量，首先寻找的就是禁卫军内部的人，比如禁卫军越骑校尉王敬则、刘昱贴身随从陈奉伯等，伺机行事。

当年七月初七，七夕节。刘昱在这一天白天的行程非常混乱。《宋书》和《南齐书》中有不同的版本。《宋书》说刘昱当天乘露车，带着二百来人，与往常一样没有带仪仗装饰，到民间去野混。先是去了青园的尼姑庵，估计是去偷鸡摸狗，或者调戏小尼姑去了。傍晚的时候他又到新安寺找昙度道人饮酒。《南齐书》也说刘昱当天在外微服游玩。刘昱出北湖，像往常一样骑着单马飞奔在前，羽仪禁卫等人随后追赶。一行人在堤塘之间相互蹈藉。突然，刘昱的随从张互儿的马在追赶拥挤之中坠下湖去。刘昱很生气，把马拉上来，赶到光明亭前，自己玩起杀马游戏。马被杀后，他和随从一起屠割马肉。大家一起学北方的羌人，边割肉边唱歌跳舞。傍晚的时候，刘昱又去了蛮冈赌跳。

深夜，刘昱回宫，在仁寿殿东的毡房就寝。临睡前，他突然记起今天是七夕。于是，刘昱就对随从杨玉夫说："今晚织女渡河与牛郎相会，我要看看织女的模样。等织女出来了，你叫醒我。如果看不到织女，我明天就杀了你。"杨玉夫大惊失色。他如何能够让刘昱看到织女？为了自保，他不得不铤而走险了。杨玉夫知道同伴陈奉伯等人平日里与禁卫军校尉王敬则等人互通消息，有过密谋，就去找陈奉伯，将事情起因和自己要杀小皇帝自保的计划和盘托出，寻找帮助。陈奉伯一面联络王敬则，一面和杨玉夫联络了更多的刘昱侍卫、随从，准备共同起事。事不宜迟，杨玉夫带了几个人来到刘昱休息的毡房外，只听鼾声阵阵。杨玉夫等人突入毡房之中，取出刘昱的防身刀，当场将熟睡中的小皇帝杀死。刘昱终年十六岁，史称"后废帝"。杨玉夫将刘昱的头颅割下，又假传圣旨，宣校尉王敬则入内，商议后事。

大家商议后决定将萧道成引进宫来主持大事。于是，王敬则领头，杨玉夫假扮刘昱，陈奉伯提着刘昱的脑袋，骗出宫去。来到领军府外，王敬则称带了皇帝的首级来请萧道成入宫主持大事。因为事起突然，萧道成毫不知情。现在突然深夜有人说杀了皇帝，他不相信这是真的。萧道成觉得这极可能是刘昱对自己的考验或者是另一场恶作剧，因此下令家人紧闭大门，不要放人进来。王敬则急中生智，将小皇帝刘昱的人头从门上抛了进去。萧道成命人将脑袋上的污血洗去，亲自查看，果然是刘昱的首级。他大吁了一口气，这才下令打开府门。萧道成听完王敬则报告后，迅速决定入宫。他全身戎装，率左右数十人，由王敬则、杨玉夫等人引路向宫中奔去。这一次，他们声称是皇帝回宫，让宫中开门。宫廷内照样没有丝毫的怀疑，打开了宫门。

承明门刚一打开，萧道成就驾着常骑的赤马当先冲入。宫中见放进来的是全副武装的萧道成及其侍卫，大惊失色。王敬则高举着刘昱的脑袋大喊："昏君已死，萧领军入宫主持大事！"殿内一片惊怖，片刻后都高呼起万岁来。萧道成下令自己控制的禁卫军陆续开到皇宫内外，连夜控制了整个局势。

大事稍定后，萧道成派人召集袁粲、褚渊、刘秉三位大臣入宫，商议废立事宜。褚渊原本就赞同萧道成，果断地站在萧道成的一边。司徒袁粲、尚书令刘秉两人原本就和萧道成不睦，如今见萧道成一夜间主持了大局，心生怨恨。天色渐明，"四贵"在殿庭前的槐树下集议。萧道成先后请刘秉、袁粲主持废立之事，两人都不敢接受。这时，候在一旁的王敬则拔刀在手威吓："天下事都应该归萧公管，谁敢说一个不字，就吃我一刀！"他拿起一顶白纱帽替萧道成戴上，推举萧道成马上去召集大臣主政，喊道："今天谁敢再动！事情须趁热办！"袁粲就想开口说话，又被王敬则喝住。这时，褚渊出面说话了："今日，非萧公不能了事！"萧道成于是当仁不让地宣布，备法驾去东城迎立刘彧第三子——时年十一岁的刘准为新皇帝。袁刘二人在大局将定的时候又后悔了，想发表意见，但是萧道成布置的士兵用长刀组成了刀墙，阻遮在袁粲、刘秉等人面前。两人大惊失色，怏怏而归。

刘准登基后，史称宋顺帝。萧道成因为有扶立之功，进位为骠骑大将军、开府仪同三司，兼管南徐州、豫州、司州三个州。之前"四贵"的排名颠倒了过来，成了萧道成、褚渊、袁粲、刘秉。实际上，萧道成主持废立，又军权在手，独掌了刘宋王朝的大政。

原本是"四贵"之首的袁粲受刘彧临终前顾命委托，对刘宋王朝多少有感情。他眼看着当年提携起来的萧道成凌驾到自己头上，心里本来就不好受，对萧道成架空刘宋王朝逐步篡位的行径更是看不下去。于是，以袁粲为核心，聚集了一股反对萧道成的势力。"四贵"之一刘秉首先参加了进来。前湘州刺史王蕴是太后的外甥，和萧道成一向不对付，也参加了进来。此外，将军黄回、任候伯、孙昙瓘、王宜兴、彭文之、卜伯兴等人，或者是因为忠于刘宋王朝，或者是因为反对萧道成，先后聚集到了袁粲周围。

在建康之外，反对萧道成最重要的人物是荆州刺史沈攸之。沈攸之投靠刘彧后，以英勇奋战和献媚奉承博得刘彧的好感。泰始五年（469年），刘彧任命沈攸之为郢州（治所在今武汉）刺史。从此，沈攸之长期盘踞在长江中游，扩充势力。他为政苛暴，有时还鞭打士大夫，谁不服从自己就当面辱骂。刘昱继位后，沈攸之地位继续提升，调任了更重要的荆州刺史，并且都督荆、襄、雍、益、梁、宁、南北秦八州诸军事，真正成了长江中游一霸。

沈攸之自以为才略过人，又自以为功勋卓著，开始有不臣之举。他调任荆州的时候，挑选郢州的精锐部队和精良器械，携带赴任。到荆州后，沈攸之以讨蛮为名，大举扩充部队，加紧训练，始终保持临战状态。为了壮大自己，沈攸之在荆州推行重赋聚敛政策，就连给朝廷的赋税贡物也敢截留，一心制造武器，最后养马两千多匹，拥有战舰近千艘。沈攸之还很重视人才建设，经过荆州的很多士子、商旅被他羁留；藏匿亡命的勇士；对于逃亡的部下，沈攸之不论远近一律穷追，务求捕获。最后，沈攸之发展到独断专行，不遵从建康号令的地步。作为最大的地方实力派，沈攸之的谋逆迹象已经很明显了。

刘昱死后，萧道成以宋顺帝的名义提升沈攸之为车骑大将军，依然担任荆州刺史。但是沈攸之根本看不上什么车骑大将军。他自认功劳、能力和实力都超过萧道成，不甘心居于萧道成之下，继续听从朝廷的指挥。况且萧道成还有"弑君"的巨大嫌疑，所以沈攸之在昇明元年（477年）十二月，以萧道成杀君另立为名，率十万大军顺江而下，东下建康。

萧道成安排亲信镇抚东部各郡县，任命将军黄回为郢州刺史，督率军队反击沈攸之。沈攸之起兵前，派人秘密联系建康内部的袁粲集团合作。袁粲等人也跃跃欲试，想和沈攸之内外呼应，推翻萧道成。袁粲向褚渊透露了一些风声，褚渊能够合作最好，如果不愿合作，起码也要保持中立。褚渊经过权衡，还是选择站到萧道成的一边。恰好萧道成也来咨询褚渊的意见，褚渊就提醒萧道成："沈攸之发难,事必无成。萧公倒是要防备内部。"萧道成觉得很有道理,让袁粲率一支部队驻屯建康城郊的石头城,名为防备沈攸之,实际上是将袁粲调出城去。萧道成还亲自去拜访袁粲,咨询战争建议。袁粲称病不见。

当时,萧道成入屯朝堂,主持讨伐沈攸之的全面工作。刘秉的族弟、领军将军刘韫在门下省值班;卜伯兴是直阁将军,能接近朝堂;黄回则率领一支军队驻扎在新亭备战。他们都是袁粲集团的成员,萧道成对他们都疏于防范。这就为袁粲的政变提供了便利。袁粲很快制订了一个详细计划:假冒太后的命令,由刘韫、卜伯兴率宿卫部队进攻朝堂,抓捕萧道成;黄回率领本部兵马从城外向城内进攻;刘秉、任候伯等集团成员来到石头城和袁粲会合,众人以石头城为大本营,以石头城的驻军为预备队。

原本计划集团成员夜晚在石头城聚会,等天亮的时候一同举兵。刘秉一向胆小怕事,天还没有暗就内心骚动起来,坐立不安了,喝个水都捧着杯子发抖,洒了自己一身水。他住在丹阳郡,等不到太阳落山就用车载着金银细软和家眷,大搬家一样离家向石头城赶去,后面还跟着门客、部下数百人。袁粲看到刘秉带着一大家子人慌慌张张地跑到石头城来,顿足大叫:"你这么早就来了,把整件事都暴露了!"刘秉还傻乎乎地回答:"我们同生共死,见到袁大人我死也甘心了。"萧道成很快知道了刘秉的反常情况,警觉起来,命令心腹王敬则当天参加值班,与卜伯兴一起指挥禁卫军。这就等于分了卜伯兴的兵权,让他不能动弹了。

袁粲集团的计划有一个疏漏,或者说它是萧道成的过人之处:早前袁粲带兵镇守石头城的时候,萧道成安插了薛渊、苏烈、王天生等人一同前行。这三人名为袁粲的部将,其实是萧道成安排在石头城的奸细。

王蕴听说刘秉提前举家逃奔石头城的消息后,感叹道:"事败矣!"王蕴还没引起萧道成的怀疑,之前还奉命去招募兵勇。此时,王蕴带着自己招募的数百新兵,狼狈地奔向石头城,希望和袁粲会合,继续按计划政变。王蕴这一小股部队赶到石头城南门的时候,天色已经大暗。倾向萧道成的薛渊等将领闭门不开,还向王蕴的部队射箭攻击。王蕴误以为石头城已经被萧道成占领、袁粲已经失败,转身逃命去了。他的部队四散而尽。

至此,萧道成完全明白怎么回事了。他派王敬则带兵捕杀了王蕴、卜伯兴,又加派王僧静带部队去石头城协助薛渊等人。援兵赶到石头城,和薛渊等人合兵一处,与袁粲的部队厮杀起来。袁粲和刘秉率领重兵把守府邸东门,没想到萧道成的军队从西门攻入了府邸。袁粲、刘秉慌忙折返回府内。府内漆黑一片,袁粲举着蜡烛照明。王僧静远远看到他,埋伏在暗处,悄悄走近袁粲,准备生擒他。袁粲的儿子突然感觉有危险,挺身护卫到袁粲的前面。王僧静举刀砍去,将袁粲的儿子一刀砍死。袁粲抱着儿子大哭,接着被王僧静杀死,死时五十八岁。袁粲死后,刘秉趁乱逃出城去,在城外被擒,与两个儿子一起被杀。任候伯等政变成员也很快被捕杀。按照计划,黄回要率领新亭驻军向建康进攻。他听说袁粲败亡后,按兵不动,佯装没有参与政变。萧道成侦知黄回也参与了政变,可还需要仰仗他与沈攸之作战,佯装不知,暗中提防着他。

镇压了内部政变后,萧道成得以全心全意对付沈攸之。沈攸之在战争初期兵强马壮,优势明显。他派出多路兵马,顺江而下,很快到达郢城郊外。郢城城池矮小,又没有重兵把守,沈攸之本来并不想攻打它。沈攸之如果想取胜,关键是要尽快进攻建康。但是据守郢城的宋将柳世隆主动出兵袭击沈攸之,还派人在城楼上肆意辱骂沈攸之。沈攸之被激怒了,改变了长驱东进的计划,命令各路军队围攻郢城。叛军逐渐攻陷了外城,筑起长堤围困了内城,昼夜攻打。柳世隆拼命死守,坚持了三十余日,打退沈攸之的多次进攻。时间很快到了昇明二年(478年)二月。沈攸之的优势在郢城底下荡然无存:军队伤亡增多,士气低落,而萧道成解决内患后,开始向上游进军了。

沈攸之为政,一味用强权聚拢部下,部下并非真心拥护。叛军开始逃散,逃兵越来越多,甚至有人向被围的柳世隆投降。到最后发展成了大规模的溃散,连将领都陆续离开。沈攸之被柳世隆一败再败,落魄得只带数十骑败退江陵,沿途收容散兵约两万人,勉强组织了一支队伍。走到距离江陵百余里的时候,江陵已被萧道成派张敬儿占领。噩耗传来,好不容易聚拢的官兵马上一哄而散。沈攸之穷途末路,只好和三子沈文和逃至华容界。父子俩走投无路了,找了片树林上吊自杀了。沈攸之死后,黄回凯旋。他以为萧道成没有怀疑自己,又自以为功劳很大,逐渐放松了警惕。一次,萧道成派人召黄回商量军务。黄回放心地跟着来人去了,一到地方就被伏兵砍下了脑袋。朝廷晋封萧道成为太尉。

年轻时,萧道成曾经立下过"治天下十年,当使黄金与土同价"的宏愿。元嘉之世结束后,南朝上流奢侈成风,百姓也不事节俭。萧道成主政后,罢御府,清理宫殿和官府的饰玩,又禁止民间的华伪杂物。他以节俭勤政入手,积蓄国力,减轻百姓负担,推动了刘宋王朝的改革,取得了一定的成效。

随着萧道成威望的增长，昇明二年（478年）九月，宋顺帝晋封萧道成假黄钺、都督中外诸军事、太傅，领扬州牧，给予他剑履上殿、入朝不趋、赞拜不名的待遇。萧道成坚决推辞，朝廷屡次下诏敦劝，他才接受了黄钺，但是辞去了过高的特殊待遇。第二年，朝廷再次重申前命，给予萧道成剑履上殿、入朝不趋、赞拜不名的特殊待遇，萧道成"被迫"接受。马上，朝廷又晋封萧道成为相国、总百揆，划出十个郡来设立齐国，封他为齐公，位在诸侯王之上。依照惯例，萧道成推让了三次，朝廷和公卿敦劝请求之后，他才接受。

接下来就是小皇帝刘準主动禅让了。但是刘準还是一个十二岁的贪玩小孩儿，根本不知道禅让是怎么回事。而宫中的皇太后、太妃等人又装聋作哑。禅让的进度停顿了。最后还是禁卫军发生了作用。昇明三年（479年）的春天，禁卫军官兵在王敬则的率领下涌入宫中，大喊着"齐王当继大位"的口号，横冲直撞，逼刘準逊位。刘準正在一个小房间捉迷藏，吓得不敢出来。禁卫军逼皇太后亲手把小皇帝从某个房间的角落里拽出来，官兵架着刘準去完成"禅让之礼"。刘準坐在车上，被人急速带往宫外，在惊吓过度的情况下反而不哭了。他问王敬则："你们要杀我吗？"王敬则回答说："你要搬到别的地方住。你家祖先取司马家的天下的时候就是这么做的。"刘準哭泣道："愿后身不复生王家！"宫中家眷闻言，哭成一片。

当年四月甲午，萧道成在建康南郊即皇帝位，设坛柴燎告天。新朝国号齐，史称南齐。萧道成即位后，封刘準为汝阴王，位在三公之上。刘準搬离建康，在丹阳县故治建宫居住，奉行宋正朔。南齐规定刘準上书不为表，答表不为诏。但就在当年五月己未，汝阴王府门外马蹄声杂乱。奉命监视刘準的军队以为有人想劫持刘準复辟，自作主张将十三岁的刘準杀害。刘準禅位后存活了不到一个月。刘準被杀后，萧道成将残存的刘宋宗室不论年纪大小，一律幽杀。

三二 / 骨肉相残的报应

在南朝宋齐梁陈四个朝代中，萧道成建立的南齐是最短命的王朝，一共才存在二十四年。齐高帝萧道成在位时间很短，才四年，他在五十六岁时驾崩了。长子萧赜继位。临终的时候，萧道成回顾一生成败，语重心长地告诫萧赜："宋朝如果不是骨肉相残，我们家哪能取而代之？你必须引以为戒，切勿骨肉相残！"

萧赜牢牢记住了父亲的告诫，尽力维护皇室团结，没有枉杀亲属。萧道成生前最不放心四皇子长沙王萧晃。萧晃有勇无谋、好勇斗狠，萧道成怕他惹出麻烦，导致他与萧赜兄弟兵戎相见。几年后，萧晃卸任南徐州刺史，携带可武装数百人的军械回京。按照规定，亲王在京，身边武装侍卫以四十人为上限。有人发觉萧晃违制携带兵器，就报告了萧赜。萧赜大发雷霆，要惩办四弟。另一个弟弟豫章王萧嶷苦劝萧赜。萧赜最终下令将多余的兵器都扔进长江了事，并没有惩罚萧晃。

萧赜时期，南齐只发生过一例宗室亲王被杀事件。萧赜第四子、巴东王萧子响也是个四肢发达、头脑简单的王爷。他出任荆州刺史，私自制造服装，准备和山区少数民族交换武器。这原本是一件小事，但因为处置不当，招致了一场动乱。先是荆州的官员向朝廷举报，萧赜命令查究；萧子响知道后，怪地方官监视催逼，一怒之下杀死举报的官员，致使事态扩大。接着，萧赜派人带几百名武士前往荆州查办。他只是觉得萧子响不再适合担任荆州刺史这个关键职位，想把他带回建康。但是带队的使节把问题看得很严重，到荆州后态度傲慢。萧子响主动认错服软，还送上饮食犒劳建康来的武士，不想被后者全部倒入长江。萧子响暴怒，集合几千人打败来使。这一下，事情变质为动乱了。萧赜派将军萧顺之带兵讨伐。萧子响主动投降，萧顺之用绳子将他勒死。不过，萧赜很快后悔逼死了儿子。大臣奏请将萧子响剔除出皇族，萧赜非但没有答应，还追贬萧子响为鱼复侯，以礼相葬。杀死萧子响的萧顺之，是萧道成的族弟，如今又讨伐有功，满心以为能得到封赏。不料，萧赜根本没有奖赏他，还对他杀死儿子的事情耿耿于怀。萧顺之吓得郁郁寡欢,没几年就死了(萧顺之儿子萧衍篡位登基后,追尊其父为梁文帝)。

萧赜继位时已经四十二岁了。他已经有了二十多年的政治经验,在刘宋王朝历任县令、太守等职,横跨中央地方文武各界。他知道真实的国情民意,执政思路清晰、刚毅果断,同时又雷厉风行、专断独裁。萧道成篡位和在位期间,成年的萧赜都参与政事,登基前就颇为刚愎自用。散骑常侍荀伯玉曾把太子的自负报告萧道成,萧道成因此责罚过萧赜,还将他任用的亲信斩首。萧赜继位后就杀了荀伯玉。五兵尚书垣崇祖和荀伯玉一向关系密切,且屡破魏兵,萧赜觉得是个威胁,也将他杀死。车骑将军张敬儿是萧道成的老部下了,遗憾的是在政治上极端幼稚,向别人宣扬梦见自己全身发光发热、梦见老家的树长得同天一般高。这些梦境通常预示做梦的人"贵不可言",传到萧赜耳朵中后,萧赜认为张敬儿有野心,也把他杀了。不过,总体上,萧赜继承了其父俭朴的作风和富民强国的思路,关心百姓疾苦。同时,为了保证有一个安定发展的环境,萧赜与北魏通好,南北边界安定了十几年。萧赜史称齐武帝,其实他并没有什么"武功","文治"成绩倒是有一些。萧赜一共在位十一年,年号永明,几乎占了南齐的一半时间。

萧赜的太子萧长懋是长子,身材肥胖,体弱多病,死于三十六岁,追谥"文惠"。萧长懋生前和同母的二弟竟陵王萧子良关系亲密。兄弟二人都是佛教信徒,一起切磋佛经,还建造了"六疾馆"照顾穷人,大做慈善。他死后,儿子萧昭业就由二弟萧子良代为抚养。萧昭业眉目如画,容止优雅,写得一手好隶书,很讨萧赜的喜欢。萧赜痛失太子后,立萧昭业为皇太孙。

竟陵王萧子良是永明文学的主持人,同时又是佛教传入中国早期的虔诚信徒和慷慨支持者。永明时期社会安定,文学出现了繁荣。萧子良好结儒士,身边聚集了一批文友,其中以范云、萧琛、任昉、王融、萧衍、谢朓、沈约、陆倕等最知名,这些人号称"竟陵八友"。此外,萧子良崇尚佛学,召集僧人讲佛论法,热心操办佛事,不惜屈尊亲自在活动期间打杂。这事发生在南方佛教大兴的背景之中,萧子良的崇佛又助推了佛教的进一步兴盛。萧子良是真心信佛,表里如一。他居家修行,奉戒极严。对于当时宣扬无神论的范缜,萧子良更是极为不满,组织力量围攻。王琰攻击范缜说:"呜呼范子!曾不知其先祖神灵所在!"范缜反击道:"呜呼王子!知其先祖神灵所在,而不能杀身以从之!"萧子良见驳不倒范缜,派王融劝他不要再讲《神灭论》了,以免妨碍"前途",还许诺只要范缜放弃无神论,就让他做中书侍郎。范缜笑道:"我如果肯卖论求官,早已做到尚书令、左右仆射了,何止中书侍郎呢!"值得肯定的是,尽管在思想上萧子良和范缜势如水火,但在现实生活中范缜依然是竟陵王府的座上客,范缜依然有宣传、辩论的自由,他在朝廷的官位也一直保留着。萧子良的心胸可见一斑。萧子良体恤百姓,遇有灾荒,带头上奏朝廷宽减役税、开仓赈济,深受百姓拥护。朝野存在一股拥护萧子良继位的力量。

永明十一年(493年),齐武帝萧赜渐渐病重,命萧子良进殿服侍医药。萧子良不分日夜,留在殿内服侍父皇,还将王融、萧衍、范云等党羽带进了宫中。一时间,外界揣测齐武帝有废皇太孙萧昭业改立萧子良的意思。

萧赜草拟的遗诏是将皇位传给皇太孙萧昭业,让竟陵王萧子良和西昌侯萧鸾一同辅政。萧鸾是齐高帝萧道成的侄子、萧赜的堂弟。他少年丧父,由叔叔萧道成一手抚养,萧道成对他视同己出。萧鸾在二十岁时就去外地担任县令,之后摸爬滚打几十年,阅历丰富,以严格果敢闻名,和萧赜颇为相似。萧道成当皇帝后,任命萧鸾为侍中,封西昌侯。堂哥萧赜继位后,萧鸾先后任尚书仆射、尚书令。

遗诏写得明明白白,萧子良呆若木鸡,一旁的王融不甘心,假造了一份传位萧子良的"遗诏"。他用竟陵王府的卫士换下了病房内外的侍卫,亲自守着弥留之际的萧赜,不让他人靠近,就等萧赜驾崩后拿出篡改的"遗诏"。皇太孙萧昭业听说祖父萧赜病危,匆匆赶来。王融率卫士凶神恶煞般宣布:皇上有旨,无论何人,不得擅入宫门一步。萧昭业辩解说自己是皇太孙,要入宫服侍祖父。任凭他百般辩解,王融就是不放行。萧昭业只好怏怏而归。

朝堂上,百官都预备好了丧服,就等王融宣布"遗诏"了。萧子良继位的事情似乎板上钉钉了。关键时刻,弥留之际的萧赜回光返照,突然苏醒过来。他见皇太孙不在身边,知道情况有变,急忙叫来亲信近侍太监,召萧昭业率甲士入宫。传完这个命令,萧赜就死了。王融还想挣扎,命令竟陵王府的卫士把守宫门,和萧子良商议对策。事到如今,他们可以提前发布假遗诏,推出萧子良,鹿死谁手尚未可知。可是萧子良、王融等人谈文写字是好手,搞阴谋诡计却不在行,商量来商量去不知如何是好,只是捂着萧赜的死讯秘不发丧。

外头大臣见皇上突然召皇太孙进宫,而且是带甲士进宫,议论纷纷。萧鸾敏锐地意识到宫中情况有变,匆忙就向堂兄的寝宫赶去。门口卫士不让他进宫,萧鸾假传圣旨："皇上召我入宫，谁敢拦！"卫士顿时被蒙住了，萧鸾硬闯了进去，发现堂兄萧赜已经死了。他马上跑出寝宫，公布皇上驾崩，然后率人拥戴萧昭业登殿接受群臣跪拜，同时派人将萧子良搀扶出宫。至此，大局已定。王融被捕。几天后，萧昭业以"险躁轻狡、招纳不逞、诽谤朝政"的罪名将他诛杀。萧子良晋为太傅，剥夺了实权。萧子良也怕被追究，积郁在胸，第二年（494 年）四月便死了，终年三十五岁。

萧赜舍弃萧子良，传位萧昭业，是因为他认为孙子聪慧勤勉、品行优良。事实证明，萧赜完全看走了眼。齐武帝萧赜发丧的当天，萧昭业把葬车送出皇宫的大门后就推说有病不去墓地。一转身回宫，他就迫不及待地召集乐工大奏胡曲、大演歌舞，乐声响彻宫廷内外。宫外的送葬队伍听得一清二楚，躺在灵柩中的萧赜想必也听到了。送葬的三朝老臣王敬则问身边的将军萧坦之："现在就高歌快舞，是不是太早了点儿？"萧坦之幽默地回答："这正是宫中的哭声啊！"

继位之前，萧昭业接待宾客诚恳周到，举止谈吐为时人称赞。父亲文惠太子逝世的时候，萧昭业号啕大哭，难以自已，等到回到房中就欢笑如常，寻欢作乐。做了皇太孙后，萧昭业表面上对祖父恭敬孝顺，暗地里安排女巫诅咒祖父快死。他所有的诚恳、谦恭和孝顺都是矫饰，即位之后便本性毕露。

父亲在世时，对萧昭业的起居用度都有严格规定，萧昭业的日子过得俭朴有序。即位后，萧昭业任意挥霍国库积蓄，肆意赏赐，动不动就数十上百万钱。他每次见到钱都说："我往日要用你的时候，连一文钱都得不到，今日还不能好好用用你吗？"一年之后，南齐国库积蓄的数亿钱币就被他挥霍一空了。萧昭业又打开皇宫的仓库，和皇后宠姬等人参观，任由宦官和亲信随心所欲地领取物品，还将珍藏的宝器击破打碎，以此取乐。萧昭业喜欢斗鸡，不惜用数千钱买一只鸡。他还和祖父、父亲的宠姬私通，毫无一国之君的姿态。

萧昭业忙于亲近小人，沉湎游乐，朝政都交给叔祖萧鸾打理，同时又疑心萧鸾有异志，找中书令何胤密谋诛杀萧鸾。何胤一介文臣，不敢参与。萧昭业见外臣没有人支持，也就把这件事情放下了。伴君如伴虎，陪伴一只疯疯癫癫的老虎就更危险了。萧鸾决定先下手为强，干掉萧昭业，自己取而代之。

萧鸾环顾四方，看还有没有拥护萧昭业的力量。他觉得荆州刺史、随王萧子隆和豫州刺史、齐高帝与武帝的旧将崔慧景二人既效忠皇室，又有能力起兵与自己对抗，所以要先除掉这两个人。镇西咨议参军萧衍就给萧鸾出主意，将随王萧子隆免职召还京师，明升暗降为侍中、抚军将军，剥夺他的实权。接着，萧衍又自告奋勇，要求率兵戍守寿阳，夺取了崔慧景的兵权。萧鸾照办，任命萧衍为宁朔将军，领兵北上。如此一来，萧鸾就去除了地方上可能反对自己的势力。

在中央，有能力阻挡萧鸾的关键人物是卫尉萧谌和征南咨议参军萧坦之。萧谌长期负责皇宫的宿卫，朝廷机密无不预闻。萧坦之曾任东宫的直阁将军，是萧昭业的亲信。萧鸾正在谋划对付他们的方法，萧谌、萧坦之二人主动投靠了过来。原来，他二人见萧昭业狂纵猜忌，无药可救，为了避免惹祸上身，主动向掌权的萧鸾靠拢。萧鸾将推翻萧昭业的计划一说，二人马上应允参与。于是，朝野秘密结成了推翻萧昭业的阴谋集团。

萧鸾开始剪除与萧昭业亲近的小人。他先后列举了萧昭业多名亲信的罪状，奏请将他们处死。事情进展得很顺利，只有在清除直阁将军周奉叔的时候遇到一点儿困难。周奉叔领兵护卫萧昭业，很有勇力，常常带领二十人，身佩单刀，出入宫禁。他刀不离身，常常威胁他人："周郎刀不识君。"既然难以直接铲除，萧鸾就绕了道弯子。他指使萧谌、萧坦之奏请萧昭业，提升周奉叔为青州刺史。周奉叔高高兴兴地赴任去了。萧鸾又假传圣旨召他回尚书省。周奉叔刚一迈进尚书省，就被埋伏的武士殴杀。然后，萧鸾启奏萧昭业，说周奉叔侮慢朝廷，罪该当死。萧昭业不知就里，也就批准了。如此反复，萧昭业身边的亲信越来越少。

时机成熟了！萧鸾亲自戎装上阵，率兵攻入皇宫。萧鸾毕竟第一次发动政变，难免紧张，途中鞋子掉了三次。萧谌带一支队伍直奔萧昭业所在的宫殿。宫殿的宿卫将士张弓持盾，要上前厮杀。萧谌高喊："我所取自有人，你们不须动！"卫士有的被震慑住了，有的以为他是奉命入宫抓人，都闪到一旁，看着政变队伍冲入宫殿。殿中的萧昭业远远看见萧谌领兵持剑奔来，知道大臣反叛。他自知逃跑无望，又不愿受辱，爆发出一股血性来，拔出佩刀就向脖子抹去。求生的本能，加上紧张，让萧昭业的手哆嗦得厉害，他自刎未成，鲜血流满身子，倒地哀号。萧谌派人用帛给萧昭业粗粗包扎了一下，把他抬出殿外。萧鸾觉得留着萧昭业无用，杀了反而干净。于是，武士在宫中找了个僻静的地方，将萧昭业乱刀砍死。萧昭业死时二十一岁，在位仅一年。这是隆昌元年（494年）的事情。

萧鸾推翻萧昭业后，立文惠太子萧长懋的次子新安王萧昭文为帝。萧昭文十四岁，大小事都不能做主，完全仰仗萧鸾。他封萧鸾为宣城王，起居饮食都征求萧鸾同意后才做。萧鸾对萧昭文控制得也很严。一次，萧昭文想吃蒸鱼，掌管宫廷膳食的太官令竟然回答没有萧鸾的命令不能给。

尽管把皇帝紧紧地捏在手里,萧鸾依然对自身实力不自信。齐高帝、齐武帝子孙众多,而萧鸾近亲稀疏,且在位的很少。所以,萧鸾一方面大力扶持近亲,一方面开始诛杀齐高帝、齐武帝的子孙:南兖州刺史、安陆王萧子敬,南平王萧锐,晋熙王萧銶,南豫州刺史、宜都王萧铿,桂阳王萧铄,衡阳王萧钧,江夏王萧锋,建安王萧子真,巴陵王萧子伦,等等。南齐曾在宗室诸王身边设置典签的官职,本意是监督诸王,防止他们谋反或者祸害百姓。如今,典签官被赋予实权,禁锢诸王,充当了萧鸾诛杀宗室的工具。

杀了一圈之后,萧鸾觉得天底下没有人有能力阻挡自己称帝了。当年十一月,即位才四个月的萧昭文被萧鸾废黜为海陵王。萧鸾又宣布萧昭文身体有病,多次派御医给他看病,"看"了几次后,萧昭文就一命呜呼了。萧鸾即位,史称齐明帝。从辈分上说,萧鸾是萧昭文的爷爷,萧鸾此举等于夺了孙子辈的天下。

萧鸾即位后,大张旗鼓地崇尚节俭,停止边地向中央的进献,将皇家园林和田地归还百姓,又将齐武帝的舆辇舟乘上的金银都剔取下来充实库房,就连生日时大臣敬献的金银礼物都被他让人打碎。但内宫的私宴金玉满堂,华丽非常。远房宗亲萧颖胄就批评他说:"陛下要是还想砸东西,就砸你宫里的宝贝吧。"

萧鸾得位不正,老觉得有人要推翻自己。而最大的嫌疑就是那些齐高帝、齐武帝的子孙了。于是,萧鸾进一步猜忌宗室,任用典签官监视诸王。当时,齐高帝、齐武帝的子孙还有十人封王。每次诸王入朝参拜完毕,萧鸾回到后宫都叹息道:"我儿子、侄子的年纪都不大,萧道成他们家的子孙却日益长大!"于是,他有杀光齐高帝、齐武帝子孙的想法。萧鸾找侄子——扬州刺史、始安王萧遥光商议如何行事。萧遥光认为这事不能急,应当有步骤、有计划地实施。萧遥光有足疾,萧鸾恩准他可以坐车进出皇宫。每次萧遥光入宫,萧鸾都屏退旁人,和他密谋很久。等萧遥光走后,萧鸾都要让人摆上香火,呜咽流涕。第二天,必定有一位宗室亲王被诛杀。骨肉相残的名单越来越长,增加了河东王萧铉、临贺王萧子岳、西阳王萧子文、永阳王萧子峻、南康王萧子琳、衡阳王萧子珉、湘东王萧子建、南郡王萧子夏、桂阳王萧昭粲、巴陵王萧昭秀等人。未封王的齐高帝、齐武帝子孙也遭到迫害。他们这一支血脉几乎被屠杀殆尽。萧铉等人死后,萧鸾再指使公卿弹劾他们的罪状,奏请诛杀。萧鸾下诏不许,公卿再奏,萧鸾这才答应,摆出一副迫不得已大义灭亲的姿态来。萧鸾日益倚重萧遥光,诛赏诸事都和他商议。萧遥光的行政能力很强，将屠杀行动安排得井井有条。萧鸾的身体很不好，常常突然病倒。萧鸾不能主事时，萧遥光就替他发布杀人命令。整个南朝时期，萧鸾在短短几年中创造了杀戮宗室亲王最多的纪录，却没有引发大规模的动荡。

萧鸾怕因果报应，加上身体不好，登基后就躲入深宫，长期深居简出。越是这样，他的身体就越不好。萧鸾还不愿让他人知道病情，封锁消息，坚持正常处理政务。他相当崇信道教与神仙方术，先是希望能借助法术治愈病情，失败后不得不求助于医术。一次，萧鸾特地下诏向各地官府征求银鱼作为药剂，外界这才知道萧鸾患病。

在生命的最后时光，萧鸾猜忌多疑到了极点。比如他往南走，就派人说皇帝要西行，往东走，就对外宣布要去北边。大司马、会稽太守王敬则是萧道成的老部下，五朝老臣，盛名在外。萧鸾怀疑他要趁自己病重造反，派人去东方镇压反叛。王敬则被逼起兵造反。东方百姓檐篙荷锸相随，王敬则很快拥有十余万人的大军，向建康杀去。萧鸾杀死王敬则在建康和外地的所有儿子，派兵平叛。王敬则悲痛不已，坐在肩舆上，一边恸哭，一边指挥军队前进。大军进展顺利，都能遥望到建康城了。在和官兵的决战中，王敬则大军起初大胜。不想，萧鸾官兵在败退回营的时候，因为营门未开，前无退路，只好返身死战。恰好王敬则大军后方又遭到骑兵的突袭，占部队很大比例的百姓没有训练，也没有正常的兵器，打不了硬仗，纷纷逃散。王敬则大败，逃跑不及，为官兵所杀，终年七十多岁。这是永泰元年（498年）的事情。

王敬则败亡之时，萧鸾已经到了弥留之际，不久便死了，终年四十七岁，在位五年。次子萧宝卷继位，时年十六岁。萧鸾遗命由始安王萧遥光、尚书令徐孝嗣、尚书左仆射沈文季、右仆射江祏、右将军萧坦之、侍中江祀、卫尉刘暄、太尉陈显达等人辅佐萧宝卷。八个辅政大臣中，尚书左仆射沈文季不久退休，太尉陈显达外任江州刺史，剩下的六人轮流入朝值班，掌握实权，被称为"六贵"。时任雍州刺史的萧衍不无忧虑地说："一国三公尚且国家不稳，如今朝廷有'六贵'同时当权，如何才能避免动乱呢？"

三三 / 变态皇帝代代有

齐明帝萧鸾杀戮宗室，继位的萧宝卷荒淫变态。

萧宝卷生母早亡，他从小孤僻任性，且有口吃的毛病，与他人的交流沟通存在障碍。萧宝卷极不爱读书，加上无人管教，整天就是玩闹。即位前，他最喜欢做的事情就是在东宫和侍卫一起挖洞捉老鼠，为此通宵达旦乐在其中。当了皇帝后，萧宝卷被带去主持父皇的葬礼。他一眼看到大殿上摆放的乌黑锃亮的大棺材，很不高兴，大喊："这东西太讨厌了，快快把它埋掉！"天子葬礼是很严肃的，有一整套烦琐的规程。见小皇帝要破坏礼制，以辅政大臣、尚书令徐孝嗣为首的大臣据理力争，萧宝卷这才快快不乐地收回成命，无奈地继续葬礼的流程。紧接着问题又产生了，萧宝卷在葬礼上东张西望，左顾右盼，就是不哭。他还觉得满堂哭得死去活来的大臣非常好笑。其中太中大夫羊阐号啕大哭，不断叩首，不小心把帽子碰掉了。羊阐秃头，帽子一掉，露出了光头。萧宝卷见状，捧腹大笑，一边笑一边说："这个大秃鹫也来这里乱叫。"

登基后，萧宝卷每天抓老鼠抓到清晨五更才就寝，午后三时起床。至于上朝处理政务，萧宝卷根本没放在心上。这可苦了那些大臣。因为不知道皇帝什么时候会出来接见和处理公务，大臣只能天天上午候着，饿得前心贴后背、眼冒金星。后来，大臣干脆遇事直接上奏。一批批奏章送入宫中，如同石沉大海，根本没有回音。

除了昼夜颠倒抓老鼠，萧宝卷又发展出了新爱好：出宫游玩。他不分昼夜，什么时候想出宫就出宫，一个月中有二十多天在建康城内外游荡。萧宝卷看到什么好东西就拿，大到参天大树、妙龄女郎，小到钱币、玉佩，一律纳入囊中。他常常带人闯入某一户富裕人家，将别人的家产抢劫殆尽。可能是小时候的交流障碍让他不愿意见人，萧宝卷出宫时不愿意被人看见，也不愿意看到别人。他看到谁就要上去杀掉灭口。于是，每当萧宝卷要出门的时候，有人就在他要去的方向击鼓，警告人们："皇帝要来了，大家快跑哇！"人们听到鼓声，能跑多快就跑多快，能跑多远就跑多远，根本顾不上家产。萧宝卷出宫的时间不定、游踪不明，波及的百姓可就遭殃了。他们轻易不敢回家，常常在夜里露宿野外，或者穿着单衣在寒冬中流落江边，甚至有人几天几夜不敢回家，冻死、饿死在外面。有一次，一个妇女临产，无法走开。萧宝卷对腹中胎儿的性别很感兴趣，等不及孕妇生产完毕就命人剖腹查看是男胎还是女胎。又有一次，有个和尚生了病，跑不动了，就躲在草丛之中希望能逃过萧宝卷的眼睛。萧宝卷发现后，命令随从向和尚射箭，将他乱箭射死。

更坏的情况是，萧宝卷喜怒无常、行踪无定，常常毫无预兆地突然出宫游玩，或者先出东门突然又转向了南门，惊得大半个城的百姓逃得一干二净。萧宝卷身边的侍卫、太监往往借陪伴萧宝卷出游，入室搜索财物。没折腾多久，繁华一时的建康城工商歇业，铺存屋空，道无行人，内外数十里杳无人迹。建康几乎变成了一座空城、死城，萧宝卷游玩的兴致大减。

不过，萧宝卷很快就找到了新的兴趣点：建筑行业！巧合的是，建康后宫失火被焚，重建工作为萧宝卷提供了施展才华的机会。他一口气建造了仙华、神仙、玉寿三座豪华宫殿。萧宝卷造宫殿，有两个追求：第一是追求速度，什么都要求快；第二是追求漂亮，装饰要漂亮，庭院要漂亮，一切看起来都要赏心悦目。为了赶工期，官吏不惜破门入户，强行将百姓家的假山、树木、花草移植到宫殿中；不惜直接拆卸豪门、寺庙上的装饰物件移到宫廷中，甚至不惜刮下文物古玩上的金箔饰品来装饰新宫殿的器皿。为了营造宫廷花草茂盛的景象，官吏往往割下草皮和花卉的茎叶，直接铺满庭院。花草搁置一天就枯萎死亡了，官吏不得不天天去割花草，夜夜重新铺设。萧宝卷对弄虚作假非但不生气，还指示干脆用颜料将庭院泼洒得花花绿绿的，再点缀上花草。

庭院造好后，萧宝卷将它献给了一个女人：潘妃。潘妃名叫潘玉儿，出身市井，被萧宝卷选入宫廷做了妃子。萧宝卷专宠潘妃，臣民时常看到潘妃坐在豪华的车驾上，在皇家仪仗的引导下，耀武扬威地行进在建康城中。而萧宝卷骑着马，像个随从似的跟在后头，随时听从潘妃的吩咐。萧宝卷还有受虐倾向。潘妃一生气就用木棍劈头盖脸地打他，萧宝卷身为皇帝，既不龙颜大怒，也不辩解，更不还手，乖乖地让潘妃打。后来，萧宝卷被潘妃打得次数多了，也有点吃不消了，就示意手下将潘妃身边的粗木棍都换成光滑的细木棍。萧宝卷为了让潘妃重温市井旧梦，又在宫苑之中仿造了市场一条街，让太监杀猪宰羊、宫女沽酒卖肉，潘妃就当市场管理员。萧宝卷担任潘妃的副手，做她的小跟班。"市场"里出现什么争执吵闹，都由潘妃来裁决。萧宝卷特别喜欢潘妃的一双小脚，喜欢拿在手里抚摩，还喜欢凿金为莲花，贴在地上，让潘妃在上面行走，美其名曰"步步生莲花"。

朝野很快失望。一次，萧宝卷的坐骑受惊狂嘶，有人趁机进谏："臣曾经见到先皇，先皇对皇帝终日出宫游荡、不施战备很不高兴。"结果是连父亲都责备不得萧宝卷。只见他愤怒地拔出佩刀要寻找父亲的鬼魂算账。先皇的灵魂自然不会与他纠缠，找不到撒气对象的萧宝卷就用草缚了一个他父亲的形象，斩首，把头悬挂在宫门口，昭示全城。至此，再也没有人敢进谏了，大家对萧宝卷唯有摇头叹息。

南朝政治发展有一条规律：凡是荒唐昏庸的君主往往猜忌心很重，喜欢屠戮大臣；同样，一旦出现这样的暴君，总有大臣前赴后继地搞政变，试图推翻他。

辅政大臣始安王萧遥光、尚书令徐孝嗣等"六贵"看着萧宝卷行为不成体统，越来越出格，不禁恐惧起来。"六贵"中的江祏、江祀两兄弟是萧宝卷的表叔，深知萧宝卷荒唐的本性，很担心哪一天就成了萧宝卷的刀下冤魂，所以动了废立皇帝的念头。江氏兄弟找到其他"四贵"，把废立意图一说，惊喜地发现大家都有推翻萧宝卷的意思。但是，由谁来继任皇帝？"六贵"的意见就不一致了。江祏中意齐明帝第三子江夏王萧宝玄。尚书令徐孝嗣也很支持萧宝玄，萧宝玄是他的女婿。但是，"六贵"之首始安王萧遥光是萧宝卷的堂兄，自恃血脉高贵，年纪又大，想自己当皇帝。他就暗示江氏兄弟和刘暄推举自己。于是，政变集团内部出现了分歧。萧宝玄年轻不懂事，萧遥光年长有经验，江祀倾向推举后者，也劝哥哥江祏拥立萧遥光。"六贵"排名末尾的刘暄是齐明帝皇后的弟弟、萧宝卷的舅舅，对废黜政变这件事情不太热心。他担心如果拥立萧遥光，自己的国舅身份不保，倾向推举萧宝玄，明确反对萧遥光。萧遥光对刘暄的态度很恼火。为了压制内部反对自己的声音，也为了消灭最坚定的反对者，萧遥光暗中收买杀手去刺杀刘暄。刘暄府邸周围开始出现一些可疑人物。他们身怀利刃、目光阴冷，吓得刘暄心里直发毛。怎么办？为了保命，刘暄索性跑入宫中，把"六贵"的政变阴谋向萧宝卷和盘托出。

萧宝卷的老爸萧鸾留下遗言："做事不可在人后。"意思是做皇帝要果断刚强，该出手时就出手，不能犹犹豫豫。不爱学习的萧宝卷偏偏把这句话学到了心里，学以致用、运用自如，看哪个大臣反感，或者捕风捉影，觉得哪个大臣有问题，就大刑伺候，大开杀戒。

江氏兄弟自恃是萧宝卷的表叔，对萧宝卷的不少荒唐行为多有劝谏，同时抑制萧宝卷身边佞臣违法乱纪的行径，早就招致了萧宝卷及其亲信的嫉恨。刘暄告密后，萧宝卷马上收捕了江祏兄弟。江氏兄弟被带到中书省斩首。杀了两位表叔后，萧宝卷暂时放过了其他人，先大肆庆祝消灭了两个碍眼的"老东西"。他和亲信近侍在殿堂内鼓叫欢呼，跑马为戏，足足高兴了几天几夜。闻知江氏兄弟被杀，大臣大惊失色。"六贵"中的其他人更是惶恐不安。刘暄虽然是告密者，得知后也扑倒在地，爬起来以后连问仆人："逮捕我的人到了吗？"他徘徊良久，回到屋内坐定，悲叹道："倒不是我为江氏兄弟悲伤，我是在替自己悲伤啊！"和刘暄一样，大臣似乎都预感自己死期不远了。

这么多人中，有意取代萧宝卷自立的萧遥光心中最有鬼，也最害怕。江氏兄弟被杀了，萧遥光开始"生病"，请了长期病假在府邸里深居简出。他还进一步装疯卖傻，整日痛哭，给人一种痛不欲生或者方寸大乱的感觉。暗地里，萧遥光深知自己没有任何回头路可走，只能和萧宝卷拼个鱼死网破了。他抓紧组织力量，准备发动政变。

萧遥光的弟弟萧遥欣担任荆州刺史，拥兵居上游。萧遥光秘密派人去联络弟弟，让萧遥欣火速率军顺江而下，兄弟俩一起造反。萧遥欣立即着手动员军队。就在一切准备工作就绪的时候，萧遥欣突然暴病身亡了！运气更差的是：萧遥光另一个担任豫州刺史的弟弟萧遥昌也在政变前死了！失去两个弟弟后，萧遥光只能依靠自身的力量造反了。好在，萧遥欣死后，荆州的亲信部下不辞劳苦，组织了送葬队伍将灵柩运到了建康城，就停留在始安王府。萧遥昌死后，豫州的部下也都听命于萧遥光。萧遥光于是组织这两批人参与政变。

计划赶不上变化。萧遥光之前为了避祸，想调任司徒的闲职。申请递上去后，萧宝卷突然同意了，召萧遥光入宫进行"任前谈话"。萧遥光哪里敢去，决定提前起事。永元元年（499年）八月十二日下午，萧遥光召集两个弟弟的部下来东府集合。萧遥光的起事非常仓促。一方面府邸门口聚集了越来越多的党羽，拿着刀枪，乱成一团，吓得建康城里的老百姓纷纷躲避；另一方面，萧遥光连造反的口号都没想好，整个行动师出无名。本来"讨伐暴君"是个不错的口号，应该可以激起官民的响应。可惜，萧遥光没有采纳这个口号，而是以"讨伐刘暄"为名，宣布起事，并向朝臣、将领发出号召。

天很快就暗了。除了派出数百人攻破监狱释放囚犯，萧遥光没有其他行动。骁骑将军垣历生接到他的起事号召，赶过来响应。他见状，劝萧遥光抓紧时间，连夜进攻皇宫擒拿萧宝卷。垣历生还主动请缨指挥作战。萧遥光宣布起事后，萧宝卷还在皇宫中醉生梦死，没有任何平叛的举措，建康城中也没有任何一支部队忠于萧宝卷，更没有官兵来镇压萧遥光。如果萧遥光能抓住时机，擒贼先擒王，政变胜算很大。然而，萧遥光犹豫了半天，始终下不了出击的决心。一直犹豫到东方出现了鱼肚白，早已全副戎装的萧遥光依旧是东看看西看看，准备车仗、登上城垣、赏赐亲信而已。尽管垣历生反复劝他出兵，萧遥光就是不肯。他寄希望于皇宫内发生内讧，幻想萧宝卷会被他人杀掉。

萧遥光起事后，派人去刺杀平常和自己关系不好的右将军萧坦之。萧坦之听说萧遥光造反后，警惕性很高，来不及穿衣，光着身子就跳墙逃走，奔赴皇宫向萧宝卷报告。次日黎明，萧宝卷宣布建康戒严，命尚书令徐孝嗣防卫宫城，萧坦之率军讨伐萧遥光。萧坦之成功组织起建康城没有响应萧遥光的官兵，很快将叛军团团围住，日夜攻打。

萧遥光顿时陷入了困境。他平日不积德行善，人缘很差。萧遥光在齐明帝时期助纣为虐，主持屠戮齐高帝、齐武帝子孙，在亲贵当中很不得人心。加上他对待部下严苛暴虐，党羽的内部凝聚力也不强。在官兵的猛攻面前，叛军渐渐溃散。垣历生看萧遥光大势已去，也投降了官兵。四天后，造反被镇压。萧遥光狼狈地在王府中找了间房子，关紧门窗，躲到床底下，希望以此逃过官兵的搜查。萧遥光很快就被从床底下拖出来，砍掉了脑袋。萧宝卷童年时期，经常和堂兄——少年萧遥光厮混，两个人吃住在一起，手拉手一起蹦蹦跳跳。兄弟俩感情很深，萧宝卷昵称萧遥光为"安兄"。萧遥光被满门抄斩后，萧宝卷一次登上童年时和萧遥光一起玩耍的土山，遥望萧遥光被杀之处，悲伤地连声呼唤"安兄，安兄"，黯然泪下。

在平定萧遥光叛乱二十多天后，萧宝卷就派人杀掉了平叛有功的萧坦之，接着开始犹豫要不要杀掉刘暄。他问左右亲信："刘暄是我的亲舅舅，总不至于谋反吧？"一个侍卫说："先帝和武帝还是堂兄弟呢。先帝受武帝厚恩，最后还不是夺了武帝的天下，灭了武帝的子孙？兄弟如此，舅舅又怎么可以相信呢？"这个侍卫的回答让萧宝卷最终下令诛灭刘暄全族。之后，尚书令徐孝嗣、尚书左仆射沈文季也被杀。沈文季之前借口年迈多病长期请假在家，不理朝政，子侄劝他说："您既然做了尚书左仆射，就不可能全身而退！"沈文季还幻想借此善终，到头来不但自己身首异处，还连累家人血流成河。至此，"六贵"全部被萧宝卷清洗了。

三四 / 萧衍建立南梁

萧宝卷屠戮了"六贵",喜怒无常,残酷冷血,完全不能用正常人的思维去揣摩。南齐的大臣纷纷关心如何逃脱他的魔爪,寻找自卫的方法。

太尉、江州刺史陈显达是最后一个顾命大臣。看着老同僚、老伙计一个个被推上了断头台,只剩下孤零零的自己,陈显达相信自己将会是下一个冤魂。陈显达出身贫寒,从军将近五十年,一路从士兵拼杀到将军,当时已经年逾古稀了。战争夺去了陈显达的左眼(一支飞矢射穿了他的眼睛),也教会他沉着冷静、谦厚、有智谋。和"六贵"比起来,陈显达为人谦恭、厚道,注意和方方面面搞好关系;和同是辅政大臣的"老好人"沈文秀比起来,陈显达深知仕途不可能全身而退,所以他始终把持着实权,以防不测。齐明帝临终,将他列名辅政大臣行列,陈显达非但不高兴,反而忧虑万分,主动要求外放地方,以退为进。萧宝卷让陈显达以太尉之尊兼任江州刺史,陈显达高高兴兴地前去上任了。

在几十年的政治生涯中,陈显达跟随过张永、沈攸之、萧道成、萧鸾等诸多上司,幸运地在历次政治斗争中"站对了队"。每次升迁,陈显达都有愧惧之色。他常常叮嘱子孙:"我出身寒门,能有今天的荣华地位完全出乎意料,你们切勿以富贵凌人!"儿子陈休尚外出当官来向老父亲告别,陈显达见他手里拿着根麈尾,一把夺下来烧掉,说:"奢侈的人最终没有不破败的,麈尾和蝇拂都是王谢那些世族豪门的器具,你不应该拿着这些东西。"按照陈显达的级别,可以有盛大的车仗、众多的随扈,但他平时乘坐的车驾腐朽了也不修理,选用的随从都是瘦小单薄的人。一次宫廷侍宴,陈显达酒后向齐明帝萧鸾乞借枕头一用。萧鸾马上命人给陈显达拿来一个枕头。陈显达抚枕说道:"臣已老迈,富贵已足,就少个枕头去死了,所以求陛下将枕头赐予我。"这句话说得杀人无数的萧鸾都心有不忍,忙说:"公醉矣。"

如此谨慎精明的陈显达,面对萧宝卷的荒唐变态也觉得难以适从了。很快江州就出现谣言,说朝廷要派兵袭击江州。永元元年(499年)十一月,陈显达正式在寻阳举兵造反。陈显达有着远比其他造反者丰富的军事经验,趁萧宝卷准备不足,突袭建康!陈显达顺江而下,在采石(今安徽当涂西北)打败官兵,在十二月就兵临建康城下。首都震恐。胜利在望,陈显达产生了急躁思想,企图率领精锐猛攻宫城,一战定乾坤。他顺利攻入外城,但在禁宫门口遭到了禁军的顽强抵抗。战斗非常激烈,陈显达身边只带着数百步兵,而禁军越聚越多。陈显达英雄不减当年,挥矛如飞,长矛断了就拿着矛尖突刺杀敌,杀死十多人。无奈寡不敌众,陈显达突袭计划失败,撤逃到城外被杀,终年七十三岁。萧宝卷将陈显达满门抄斩。

陈显达死了,领兵将领人人自危。豫州刺史裴叔业在南北边界领兵,想谋反自卫,又找不到有效的方法,就派人到襄阳找雍州刺史萧衍串联。裴叔业对萧衍说:"我们一起向北魏称臣,请北魏出兵相助,这样成功了可以推翻萧宝卷,失败了还可以被北魏封个河南公。"萧衍不赞成。他觉得裴叔业想得太乐观了:你投降北魏就得做北魏的臣子,北魏不是傻子,不会被你牵着鼻子走。萧衍主张万不得已的时候发兵直取建康。裴叔业不听萧衍的劝告,于永元二年(500年)正月率部投降北魏。果然如萧衍所说,北魏迅速收编了裴叔业的军队和地盘,却不愿为他去消灭萧宝卷。

萧衍是萧顺之的儿子,萧道成的族侄,时年三十六岁。他虽然和萧宝卷的血缘疏远,但论辈分是萧宝卷的父辈。萧衍年轻的时候文才出众,与沈约、谢朓、王融、范云等文士交游,是著名的"竟陵八友"之一。入仕后,萧衍从参军做起,在对北方的战争中逐步升迁,在齐明帝萧鸾末期成为雍州刺史,驻守襄阳。

萧衍历经刘宋、南齐的变故和南齐内部政治变迁,对所谓的君臣伦理看得很淡漠。萧宝卷胡作非为,萧衍就在襄阳积蓄力量,以备不测。他暗地招募骁勇之士,积储军事物资,积极做起兵的准备工作。萧衍的哥哥萧懿担任益州刺史,被萧宝卷解除职务召回建康,途经襄阳。萧衍拦住哥哥,不让他去建康。萧懿不听。萧衍进一步劝萧懿,南齐内有连年灾乱,外有北方强敌虎视眈眈,已经是内忧外患;而小皇帝萧宝卷只顾专权胡为,国家大乱将至。萧衍劝哥哥一起积蓄力量,寻找机会终结南齐取而代之。萧懿大怒,将弟弟痛骂一顿,自己毅然踏上了前往建康的道路。萧衍担心哥哥此去会招来大祸,加快了备战步伐。他以防备北魏为名,大造器械,暗中砍伐了许多竹木沉于檀溪中,以备造船用。

那一边,豫州刺史裴叔业降魏后,萧宝卷命令崔慧景率军北上讨伐。崔慧景是三朝老臣,是陈显达的老部下兼战友,之前在建康城中担惊受怕,如今受命领兵出城。他大喜过望,摸着脖子说:"此脖项终能免于被这群小辈所砍!"崔慧景虎跃山林,又领兵在手,马上密谋造反。离建康不远处的京口,由萧宝卷的三弟江夏王萧宝玄坐镇把守。他是尚书令徐孝嗣的女婿。徐孝嗣被族诛后,萧宝玄的妻子也被株连杀害。萧宝卷可能觉得对不起三弟,就送了自己的两个嫔妃给他。如此一来,萧宝玄更恨萧宝卷了,一心密谋反叛。萧宝玄看崔慧景带兵北伐,写信劝他造反。两人一拍即合。崔慧景领军走到广陵,就正式宣布造反,遣使奉萧宝玄为主。全军掉头反攻,一路攻克石头、白下、新亭诸城,包围建康。萧宝玄也派人率领军队随后参战,他自己乘八扛舆、手执绛麾幡,随崔慧景来到建康。萧宝玄入住东城,很多老百姓听说江夏王来了,都来投靠他。局势一时间对叛军非常有利。崔慧景觉得胜利在望,于是产生了轻敌思想。部将建议发火箭烧掉城楼,等城崩后就可直入城里。崔慧景担心这样入城后又要重新造楼,太浪费,拒绝采纳。他又喜好佛理,醉心清淡,战斗间隙竟然还去寺庙和宾客高谈玄言。主帅如此,将士的攻势大为减弱,迟迟不能攻占全城。

萧懿在赶赴建康途中,听到战乱的消息。他不像绝大多数官员那样观望,而是立刻组织军队,带兵驰援建康。他在一个黎明时分攻入建康,崔慧景谈了一夜玄学,毫无准备,结果被杀得一败涂地。崔慧景被杀,萧宝玄藏匿了起来。官兵搜集了朝野官员投靠萧宝玄、崔慧景的信件,萧宝卷下令全部烧掉,还说:"江夏王尚且如此,怎么能罪及他人?"萧宝玄误以为萧宝卷要宽大处理,躲藏了几天后就出来自首了。萧宝卷召他入后堂,用步障围着他,命令随从、侍卫数十人敲鼓吹号驰绕其外,冲着萧宝玄喊:"前几天你围城的时候,我就像这样。"没几天,萧宝卷也把萧宝玄杀了。

这一次拯救萧宝卷,完全是萧懿的功劳。在平灭崔慧景之乱后,他获封尚书令,掌握朝政。萧衍得到兄长入援建康的消息后,立即派人劝他,得胜之后要么废黜昏君,要么率兵出屯外地避祸,千万不可以留在建康。但萧懿忠于齐室,断然拒绝了弟弟的好意。

果然,萧宝卷很快就对萧懿动了杀心。宫廷中的一帮小人也一再怂恿萧宝卷不要把朝政委托给萧懿。萧懿察觉危险的来临。有好心人在长江边准备小船,劝他逃往襄阳萧衍处。萧懿大义凛然地说:"哪有尚书令逃离朝廷的?人生谁能无死,我不走。"结果,他在宫中从容接过萧宝卷赐的毒药自杀。自杀前,萧懿还对萧宝卷说："我弟萧衍现驻兵襄阳。他听到我的死讯，可能做出对朝廷不利的举动来。我替朝廷担忧哇。"萧宝卷觉得有道理，斩草要除根，不能留下萧懿的兄弟，于是下令将萧懿族诛。好在萧家兄弟预感到危险后早早躲藏起来。除一人被捕遇害外，萧懿其余的兄弟子侄都避匿在百姓家里。老百姓恨死了萧宝卷，不仅没有人告发，还给予萧家子弟很好的保护。这也可见人心向背。

对于雍州刺史萧衍，萧宝卷认定他手握重兵，是个祸害，派前将军郑植去襄阳行刺。郑植的弟弟郑绍寂正好担任萧衍的部属。郑植以探亲的名义前往雍州。当时萧懿的死讯还没有传到襄阳，加上郑植官职很高，萧衍主动宴请郑植。郑植怀揣利刃，决定在宴席上杀掉萧衍。郑绍寂觉察到了哥哥的阴谋，告诉了萧衍。萧衍还是照常举行宴会，还亲自款待郑植。席间，萧衍突然问郑植："郑将军受皇命来杀我，今天的这酒席可是下手的好机会呀！"郑植心中大惊，但面不改色，矢口否认。萧衍哈哈一笑，又像没事一样继续觥筹交错。郑植怀里的利刃一直没有派上用场。宴会散后，萧衍邀请郑植参观襄阳城的军备。郑植发现整座城池固若金汤，粮草充足，士气高昂。他对萧衍的治军能力大为叹服，同时也折服于萧衍坦荡的气度，不仅放弃了行刺，还把萧懿的死讯和萧宝卷的阴谋和盘托出。

萧衍除了起兵造反别无选择。永元二年（500年）十一月，萧衍在襄阳正式起兵讨伐萧宝卷。由于早有储备，萧衍用藏在檀溪的竹木在十几天内就建造了三千艘战舰，又在百姓中招募甲士三万人，装备骏马五千匹，迅速组建了规模可观的军队。大军迅速沿汉江南下，进入长江后顺江直取建康。萧宝卷早就失去人心，萧衍一路势如破竹，沿途官吏非走即降。

萧宝卷命令紧邻雍州的行荆州府事、右军将军萧颖胄率军迎战萧衍。萧颖胄和萧衍年纪相仿，也对萧宝卷的胡作非为感到恐惧。萧颖胄一看萧衍大军的势头，非但不抵抗，反而宣布和萧衍一起讨伐萧宝卷。为了增加正义性，萧衍在萧颖胄等人的支持下，奉南康王萧宝融为主。萧宝融是齐明帝萧鸾第八子、萧宝卷的弟弟，当时担任荆州刺史。永元三年（501年）三月，萧衍、萧颖胄等人拥立萧宝融即位，与萧宝卷分庭抗礼。萧宝融就是齐和帝。

萧衍大军很快就包围了建康城，建康城中的萧宝卷已经经历了三次兵变，都化险为夷，所以对这第四次兵变也没有放在心上，若无其事地继续着荒诞生活。萧衍率军攻入了建康外城，萧宝卷就退到宫城里躲起来。此时，宫城中还有七万军队，坚守待变也不是不可能。可萧宝卷并不坐镇指挥谋划，继续保持昼伏夜出的作息习惯，白天睡大觉，晚上爬起来，有时兴致来了就穿着大红袍登上城楼眺望观赏城外的敌兵。为了体验一回"御驾亲征"的感觉，萧宝卷开始热衷在宫中玩打仗游戏。他身着戎服，以金银做铠甲，遍插羽毛、宝石装饰，给骑的马也穿上了银制的铠甲，还插满了孔雀毛，然后"闪亮登场"。宫廷卫士、太监则拿着金玉做的兵器，在萧宝卷的指挥下互相乱打。尽管对打仗游戏一掷千金，萧宝卷对将士却极其吝啬。萧衍兵临城下，太监跪求他赏赐将士激励士气，萧宝卷则说："难道反贼就只捉我一个人吗？为什么偏偏向我要赏赐？"宫廷后堂放着数百张大木片，将士想拿去加固城防，萧宝卷想留着做宫殿的大门，竟下令不给。正经事上舍不得花钱，摆花架子他倒有闲情逸致。他催促御府赶制三百人精仗，准备在萧衍退兵后给庆功的仪仗队用，又拿出大量的金银宝物装饰仪仗铠甲。

皇帝身边的宠臣近侍在生死关头还不忘进谗言，他们将接连战败的责任推卸给前线作战的将领。萧宝卷便准备拿负责建康城防的征虏将军王珍国开刀，以儆效尤。王珍国赶紧派人送给萧衍一个明镜，表明归顺心迹。他又密谋串通了宫内的宦官和侍卫，打算先下手为强。准备齐全后，王珍国在一天深夜率领士兵冲入萧宝卷寝宫。这一夜，萧宝卷在含德殿吹笙歌作《女儿子》，享乐到了深夜刚刚睡下，还没有睡熟。萧宝卷被军队喧哗的声音惊醒，连忙从北门溜出。太监黄泰平追上他，举刀砍伤了萧宝卷的膝盖。萧宝卷摔倒在地，骂道："奴才要造反吗？"另一名太监张齐不由分说，一刀砍下他的头。萧宝卷时年十九岁。王珍国提上萧宝卷的首级，大开城门，迎萧衍大军入城。萧衍以皇太后之名追废萧宝卷为东昏侯。

萧衍起兵成功，篡位之心不断膨胀。萧衍坚决不让还在江陵的齐和帝萧宝融进建康。第二年，他升迁为相国，晋封梁王。为了彻底架空萧宝融，萧衍捧出了宣德太后王宝明，让王宝明临朝，使很多事情可以绕开齐和帝直接处理。王宝明是文惠太子萧长懋之妻、萧昭业之母。萧昭业即位后，王宝明被尊为皇太后。萧鸾篡位后，将王宝明逐出宫居住。萧衍就把她迎回宫来搞了个不伦不类的"称制"，便于自己篡位。

亲信给萧衍组织了一批祥瑞，包括南兖州队主陈文兴在桓城内凿井时挖到的玉镂麒麟、金镂玉璧、水晶环各二枚；建康令羊瞻解报告说在县城的桐下里出现了凤凰。宣德太后下诏说祥瑞的出现都是相国萧衍的功劳，将所有祥瑞都送到相国府去。荆州地区则出现了"行中水，为天子"的传言，为新朝新君大造舆论。

之前中国历史都是异姓篡位，萧衍和南齐皇室同姓，还有血缘关系，对于篡夺江山心存疑惑。沈约劝进说："今古不同，不可以用淳朴的古风来要求当今社会了。士大夫攀龙附凤，都有建功立业的心思。现在连儿童牧竖都知道齐朝国祚已终。明公您正应当承其运。天心不可违，人情不可失，即使出现一些劫数，也是不得已的事情。"沈约的说辞，彻底打消了萧衍心中尚存的君臣大义和忠孝礼仪。萧衍下定了篡位的决心。沈约于是写信给远在江陵的中领军夏侯祥，要他逼齐和帝写禅让诏书。齐和帝的禅让诏书被送到建康后，萧衍迅速表示谦让。另一个亲信范云带领一百一十七个大臣上书称臣，恭请萧衍登基称帝。萧衍"勉强"接受众人的请求，于中兴二年（502年）四月正式在建康称帝，改国号为梁，史称南梁。

萧衍的受禅是非常奇怪的。当时合法的皇帝不在建康，所以萧梁受禅的时候齐和帝萧宝融并没有在场。为了使改朝换代合法化，萧衍让宣德太后下诏说："西诏至，帝宪章前代，敬禅神器于梁，明可临轩，遣使恭授玺绂，未亡人归于别宫。"太后做主，请梁王派特使来接受传国玉玺。

萧衍即位后，封萧宝融为巴陵王，迁居姑孰，全食一郡。依照惯例，萧宝融享有天子仪仗和全套待遇，在封国内奉行南齐正朔，郊祀天地、礼乐制度都用南齐故典。梁朝规定巴陵王排位在宋朝禅位的汝阴王之上，南齐宗室诸王都降爵为公爵。几天后，萧衍派亲信郑伯禽到姑孰，送给萧宝融一大块生金，让他吞金自杀。萧宝融大笑说："我死不须金，醇酒足矣。"郑伯禽就弄来一大坛美酒，让萧宝融畅饮。萧宝融狂饮后醉得不省人事。郑伯禽轻松地掐死了他。萧宝融终年十五岁。从四月辛酉日萧宝融被去掉帝号到被郑伯禽掐死前后不过七天。萧宝融是逊位后存活时间最短的皇帝。

萧宝融的遭遇令人同情，但对整个南齐皇室来说，萧衍篡位反倒不是什么坏事。因为在萧鸾、萧宝卷时代，宗室诸王在皇室内乱和战乱中被屠杀殆尽。萧衍只是在篡位前杀害湘东王萧宝晊兄弟，后来又杀掉齐明帝其他的儿子，即位后并没有对他们进行大杀戮。相反，齐高帝、齐武帝子弟可以在南梁堂堂正正地做人，不用整天担惊受怕了。萧鸾的大儿子、萧宝卷的大哥萧宝义年幼就有残疾，不能说话，因此没有被立为太子，没有参与政治。他因祸得福，在之后的历次杀戮中幸存了下来，并在萧宝融遇害后继承巴陵王爵位，奉南齐正朔。巴陵国传国至南陈。

三五 / 高肇专权之祸

南方齐梁两朝交替的时候，北方是北魏宣武帝元恪在位之时。元恪是孝文帝的次子。孝文帝长子因为反对父亲的汉化政策被诛杀；孝文帝在南征的途中突然死亡。元恪是在一片混乱中被群臣拥立为新皇帝的。

彭城王元勰和任城王元澄是孝文帝晚年最信任的两个宗室。任城王元澄是孝文帝的叔叔，坚定支持汉化政策。元勰是孝文帝的弟弟，是孝文帝南征时的得力助手。太和二十二年（498年），孝文帝在南征途中病重，元勰内侍医药，外总军国之务，掌握了实权。第二年，孝文帝在弥留之际，想将政权托付给元勰。他对元勰说："嗣子幼弱，社稷就只能倚重你了。"元勰却是个谨小慎微的人，不愿意在政治上涉入太深，更不想以皇叔身份辅助幼主了，认为这是"取罪必矣"。他举例说："昔周公大圣，成王至明，犹不免疑，而况臣乎！"孝文帝说服不了弟弟，叹息几声，不再勉强他了。元勰还主动求退，孝文帝就任命他为骠骑大将军、定州刺史。孝文帝随即驾崩，元勰主持了南征军队的撤回，还坚定地拥戴侄子元恪登基继位。之后，他主动处于退休状态，都没去定州办过公。

元勰辞让后，孝文帝指定了六个顾命大臣。他们分别是：广阳王元嘉、任城王元澄、咸阳王元禧、北海王元详和两个汉人大臣王肃、宋弁。其中，元嘉是太武帝的孙子，是皇室中的老长辈、老好人，宋弁不久就去世了。所以，真正主事的是任城王元澄、咸阳王元禧、北海王元详和王肃。四人之间矛盾重重。元禧和元详是亲兄弟，都是孝文帝的弟弟，抱成了一团。王肃是归降的南齐大臣，深受孝文帝信任，积极主张汉化，但在北魏朝野的根基很浅。孝文帝死后，王肃立刻受到了鲜卑贵族的排挤。任城王元澄是个忠厚长者，但对只动动嘴皮子就和自己平起平坐的王肃很不服气。恰好此时有一个投降的南齐人诬告王肃是南方的奸细，元澄不核实情况，就草率地上表称王肃谋反，并且不等皇帝诏令就软禁了王肃。这一下，事情闹大了！咸阳王元禧等人很快查明王肃并未通敌。元禧对功勋卓著、资历深厚的堂叔原本就心存畏忌，如今迅速抓住元澄陷害王肃的机会，以

"擅禁宰辅"的罪状让元恪罢了元澄的官，外贬为雍州刺史，赶出了京城。事件的另一主角王肃也被外贬为扬州刺史，镇守寿阳。王肃在寿阳郁郁寡欢，于景明二年（501年）去世。

至此，元禧和元详两兄弟掌握了北魏的实权。这二人才能平庸，对国家大事没有什么贡献，却热衷于享受。景明二年（501年）初，元禧派家奴找到领军将军于烈，要调羽林军官兵充当自己的仪仗队。于烈直摇头，说这是"违制"的行为。元禧不甘心，第二次派人找到于烈，态度强硬地说："我是天子叔父，我的话同诏书没有什么区别。"于烈倔强得很，就是不同意。元禧大怒，调于烈当恒州刺史。于烈干脆请了长期病假，闭门不出。

表面上看，元禧赢了。殊不知，于烈虽然官职不高，却在羽林军系统有不小的势力。他早早安排儿子于忠掌握宣武帝的宿卫亲兵，长期跟随宣武帝左右。被元禧打压以后，于烈授意儿子劝宣武帝元恪"亲政"。元恪已满十八岁了，正是期盼大展拳脚的年龄。他也觉得顾命大臣碍手碍脚，想要亲政。北海王元详和元禧意见不合，他看到皇帝有亲政的念头，出来揭发元禧"专横不法"，希望给侄子留个好印象，争取亲政后自己能"失权"而不"失势"。

于是，请了长期病假的于烈突然有一天全副武装起来，带上宫中卫士六十多人，"宣召"在京城的元勰、元禧、元详三位王爷进宫。元禧措手不及，只得乖乖被押解入宫。元恪宣布亲政，调整三位叔叔的官职。元勰被客客气气地解除职务；元禧"升任"太保，明升暗降，被剥夺了实权，敢怒不敢言；元详担任大将军、录尚书事。元恪对他的主动揭发很满意，重用了他。一场权力之争，和平地谢幕了。

元恪大体上是一个认真工作、关心百姓疾苦的正常皇帝，亲政后做了一些好事。比如他拒绝鲜卑遗老返回平城故里的建议，扩建新都洛阳，继续父皇孝文帝的汉化政策。在对外政策上，元恪趁南齐末帝萧宝卷统治荒唐造成国家动乱，频繁南伐。北魏陆续占领了扬州、荆州等地的重要城镇，疆域进一步扩大，拉开对南方的军事优势。但是，元恪也遭遇了两次对梁朝作战的惨败，导致北魏军队元气大伤。

北海王元详主持朝政，元恪又信任左右亲随茹皓、赵修等人。这几个人都不是好东西：元详能力平庸，整天不干正事，就知道贪污受贿，聚敛钱财；茹皓、赵修等人暴得富贵，头脑发热，仗着元恪的宠信在外面弄权用事。他们一起将北魏的政治越弄越糟。

咸阳王元禧失势后，担心自己的命运。原来聚集在他身边的一帮人，如今看主子失势了，就怂恿主子孤注一掷地造反。元禧联络小舅子李伯尚、氐王杨集始等人商议造反。当年五月，元恪到洛阳郊区的北邙打猎。元禧乘机紧闭城门，商议起兵，并派长子元通到河内起兵。在政变的节骨眼上，一帮人却在具体细节上争论不休，意见不一。元禧当断不断，竟然决定暂不起事，让大伙先散了，"从长计议"。参与谋反的杨集始觉得如此造反绝不可能成功，一出元禧的家门，就跑到北邙向元恪自首了。元恪闻讯，调动兵马围捕元禧。元禧身边并无军队，被于烈派几名卫士就轻易逮捕了。元恪亲自审问后，责令元禧自杀，并诛杀参与谋反者十多人。元通被河内地方官杀死。

元禧造反，对宣武帝元恪的刺激很大。他亲政前就对宗室诸王没有好感，如今更加疑忌宗室，进一步依靠身边亲信赵修等人，同时提拔母系外戚作为新的依靠力量。元恪生母高氏，原籍渤海蓨县（今河北景县），遵照鲜卑"子贵母死"的传统，在儿子被立为太子时就被迫自杀了。元恪即位前从来没有与高家人见过面。现在，元恪在民间找到了母亲的两个兄弟高肇、高显和一个侄儿高猛，都封为公爵。其中高肇被封为渤海郡公，最受元恪倚重。

高肇"数日之间，富贵赫奕"，变成朝廷大红人后，心理也变了。一个人从底层突然跃升为顶端权贵，往往带有自卑感和不安全感。他用享受和聚敛来缓解内心的不安。高肇知道高家在北魏朝廷没有根底，本家又人丁稀少，就选择勾结朋党、招降纳叛来壮大实力。对于主动依附投靠的人，高肇竭力拉拢、保举，让他们几十天内就升官；和高家过不去的人，高肇就百般陷害，必欲除之而后快。他把社会底层那一套钩心斗角、尔虞我诈的流氓伎俩都搬到了帝国朝堂上来。高肇进一步败坏风气，大把大把捞钱。元禧伏诛后，王府的财物、珍宝、奴婢、田宅大多入了高氏的私囊。高肇的势力膨胀得很快。当时，宣武帝的头号亲信是散骑常侍赵修，朝廷的实际主政者是北海王元详。高肇决心扳倒二人，让势力更加壮大。

赵修出身卑微，是元恪当太子时期的侍卫。元恪非常信任赵修，登基后一路将他提拔到散骑常侍的高位。赵修在家中设宴，元恪都会亲自参加。赵修小人得志，顿时忘乎所以。他仗着皇帝宠信，在外面胡作非为，欺负同僚。父亲落葬时，赵修毫不悲痛，宾客在送葬路上竟然掳掠奸淫民间妇女，甚至把人家的衣服剥光取乐。对于这样一个声名狼藉的角色，高肇对付起来不费吹灰之力。他大义凛然地揭发赵修的罪行。赵修早已犯了众怒，大家见高肇挑头，争先恐后地控诉赵修的罪状。景明四年（503年），元恪不得不把赵修公开审问，判决鞭打一百下，发配敦煌充军。高肇安排了五个壮汉轮流鞭打赵修，实际打了三百鞭。不想，赵修侍卫出身，身体素质过硬，吃了三百鞭竟然没有死。高肇紧跟着让人把赵修绑在马后，赶马飞跑。可怜赵修重伤后得不到休息，又被马拖着跑，跑了几十里地就血肉模糊，死了。

几个月后，高肇又告发北海王元详谋反。元恪已经不信任宗室亲王了，派羽林军将元详押往华林园软禁。元恪召集宗室商议如何处置。大家的处理意见是将北海王元详废为庶人，严加圈禁。元恪很可能是想留元详一条性命。不想，北海王府的几个家奴策划劫狱，非但没有成功，反而连累元详被杀了。元详"谋反"事件，让宣武帝元恪进一步猜忌宗室诸王。高肇猜透元恪的心理，劝他加强防范宗室诸王。元恪派出禁军驻守各王府邸，名为保护，实际上将各位王爷当作囚犯看守了起来。彭城王元勰劝谏元恪，说国家分封诸王就是为了让诸王拱卫皇室，如今形同囚禁，怎么让诸王发挥作用？可惜，元恪不听。元勰心中苦闷，干脆自我封闭起来，不与人来往了。

宗室诸王集体失势后，元恪自然更加倚重外戚高氏。高肇的气焰日渐嚣张。他出任了尚书令，主持朝政，又娶了宣武帝的姑姑高平公主做妻子，还送侄女进宫做了贵人。不久，于皇后暴亡，高贵人就升格为了皇后。至此，高肇成了北魏一人之下，万人之上的实权人物。

元恪暗于识人，却有很高的佛学修养。他喜欢在宫中召集名僧，亲自讲经论道，带动佛法在北方的报复性发展。皇帝醉心佛法，方便了高肇在外面任意胡为。高肇特别喜欢"改革创新"。他修改了大多数的先朝旧制，又不能制定新制度，造成了政务的混乱。对现任官僚、贵戚的勋位、封秩，高肇都进行了削减，引起不满。他将自己置于非常重要危险的地位了。

永平元年（508年）八月，冀州刺史、京兆王元愉在信都称帝，公开造反了。元愉造反的原因很多：侄子宣武帝逼死他所爱的女子，逼他迎娶高氏女子；他对高肇的大权独揽很不满，又担心朝政被高氏败坏；他自己也想过过当皇帝的瘾……可惜，元愉实力很弱小。朝廷镇压的大军到达冀州。元愉只抵抗了一个月，就在逃亡途中被擒。在元愉被押解往洛阳的半路上，高肇派人把他杀害了。

元愉造反事件,被高肇利用来向彭城王元勰开刀。元勰才华出众,声誉很好,被北魏军民公认为"贤王"。之前,孝文帝有意让他主政,元勰主动推辞,被传为美谈。高肇之前多次诬告元勰,元恪都不相信。这一次,元勰推荐的长乐太守潘僧固被裹挟参加了元愉造反。高肇又一次诬告元勰,说元勰不仅暗通元愉,还联络南边少数民族,参与谋反。高肇还收买元勰旧部魏偃、高祖珍做证人,一起诬告元勰。在种种似是而非的证据面前,元恪做出了错误判断,设下酒席,召高阳王元雍、彭城王元勰、清河王元怿、广平王元怀四位皇叔,以及广阳王元嘉和高肇赴宴。散席之后,元恪安排各位王爷分别择地休息,然后派人给元勰送去毒酒,逼他自杀。元勰不肯喝,力辩清白,再三要求和告发者对质。来人不肯传达,拔刀相威胁。元勰大呼"冤哉皇天!忠而见杀",饮毒酒自杀。天亮后,元勰的尸体被一床被子包裹着,送回彭城王府。元恪对外宣布彭城王"醉酒而亡",还假惺惺地痛哭流涕,赐彭城王谥号"武宣",企图掩人耳目。

高肇又一次阴谋得逞,不过朝野百官暗中早已对他心怀怨恨,恨他为人歹毒。特别是元勰遇害后,军民普遍同情元勰,认为高肇是"屈杀贤王"的幕后黑手。鲜卑贵戚更是对高肇恨之入骨。

延昌四年(515年)正月,宣武帝元恪突然病故,终年三十三岁。太子元诩继位,时年六岁。元恪一死,宗室诸王和不满高肇的大臣立即策划反击。依附高肇的官吏也纷纷"倒戈"。前一年的十月,高肇出任大将军、平蜀大都督,领兵进攻益州,刚好不在洛阳。于忠担任领军将军。之前他受高肇压制,如今他调动羽林军,控制局势,又与侍中崔光等人商议,请出高阳王元雍、任城王元澄主持朝政。众臣用新皇帝的名义,召高肇回京。高肇得知洛阳的变故,知道不妙,但想不出摆脱危局的方法,只得乖乖回京。高肇进宫,对着元恪灵柩痛哭哀号。高阳王元雍和于忠早已埋伏了十多名武士,等高肇哭完先帝,就把他拉出去杀了。高肇专权之祸,终于解除。

原本平庸的元恪带着北魏缓慢前行,高肇就像是一股催化剂,引着大家走上了下坡路。他的揽权胡为,加剧了北魏朝野的贪腐之风;他的改制乱为,恶化了北魏帝国的政治运作;他的诬告陷害,打开了北魏内部倾轧的大门。这些加上同期北魏对南梁作战的两次大败,使整个帝国由盛而衰,不复孝文帝时期的强盛。

三六 / 南北方拉锯战

南北方边界大致上一直向南移动,从刘宋王朝初期的以黄河为界,南移到南梁前期的以淮河为界。双方主要围绕淮河一线的军事重镇展开混战。这些重镇从东往西分别是淮阴、钟离(今安徽凤阳东北)、寿阳(今安徽寿县)和义阳(今河南信阳)四处。此外,西边的南郑(今陕西汉中)是南方保护巴蜀大地的屏障,南北方在此也展开拉锯。

南方的淮河防线在南齐末期遭到了动摇。北魏宣武帝景明元年(500 年),驻扎寿阳的南齐豫州刺史裴叔业率军割地,向北魏上表归降。天上掉馅儿饼,北魏朝野欣喜若狂。为防夜长梦多,彭城王元勰和重臣王肃亲自领了十万大军去接收寿阳。途中,他们嫌步兵速度太慢,派出一千羽林骑兵火速赶往寿阳。果然,南齐已经派出崔慧景、萧懿、陈伯之等军前往收复寿阳。不想,大将崔慧景收复寿阳是假,借机脱离萧宝卷是真。他带着部队出了建康就宣布造反。结果,北魏顺利接收寿阳,还打败陈伯之等军,进而攻占了合肥。南方的淮河防线被撕开了一个口子。北魏军队依托寿阳,不时对南方发动攻击。

梁朝建立后,北魏兴起了一股讨伐南方的声音,其中叫得最响亮的是两个投降的南方人。第一个人是萧宝夤。萧宝夤出身高贵,是齐明帝萧鸾的第六子。萧宝夤是南齐宗室中少数几个才能卓越的王爷。哥哥萧宝卷在位,荒唐胡为,底下就有人几次谋划以萧宝夤取代萧宝卷。计划没有成功,萧宝卷对弟弟萧宝夤网开一面,不予追究。

萧衍攻占建康后,起初并没有为难萧宝夤,还封他为鄱阳王。不久,萧衍陆续诛杀南齐诸王。萧宝夤遭到监守,随时可能遇害。一天半夜,萧宝夤带着几个亲随偷偷挖开院墙逃跑了。萧宝夤换上百姓的衣服,穿着草鞋,徒步赶往长江边。他们在江边准备好小船。萧宝夤爬到船上时,双脚已经磨得没有一块完整的皮肤了。天明以后,萧衍派出官兵在江边四处搜索。萧宝夤装作钓鱼的人,任凭小船随波逐流,在江面上漂了十余里,骗过了追兵。之后,萧宝夤走小路、躲山涧、骑毛驴,昼伏夜行,终于到达北魏控制下的寿阳。镇守寿阳的元澄知道萧宝夤是块宝,忙以礼相待。萧宝夤因为亡国,不饮酒,不吃肉,寡言少笑,十分悲痛,还身着丧服。元澄就率领北魏官僚前往赴吊。第二年,萧宝夤来到京城洛阳。宣武帝对他很礼遇。萧宝夤上朝时伏地痛哭,诉说南齐亡国之痛,请求北魏出兵讨伐萧衍。北魏内部对南征有分歧,没有当面答应。萧宝夤就再三苦求,即使遇有狂风暴雨也不中断上朝请求。

第二个坚定要求南伐的人是陈伯之。陈伯之本是南齐的豫州刺史,被萧宝卷派去镇守寻阳,抵抗萧衍。萧衍派人劝他投降。陈伯之在萧宝卷和萧衍之间观望,首鼠两端。直到建康大势已去,陈伯之才正式向萧衍投降。萧衍封他做征南将军、江州刺史。但君臣之间难免猜疑,尤其是陈伯之及其幕僚极不自信。最终,陈伯之召集文武官员,筑起祭坛,歃血为盟,号令州内各郡起兵"反梁复齐"。江州所属的豫章郡(今江西南昌)太守抗命。陈伯之决定先出兵攻下豫章,以绝后顾之忧,再顺江而下进攻建康。不想,陈伯之一时间攻打不下豫章,萧衍却已经派出大军逆江而上,逼近陈伯之老巢寻阳了。陈伯之腹背受敌,无心恋战,带着亲信和部队一万多人北上投降北魏了。

陈伯之坚决主张南征,又了解南方军政实情。元恪也为萧宝夤的爱国热诚所感动,于是下令南征。他封萧宝夤为齐王,任命为镇东将军、扬州刺史,率领一万兵马进驻寿阳,又任命陈伯之为平南将军、江州刺史,屯兵阳石(今安徽霍邱东南),做好南征的准备。景明四年(503年)秋,北魏大举南征,其中东路以任城王元澄为主帅,率领萧宝夤、陈伯之等部进攻钟离;西路以镇南将军元英为主帅,进攻义阳。元英父亲南安王元桢因为参与了穆泰谋反,被削夺了王爵。作为谋反宗室的后代,元英顶着巨大的压力,东征西讨,勇冠三军,积累了丰富的经验。这次,宣武帝将西线托付给了他。

北魏进军顺利,东路的元澄分兵出击,成功占领东关、颍川等八座城池,以主力围攻重镇钟离;西路的元英则将义阳团团围住。

梁军分兵御敌。在东路,萧衍派冠军将军张惠绍救援钟离。张惠绍在邵阳洲一带遭到北魏平远将军刘思祖的拦截,一败涂地。张惠绍等十余名将领被擒。第二年春夏之交,淮河流域降雨增加,水位暴涨,魏军无法驻扎,只好撤还寿阳。东路梁军侥幸摆脱了危局。

在西路,萧衍派平西将军曹景宗、后将军王僧炳率兵三万救援义阳。元英获知梁军行踪后,派将军元逞等人在樊城阻击王僧炳的梁军前锋。两军交战,梁军大败,战死、被俘四千多人,其余人作鸟兽散。曹景宗听说前锋挫败,裹足不前,只在外线游弋,不敢靠近义阳。义阳城内,梁朝的司州刺史蔡道恭率领不满五千名守城官兵,坚持了大半年时间,打退了魏军一次又一次的进攻。魏军死伤不计其数,元英开始打退堂鼓了。谁知,蔡道恭突然病逝。元英下令猛攻义阳。南梁守军弹尽粮绝,把希望寄托在建康方面的援军身上。这个援军自然不是曹景宗的部队,而是萧衍新派出的宁朔将军马仙琕。

马仙琕是南方名将,被世人看作三国时期的关羽、张飞。可惜,马仙琕勇猛有余,谋略不足,一味贪功冒进。元英在义阳城东埋伏主力,再派小股军队出阵向马仙琕示弱。马仙琕以为魏军不堪一击,直扑元英。元英佯败,率部北退,引诱梁军钻入包围圈后忽然掉转马头。只见漫山遍野的魏军同时杀出,向梁军涌来。马仙琕拼死抵抗,无奈准备不足、军心涣散,大败而逃。内外交困的义阳守军见状,失去了抵抗的信心,开城投降。周边梁朝关隘的守军,闻讯纷纷弃地而逃。梁朝在淮河防线的西段完全崩溃,失去了所有河南的领土,不得不在湖北地区组织第二道防线。

义阳大捷,宣武帝元恪大喜过望,封元英为中山王,并在义阳设立郢州,与东面的寿阳呼应,在淮南地区形成一对钳子。淮河防线的重镇就只剩东面的钟离还在南梁控制之下了。一年后(505年),裴叔业旧部、镇守汉中的夏侯道迁向北魏投降。北魏迈过秦岭,攻占了梁州十四郡(今陕南地区)。梁朝统治下的四川也岌岌可危了。

萧衍刚当上皇帝两三年,连吃败仗,丧失领土,自然不甘心。天监四年(505年)十月,萧衍任命六弟临川王萧宏为主帅,任命尚书右仆射柳惔为副手,统领大军进驻洛口(今安徽淮南东北),大举北伐。这是自刘宋元嘉北伐之后的又一次强势北伐,萧衍几乎动员了南方所有的精兵强将,总兵力达数十万之多,旌旗招展。萧衍的北伐计划也气势宏大:第一步,攻克重镇寿阳;第二步,兵分两路,一路出徐州,平定中原,另一路出义阳,夺取关中;第三步,各路大军会师洛阳,生擒元恪;第四步,扫荡河北,统一天下!

梁军此次北伐,开局就相当不利。前锋、徐州刺史昌义之攻打寿阳外围的梁城,就被陈伯之打败。众人建议萧宏招降陈伯之。萧宏让记室(机要秘书)丘迟给陈伯之修书一封,展开劝降。丘迟是笔杆子,南齐末年朝野臣工一应劝进文书均为丘迟所作。他写给陈伯之的劝降书信《与陈伯之书》,声情并茂、入情入理,列入了文学史册。此信写于天监五年(506年)三月,开头先大夸陈伯之"将军勇冠三军,才为世出。弃燕雀之小志,慕鸿鹄以高翔。昔因机变化,遭逢明主,立功立事,开国称孤,朱轮华毂,拥旄万里,何其壮也"。接着,丘迟笔锋一转,将军如此神武,为什么要当北方蛮夷的走狗呢?丘迟主动辩护说陈伯之降魏是受小人的蛊惑。梁武帝萧衍宽厚大度,既往不咎,只要陈伯之迷途知返,皇上是不会怪罪的。丘迟展开了亲情攻势:将军祖坟、住宅都完好无损,留在南梁的亲戚安居、爱妾尚在。"暮春三月,江南草长,杂花生树,群莺乱飞。见故国之旗鼓,感平生于畴日,抚弦登陴,岂不怆恨。"这几句话着实煽情。"将军独无情哉!"丘迟建议陈伯之"早励良规,自求多福"。陈伯之接到书信,让手下念给他听,听完书信就率领八千军队向梁军投降了。

梁军轻松扳回一局,乘胜在五月到七月间两线并进,先后拿下宿预、梁城、合肥、霍邱、朐山等十几座城池。梁军士气高涨。在这一系列胜利中,值得一提的是豫州刺史韦叡率军攻克了淮河防线东段重镇合肥。

韦叡参战时已经六十岁了,之前宦海沉浮几十年,一直没有得到施展拳脚的机会。晚年奔赴沙场,他的身体已经很差了,不能骑马横枪,只能由兵士抬着上阵指挥。在攻打合肥外围的军镇小岘时,韦叡带着一支军队侦察敌军的围栅。敌营中忽然杀出数百人。部下都建议撤回去披挂整齐,再来迎敌。韦叡却下令立刻迎战:"小岘城池小,城中只有两千多守兵。按理说,他们应该闭门坚守,如今却主动冲出几百人,必然是城中的精锐。如果我们能够打败这支精兵,小岘就会不战自败了。"部下半信半疑,在韦叡的指挥下,梁军官兵奋勇争先,果然把出城的魏军打败。韦叡乘势猛攻城池,不到半天就攻克了小岘。

北魏将军杨灵胤领军五万赶赴合肥增援。韦叡部下认为敌我兵力悬殊,建议请求增兵。韦叡笑道:"敌我已经刀兵相见,现在再求增兵,于事无补。就算援兵赶到,敌人的援兵也会源源不断而来,我们还是得不到优势。"他主动进攻,打败魏兵,又在合肥城外的淝水上修建高堰大坝,积蓄河水,不断抬高水位,准备水灌合肥。韦叡还在岸边筑新城守卫堰坝。魏军也不示弱,趁梁军立足不稳攻陷了新城,杀到堰坝前要将其凿毁。情况危急,韦叡亲自上阵,带领守堰官兵击退魏兵,然后指挥大型战船驶入淝水,居高临下围攻合肥。当时水位已经和城墙一般高了,梁军在船上万弩齐发,将督战的北魏守将杜元伦射死。魏军弃城而逃。

韦叡顺利占领合肥。

梁军捷报频传。北魏不敢怠慢。宣武帝元恪任命中山王元英为征南将军，负责东线军事。元英点齐十多万军马，浩浩荡荡地来增援寿阳了。

南北方主力会聚寿阳附近，决战在即。狭路相逢勇者胜，遗憾的是，南方的主帅临川王萧宏是个绣花枕头，胆小得很。萧宏的特长在于敛财，即便是在北伐途中也不忘克扣军款、贩运私货。当他听说对手是取得义阳大捷的元英时，寝食难安，根本就没有获胜的信心。萧宏觉得最保险的做法就是撤军。他召开军事会议，公开提议撤退。柳惔、裴邃、马仙琕等人不同意。"我军旗开得胜，为什么要在这个时候撤退？""魏军连败，又远道而来，攻破他们并不困难。"会议最终不欢而散。众怒难违，萧宏不再提撤军了，可也不许军队进攻寿阳。他还是明令："人马有前行者，斩！"梁军上下顿时气泄。

元英则顾忌梁军数量众多、挟新胜之威，且有韦叡、马仙琕等名将指挥，也不敢轻举妄动，下令全军静观其变。南北两军在洛口附近对峙了起来。

半个月后，九月底一天夜晚，洛口地区突降暴雨，水位暴涨。洪水漫进了梁军的部分营房。梁军骚动起来。本就畏敌如虎的萧宏以为魏军趁着夜幕突袭来了，魂飞魄散，只带了几个贴身侍从，弃军而逃。消息一传十，十传百，各部官兵四散奔逃。由洪水引发的一场骚动作为源头，以萧宏逃跑为导火线，梁军上演了一场混乱的大逃亡。途中，光是自相践踏就死了将近五万人。元英得知梁军自动崩溃，起初还不相信，核实消息后喜出望外，立刻向梁军发起全面反攻。梁军被杀得落花流水，战死和被俘的又有几万人。

萧宏貌美而柔懦，魏军轻松获胜后，"亲切"地称呼他为"萧娘"。梁朝的北伐，就这么稀里糊涂地溃败了。正在淮阳、义阳等地的偏师闻讯，被迫后撤，先前占领的宿预、梁城等军镇也纷纷弃守。梁军主力沿着淮水向东南方向撤退，镇守梁城的将军昌义之听说主力溃退后，判断魏军会乘胜进攻重镇钟离。于是，昌义之主动放弃梁城，带领三千名守军进驻钟离。果然，元英随即指挥北魏大军兵临城下，将钟离围了个水泄不通。

钟离成了南梁淮河防线的最后一个据点。萧衍深知钟离保卫战的重要性，派曹景宗率领二十万援军救援钟离，又下令合肥的韦叡增援。主力决战不经意间转移到了钟离。

天监六年（507年）二月，韦、曹二部在钟离城下会师。此时，魏军已经围攻钟离城四个多月了。昌义之以三千名士兵拼死抵挡百倍于己的敌人，成功地守住了钟离城。魏军的尸体堆得差不多和城墙一般高。其间，元恪一度担心时久兵疲，下诏元英退兵。元英反复上表，坚决要求攻克钟离。元恪就督促元英早日凯旋。

老将韦叡来到钟离城下后，指挥部队迅速登陆邵阳洲，逼近魏军营垒，连夜挖长沟、搭鹿寨，造了一座甲明枪亮的梁军大营。第二天，元英醒来，愕然发现眼前出现了一座敌军营垒。他决定先消灭梁朝援军，再攻钟离城。元英派出猛将杨大眼，气势汹汹地杀向韦叡的部队。杨大眼是出了名的氐人勇将，以视死如归的冲锋而闻名。韦叡则不慌不忙地将两千辆战车结集在外围，排成车阵。每辆战车上都安排了一只强弩。等杨大眼的骑兵靠近，梁军强弩一齐连发，杀得魏军人仰马翻。几天后，淮水因连天降水暴涨。梁军出动水师沿淮水而上。梁军大船体积巨大，和营垒一般高，里面载满武士，同时又有许多小船，里面装满干草浇油，准备火攻。魏军在淮河两岸都扎下营垒，以淮河中的邵阳洲为支点，南北各搭建桥梁相连接。梁军放火烧桥，火借风势，迅速蔓延到邵阳洲和两岸的魏军营垒。被分割为几段的魏军陷入火海之中，梁军士兵又下船登陆，猛杀狂砍。魏军乱成一团，桥梁和营垒塌毁，官兵四散而逃。烧死、淹死、踩死、砍死的魏军超过了二十万人，淮河两岸沿途一百多里到处可见魏军的尸体。主帅元英单骑逃往梁城。钟离保卫战以梁朝完胜告终。这是继刘裕北伐之后，南朝又一场辉煌的胜利。战后，曹景宗因功受封公爵，韦叡因功晋爵为侯。魏军精锐损失大半，元气大伤，朝野哗然。元英损兵折将，萧宝夤支援不力，按律当斩。考虑到二人前功，赦免死罪，双双削爵，罢官为民。

惨败后，北魏没有能力对南方发动全面进攻了，于是寻找"局部突破"。永平四年（511年），边界军镇、南梁的朐山城（今江苏连云港西南）发生内乱，守将被平民王万寿所杀。后者向北魏称臣，并向北魏的徐州刺史卢昶求援。卢昶派兵占领朐山。梁朝迅速反攻。

朐山紧挨着郁洲（在今连云港，当时只是海上一座岛屿）。南朝失去了对今河北、山东的控制后，在郁洲侨置了青、冀二州，保留对北方的名义统治。徐州刺史卢昶过分看重郁洲的重要性，进而高估朐山的重要性，认为巩固了朐山，可以攻克郁洲，进而彻底消除南朝对北方的统治。卢昶上奏宣武帝，要求重兵争夺朐山。宣武帝听从意见，陆续派兵累计超过十万，力图守住朐山。卢昶手握重兵，既不能突破梁军对朐山的包围，甚至连粮草也运不进朐山。结果，梁军在马仙琕的指挥下，从容不迫地围攻朐山城。十二月天降大雪，困守朐山的魏军弹尽粮绝，主动投降。卢昶见朐山丢失，扭头就跑，带动十万魏军跟着溃散。当时大雪封路、天寒地冻，北魏士兵沿途因伤冻减员很多，马仙琕指挥梁军随后追杀，最终只有一万多魏军逃回后方。朐山之败是钟离之后北魏又一大惨败。

受两次大捷的鼓舞，萧衍在三年后（天监十三年，514年）决定北伐。有个投降的魏人（王足）向萧衍献策，说淮水下游的浮山（今安徽五河一带）地势很适合修筑大坝，以此抬高淮水来水灌寿阳。萧衍欣然采纳，决定拦淮水修筑"浮山堰"，除掉寿阳这个心头之患。在此后近两年时间里，梁朝从徐、扬二州大肆征发民工，每四户出一人参加工程。施工环境恶劣，监工催促又急，民夫不断因为劳累、饥饿、疾病而死。工地上随处可见尸体和奄奄一息的百姓。此段淮水泥土松软，堵塞河道很不容易，经常是沙石填下去就被水流冲走了。官府就从后方征用了上千万斤铁器堵塞河道，效果也不理想，又想到伐树做木笼，装上石头填埋河道，为此几乎砍光了淮南的树木。

北魏派遣李平到寿阳负责迎战，又起用萧宝夤专门破坏浮山堰。萧宝夤想到的方法就是去进攻工地，结果被重兵以待的梁军击退。眼看堰坝将淮水抬得越来越高，北魏有意派遣大军增援。李平不以为然，上奏说："所谓的浮山堰就是一个异想天开的工程，终究要垮掉。我们根本不用派兵，就看着南朝出洋相就可以了。"北魏朝廷采纳李平的建议，只是在寿阳城附近的八公山上建筑城池，防备寿阳一旦被淹，可以转移军民，并不做其他准备。

天监十五年（516年）夏，被寄予厚望的浮山堰终于建成。堰坝总长九里，高二十丈（三十多米），是当时世界上最高的土石大坝。大坝抬高了上游水位，形成了一个方圆几百里的人工湖，相当壮观。寿阳城果然被水围困，北魏军民被迫弃城上了八公山躲避。

萧衍的计划看似成功了。不过，梁军如何去占领汪洋之中的寿阳城呢？更糟糕的是，浮山堰腰斩了奔流的淮水，人工湖的面积不断扩大，水位持续上涨，很快就和堰顶相平了！眼看着大坝要决堤了，驻守的梁军慌成一团。有人看到八公山上的水位也在不断上涨，利用魏军怕淹的心理四处散布说："梁军不怕打仗，就怕有人把水泄掉。"魏军一听，果然开始在人工湖边上挖渠泄水。可是，魏军泄洪的速度远远赶不上淮水上游来水的速度。四个月以后，516年的秋天，人工湖洪水泛滥，史上最大的大坝——浮山堰轰然坍塌。堰垮之时，声响如雷，三百里内都可以听到。寿阳被洪水淹没，此段淮水及其下游的城镇、村落几乎无一幸免，全部没入水底，数以十万计的百姓被奔腾的洪水冲入大海。洪水退后，八公山上的魏军不慌不忙地回到寿阳城。梁朝军民损失惨重。萧衍为北伐征发的将士、军需全部付诸洪水，顷刻间输得一塌糊涂。从此，他再也不轻言北伐。

在南梁专注浮山堰期间，元恪利用梁军主力集中东线、巴蜀地区守备空虚之机，于延昌三年（514年）底任命高肇率军十五万攻打巴蜀。大军还在路上，元恪就在延昌四年（515年）正月病逝了。之后，北魏统治层忙于诛杀高肇，西征一事不了了之。南北各自内部争斗接踵而来，双方把注意力都收回朝堂之上。直至北魏灭亡，南北方沿着淮河一线保持了十多年的短暂和平。双方任由淮河南北上百里的拉锯地带荒芜着，杂草丛生，虎狼出没……

这一次休战，也象征着猛将辈出的南北争雄阶段的结束。元英、韦叡、马仙琕、曹景宗等人没有等到下一次战斗的开始，就陆续逝世了。

萧宝夤在北魏的表现，则要长得多。他年少亡国，寓居他人屋檐之下，个性低调稳重。萧宝夤对故国南齐念念不忘，志在复国，得到了一部分人的敬重。他屡次请求边任，北魏就任命他为徐州刺史，将东线托付给他。萧宝夤在任上，勤于政事，官声不错。北魏还将公主下嫁给萧宝夤。北魏末年，起义频繁，局势动荡。羌人莫折大提在关中地区自称秦王，屡败官军。朝廷任命萧宝夤为大都督，率军西征。萧宝夤在关中与起义军英勇作战多年，遏制了莫折念生势力的壮大。北魏能够保全关中，主要赖萧宝夤之力。孝昌二年（526年），北魏加封萧宝夤为假大将军、尚书令，以示笼络。不想，萧宝夤看到北魏境内烽烟四起，动乱日益蔓延，内心萌生了割据自立的想法。北魏朝廷对他也不是真正信任，加派御史中尉郦道元为关中大使，监视萧宝夤。萧宝夤感到既委屈不满又恐惧，认定郦道元是来暗算自己的。于是，萧宝夤秘密派部将攻杀郦道元，正式称帝，遣将四出攻城略地，意图割据关中。可惜，萧宝夤实力太弱，外有北魏派军自东向西进剿，内有起义军和陕西郡县抗命。萧宝夤兵败，只好带着妻子和部下百余骑逃跑，投奔起义军万俟丑奴部。永安三年（530年），万俟丑奴部起义军被魏军剿灭。丑奴和萧宝夤都成了阶下囚，被押送京城洛阳。北魏庄帝下诏将萧宝夤在京城大街上示众，任由军民人等围观三天后赐死。

三七 / 胡作非为胡太后

延昌四年（515 年），六岁的北魏孝明帝元诩登基。皇位更替之时，擅权外戚高肇被派去攻打四川了。朝中做主的是中书监崔光和领军将军于忠。他们请出被高肇监视居住的宗室。任城王元澄、高阳王元雍、清河王元怿、广平王元怀等人都参与决策。大家很快就将高肇送上了西天，开始拨乱反正。

元诩的生母胡氏是陇西安定人，年轻时一度入佛寺为尼，后因美貌被召入宫中封为低级嫔妃。鲜卑人对汉武帝预防后宫专权而赐死太子生母的做法非常欣赏，明定为制度。此后，北魏的妃子既希望生育儿子，同时又担心生出的孩子日后被选立为太子。胡氏却非常希望生育皇子，没有表现出一丝对死亡的恐惧。她生下了元诩。元诩是元恪唯一的儿子，元恪计划立他为太子。按律，胡氏应该先被处死。但元恪非常喜爱胡氏，赦免了她。胡氏在元恪在位期间遭到高肇的无情打压。之前，高肇的女儿高皇后不能生育，在后宫一直想置胡氏于死地。群臣当然认为胡氏是同路人，先是尊她为皇太妃，很快升为皇太后，请她临朝听政。

朝臣很快发现，胡太后并非恪守妇道的一介女流，而是深谙政坛、手腕高超的权力玩家。推翻高肇的势力，以崔光、于忠领头。崔光是个明哲保身的老官僚，于忠则行为粗暴，掌握了实权。他把持政令，又负责宫廷宿卫，权力极大，重大决策几乎由他一个人说了算。宗室王爷被软禁多年刚被放出来，即便对于忠不满，也无力抗衡。结果，于忠表面上尊贵无比，实际上自我孤立了。胡太后瞅准机会，趁于忠疏于防范，当众解除他的侍中和领军将军的职务，外放为冀州刺史。一鸣惊人后，胡太后不等朝臣看明白她的招式，迅速任命妹夫元乂为侍中、领军将军，并提拔身边宦官刘腾担任卫将军，掌握了实权。她又见清河王元怿英俊潇洒，便和元怿勾搭成奸，引元怿为外援控制朝政。元怿精明勤政，很好地协助胡太后掌控了朝政。北魏进入了胡太后当权时代。

当时，北魏国势不断下滑，各种矛盾开始显现。胡太后对这一切熟视无睹，一心享受。胡太后佞佛。也许是早年做过尼姑的缘故，胡太后深信佛教可以赎罪。她大把投资佛寺，助长寺院势力的扩充，希望以此来赎罪孽、积功德。胡太后在洛阳主持兴建了永宁寺、太上公寺等佛教工程。其中永宁寺规模宏大，寺中有一座佛塔，高九十丈，塔上立柱高十丈，离京城百里之遥都能看到。该寺有僧房多达千间，僧人过万。胡太后还热衷参加佛教活动，大小佛事有空必到，每次都少不了施舍，钱数动辄数以万计。上行下效，地方官府也纷纷兴建佛寺，资助佛事。官府因佛事而大兴土木，征发无度，百姓疲于徭役之苦。任城王元澄看不下去，就劝胡太后说："章台丽而楚力衰，阿宫壮而秦财竭。"希望她以史为鉴。胡太后对他优答礼遇，但就是不采纳意见。时间长了，元澄也懒得说了，干脆闭门不出。神龟二年（519年），元澄病逝。胡太后加以殊礼，备九锡，以帝王之礼安葬了这位经历四朝的老王爷。哀荣过后，北魏再也没有出现像元澄那代人一样忠勇能干的人物，再也没有人敢于直言劝谏了。

　　北魏以武力兴国，最初文武官职划分并不明确，官员在文武官职之间调动很自然。汉化之后，"文武分治"开始固定，文官序列开始压过武将序列。朝野出现重文轻武的趋势，文官轻视武将。元澄病逝的这一年，朝廷采纳征西将军张彝之子张仲瑀的建议，改革人事制度，武人不得担任清要的官职。这就在制度上将对武将的歧视固定化了。消息传出，洛阳城中驻扎的羽林、虎贲将士一片哗然。二月二十日，近千名羽林、虎贲在尚书省前大闹大骂，指名要找张仲瑀之兄张始均。尚书省的大小官吏吓得紧闭大门，不敢进出。事情越闹越大，将士开始用砖瓦石块砸尚书省大门，砸了好一会儿后又向张家奔去。他们一路上拾取柴草，收集木棒石块，冲到张家就四处打砸，点燃火堆要烧房子。征西将军张彝被拖到堂下，任意打骂；张始均已爬墙逃到外面，见状返回，向乱党叩头，哀求将士饶父亲性命，竟被抓起来丢到火里活活烧死。始作俑者张仲瑀被打得身受重伤，侥幸逃脱。张彝被打得奄奄一息，两天后不治身亡。事后，胡太后只将为首的八人斩首了事，其余人等一概不问；取消了已经颁布的制度，下诏大赦，宣布准许武官参选。这次禁卫军闹事，胡太后轻描淡写，朝廷的威信荡然无存。不仅洛阳的禁卫军不念胡太后的好，还让有识之士捕捉到了天下将乱的征兆。

　　胡太后越来越喜欢元怿，日益倚重，用他辅政。元叉、刘腾的权力受到了限制。元怿平日又常常批评元叉、刘腾违法乱纪。元叉、刘腾二人就恨上了元怿，必欲去之而后快。他们先是指使他人告发有人要拥立元怿做皇帝，可是胡太后压根儿就不信。元叉、刘腾决定利用十一岁的小皇帝元诩，将胡太后和元怿一块儿扳倒。二人先买通主食中黄门（管皇帝食物的宦官），由他向元诩"自首"："清河王收买小人，要毒死陛下。"元诩信以为真。他慢慢长大，开始对元怿和母亲的"丑事"看不下去了，知道元怿要害自己后更是气愤。元叉、刘腾趁机靠近小皇帝，为他出谋划策，教他如此这般。神龟三年（520年）七月的一天，元叉突然请元诩升殿召见群臣，刘腾关上后宫大门，把胡太后软禁起来。元怿随着大臣进宫，立即被抓起来。刘腾宣布元怿谋反。当晚，元怿即被杀害。元叉、刘腾又假造胡太后诏书，说她因病不能理事，还政给皇帝。群臣错愕之余，都不敢反对。元叉、刘腾戏剧性登台掌权了。

此后几年，大小政事都由元叉与刘腾二人决定。元叉及其父亲京兆王元继贪财好货，一味敛财。绝大部分官职都可以用钱购买。北魏吏治败坏到了极点。而刘腾以太监之身出任司空，每天对中央各部门发号施令。整个朝廷唯他马首是瞻。在宫廷内，刘腾囚禁胡太后。内宫宫门紧闭，钥匙由刘腾亲自掌握，即便是皇帝元诩也不能进去看母亲。胡太后终日幽居深宫，很少有人过问，有时缺衣少食，生活在饥寒之中。

正光四年（523年），刘腾死了，对胡太后的囚禁开始松弛。小皇帝元诩可以去探望胡太后了。也就是在这一年，北方六镇起义开始爆发，天下局势开始动荡。朝野对元叉等人的专权、贪腐纷纷表示不满。正光五年（524年）秋天，胡太后趁着儿子和群臣来探望自己，发脾气说："你们不准我们母子往来，防我像防贼一样，我待在这里做什么！我决意出家。"说着，她就动手剪起头发。元诩和大臣叩头劝阻，胡太后反而闹得更凶了。元叉见状，居然答应胡太后、元诩母子可以自由往来。胡太后因此留元诩在身边住了好几天，逐渐挽回了儿子的好感，把小皇帝拉到自己的一边。

正光六年（525年）二月，胡太后和元诩出游洛水。途中，高阳王元雍邀请太后和皇上到他家中。三人秘密商定共同对付元叉。元叉兼任着领军将军一职，指挥着禁卫军，让政敌忌惮三分。好在元叉政治迟钝又麻痹大意，胡太后选了个机会对元叉说："你既然忠于朝廷，操心国事，为什么不解除领军将军一职，集中精力辅政？"元叉竟然乖乖请求卸任领军将军。兵权一收，胡太后马上动手。四月初二，胡太后宣布重新临朝摄政，下诏追削刘腾官爵，免掉元叉一切官职。随即有人告发元叉勾结六镇造反，结果元叉被赐死，其父元继被废黜。

胡太后重操权柄，面临的局面比上一次掌权时更恶劣、更危急。北方六镇起义导致的造反活动愈演愈烈，南方梁朝攻克了北魏寿阳等数十座军镇。胡太后非但不奋发图强，依旧贪图享受，还自欺欺人，在朝堂上闻喜不闻忧。上下官僚就都向胡太后汇报北魏境内一派安居乐业的景象；对日益壮大的起义队伍，他们轻描淡写地说是少数盗贼骚动，很快就会被地方官吏肃清。

胡太后似乎要把"失去的时光"夺回来，爱上了化妆打扮，纵情声色，蓄养男宠。她之前就与父亲胡国珍的属员郑俨相好，再次临朝后任命郑俨为谏议大夫、中书舍人，又让他兼任尝食典御一职，经常留在宫里淫乱。中书舍人徐纥善于察言观色，看到郑俨得势，就委身投靠。郑俨见他有才有谋，与他结为一党。郑俨很快升到中书令、车骑将军。而徐纥升为黄门侍郎，仍兼舍人，实际把持了帝国政令。

胡太后、郑俨、徐纥等人举止失措。正史很不客气地说胡太后掌权期间，"朝政疏缓，威恩不立，天下牧守，所在贪婪。郑俨污乱宫掖，势倾海内；李神轨、徐纥并见亲侍。一二年中，位总禁要，手握王爵，轻重在心，宣淫于朝，为四方之所秽"。政治黑暗引起了朝野的普遍不满。

高阳王元雍是孝文帝的弟弟，长期位列宰辅，财富堪比皇帝。高阳王王府的园林和皇帝的宫殿差不多，摆设奢华。他身边常随虎贲甲士百人，打着用鸟羽装饰的伞，出则随从唱道，仪仗成行，入则歌姬舞女，击筑吹笙，丝管迭奏，连霄尽月，称得上"贵极人臣，富兼山海"。元雍吃一顿饭，怎么也得花数万钱，相当于一般官宦家庭一年的伙食费。尚书令李崇和元雍财富不相上下，但很吝啬，对人说："高阳王的一顿饭，要顶我一千天呢！"

河间王元琛担任定州刺史，以贪婪而闻名，任满回京时大车小车载着金银珠宝往家里拉，轰动一时。胡太后知道了，说他："元琛在定州做官，就差没把中山宫搬回来，其余没有不弄到手的！"元琛看到大家都在羡慕元雍的富有，很不服气，暗中与元雍比富。他高调地在家里陈列艺伎、车驾和不可胜数的金银珠宝，其中有金瓶、银瓮百余口，以金为辔头，用银槽喂马。河间王府房屋的华美就更不用说了，窗户上装饰着用黄金做的飞龙、美玉做的凤凰，房前遍栽各种果树，条枝入檐，人们坐在楼上就能摘食。元琛故意动不动就邀请宗室、贵族、大臣到家里宴会，请客时专用从异域买来的水晶钵、玛瑙杯、琉璃碗、赤玉卮，每一件都工艺精致，出奇华丽。他还喜欢请宾客参观家里堆满金银绸缎的府库，炫耀令人眼花缭乱的羊毛毯、蜀锦、珠玑、绣缬、绸丝彩、越葛等，四方珍品应有尽有。一次，章武王元融应邀到元琛府上做客。元融也是巨富，可依然在元琛家里大受刺激，忌妒坏了。他把自己的动产、不动产算来算去，都比不上元琛的财产多。元融为此气得三天三夜起不了床。

一次，胡太后领着群臣巡查后宫，看到后宫库存的布帛太多，有的已经发生霉变，有的因无处堆放，只好在门廊边堆着。她便对大臣说要奖赏有功之臣，后宫的布帛谁能拿多少就拿走多少。众人一听，争先恐后地冲上去抢夺布帛。一百多人拼命地搬取，有人卷走一百多匹，而李崇和元融干脆背，每人都背了近二百匹，结果没走多远，元融就跌倒在地，扭伤了脚，李崇则扭伤了腰。

斗富行为恶化了朝廷风气。官吏变着法子地敛财。吏部尚书元晖公开标价卖官：太守大郡两千匹绢，次郡一千匹绢，下郡五百匹绢；其他官职也按等级不同，售价不同。上党太守出缺，中散大夫高居向皇帝请求补缺，皇帝答应了。但吏部尚书元脩义已经把上党太守"卖"给别人了，就是不让高居去上任。高居急得在公堂上大喊："有贼！"有人问他："光天化日，哪来的贼？"高居指着元脩义说："就是坐在堂上的人。皇上已答应我担任上党太守，但因为他收受了别人的贿赂，就不听皇帝命令，不让我上任，这难道不是白日行劫吗？"卖官鬻爵严重冲击了官场的正常秩序，加上官多职少，大量人员升职无望。为解决矛盾，崔亮担任吏部尚书时，奏请"停年格"，即不问官员才能，一律按照资历来决定当官和升官的先后；凡有空缺职位，不问贤愚，择资历老的人优先叙用。

贵族官僚在斗富，北魏的百姓却过着食不果腹、衣不蔽体的赤贫生活。此外，他们还要供官府驱使劳动，妻离子散，终年得不到休息。愤怒在百姓心底堆积，一旦遇到合适的环境就会喷发出来！

北魏的外敌，除了南朝，还有北方的柔然。柔然拥有"风驰鸟赴，倏来忽往"的骑兵队伍，威震漠北，几乎年年侵扰北魏边境。为防御柔然、拱卫京都平城（平城离北方边境不远），北魏积极防御，修筑长城，在东起河北，西至黄河河套地区，延袤两千余里的边境线上设置军镇，调兵遣将驻守。北魏设立了六大军镇，称为"六镇"：沃野（今内蒙古五原北）、怀朔（今内蒙古固阳北）、武川

（今内蒙古武川西）、抚冥（今内蒙古四子王旗东南）、柔玄（今内蒙古兴和西北）和怀荒（今河北张北）。

初期，北魏朝野非常重视六镇。六镇的将领都从北魏贵族豪强甚至是宗室子弟中挑选；官兵也是鲜卑人的精壮。他们地位崇高，待遇优厚，经常能得到封赏和恩赐。六镇将领被视为"国之肺腑"，升迁的机会比内地的同僚要多；士兵被视为"国家精锐"，根本不用为生计发愁，可以耀武扬威地驰骋四方。女子都以能嫁给六镇的边将和士兵为荣。

孝文帝迁都洛阳并大规模汉化后，六镇官兵的待遇完全逆转。柔然对洛阳的威胁极少，且汉化后国家崇文轻武，六镇的政治、军事地位不断降低。六镇的鲜卑将领逐渐被排挤出权力核心，一般军官也被排斥在"清流"之外，他们的升迁和待遇远远落后于内地的同族、同僚。洛阳的贵族将边将看作鄙夷的粗俗军人，傲慢得很。一般人也将去六镇视作畏途。士兵的特权没有了，优厚待遇也没有了，连吃穿都失去了保障。精壮的士兵到境外去掳掠财物，老弱的则砍伐山林、耕种田地，辛辛苦苦一整年，收入微不足道。更可悲的是，许多士兵拖家带口，常年滞留边镇，生活困难且得不到改善，类似于流放。鲜卑精壮和汉人地主子弟自然不愿意再去边镇当兵，朝廷就把犯官、囚犯、流民等人发配到六镇去补充缺额，后者最后成了六镇军官和士兵的主要成分。

六镇因为战斗频仍、行政特殊，汉化潮流并没有涌动到这一区域。相反，六镇的汉人反过来被鲜卑化了，跨马横刀，还改姓鲜卑姓氏。官兵保留了草原民族骁勇善战的作风，战斗力较强。

北魏内部分裂成了两个不同的区域。一个是以洛阳为中心的汉化区域，以农耕文化为主。统治的鲜卑人经过汉化提高了文明程度，可也沾染了汉人柔弱、内斗和中庸等特性。另一个是以六镇为核心的北方区域，面积狭长，笼罩在这一个区域的北方，以草原文化为主。两个区域制度不同，文化不同，交流越来越少。可怕的是，双方相互仇视，隔阂日益深重。这是非常危险的。任城王元澄曾向胡太后指出：北方边将的地位越来越轻，恐怕对御敌固边不利，进而危及社稷，请求朝廷严格挑选边将，整顿六镇军队。李崇也指出：取消六镇军民一体的特殊政区，像内地一样划分为州县，同时进行汉化改革，与内地一视同仁。胡太后对这些意见一律束之高阁，不闻不问。

胡太后的精力正放在建造佛教石窟上。现存的洛阳龙门石窟，就是胡太后主导的杰作。石窟在洛阳南十二公里、洛水边的龙门悬崖上,其中的佛像浮雕难以确数,有数万个之多。这些杰作,是胡太后倾全国之力的宏大工程,主要完成于5世纪90年代北魏迁都之后的三十年间。这三十年之后,北魏帝国迅速走上了衰亡之路……

三八 / 六镇起义

曾在北魏朝堂上掀起风浪的领军将领于忠有个弟弟于景。于景在武卫将军任上秘密筹划推翻专权的元叉，事情败露后元叉"客气"地留了于景一条性命，只是将他调任怀荒镇去守边关。于景做镇将，一肚子不满意，将怨气发泄到了官兵身上。我们知道，六镇官兵的待遇每况愈下，已经怨声载道了，于景一来，怀荒的官民关系更是雪上加霜。正光四年（523年），柔然攻掠边境，于景组织怀荒镇军民抵抗。官兵一直吃不饱肚子，此时就请求于景发粮，让大伙填饱肚子有力气打仗。于景用一贯的粗暴态度断然拒绝，愤恨的官兵一哄而上，将于景杀死，然后宣布造反。

怀荒镇的造反是一起突发性群体事件，事前缺乏严密的组织，事后没有什么大动作。但是它激发了六镇官兵埋藏已久的怒吼。怀荒镇造反后，其他北方边关纷纷揭竿而起。沃野、高平、怀朔、柔玄各军镇造反了，秦州（今甘肃天水）、营州（今辽宁朝阳）等地方州县也旗帜变换。就连在北魏南方边界的北荆、西荆、西郢三个州也出现了内战烽火。几个月时间，怀荒的星星之火变成了燎原的熊熊烈焰。

这些造反组织首领不是称帝就是称王，著名的有：秦州的羌人兵士莫折大提起兵称王，他死后儿子莫折念生称帝，动摇了北魏在关中地区的统治；孝昌元年（525年），柔玄镇士兵杜洛周在上谷（今北京延庆）起兵，队伍发展迅速，很快拥兵近十万，使长城东段不再在北魏控制之下。其中实力最强、对北魏威胁最大的是匈奴人破六韩拔陵的队伍。沃野镇的官兵在破六韩拔陵的率领下杀死镇将，起兵造反，得到长城中西部各镇的响应。破六韩拔陵很快整军向东、向南前进，摆出一副要与北魏争夺天下的态势。他的军队很快东进到怀朔、武川两镇。怀朔镇很快被攻克，破六韩拔陵的部队在武川镇则受到了挫折。

武川镇还有一些不愿意附和造反的官兵。当其他各镇都起义后，武川却没有动静。破六韩拔陵的部将卫可孤兵临武川城下。城里很多军民逃跑了，剩下的军民商议抵抗，形成了以军主（队长）贺拔度拔和士兵宇文肱两个人为核心的骨干力量。

贺拔度拔是敕勒人，世代在武川镇当兵。他有三个儿子，分别是贺拔允、贺拔胜和贺拔岳，都勇猛过人，能左右开弓。其中小儿子贺拔岳尤其出色，贺拔度拔早年曾勒紧裤腰带支持小儿子去洛阳太学读过书，贺拔岳称得上文武双全。

宇文肱是鲜卑宇文部落人。宇文部落被拓跋部落打败后，很多人被安置在北方边镇从军。宇文肱家也世代在武川镇当兵，他有四个儿子：宇文颢、宇文连、宇文洛生、宇文泰。宇文家的四个儿子也是勇猛过人。宇文肱最喜欢小儿子宇文泰。宇文泰，小名黑獭，出生于507年，当时只有十六七岁，也和父兄一道持刀搭弓，上阵迎敌。

敌我实力相差悬殊，贺拔度拔、宇文肱等人觉得困守武川镇只会坐以待毙，只有出其不意地对破六韩拔陵的部队发动突袭才有可能侥幸取胜。于是，两个人带上儿子和少数人，埋伏在卫可孤必经的道路上。突袭开始！贺拔岳一箭射中卫可孤的肩膀，宇文肱带着儿子冲杀过去，将卫可孤杀死。无奈敌军实在太多，贺拔度拔、宇文肱等人很快就陷入了重围。宇文颢看到父亲宇文肱被敌兵层层围困，奋勇杀入重围，所向披靡，一连杀死了数十名敌兵，救出父亲。不幸的是，撤退时，宇文颢精疲力竭，被敌人追上杀死。武川还是被起义军占领了。

宇文肱、贺拔度拔摆脱敌人后，会合一处，商议出路。他们决定原地休整，同时派贺拔度拔的次子贺拔胜赶往五原（今内蒙古包头西北），向驻扎在该处的北魏官军通报消息，请示下一步的行动。贺拔胜刚走，一队造反的敕勒骑兵席卷而来。贺拔度拔、宇文肱这支残军猝不及防，贺拔度拔战死，其余人马失散。贺拔度拔的另两个儿子贺拔允、贺拔岳南下五原，追赶贺拔胜去了。宇文肱则带着三个儿子向东逃，前往河北讨生活……

北魏对破六韩拔陵的壮大忧心忡忡，调兵遣将镇压他。正光五年（524年），临淮王元彧、安北将军李叔仁先后被破六韩拔陵打败。官兵非但没能消灭起义，反而给起义军送去了大批军械、兵源，造反者越来越强大。三朝老臣李崇之前建议将六镇改为州县，朝廷如今赶紧宣布将六镇改为州县，使军民、将领待遇与内地相同。可造反者不会因为这个迟到的改革而束手投降。朝廷又加派李崇去征讨起义军。可怜李崇已经七十岁了，无力上阵，所能做的就是勉强阻挡起义军南下而已。不久，广阳王元渊上表弹劾李崇军中长史诈增功级、盗没军资，李崇因负有领导责任而被免去官爵。朝廷改派元渊率领主力进驻五原。

在关中地区，北魏朝廷信任降将萧宝夤，授权他征讨四方。孝昌元年（525年），萧宝夤在马嵬（今陕西兴平西）大破莫折念生。但是北魏军队军纪太差，大肆掳掠城池，把老百姓都逼到造反者阵营去了。莫折念生战场失利，在人心上却大获全胜。在安定，萧宝夤和造反的万俟丑奴的部队又打了一仗。这一仗，魏军已经打胜了，却急于掳掠，自乱阵脚，遭到起义军反扑，大败而逃。魏军勇将崔延伯阵亡。魏军士气大受打击。

关中两军拉锯时，广阳王元渊取得了一场辉煌的胜利。他主动联络宿敌柔然，和柔然君主阿那瑰结成了镇压六镇起义的联盟。柔然出兵十万，在从武川到沃野的广阔战线上对起义军发动进攻。破六韩拔陵面临阿那瑰和元渊的南北夹击，抵挡不住。起义军二十多万人遭到元渊包围而投降。起义军主力失败，破六韩拔陵不知所终。这场胜利大大缓解了北魏的危急境况。朝廷收复多处重镇，为防止军民降而复叛，将几十万人口迁徙到内地，安置在现在河北省中南部地区。这些百姓就被称为"降户"。他们都是六镇贫苦的百姓和士兵，刚刚经历了一场动乱的洗礼，如今又不得不背井离乡，被逼迫到一个陌生的环境中生活。官府只负责迁徙降户，却不提供安置和帮助。降户在河北衣食无着，寄人篱下，陷入赤贫境地。原本起义只是在六镇边关爆发，范围有限，北魏此举无异于将六镇的怒火引到了华北。降户走到哪里，就迅速和当地的不满势力相融合，到处播撒反叛的种子。元渊眼睁睁看着朝廷移民，悲感：几年征战的成果就要付诸东流了！

果然，第二年（孝昌二年，526年），降户鲜于修礼（丁零人，原为怀朔镇兵）率流民在定州左人城（今河北唐县西北）起兵。河北各地的降户马上响应，在河北游荡的宇文肱父子四人也参加了起义。原本没被彻底镇压的杜洛周在北方死灰复燃，和鲜于修礼南北呼应。

鲜于修礼率军进攻定州。魏军都督杨津闻讯，抢先进入定州抵抗。针对起义军多是乌合之众，杨津等起义军冲到城下后，突然大开城门，主动出击。起义军始料不及，被冲杀得七零八落，溃散而逃。宇文肱和次子宇文连不幸死在定州城下。宇文洛生、宇文泰两兄弟则含悲随大军南撤到了滹沱河畔（今河北正定一带）。北魏朝廷加派扬州刺史长孙稚和河间王元琛北上，想趁机彻底解决新败的鲜于修礼。结果，鲜于修礼没被剿灭，长孙稚和元琛却被打得稀里哗啦。大队魏军成了起义军的"运输队"，送来了大批军械、粮草。起义军败中求胜，迅速壮大为十万人的队伍。鲜于修礼队伍壮大后，内部矛盾也爆发了。部将元洪业想要降魏，杀死鲜于修礼。另一个部将葛荣原本是怀朔镇的镇将，出身鲜卑贵族，却不愿意投降，杀了元洪业，被起义部众推为新领袖。

葛荣的军事能力远在士兵出身的鲜于修礼等人之上。他继任领袖后，整顿起义军，提升战斗力，和政府军展开了激战，接连斩杀章武王元融、广阳王元渊、河间王元琛，声势大涨。其中，元渊之前镇压了破六韩拔陵，在六镇降户中威望很高。他的死，大大激励了降户的士气。葛荣乘胜称帝，建立了齐国。六镇余众、底层百姓不断归附，起义军日益增多，号称有百万之众。当时已经降附杜洛周的低级军官高欢，就南下投靠了葛荣。日后叱咤风云的高欢集团、宇文集团的许多人，当时都会聚在葛荣麾下。不过，葛荣起义军缺乏纪律和长远规划，占领一地后不从事建设，到处屠杀掳掠，甚至上演了屠城的惨剧。他们劫掠一地后，就带着物资、粮食前往下一个地方，注定不能成长为一个成熟的政权。

在关中，莫折念生被叛徒杀害，万俟丑奴被各路起义军推举为新首领。万俟丑奴的部队气势高涨，将魏军压缩在少数据点。萧宝夤迷茫无出路，索性在长安称帝，在北方复辟了南齐。关中的局势急转直下。

在大动荡中隐藏在葛荣麾下的年轻人高欢，需要额外的关注。高欢于495年生于怀朔镇。发迹后，他说怀朔高家出自渤海高氏，是北方汉人豪门之后。事实上，高欢只是一个怎么看都像是鲜卑人的怀朔镇草民，生活在帝国的最底层。在他使用"高欢"这个名字之前，人们都叫他的鲜卑名字"贺六浑"。高欢辩解说，祖父、北魏侍御史高谧因犯法迁居怀朔镇，所以高家长期居住边陲，从语言到习俗逐渐与鲜卑人没有什么差别了。高谧生子高树，高树生下了高欢。

高树生活潦倒，不事生产，除了似乎短暂当过底层士兵就没有其他经历可查。高欢年幼时，生母韩氏去世。高家的生活更加混乱。幸亏高欢的姐姐已经嫁给了镇上的狱官尉景，高树就把高欢送给女儿、女婿抚养。高欢在姐夫家长大。摆在他面前最现实的人生规划就是当兵，扛枪吃粮。当时，六镇士兵都被要求自备武装。高欢想当骑兵，当骑兵就要自带马匹、装甲。可是姐夫家很穷，除了一杆长矛其他都提供不起，高欢就只好扛着长矛入伍，当了一名看守城墙的无名小卒。

高欢长得一表人才，唇红齿白，长头高颧骨，尤其是一双眼睛炯炯有神。这样的帅哥杵在城墙上非常醒目。一天，怀朔富户娄家的小姐娄昭君路过，看到在城墙之上的高欢，一见钟情，情不自禁地叫出声来："这才是我要嫁的丈夫！"女有情男有意，两人很快谈婚论嫁起来。可惜，娄家的长辈实在看不出高欢有什么前途，就提出了非常苛刻的彩礼要求，想逼退高欢。娄昭君暗地偷出家中金银财物，搬到高欢家。高欢转手送回娄家，当作彩礼。二人终结良缘。娄昭君是历史上著名的贤内助。她顾全大局，为了丈夫的事业委曲求全。娄昭君是高欢的发妻，但高欢日后为了与柔然缓和关系，需要娶柔然公主为妻。高欢觉得对发妻过意不去，犹豫不决。娄昭君知道后，反倒劝高欢不要迟疑。高欢娶柔然公主为正妻后，娄昭君主动腾出正室，让高欢合婚。

娶妻成家后，高欢在娄家的支持下置办了马匹、装备，在怀朔镇当上了一名小队长，不久又升为函使，负责在怀朔和洛阳之间往来传递信函。也就是在这个职位上，高欢目睹了洛阳禁卫军的骚乱事件，判定北魏将乱，早早结交豪杰，迎接乱世的到来。在他结交的同乡和底层官兵中，最有名的就是侯景。侯景比高欢小八岁，是世居怀朔、已经鲜卑化的羯人人，从小顽劣不羁，没人敢惹，但是和高欢能对上脾气。侯景身高不满七尺，而且左脚生有肉瘤，连路都走不稳，但擅长骑射，膂力过人，因此被军队特招入伍，逐步提升为功曹史、外兵史等小官。在风暴来临之前，高欢等人只能继续做贫困低微的小军官。一次，高欢去洛阳公干。洛阳令史麻祥送给他一块肉吃。高欢谢过之后，坐下就吃了起来。麻祥认为高欢胆敢坐在自己面前吃肉，而不是谦卑地站着吃，是轻慢自己，竟然把高欢捆绑起来，鞭笞了四十下。高欢背无完肤，跟跟跄跄地回到怀朔，伤口都流脓腐烂了，娄昭君心疼地昼夜服侍。时任怀朔镇将段长对高欢说："你有康济时世之才！我老了，活不到你发达的时候了。希望你日后富贵了，多多照顾我的子孙。"

六镇起义爆发后，怀朔镇的起义形势不太火热，高欢就和同伴尉景、段荣、孙腾、侯景等人在孝昌元年（525年）投到杜洛周麾下。高欢发现杜洛周并不是一个能够称王称霸的领导，就琢磨着取而代之，夺权自己干。杜洛周提前发觉夺权计划了，派兵捕杀高欢等人。高欢只好拖家带口地逃亡。他骑着家里唯一的马，娄昭君抱着儿子高澄和女儿骑在牛上，跟在后面。后有追兵，牛又跑不快，高欢心焦地骑一段路，就停马等妻儿跟上来。小儿子高澄途中几次落牛，高欢心急如焚，搭弓要射死儿子，吓得娄昭君在牛上大喊大叫。高欢弓都拉开了，随后逃亡的段荣及时赶到，将高澄救起，和高欢一家一同脱身。离了杜洛周后，高欢等人投奔如日中天的葛荣。但是，高欢看出葛荣也不是能成大事的领袖，毅然脱离葛荣，带着一帮子人西投尔朱荣。

尔朱荣是羯人，部落投降拓跋鲜卑较早，被安置在秀容（今山西忻州），于是就在此繁衍生息。尔朱荣家族世代为酋长，稳步积累实力，到北魏末年已经发展到牛马漫山遍野，依照毛色不同放牧在不同山区的地步了。六镇起义带动华北地方动乱不止，尔朱荣趁机散家财"招合义勇，给其衣马"，组织起数千人的骑兵队伍与起义军为敌。短短几年中，尔朱荣是北魏朝廷稳定山西地区的主要依靠力量。朝廷虽然对尔朱荣有戒心，但不得不任命他为大都督，负责山西事务。尔朱荣就以晋阳（今山西太原）为老巢，建立了根据地。

高欢的旧相识刘贵早已投入尔朱荣麾下，竭力向他推荐高欢。不过尔朱荣看到高欢时，正是高欢两经流亡、形容憔悴的时候。尔朱荣对高欢的"尊荣"大失所望，没有重用他，只是安排他干些杂活。一次，尔朱荣在马厩里看到一批暴烈的劣马，想测测高欢的本事，就叫他去修理马鬃。不想，高欢是驯马高手，很快就把劣马修理得焕然一新、容光焕发。完成任务后，高欢对尔朱荣说："驭人同养马是一样的道理。"尔朱荣对他刮目相看，拉他谈论时事。两人越谈越投机，从中午一直聊到半夜才歇。高欢建议尔朱荣："方今天子愚弱，太后淫乱，宠臣专权，朝政不行。明公雄才武略，乘时清帝侧，霸业举鞭可成。"高欢建议尔朱荣推翻北魏朝廷自立。这个建议正中尔朱荣下怀，令他重视起高欢来，让高欢参与军政大事。高欢也就将前途绑到了尔朱荣的战车上。

三九 / 河阴之变

胡太后第二次临朝后，和儿子元诩的关系迅速恶化。元诩不甘心有名无实，又对母亲淫乱宫廷很厌恶。武泰元年（528年），元诩的妃子生下一个女儿。胡太后竟然宣称生了一位皇子，还大赦天下。元诩已经十九岁了，痛心疾首，计划驱逐朝廷中的奸佞，限制母亲。环顾朝廷，元诩并没有可以信任的大臣。缺乏经验的元诩竟然选择引进外藩来清除母亲的势力。

被选中的外藩将领就是晋阳的大将尔朱荣。经过两三年的征战，尔朱荣基本扑灭了今山西地区的起义烈焰，成为黄河以北最强大的，尚且忠于朝廷的地方势力。尔朱荣的军队人数不满一万人，但他能骑善射，又有高欢、贺拔兄弟等干将指挥，真可谓是"精兵强将"。胡太后对他有所忌惮，虽然任命他为大都督，但把他的力量局限在山西地区。尔朱荣上表，主动要求去河北镇压六镇起义，胡太后就没有答应。接到元诩向洛阳进兵的密令后，尔朱荣马上整军南下。尔朱荣大军到达上党时，元诩却犹豫起来，命令他就地驻扎。

元诩优柔寡断之时，消息已经泄露。胡太后残忍地将亲生儿子元诩毒死。可是，皇帝暴亡，胡太后也给自己造成了巨大的麻烦。她能执掌朝政是因为她是皇帝生母。元诩死时尚未生育儿子。按理，不久前向天下宣布是皇子的女儿应该继位为新皇帝。事到如今，胡太后不得不宣布所谓皇子其实是女儿身。她选择元诩的侄子——时年三岁的元钊为新皇帝，想平息尔朱荣的进攻。尔朱荣早在起兵之时，就想做第二个董卓了。皇帝的死只是给他提供了绝好的借口而已。他根本就不承认洛阳的新政府，反而通告天下要追查元诩的死因。

尔朱荣的精兵很快逼近黄河北岸，洛阳掌权的徐纥等人并不以为意，认为："尔朱荣是马邑小胡，人才卑劣，自不量力来冒犯天颜，简直是自取灭亡。我们只要发动禁卫将士，就足以一战。尔朱荣不远千里挥兵南下，兵老师弊，我们不用做什么准备，以逸待劳就能打败他们。"胡太后采纳了情夫的意见，派遣黄门侍郎李神轨为大都督；派遣郑俨的族兄弟郑季明、郑先护二人驻守黄河河桥；派遣武卫将军费穆驻守黄河渡口小平津，采取守势。

尔朱荣深知，政治永远比军事重要。早在起兵之初，尔朱荣就开始物色政治盟友。他派侄子尔朱天光潜入洛阳。尔朱荣的堂弟尔朱世隆在朝中任直阁将军，向尔朱天光推荐了长乐王元子攸。元子攸是"贤王"彭城王元勰的第三子，受到胡太后的排挤，和胡太后等人有矛盾。此外，元子攸长期担任禁卫军将领，不仅有一帮禁卫军官兵支持他，清流世族和文官集团也拥戴他。元子攸既有当新皇帝的资格，又可以让尔朱荣集团争取到禁卫军和世家大族的支持。尔朱天光秘密会见了元子攸，元子攸欣然应允，带着家眷跟着逃出了洛阳。

尔朱荣有心改立新君，但人选还不确定。当时北方少数民族择立君主有一个传统：将所有的候选人铸铜像，请示天意，如果铜像铸成说明此人受命于天，可立为君；如果铸像不成，则上天不认可此人。尔朱荣挑选了六位王爷作为候选人，一一铸像，只有元子攸的铜像一举成功。四月十一日，尔朱荣在河阴（今河南洛阳东北）拥立元诩的叔叔长乐王元子攸登基称帝。元子攸就是孝庄帝，封尔朱荣为都督中外诸军事、大将军、尚书令等，晋爵太原王。这一着好棋让尔朱荣从叛乱者跃升为"挟天子以令天下"的正义之师。

孝庄帝登基后，局势就明朗了。胡太后立的小皇帝元钊原本就不为朝野所接受，听说元子攸登基后，洛阳的禁卫军官兵、清流文官和世家大族本来就和胡太后离心离德，现在争相出迎，向新皇帝表示效忠。元子攸登基当天，镇守黄河的郑先护、费穆等人主动归附，导致洛阳门户大开，大都督李神轨不战而退。消息传到洛阳，禁卫官兵四处溃散。领军将军元鸷是禁卫军的最高长官，也暗中投靠了尔朱荣。

胜负已定。郑俨和徐纥两个男宠跑得比谁都快。郑俨逃归乡里，想在地方起兵，结果为部下所杀；徐纥逃到江南归降萧衍，因为好慕权力、奴颜媚骨，为时人所斥。众叛亲离的胡太后在绝望中逃入佛寺出家，还强迫宫中所有嫔妃随自己一起削发出家。洛阳的皇室贵族和文武百官群龙无首，第二天就拿着皇帝玺绂，摆出皇帝法驾，公开出城去迎接新皇帝元子攸了。到此为止，尔朱荣起兵成功！

尔朱荣年轻时，在洛阳作为人质待过一段时间。武卫将军费穆当时就和尔朱荣认识，如今归降尔朱荣，两人久别重逢，都很高兴。费穆不知是为了表忠心，还是发泄对文官集团的不满，给尔朱荣出了一个残忍的主意："您的兵马不到万人，如今轻易长驱直入洛阳，恐怕不能长久服众。京师之众，百官之盛，一旦知道您的虚实，必然会产生轻侮之心。如果不'大行诛罚'，恐怕等您北归之后洛阳就会发生变故。到时候，您就前功尽弃了。"费穆所说的"轻侮之心"，指的是文官集团对军官的轻视，尔朱荣久居军阵，感同身受。他对费穆的意见很认同。于是，尔朱荣私下对部将说："洛阳人物繁盛，骄侈成性，不除掉他们恐怕难以控制。我想趁着百官出迎新皇帝之时，'悉诛之'，如何？"尔朱荣把费穆的"大行诛罚"发展为"悉诛百官"了。部将慕容绍宗反对："我们之所以取胜，是因为太后无道，失去了民心。主公以正义之师入洛阳，突然诛杀百官，不是良策。"尔朱荣没有采纳慕容绍宗的意见，决心大开杀戒来立威。

元子攸登基第三天，尔朱荣以"祭天"为名，命令洛阳的百官到河阴行宫的西北集合参加。文武官员陆续赶到河阴。当时的场面非常混乱，大臣越聚越多，既没有人出面组织，也谈不上任何祭天的准备工作，反而有骑兵横刀立马，气势汹汹地围绕着群臣。

宣称已经出家的胡太后被从寺庙中搜了出来，连同她立的幼帝元钊一道被押送到了河阴。胡太后看到尔朱荣"多所陈说"，试图为自己辩解。尔朱荣没听几句就拂袖而去，下令把帝、后扔到黄河里去。于是，士兵把胡太后和元钊装入竹笼，溺死在黄河里了。接着，尔朱荣集合宗室诸王训话。他大声追问"天下丧乱""明帝卒崩"的原因，诸位王爷无言以对。尔朱荣直言："这都是你们贪腐暴虐，不相匡弼导致的恶果！"随即，他挥手示意屠杀在场的所有王公。高阳王兼丞相元雍、司空元钦、仪同三司元恒芝、东平王元略、广平王元悌、常山王元邵、北平王元超、任城王元彝、赵郡王元毓、中山王元叔仁、齐郡王元温等人遇害。宗室王公被杀，引起了云集的大臣的恐慌。场面出现了骚动。尔朱荣又指挥外围的骑兵，对手无寸铁的文武百官展开了屠杀。顿时，河阴的土地上尸体相陈，血流成河。遇害的官员在两千人左右，超过京官人数的一半，且都是有资格参与迎驾和祭天仪式的高级官员。被乱兵杀害的大臣不仅包括素来为武人厌恶的世家大族子弟和奉行"文武分治"、鄙视武人的文官，也包括很多追随元子攸、对尔朱荣有功的大臣，比如献出黄河投降的郑季明、李遐等人。

有一百多位"祭天"迟到的大臣，被骑兵包围起来。士兵举刀正要杀戮，大臣伏地求饶时，有将领高喊："你们谁能写禅文，可以饶他一命。"所谓禅文，自然是让北魏皇帝禅让天下给他人的文章。当时在包围圈中的陇西李神俊、顿丘李谐、太原温子升等人都写得一手好文章，名声在外，但不愿当乱臣贼子，耻于从命，均趴在地上不吭声。御史赵元则怕死，连忙爬出来说自己能写禅文。于是，尔朱荣的将士授意他写了一篇北魏国运已绝、尔朱荣堪当大任的文章。

屠杀之前，尔朱荣有选择地保留了一批大臣。耿直忠心的大臣元顺，多次不合时宜地死谏。尔朱荣很赞赏元顺的品格，事先传话给元顺："大人留在洛阳办公，不必去祭天。"一些曾经对外地官兵有恩或者为武人鸣不平的官员，也得到了关照。比如江阳王元继对尔朱荣之前多方照顾和提携，被告知留在洛阳；大臣山伟曾经建议提高北方将士的待遇，被士兵认为是"好人"，屠杀当天特意被安排在洛阳值班。

还有一点容易被遗漏的史实是：部分大臣参与了对同僚的屠杀。这些人主要是不掌权的疏远宗室和洛阳的禁卫军将领。由于宗室繁衍以及朝廷对宗室成员的恩赏随着血缘的疏远而递减，越来越多的"皇亲贵胄"被排除出权贵行列。那些血脉疏远的元氏宗室生活并不如意，充满失落和忌妒，加入尔朱氏的阵营。比如，宗室元禹早在尔朱荣起兵前就投入麾下，参与了大屠杀的酝酿和实施；并州刺史元天穆也是宗室，老早就和尔朱荣结为异姓兄弟，尔朱荣称他为兄，但在政治上元天穆紧跟尔朱荣。尔朱荣起兵后，并州的政务就全权委托给了元天穆。领军将军元鸷也是宗室，投靠尔朱荣后，在大屠杀当天和尔朱荣一同登上高冢俯瞰血淋淋的屠杀现场。

孝庄帝元子攸对尔朱荣杀戮大臣的计划是知情的，甚至可能参与了谋划。和尔朱荣一样，元子攸也是轻而易举获得胜利，当上了皇帝。他同样对自己不自信，所以赞同用杀戮来立威。然而，元子攸万万没想到，原本设想的一场有限诛罚，却恶化成了一场惨烈的大屠杀，而且连忠于自己的大臣也被尔朱荣杀了。元子攸始料不及，追悔莫及。当声声惨叫传来时，元子攸和哥哥彭城王元劭及弟弟霸城王元子正一起走出帐外，要看个究竟。迎面走来二三十个持刀武士。元子攸强装镇定，喝问来者。冲过来的武士借口护驾，几个人抱起元子攸就往帐里走。剩下的人乱刀齐下，将彭城王、霸城王杀死。这些武士也是尔朱荣派遣的，将元子攸紧紧看管起来。至此，元子攸命悬一线，他恨自己助纣为虐，又担心自身安危。他不是一个懦弱无能、束手等死的人，写了一道诏书，买通武士传递给尔朱荣。诏书说："帝王迭袭，盛衰无常，既属屯运，四方瓦解。将军仗义而起，前无横陈，此乃天意，非人力也。我本相投，规存性命，帝王重位，岂敢妄希？直是将军见逼，权顺所请耳。今玺运已移，天命有在，宜时即尊号。将军必若推而不居，存魏社稷，亦任更择亲贤，共相辅戴。"元子攸屈身说自己对帝位无所留恋，如果尔朱荣再紧紧相逼就将帝位传给尔朱荣，如果尔朱荣想保存北魏社稷就听任尔朱荣掌权。

  尔朱荣屠戮群臣的本意是要立威。北魏的中央政府在河阴基本上被摧毁了。部下已经在高呼："元氏既灭，尔朱氏兴！"面对唾手而得的洛阳，尔朱荣心想：我为什么不自己当皇帝呢？都督高欢公开劝尔朱荣称帝。尔朱荣决定为自己铸铜像，看看"天意"如何。第一次，没成功；尔朱荣又铸了一次，还是没成功；尔朱荣寄希望于第三次，依然没成功；尔朱荣还是想当皇帝，就铸了第四尊铜像，还是失败了。尔朱荣不甘心，又让平日最信任的阴阳术士占卜吉凶。结果，占辞说："今时人事未可。"铸铜像不成，占卜又不吉，尔朱荣灰心丧气了。部将贺拔岳于是劝谏说，天不亡魏，主公登基还为时尚早，不如先尊立元子攸。

  在尔朱荣称帝问题上，以高欢为首的怀朔集团和以贺拔岳为首的武川集团的态度截然不同。他们虽然都栖身尔朱荣麾下，但都想独霸一方，追逐更大的利益。高欢等人一直唯恐天下不乱，怂恿尔朱荣登基是想把已经够乱的局势搅和得更乱，方便自己浑水摸鱼。贺拔岳等人希望尔朱荣能平稳发展壮大，自己随着尔朱荣的发达而发达，然后再寻机独立或者称霸。这两拨人此时就暴露出了性格和战略的差异，也埋下了矛盾的种子。尔朱荣在贺拔岳等人的劝说下，决心退回来，继续当北魏的"忠臣"。贺拔岳趁热打铁，马上指出高欢劝尔朱荣当皇帝，居心叵测，应该杀高欢以谢天下。其他将领替高欢说话："高欢是个粗人，言语难免不周全。如今四方多事，正是用人之际，请主公放过高欢这一回，以观后效。"尔朱荣顺水推舟，放过了高欢。

  打定主意后，尔朱荣来到元子攸的营帐，"叩首请死"。元子攸"热泪盈眶"地扶起尔朱荣，说了很多安慰的话。尔朱荣又说了许多效忠朝廷、死而后已的话。最后，君臣俩皆大欢喜，起驾回宫。但是，屠杀给元子攸的心理造成了巨大创伤，他和尔朱荣的政治同盟在思想上已经终结了。

  走到洛阳背面的邙山，尔朱荣看着洛阳城阙，心虚起来。城中家家户户几乎都有人被杀，笼罩在一片愁云凄雨之中。悲痛的气场让尔朱荣心怀畏惧，不敢上前。武卫将军泛礼苦苦相劝，尔朱荣这才答应入城。入城后，尔朱荣及其部队人不卸甲、马不歇脚，连进入宫殿都全副武装、骑马进出，可见紧张到了何种程度。尔朱荣部队怕洛阳官民，洛阳百姓更怕涌进来的胡骑。大屠杀的消息传来，人们惊骇万分。等到铁骑入城，谣言四起，有的说尔朱荣要迁都晋阳，有的说胡骑要大掠洛阳城，还有的说要强迫洛阳百姓迁往北方，官民等少数人闭门不出，多数人离城而逃。侥幸躲过大屠杀的文武官员更如惊弓之鸟，携家带口地逃亡。那个受到尔朱荣尊重的元顺，事先留在洛阳，但听说大屠杀后还是吓得离城而逃，在途中为乱军所杀。洛阳城中人口很快只剩下一二成。元子攸回宫，发现官衙和宫殿里空空如也。皇帝进宫时，只有"值班"的散骑常侍山伟一个人跪拜迎接。

河阴之变的消息传到外地，郢州刺史元显、汝南王元悦、临淮王元彧、北青州刺史元世俊、南荆州刺史元志等宗室吓得魂飞魄散，不是携家带口逃往南方，就是割据辖区、率领军队集体倒戈。北魏对南朝的防线全线崩溃，没有成形的防卫可言了。

尔朱荣急需恢复洛阳的秩序、维护国家机器的正常运转，并镇压北方越燃越旺的起义烈火和南方梁军的侵扰。入洛阳后，尔朱荣调整了中央官员。江阳王元继升为太师、司州牧，居百僚之首；实际负责行政的是尔朱荣的死党元天穆，元天穆还受封上党王。尔朱荣还拉李延实、杨椿则进入中枢要津，这两人都是元子攸的亲信。此外，北海王元颢之前领兵在河北镇压起义，尔朱荣想继续重用他。不想，元颢已成惊弓之鸟，没几天就弃军南逃，投降萧衍去了。将军长孙稚在南方边界领军，尔朱荣就将南方事务继续委托给他了。

中下级官员缺额实在太多，而大多数幸存者对尔朱荣政权避犹不及，宁愿隐居、出家，也不愿出来当官。尔朱荣找不到足够的人选，只好将秀容部落的大批军官任命为京官。跟从他起兵的官兵，无不加官晋爵。尔朱荣又让元子攸下诏，让地方官员访求人才，凡有在德行、文艺、政事任何一方面有所长者都可推荐为官。推荐三人以上的县令、太守、刺史可得奖赏，完不成任务的要降官。如此一来，不少行伍士卒和乡间豪强都被拉上朝堂，暴得高位。正常的人事制度和门第才学等都被抛弃了，世家大族和清流更加耻于与尔朱荣等人为伍。

元子攸对拉人当官的行为很厌恶。一次，尔朱荣举荐了一大批武士担任河南诸州的地方官，元子攸没有批准，闹得双方不太愉快。元天穆劝他说："大将军有大功，就是将全天下的官属都替换一遍，恐怕陛下也无法违抗。如今，大将军只是推荐数人而已，陛下何必生气？"元子攸想想也对，谁让自己是傀儡皇帝呢！

尔朱荣大肆追赠河阴的遇害者，对官僚家庭进行安抚。尔朱荣上疏，将无上王追尊帝号，遇害的诸王、刺史都赠三司，其余三品以上官员都追赠尚书令或者尚书仆射，五品以上官员都追赠地方刺史，六品及其以下（包括少数遇难的百姓、仆人）都追赠太守。死者无后的，都允许家族过继，由过继之人袭封官爵。经过大刀阔斧的整顿，洛阳秩序逐渐恢复正常，北魏国家机器逐渐恢复运转。

洛阳稳定后，尔朱荣返回晋阳，遥控北魏朝政。一方面，他在洛阳还是感到心虚，有危机感；另一方面，河北的葛荣势力迅速膨大，需要尔朱荣倾注全部心力去镇压。一年前（孝昌三年，527年），葛荣率军攻破信都，围攻邺城。元子攸继位后，葛荣又一次围攻邺城。起义军号称百万，刨除其中随军移动的流民，有战斗力的将士还有几十万人。

尔朱荣能调动的，只有侯景等部的七千骑兵。他毅然率领这支小部队东进救邺。为了赶速度，尔朱荣下令每人都备副马，两匹马轮着骑，急速向起义军杀去。葛荣侦察到尔朱荣的兵力后，认为胜券在握，对部下说："多带长绳，等尔朱荣到了，把他们绑起来就行了。"他将百万大军在邺城城下列阵数十里，企图仗着数量上的绝对优势，围歼尔朱荣。可惜，起义军人数太多，列阵范围过大，葛荣事实上并不能指挥全部军队，只能调动少数亲信部队。而起义军缺乏训练，松松垮垮，大敌当前还是乱糟糟的。尔朱荣杀近后，把部队分成若干股，每股几百名骑兵，在山谷间到处扬尘鼓噪，产生马蹄阵阵、尘土飞扬的效果，使起义军弄不清楚敌人到底有多少、将从何处进攻。在气势上，尔朱荣就先胜一筹。他又下令本次作战不以斩杀敌人首级的多少来计功，只以最后结果论功。秀容骑兵每人带一根棒，见人就打，不准下马斩级，以冲垮起义军为目的，避免起义军发挥出数量优势来。

决战开始了，尔朱荣身先士卒，带头冲入敌阵。侯景领着数千铁骑紧随其后，左冲右突，来往猛击，竟将几十万起义军冲散。起义军乱不成形，葛荣紧急聚拢亲信部队，试图扭转败局。可惜，尔朱荣抢先集中所有骑兵，向葛荣围攻过来。葛荣力不能敌，被侯景生擒。主帅被擒，起义军全线崩溃、投降。葛荣被押到洛阳，举办过"献俘仪式"后被斩首。他的死，标志着六镇起义最大的一股烈火被扑灭。元子攸为此改年号为永安。

邺城大捷后，投降的起义军将近一百万人，而尔朱荣的部队只有七千人，不可能看守、不可能杀戮，连押送遣散都成问题。弄不好，俘虏会再次起义。尔朱荣先下令将起义军就地遣散，任由他们携带亲属、财物四散回家，去处一概不问。百万俘虏大喜，一朝散尽。他们离邺城越来越远，散得越来越开。暗地里，尔朱荣在百里之外埋伏了官兵，堵住了各条路口。俘虏络绎不绝而来，来一群被尔朱荣的官兵截一群，集中起来安置。尔朱荣挑选其中的精壮，对原来的首领量才录用，把降兵编入自己军队。尔朱荣成功地解决了俘虏难题，还几何倍数地壮大了部队。

浩浩荡荡的降兵队伍中，就有宇文泰。宇文泰正好二十岁出头，身材健壮，属于优质兵源。尔朱荣将他们带回老巢晋阳，编入骨干队伍。巧合的是，宇文泰被编入贺拔岳的麾下。宇文、贺拔两户武川的旧交，经过几年的颠沛流离，又奇迹般地会合在一起了。

北方刚安定了一些，南方又裂开了一个大窟窿。北魏宗室汝南王元悦、北海王元颢、临淮王元彧和部分大臣投降梁朝后，梁朝决定以敌制敌，扶植这些人回北方"复国"。邺城大战后的第二个月，梁武帝萧衍以北海王元颢为魏王，派将军陈庆之护送他北伐争夺北方。第二年（529年），梁朝军队在中原腹地连战连捷，四月元颢在睢阳城南称帝，五月梁军攻克洛阳东部重镇荥阳，元子攸慌忙渡过黄河逃到上党，洛阳随即被元颢占领。元颢进入洛阳，改元建武。局势万分危急！尔朱荣果断到上党勤王，劝说元子攸摆出返往洛阳的姿态。尔朱荣在十几天时间里聚集军队，对梁军构成巨大压力。黄河决战，尔朱荣战胜梁朝军队。元颢被迫逃亡，在临颍被县卒江丰斩首。元子攸重返洛阳。尔朱荣又立下"再造朝廷"的大功。

关东基本安定后，尔朱荣着眼尚在沸腾的关中。尔朱荣任命侄子尔朱天光为统帅，以贺拔岳为左大都督，侯莫陈悦为右大都督，西进讨伐万俟丑奴。时任步兵校尉的宇文泰跟随贺拔岳进入关中。尔朱天光等人很快清剿了万俟丑奴起义。尔朱天光留镇关中，贺拔岳和侯莫陈悦分别为泾州、渭州刺史。宇文泰因为军功升为征西将军，代理原州事务。

随着一连串胜利接踵而来，尔朱荣牢固控制了北魏政权。镇压葛荣起义后，元子攸封尔朱荣为大丞相、太师、太原王，封邑由二万户增加到十万户。打退梁军后，元子攸加封他为天柱大将军，封邑又增至二十万户。尔朱荣依旧盘踞在晋阳，不时派人往来洛阳联络。每次尔朱荣的使节到洛阳，不论身份贵贱，朝廷权贵见之莫不倾靡。尔朱荣的权势达到顶峰。

尔朱荣在战场上连战连捷，在内政和经济建设上却罕有建树。北魏经受多年战乱,急需休养生息。但尔朱荣一味穷兵黩武,不事生产,弄得民不聊生。他又专横跋扈,任人唯亲。其弟尔朱仲远坐镇徐州,在东南一带作恶多端,杀人如麻。为了捞取不义之财,尔朱仲远常常诬陷达官显贵和豪门大族谋反,横加残害。因此家破人亡的人家,不可胜数。徐州百姓和地方官恨他入骨,将他比作豺狼。尔朱家的其他人也横行不法,鱼肉百姓,干扰朝政。久经动乱的北方大地,黑暗非但没有散去,反而更重更深了。军事上的辉煌并没有转化为崇高的声望,尔朱荣权势是稳固了,声望却依旧在低位徘徊。

四十 / 高欢取代尔朱氏

傀儡皇帝元子攸被迫赋予尔朱荣全权,但早已看出尔朱荣取代北魏自己登基的野心。河阴之变中血流遍野的惨象和尔朱家族的飞扬跋扈,更坚定了元子攸杀尔朱荣自保的决心。

元子攸的皇后是尔朱荣的女儿。尔朱皇后性情刚硬,且喜欢争风吃醋。元子攸被皇后闹得没办法了,就让在洛阳的尔朱荣的堂弟尔朱世隆开导侄女。堂叔没说几句,尔朱皇后就说:"皇帝宝座是我们家给他的。今天他却这样子对我!我父亲如果做了皇帝,现在就由不得他来教训我了。"尔朱世隆听了这话,先是沉默不语,之后叹气说:"大哥本来自己想做皇帝的,我也可以是亲王了。"尔朱世隆和尔朱皇后的对话传到元子攸耳朵里,更加坚定了后者诛灭尔朱家族的决心。

但元子攸毕竟只是个傀儡。北魏的皇室贵族和大臣在河阴之变中几乎被屠杀殆尽,洛阳周围被尔朱荣的人看得紧紧的。元子攸寻找不到勤王的力量,只能亲自动手刺杀尔朱荣了。支持元子攸的有城阳王元徽和大臣杨侃、李彧、元罗等少数几人。中书舍人温子升向元子攸分析了历史上杀权臣的成败,包括王允杀董卓、高贵乡公杀司马昭等案例,告诫元子攸不要操之过急。但是元子攸心硬如铁,感叹道:"我即便和尔朱荣同归于尽也愿意,更何况未必就死!我宁可像高贵乡公(曹髦)那样死,也不要像常道乡公(曹奂)那样生!"

永安三年(530年),尔朱皇后即将生育。尔朱荣前来洛阳朝见,主要是照顾女儿的生产。元子攸与亲信大臣紧张密谋,准备刺杀尔朱荣。但是大家又担心尔朱荣在洛阳的势力太强,迟疑未决。久在洛阳的尔朱世隆感觉到了正在酝酿的密谋,写了一张"天子与杨侃等人密谋谋杀天柱大将军"的字条贴在自家门口。字条迅速发酵为一起轰动事件,并被传递到了尔朱荣手里。尔朱荣径直问皇帝:"外面传言陛下想谋害我!"元子攸平静地回答:"也有人告发你准备杀我,我该不该相信呢?"尔朱荣被元子攸这么一反问,反而放心了。

元子攸害怕计划败露,决定提前动手。九月十八日,元子攸邀请尔朱荣、元天穆入宫吃饭，同时命杨侃等十几个人埋伏在明光殿东。不知道什么原因，尔朱荣和元天穆在宴会中途就起身告辞。待杨侃等人从宫外赶上殿来的时候，尔朱荣、元天穆已经走出大殿了，失去了动手的宝贵时机。二十一日，尔朱荣又进宫，但只稍作停留，元子攸又没有找到下手的机会。当天尔朱荣出宫后，到陈留王家饮酒大醉。之后连续多日，他都称病不出。

元子攸于是在二十五日那天孤注一掷。他先在明光殿东厢设下伏兵，然后声称皇后生下皇子。宫中鼓乐齐鸣，开始庆祝皇子诞生。元徽受命飞马到尔朱荣处报告喜讯。这时尔朱荣正在和元天穆赌博。因为女儿怀孕并没有满月，尔朱荣对女儿的提前生产心存疑惑。元徽搬出鲜卑人豪放恣纵的习俗，假装得意忘形地摘下尔朱荣的帽子，又是欢呼又是舞蹈，闹得王府里一片欢笑声。同时元子攸大规模派出文武百官，向尔朱荣道贺，并催促尔朱荣进宫。

尔朱荣于是放松戒备，跟着大家一起兴奋起来，叫上元天穆一起进宫。两人进宫时正遇到负责起草诏令的温子升拿着刚写好的大赦令往外走。这些大赦令是元子攸准备杀死尔朱荣后对天下公布的。尔朱荣高兴之余，和温子升擦肩而过。

元子攸端坐在龙椅上，等待尔朱荣和元天穆的到来。他紧张得脸色都变了，近侍忙提醒说："陛下脸色不对！"元子攸赶紧喝了几口酒，才算镇静下来。元徽先进殿，向大家行礼。以此为信号，光禄卿鲁安等人手持佩刀，从东厢闯入，向随后的尔朱荣扑去。尔朱荣也是一代枭雄，迅速反应过来，快步向文弱的元子攸扑过去。他试图劫持皇帝，扭转形势。元子攸早有预料，在膝上横着一把刀。他等尔朱荣近前，飞快地抽出利刃，一刀就刺入尔朱荣的腹部。尔朱荣痛叫倒地，鲁安等人一拥而上，将尔朱荣与元天穆乱刀砍死。这是中国历史上第一起，也是唯一一起皇帝手刃权臣的流血事件。跟随入宫的尔朱荣之子尔朱菩提、尔朱阳者等三十人也被伏兵杀死。尔朱荣终年三十八岁。

从河阴之变后掌权，到被万刃砍死，尔朱荣在权力巅峰停留了两年多的时间。尔朱荣生前，在他的高压下，朝野百官对河阴惨剧讳莫如深、噤若寒蝉。河阴死难者的墓志都讳言其事，只称墓主人"暴薨""暴卒""薨于位""终于其第"，最为激烈者也不过说是"横罹乱兵"。尔朱荣被杀的消息传出后，洛阳城顿时沉浸在一片喜庆之中，"内外喜叫，声满京城"。河阴死难者家族相互吊贺。

元子攸对刺杀事件做了周密的部署，事先准备了大赦令和免死铁券，计划宽恕尔朱荣的余党。元子攸以为凭着这些契约就能稳定政局，想得太简单了。宫中噩耗传出，尔朱荣的妻子和警惕性很高的尔朱世隆趁乱逃出了洛阳，在郊区召集尔朱家族的武装力量，准备攻城。尔朱世隆等人对朝廷的大赦令和铁券嗤之以鼻。他们对使节说："天柱大将军对皇帝有拥戴之功，对天下有再造之勋，却无故遇害。这些白纸和铁字又有什么用呢？"

留守晋阳的尔朱兆闻讯立即率军南下洛阳。徐州方面的尔朱仲远也点齐兵马，杀向洛阳兴师问罪。他们和尔朱世隆合军后，一起猛攻洛阳。洛阳外城很快被攻破，元子攸跑上内城城墙向尔朱势力喊话，重申罪在尔朱荣一人，其余人一律宽大处理。但是，叛军对此压根儿不信。尔朱兆等人起兵不仅仅是为了替尔朱荣报仇，还有争夺尔朱荣权力遗产的目的。很快，洛阳被攻陷，元子攸被劫持到晋阳。

尔朱兆准备绞死元子攸。元子攸死前，被允许到三级寺去礼拜佛祖。跪在三宝佛前，元子攸再三祈祷："下次再投生为人，绝不要再当帝王了！"他又作了一首五言诗："权去生道促，忧来死路长。怀恨出国门，含悲入鬼乡！隧门一时闭，幽庭岂复光？思鸟吟青松，哀风吹白杨。昔来闻死苦，何言身自当！"寺庙本应该是修道养德、供人避难的场所，此后却成了北朝的皇帝屠杀场。元子攸遇害，距离他刺杀尔朱荣只有三个月。左右大臣也遭杀害。

之前，尔朱势力在洛阳郊区会师，为了与洛阳朝廷相抗拒，临时推举长广王元晔为新皇帝取代元子攸。元晔大赦所部，定年号为建明。事后，因为元晔是疏远宗室，缺乏名望，尔朱家族决定扶立新君。他们选择了元恭。

元恭长期处于政治边缘，托病居于龙花佛寺，很少与外人交游通信。民间传说龙花佛寺有天子气。有人向元子攸打小报告说元恭"将有异图"。元子攸猜忌害怕起来。元恭闻讯，逃匿到上洛地区。朝廷还是找到了元恭，押送他到洛阳。元恭就装聋作哑，佯装智商有问题。有人说元恭是装哑，元子攸有所怀疑，派人深夜抢劫元恭，并拔刀佯装要杀他。元恭仍然不出一声。元子攸这才相信，放过了元恭。元恭被拘禁多日后，因查无实据而被释放。元子攸死后，尔朱家族认为元恭有过人气量，试图扶立他为新帝。他们派人试探元恭的意思，同时也看看他是不是真的哑巴。装哑八年之久的元恭听说要让自己当皇帝，大喜过望，大喊一声："天何言哉！"于是北魏的第一场禅让大礼开始了。在位仅四个月的元晔乖乖地将皇位禅让给了元恭。元恭就是节闵帝。

元恭登基后，尔朱兆为天柱大将军、颍川王、并州刺史，尔朱仲远为大将军、彭城王、徐州刺史，尔朱天光为大将军、陇西王、雍州刺史。三个人各霸一方：尔朱兆在北，兼有并州、汾州；尔朱仲远在东南，据守徐、兖二州；尔朱天光在西，专制关中。尔朱世隆为太保、尚书令、乐平王，居中把持朝政。尔朱家族的权势依然一时无二。

尔朱荣在世时，有一天忽然问左右："哪天我死了，谁能够做统帅呢？"左右都回答说："尔朱兆将军可为统帅。"尔朱荣不以为然："尔朱兆虽然勇猛善斗，但只能统领几千兵马，不适合做统帅。我死后，能代我统军的，只有贺六浑（高欢的鲜卑名）这小子。"话虽这么说，尔朱荣却不愿意将大权转移到外姓手中。他虽然欣赏高欢的才能，但也提防着高欢夺权。尔朱荣将高欢远调为晋州刺史。他还告诫尔朱兆不可轻视高欢："将来夺权者必是贺六浑这小子。"

元子攸诛杀尔朱荣，尔朱兆发兵洛阳报仇，并没有让高欢参与。尔朱兆擒拿皇帝并不费力，但当黄河河套以西一带的"贼帅"纥豆陵步蕃偷袭秀容时，他却抵敌不过，不得不向高欢求救。幕僚都劝高欢别搭理尔朱兆，高欢却认为此时尔朱兆头脑简单，不会有别的想法，坦然出兵相救。高欢与尔朱兆合作迎敌，杀死步蕃。尔朱兆很感激，与高欢起誓，结为兄弟。

尔朱兆继承了尔朱荣的地位后，为流入并州的葛荣起义军余部大伤脑筋。数十万葛荣起义军战败投降后，继续游荡在华北各地。其中有二十多万人被尔朱荣迁徙到并州。这些人反抗性和组织性都很强，两三年间发生过几十次大小不等的造反。尔朱兆疲于镇压起义，就向高欢请教如何处置。高欢建议，对六镇流民不能靠杀，应该挑选可靠的将领统领他们，这样就容易管理。尔朱兆赞道："好主意！派谁去管理六镇流民呢？"在座的贺拔允插话说："高欢最合适了！"这个贺拔允出身武川镇，是贺拔岳的哥哥。武川镇的贺拔、宇文家族和怀朔镇的高欢、侯景等人关系紧张。奇怪的是，贺拔允和高欢二人却保持了不错的私交。听到贺拔允推荐自己，高欢心中暗喜，却佯装发火，对着贺拔允的嘴巴就是一拳，打断了他的一颗牙齿。高欢骂道："天柱大将军在时，我们都是鹰犬。现在天柱大将军不在了，天下事都由大王做主，贺拔允胆敢胡说，该杀！"尔朱兆听了这话，满心舒服，也很感动，当场拍板由高欢统率六镇流民。几个人抱头痛饮，一副情深意重的样子。

等尔朱兆喝醉了，高欢寻机跑到帐外，立即宣布："我受命统领六镇镇兵。凡是原六镇官兵，一律到汾水东岸集中听令。"六镇流民多年来群龙无首，四处飘零，普遍生活不如意，和尔朱兆离心离德。他们知道高欢当过怀朔的镇兵，有勇有谋，都愿意追随高欢。于是，一批批人呼啦啦地跑去集合了。高欢很快组织起了一支不小的队伍。山西此前连年受灾，饥馑遍地，六镇流民更是只能抓田鼠吃，个个饿得面黄肌瘦。高欢觉得在山西没有前途，希望到太行山以东粮食丰富的地方去。他指使刘贵向尔朱兆提出"就食山东"的要求。尔朱兆又一次爽快地答应了。长史慕容绍宗看出高欢有野心，劝尔朱兆说："如今天下大乱，高欢雄才盖世，让他率领重兵在外，无异于将猛虎放归山林。一旦高欢心怀异志，就无法制服了！"尔朱兆天真地说："我和高欢昨天刚结为弟兄，他不会有异心的。"慕容绍宗冷冷地说："亲兄弟尚且骨肉相残，何况是结义弟兄！"尔朱兆还是不听，目送高欢带着六镇力量缓缓东进。

途中，高欢杀死了部队中亲尔朱氏的军官，又抢劫了尔朱兆采购的马匹。同时，他严肃军纪，秋毫无犯。过麦地时，高欢带头下马穿行。河北百姓见此，倾向支持高欢。普泰元年（531年）二月，高欢到达信都（今河北冀州）附近。当地豪强高乾兄弟、封隆之等人趁北魏朝廷力量衰微，驱逐朝廷命官，占据州县。他们支持高欢入主河北。高欢就在信都驻军，将势力向河北各地扩散。

迎接高欢的高乾是货真价实的渤海高氏子弟，与高欢"同宗"。高乾兄弟四人，其中三弟高敖曹武功极佳，最为人称道。北魏以来，人们普遍认为汉人文弱，不堪作战，所以北方武装以少数民族为主。但是高敖曹挑选冀州的汉人，编练了一支三千人的纯汉人武装。人们将他和他的部队比作项羽和江东子弟兵。但是高欢对其战斗力半信半疑。

经过一番准备，高欢觉得羽翼丰满，可以逐鹿中原了。他先造谣说尔朱兆要把六镇遗民分配给契胡做部曲，引起部下的骚动。接着，高欢又假造尔朱兆发来的兵符，要征发一万名士兵去山西作战。他执行"命令"，按部就班地编组队伍，规定了出征日期，然后让孙腾、尉景出面请求迟五天再走。五天满期后，孙腾等再一次请求延期五天，让冀州的官兵酝酿足了情绪。又过了五天，高欢大张旗鼓地集中部队，准备开拔了。官兵无不泪流满面，哭声惊天动地。高欢也流着眼泪和大家告别，同时不忘进一步挑拨官兵的情绪。他说："我和大家一样都是失乡客，我们都是一家人。我没想到尔朱氏要征发大家去打仗，去给尔朱氏卖命是死路一条，被分配给契胡当奴仆也是死路一条，可误了军期也没有生路，如何是好呢？"官兵的情绪激愤起来，有人高喊："反了，反了，造反吧！"高欢便道：

"看来只能反了，但必须推一个人做主。"底下都回答愿意拥高欢为主。高欢却满口推辞道："我可不行。你们中很多人都跟随过葛荣，葛荣尽管有百万之众，终究还是失败了。为什么？因为他没有法度，军队强横残暴。这样造反是不行的。如果你们一定要以我为主，必须改正之前的错误。第一，不能欺负汉人；第二，不能违背军令，一切听我号令。如果大家做不到，我就不干，否则又免不了失败。"现场造反的情绪很高，官兵觉得高欢说得很有道理，齐声说愿意听命。于是，高欢杀牛煮饭，犒赏三军，正式宣布讨伐尔朱氏。

高欢上书元恭，痛陈尔朱氏屠害天下、杀戮先帝、挟天子以令天下的大罪。坐镇朝廷的尔朱世隆封锁了高欢上书和起兵的消息。于是，高欢就以朝廷被奸臣把持、不知真伪为借口，在信都拥立章武王元融的儿子渤海太守元朗为新皇帝，年号中兴。

尔朱家族对高欢的造反深恶痛绝，迅速决定联手将他扼杀。尔朱世隆、尔朱兆、尔朱天光、尔朱仲远四人商定到邺城附近集合，号称有二十万之众。高欢率军迎敌，部下战马不满二千，步兵不满三万。双方军队相差悬殊。高欢准确判断尔朱家族在尔朱荣死后，并没有一个公认的领袖，各部之间并不团结。于是，他决定先离间尔朱仲远和尔朱兆。高欢派人到处散布流言，说"世隆、仲远兄弟要谋害尔朱兆""尔朱兆和高欢同谋，要杀仲远"等，弄得他们互相猜疑，不能协同前进。其中，尔朱兆的军队推进最快，在韩陵与高欢的部队首先接触。高欢列阵迎战，把牛驴联结起来堵塞归路，向全军传达背水一战、非胜即死的决心。战前，高敖曹慷慨请缨，高欢就将他的纯汉人军队安排在侧翼。

战斗开始了。尔朱兆仗着人多势众，首先进攻高欢的中军。尔朱兆一心要抓住高欢这个叛徒，督促部下发动猛攻。高欢抵挡不住，大部队开始出现溃败迹象。就在这时，侧翼的高敖曹带着三千汉人步兵拦腰对尔朱兆发动猛烈的突袭。尔朱兆没料到几千步兵会主动进攻骑兵，毫无防备。他一心督促军队前进，导致队伍拉得很长、首尾难以呼应。高敖曹拦腰一击，将尔朱兆主力杀得猝不及防，混乱不堪。高欢的中军回过头来反攻。尔朱兆大败，带着残兵败将逃往晋阳。高欢取得了决定性的胜利。尔朱仲远听说尔朱兆战败后，竟然引兵而逃。高欢从容指挥军队，于次年（532年）正月攻克河北重镇邺城。

决战之前，逗留在尔朱阵营中的大将斛斯椿和贺拔胜就议论："天下皆怨毒尔朱，而吾等为之用，亡无日矣。"他们都希望尔朱兆战败。一看尔朱兆出现失败的迹象，贺拔胜就在阵前向高欢投降。斛斯椿做得更绝，他带领本部兵马，快马加鞭赶回洛阳。四月，斛斯椿杀尔朱世隆，生擒尔朱天光，作为见面礼送给高欢，向高欢投降。尔朱仲远闻讯，继续逃跑，一路逃到江南，向萧衍投降了。

四月，高欢带着自己所立的皇帝元朗到达洛阳城郊的邙山，尔朱氏所立的皇帝元恭派人慰劳。高欢一下子面临手头有两个皇帝的问题。高欢这时也觉得自己所立为帝的安定王枝属疏远，有意重新迎立元恭。他派魏兰根去招降洛阳，同时观察皇帝元恭的为人。魏兰根觉得元恭智商高、声望好，恐怕日后难以挟制，就向高欢毁谤元恭。左右将领也劝高欢说元恭是尔朱氏所立，劝高欢废掉他。高欢于是将元恭废掉，幽禁在崇训佛寺中。元恭侥幸做了一年多皇帝后，又重新回到了寺庙中。失位后，元恭赋诗一首："朱门久可患，紫极非情玩。颠覆立可待，一年三易换。时运正如此，唯有修真观。"

高欢与亲信商议，挑选新的皇帝。最初大家青睐的人选是汝南王元悦。元悦被招来开始准备登基，高欢又在登基的前一天晚上改变了主意，不立元悦了。当时北魏的皇室成员四散逃避，各个王爷难见影踪，寻找新皇帝竟然成为非常困难的事情。

平阳王元脩正躲藏在和他关系不错的散骑侍郎王思政的家里。元脩是广平王元怀的第三个儿子，能力尚可，担任过侍中、尚书左仆射。高欢得知元脩所在后，决定立他为新皇帝。元脩在王家躲藏了五十天左右，突然见到王思政引着斛斯椿等人，带着四百兵马来找他，吓得面如死灰。他问王思政："你把我出卖了吗？"王思政摇头说没有。元脩又颤巍巍地问他："能保我性命吗？"王思政无奈回答："世事变化无常，王爷，我也不知道哇。"元脩就这样被凶神恶煞的骑兵拥夹在中间，来到高欢的毡帐中。

高欢见了元脩，泪下沾襟，下拜陈述事由。元脩这才知道原来是拉自己来做皇帝的。他赶紧跪下回拜高欢，连说自己德才浅薄，不敢称帝。高欢也不多说话，拂袖而去。陆续有人将服饰呈送进来，并请元脩沐浴更衣。为了防止元脩逃跑，高欢全军夜里严密警备。天亮时，文武百官都前来朝见。废帝元朗早按照高欢的意思写了禅位诏书。高欢让斛斯椿捧着劝进表前来劝进。斛斯椿进入帷门后，不敢向前。元脩就让王思政取来表，说："我现在不得不登基称帝了。"于是在洛阳东郭之外，北魏王朝又进行了一场禅让典礼。没做几天皇帝的元朗将皇位禅让给了元脩。元脩史称孝武帝。

五月，避居佛寺的元恭被高欢毒死。高欢又杀死曾经为帝的安定王元朗、东海王元晔。连曾经考虑过的候选人汝南王元悦也被高欢下令杀死。

之前，尔朱天光要带兵去剿灭高欢。贺拔岳劝他固守关中，尔朱天光不听，留下弟弟尔朱显寿镇守长安，自己领军东出和尔朱兆合兵。他一走，贺拔岳料定尔朱氏必败，找来宇文泰商量对策。宇文泰建议："尔朱氏必败，我们干脆也造反吧！"他说服关中三巨头之一侯莫陈悦出兵。侯莫陈悦和贺拔岳一同攻下长安，捉了尔朱显寿。贺拔岳轻而易举得了关中，表面上向高欢归顺，实际上割据关中自守。他对宇文泰倍加器重，事无巨细都交由宇文泰处理。

又过了一年（永熙二年，533年）的正月，高欢领兵袭破秀容，尔朱兆逃到荒山上自缢而死。尔朱兆的长史慕容绍宗携余众归降，高欢认为他忠义，非但没有因为他从前向尔朱兆进言要杀自己而计前嫌，反而对他优礼有加。尔朱势力彻底灭亡，高欢在形式上统一了北魏，继承了尔朱氏的地位。他逼元脩迎娶了自己的女儿作为皇后，升格成了国丈。高欢城府很深，言行严肃，对于军国大略独断专行。无论是元脩，还是一般大臣，都猜不透高欢的决策和悲欢。

四一 / 北魏帝国一分为二

高欢铲除尔朱势力后，觉得尔朱荣的根据地晋阳不错，就留在了晋阳，将它作为大本营来经营，客观上放松了对洛阳的控制。

北魏孝武帝元修与前几任傀儡皇帝不同，有想法，有能力。他不愿意重蹈前几任的覆辙，一开始就有除去高欢的决心。当时洛阳城里的一批大臣、降将并不是真心降服高欢，很快聚集在元修周围。南阳王元宝炬和将军元毗、王思政、斛斯椿等人纷纷劝说孝武帝除掉高欢。其中斛斯椿本是尔朱荣的部将，率部投降高欢后诛杀尔朱家族有功，保留了相当一部分兵权。元修就以斛斯椿为领军将军，与王思政共同统率近卫军，作为心腹，还调整了督将及河南、关西诸刺史的人事。这样，军谋朝政都掌握在斛斯椿的手里。他重新安排了宫内侍卫，挑选数百名骁勇武士担任孝武帝的近卫军。元修还多次以出猎为名，与斛斯椿排兵布阵，互相密谋。

仅仅依靠洛阳的这些人还不足以推翻高欢。元修继续寻找同盟者。他主攻两个方向：一个是寻找地方实力派军阀作为外援，另一个是从高欢阵营的内部拉拢人手。

元修准确判断出武川的贺拔家族可以和高欢一决高低，就想依靠贺拔兄弟。贺拔胜投降高欢后留在洛阳，元修就任命他为荆州刺史，把他作为南方的依靠。元修还暗中派人与拥兵关中的贺拔岳联络，准备引关中的军队夹击高欢。

司空高乾是高欢起兵之初的主要盟友，他们兄弟几个是高欢的重要依靠力量。元修就想笼络他为己用。一次，元修在华林园赐宴，散席后单独留下高乾，大夸高乾"奕世忠良"，要与高乾结拜为兄弟。因为事出仓促，皇帝又殷勤相劝，高乾只好和元修结为异姓兄弟，事后也没有告诉高欢。慢慢地，高乾看到元修和斛斯椿、王思政等人常常密谋，又派人联系贺拔岳，任命贺拔胜为荆州刺史，明显是在树党自强。他担心元修要对高欢不利，洛阳城"祸难将作，必及于我"，于是逃到晋阳向高欢报警。

高乾不谈洛阳的时事,而是劝高欢干脆逼元脩禅位,夺取北魏的天下。高欢觉得时机还不成熟,赶紧用袖子掩住高乾的口说:"不要乱说!我还需要仰仗司空大人在洛阳帮我多留意时局。"高欢这么说,反而让高乾心中有愧,更加不安起来。接着,高欢屡次向元脩推荐高乾担任侍中,主持朝政。元脩恨高乾站在高欢一边,将高欢的奏折置之不理。高乾夹在两人中间,双方都惹不起,干脆就自求外任徐州刺史,想躲到外地去。元脩见状,既怕高乾泄露自己的秘密,又恨高乾不为自己所用,就明白地告诉高欢:"朕曾经和高乾立下盟约,进退与共。如今高乾反复两端,实属可恶。"高欢对高乾背着自己和元脩勾勾搭搭也很厌恶,直接将高乾秘密劝进的事转告了元脩。自此,高乾被双方抛弃了,只有死路一条。元脩将他囚禁起来,派人痛责他反复无常。高乾申辩道:"臣以身奉国,义尽忠贞,是陛下要对付高欢,却借口我反复无常。欲加之罪,其无辞乎?"结果,高乾被赐死,终年三十七岁。

在洛阳的高敖曹看到哥哥被杀,逃往晋阳向高欢哭诉。高欢装出惊愕之状,将责任全都推到元脩身上,好好抚慰了高敖曹一番。高敖曹便死心塌地地站在高欢一边。其他将领也因为元脩枉杀高乾,而对他更加疏远乃至仇视。元脩想从高欢身边挖墙脚的企图落空了。

却说,关中的贺拔岳接到元脩递出的橄榄枝后,犹豫不定,于是派宇文泰去晋阳见高欢,查看虚实。宇文泰和高欢的见面,是一次英雄与英雄惺惺相惜的会面。宇文泰看到了一个有志于天下的英雄。高欢则看到一个相貌非凡、精神抖擞的年轻将领(身长八尺,垂手过膝)。高欢想留下宇文泰为自己效力。但是宇文泰也是有志于天下的英雄,他不想离开事业已有起色的关中,更不想只做高欢的跟随者。宇文泰坚持要返回关中。高欢犹豫再三,最后松了口,允许宇文泰返回关中。宇文泰刚走,高欢就后悔了,想要杀掉宇文泰以绝后患。可是宇文泰已经抓住机会,快马加鞭返回关中了。高欢的追兵一路赶到关口也未追上宇文泰。

返回关中后,宇文泰告诉贺拔岳,高欢是有心荡平天下的枭雄,站在他的一边无异于与虎谋皮,不如借助元脩的力量与高欢抗衡。于是,贺拔岳倒向了元脩。

高欢自然要对付贺拔岳。永熙二年(533年),高欢要调贺拔岳做冀州刺史。贺拔岳不愿离开关中老窝,谢绝了任命。一计不成,高欢又生一计。关中和陇西还有一些地头蛇不服从"关中王"贺拔岳的指挥,尤其是地位仅次于贺拔岳的侯莫陈悦是个有勇无谋的赳赳武夫，见利忘义。高欢诱惑侯莫陈悦，答应只要他杀害贺拔岳，就让他取而代之。侯莫陈悦欣然答应。

灵州（今宁夏灵武）刺史曹泥不服从贺拔岳。永熙三年（534年），贺拔岳招呼侯莫陈悦会师高平（今宁夏固原），计划一起讨伐曹泥。侯莫陈悦就趁商讨军机的时候下手。他诱贺拔岳进入营帐，坐论兵事，途中借口腹痛，起身退出。马上，侯莫陈悦的女婿元洪景就带人冲入营帐，将贺拔岳砍死。贺拔岳死后，所部异常震惊，出现四处奔散的迹象。侯莫陈悦派人安慰说："我只杀贺拔岳一人，其他人不用怕。"可是除了这唯一的措施，侯莫陈悦既没有收编贺拔岳的军队，也没有动员自己的军队戒备。相反，侯莫陈悦带上部队离开高平，向陇西行进。

许多忠于贺拔岳的将领，率部聚集平凉，谋划复仇。将军赵贵提议推举宇文泰为新统帅，得到了一致赞成。当时宇文泰担任夏州刺史，镇抚赫连勃勃大夏国的故地。将军杜朔周星夜奔往夏州，转告急情。宇文泰闻讯，点齐帐下轻骑，连夜驰赴平凉。宇文泰途中遇到了高欢派来招抚贺拔岳部众的侯景。宇文泰严词厉语叱问侯景为何而来，申明关中之事内部解决，无须外人插手。侯景也是一代枭雄，竟然为宇文泰的强硬态势所震慑，不敢继续前进，中途返回晋阳。宇文泰顺利排除干扰，和贺拔岳余部会合。他率领部众进入高平城，进行短期整顿后迅速挥师进攻侯莫陈悦。侯莫陈悦不敢应战，逃到秦州（今甘肃天水），企图占据山水之险顽抗。他自从杀害贺拔岳以后，神情恍惚，常常梦见贺拔岳来找自己。侯莫陈悦哪还有心思迎战，早就内心恐惧，斗志全无了。部下官兵也纷纷叛降宇文泰。宇文泰统率复仇之师，一举击败侯莫陈悦。侯莫陈悦弃军而逃，后为追兵所迫，在野外自缢而死。

宇文泰随后挥师东进，占领长安，以此为大本营经营西部。他主要依靠武川镇的力量。宇文泰原来就反对高欢，经过贺拔岳遇刺事件后，他更加旗帜鲜明地反对高欢了。元脩就任命宇文泰做关西大都督，把他作为新的依靠对象。

就在关中、陇西大乱之时（534年），元脩对高欢忍无可忍，决心兵戎相见了。他决定御驾亲征，讨伐晋阳的高欢。为了杀高欢一个措手不及，他先下诏洛阳戒严，抽调河南诸州兵马，声称要南伐梁国，在洛阳近郊进行大阅兵。为了麻痹高欢，他又密诏给高欢说要带兵攻打关西的宇文泰和荆州的贺拔胜。

高欢是什么人，能看不透元脩的把戏？他马上回复说，这些小事无须皇上御驾亲征。高欢调集五路兵马共计二十二万人出发南下，"助援"皇帝征讨。同时，高欢上表极言斛斯椿等人的罪恶，祭起了"清君侧"的大旗。狼烟滚滚，高欢大军奔向洛阳而来！

元脩在洛阳搜罗的兵马，肯定不是高欢二十二万铁骑的对手。王思政劝元脩避开高欢兵锋，前往关中依附宇文泰。东郡太守裴侠劝王思政说："宇文泰为三军信服，位处关中形胜之地，已握权柄，怎会轻易让权于我们？如果去投靠他，无异于避汤而入火！"王思政觉得很有道理，但南去荆州又离敌国梁朝太近，就问该怎么办。裴侠说："与高欢相战有立至之忧，西奔到宇文泰处有将来之虑，先往关右一带驻军观察一下再做决定。"元脩觉得有理，决定对高欢采取防御，观察形势再决定进退。元脩下诏宣示高欢的罪恶，公开与他决裂。在诏书中，元脩高呼："王若举旗南指，纵无匹马只轮，犹欲奋空拳而争死。"实际上，元脩早已经铺设好了逃跑的后路：他提升宇文泰为关西大行台、尚书左仆射，将妹妹冯翊公主许配给宇文泰为妻。

高欢大军很快兵临黄河北岸。两军隔着黄河相持。斛斯椿请求率领两千兵马连夜渡过黄河，趁高欢大军远道而来，立脚未稳进行偷袭。元脩觉得此议甚好，准备批准。但是黄门侍郎杨宽劝谏说："皇上在紧急关头将兵权给别人，恐生他变。万一斛斯椿渡河偷袭成功，那可是灭掉一个高欢，又生出第二个高欢哪。"元脩觉得这话更有道理，马上下令斛斯椿停止发兵。斛斯椿叹息道："天意不兴魏室！"宇文泰听到两军隔黄河对峙，对左右讲："高欢数日内急行军八九百里，疲军迎敌，是兵家大忌，正好趁其疲惫奇袭。而皇上以万乘之尊御驾亲征，不主动出击渡河决战，反而沿河据守，很是失策。而且长河万里，只要一个地方被突破，必败无疑。"他判断元脩必败，下令做好迎接皇帝西迁的准备。

元脩见取胜艰难，就带着南阳王元宝炬、清河王元亶、广阳王元湛、斛斯椿和五千骑兵宿于瀍西杨王别舍。他决心投靠关中宇文势力。在当地，元脩发现了上百头牛，命令全杀了来犒赏军士。士兵从中发觉皇帝有逃亡的心思，开始逃散，一夜间逃亡过半。就连清河王和广阳王两位王爷也逃回洛阳去了。元脩更加失去了抵抗的勇气，第二天弃军西逃。除了少数亲随，大臣中只有武卫将军独孤信追随元脩左右。宇文泰已经派遣都督骆超、李贤各带领数百骑兵东进接纳元脩。李贤部队在崤中遇到了元脩等人。元脩在他的保护下抵达长安。

高欢发兵后给元脩上了四十多封奏表，都没有得到答复。他判断元脩极可能逃入关中依靠宇文泰。这是他最不愿看到的结果。一旦皇帝逃亡，高欢免不了落下逐君出逃的罪名，同时把"挟天子以令天下"的政治优势奉送给了敌人。情急之下，高欢亲自挑选一支轻骑西进追赶元脩。高欢追到潼关，发现元脩已经被宇文泰接走了，只好东还洛阳。洛阳周边的乌合之众纷纷败降。

　　荆州刺史贺拔胜之前动员军队，赶赴洛阳"勤王"。中途听说元脩败逃，贺拔胜就想带兵西入关中，和宇文泰合兵一处。高欢派兵占领华阴，堵住了贺拔胜西进的道路。贺拔胜只好退回荆州，又为侯景打败，无奈之下南逃，投降梁朝去了。梁武帝萧衍对北方降将不分阵营，一律以礼相待。贺拔胜在南梁生活优越，却日夜思念北方，遇到南飞的秋雁都不舍发弓。两年后（536年），贺拔胜得梁武帝许可，辗转奔赴长安加入宇文泰阵营。

　　元脩在长安站稳脚跟后，向天下宣示高欢的罪恶，号召天下勤王杀贼。高欢当然不会束手就擒。冬十月，他在洛阳推清河王元亶的儿子——时年十一岁的元善见为新皇帝。高欢换了一个新皇帝，就可以冠冕堂皇地推卸元脩的一切指责，无视长安的一切命令了。同时，高欢可以继续挟天子以令诸侯。唯一不妥的是：北魏出现了两个皇帝！高欢没觉得两个皇帝有什么不妥，反正在他统治的关东和河北地区只有一个皇帝。然而，洛阳原本邻近梁朝，如今又在关中宇文泰军的威胁之下，很不安全。高欢就带着元善见迁都邺城。从此，北魏分为东西两部：关中以长安为首都的政权被称为西魏，关东以邺城为首都的政权被称为东魏。

　　双方大致以南北走向的中段黄河为界，东强西弱。东魏面积广大，人口众多，且经济基础好过千疮百孔的西魏。更重要的是，高欢继承了六镇起义的多数余众，而宇文泰周围只聚集了少数六镇官兵。当时，六镇官兵战斗力最强。高欢部队以鲜卑人为主，汉人很少，内部存在严重的民族矛盾，鲜卑官兵普遍歧视汉人。东魏大将高敖曹是汉人，英勇善战。高欢发号施令一般用鲜卑语，但只要高敖曹在场就改用汉话。主公如此敬重高敖曹，底下官兵也很忌惮他。一次议事，有人报告说治河的汉人民夫淹死不少。鲜卑将领刘贵随口就说："汉人的性命不值一文，随他死！"高敖曹闻言大怒，拔刀就向刘贵砍过去。刘贵落荒而逃。高敖曹还不罢休，随之鸣鼓起兵，集合部队要进攻刘贵。同僚好生相劝，高敖曹才罢手。

　　高欢深知属下鲜卑人与汉人之间的矛盾。他两方面都不得罪，将民族矛盾压制得很好。他对鲜卑人讲："汉人是你们的奴仆，男人为你们耕作，女人为你们纺织，上交粟帛赋税让你们衣食无忧，你们为什么要欺凌他们呢？"遇到汉人，高欢又说:"鲜卑人是你们雇用的兵客。他们替你们防盗击贼,保你们安宁度日。你们为什么还要恨他们呢?"一次,汉人大臣杜弼请求高欢消除内贼。高欢就问内贼是什么人。杜弼直言是那些掠夺百姓的鲜卑贵族。高欢默不作声,下令营中将士搭弓上箭、高举大刀、夹道而立,形成一片刀山箭林。然后,他命令杜弼到里面来回走动一回。杜弼一介书生,哪里见过此等场面,吓得浑身哆嗦、汗流浃背,不敢往前走。于是,高欢对杜弼说:"现在他们只是搭箭不射、举刀不砍,你就被吓得魂飞魄散了。诸位鲜卑将士在战场上冲锋陷阵,九死一生,又怎么说?他们之中或许有贪污冒抢的过错,但与他们平时的战功相比,怎能相提并论!"杜弼跪地顿首谢罪。可见,在高欢看来,汉人和鲜卑人各有所长,统治离不开任何一方。可他"遮盖子"的做法,对问题的解决没有丝毫帮助。

高欢拥有实力优势,很想平定关中,完成北方的统一。机会很快就来了。536年(东魏天平三年,西魏大统二年)年末,关中大饥,民不聊生,甚至出现了人吃人的惨剧。高欢抓住机会,于十二月出兵进攻西魏,挑起了两魏之间的第一次主力会战。

高欢派遣高敖曹攻上洛(今陕西商州)、窦泰攻潼关,亲自领兵于次年(537年)正月在蒲坂(今山西永济西南)造三座浮桥,准备抢渡黄河。宇文泰的部队人少,不足以分兵抵抗,部将就建议集中主力先进攻北边的高欢大军。但是,宇文泰判断高欢搭建浮桥是佯攻,是想掩护南边的窦泰。(冬天北方天寒地冻,黄河多处冰冻,高欢如果真想进攻,直接涉冰渡河就行了,没有必要大张旗鼓地搭建浮桥。)宇文泰决定先集中兵力击退窦泰。部将都不以为然,认为高欢近在眼前,不做防备反而掉头进攻窦泰,很可能遭到两面夹击。宇文泰力排众议,坚持先打窦泰。果然,窦泰没有料到西魏集合大军掩杀过来,仓促列阵迎战,被打得大败。部下死伤殆尽,窦泰自杀身亡。高欢听到窦泰兵败后,失去信心,下令撤毁浮桥撤军。西魏军就势追击,东魏军连战连败。战事异常惨烈,东魏大将薛孤延负责殿后,一连砍坏了十五把钢刀,才保护高欢一行人安全脱险。高敖曹闻讯,也主动撤兵。第一战以高欢失败告终。

胜利的宇文泰,日子也不好过。大饥荒造成军队都吃不上饭。同年八月,宇文泰为了抢夺粮食,主动出兵河南。两魏之间爆发了第二次会战。

宇文泰顺利攻克了恒农(即弘农,今河南灵宝),得到了此处粮仓。高欢点齐二十万大军,亲自来会宇文泰。宇文泰带上粮食,退回关中。闰九月,高欢领兵从山西渡过黄河,进入关中北部。在南边,高敖曹率兵三万把恒农团团围住。宇文泰军马不到一万,又面临南北夹击的困境。高欢志在必得,督率大军迅速向关中腹地进军。宇文泰驻扎在渭水南岸,用抢来的粮食让手下官兵恢复体力,同时征召诸州兵马。高欢的军队行进很快。西魏诸将认为实力悬殊,建议等兵马陆续会合后再迎战。宇文泰认为:"如果高欢逼近长安,民心必定降服于他,到时候再想打败他就难了。现在高欢新到关中,我们还有机会击败他。"于是,宇文泰带领又饿又少的军队渡过渭河,向东北方向迎敌。两军在沙苑(今山西大荔南)相遇。大将侯景建议高欢不必与宇文泰交战,只要僵持着,等到敌方军民饿死大半,宇文泰不死也要投降。侯景进而建议高欢趁宇文泰主力都在沙苑,分兵多处,占领关中其他地区。当时宇文泰的军队只有三天的军粮,迫切需要速战速决。侯景的建议不失为明智之举,但是高欢没有采纳,希望在沙苑彻底消灭宇文泰,轻松收复整个关中。

　　宇文泰在沙苑以东十里长满芦苇的沼泽地埋伏精兵,背水列阵,等着高欢主动进攻。东魏将军斛律羌举再次建议高欢分出一支精兵偷袭长安,给宇文泰来个釜底抽薪。高欢过于自信,嫌此举多余,将所有希望都寄托在沙苑之战上。不过,高欢看到渭河边上那一大片密密麻麻的芦苇丛,心生疑虑,下令放火烧掉渭曲芦苇。关键时刻,侯景站出来说:"我们应该生擒宇文泰宣示百姓。如果他躲在芦苇丛中,就会被烧成焦炭,那么胜利之后,宇文泰活不见人死不见尸,就会有人不相信我们大胜了。"高欢踌躇之间,大将彭乐大声叫嚷道:"我军人多势众,以百敌一,还怕打不赢吗?"这句话让高欢信心满满,下令全线进攻。

　　东魏官兵看到西魏军队屈指可数,个个贪功冒进,争相进攻,松松垮垮地散成一片。两军相交,宇文泰亲自擂鼓,埋伏在芦苇丛中的官兵奋起而出。大将李弼率领铁骑横击东魏主力,将高欢大军截成两段。西魏将军李标、耿贵技高胆大,杀得铠甲袍裳全被敌人鲜血染得透红。东魏将领也不甘落后,大将彭乐杀入西魏阵中,肠子都被敌人的长矛扎得流出来了,他就用手把肠子塞回肚子,抢枪再战。无奈东魏大军队伍散乱,各自为战,逐渐遭到了西魏军队有组织的围剿。在远处观战的高欢看到自家军队渐渐处于下风,想集结兵力后再战。派出去召集军队的军官很快回来禀报,找不到成建制的军队,将不知兵,兵不见将,没人应答。高欢知道大势已去,又不甘心二十万大军溃败,是战是退犹豫不决。大将斛律金劝他:"众心离散,不可复用,不如立即退回黄河以东,整军再战。"他怕再打下去，东魏军队会全军覆没。高欢紧紧握住马鞍，连声叹息，就是不说话。斛律金情急之下，狠狠鞭打高欢的坐骑。坐骑惊起，驮着高欢往回跑。东魏官兵见状，纷纷向东逃去。

高欢之前压根儿没做撤退准备，到了黄河边上，既没有船，又没有桥。随从找了一匹高大的骆驼让高欢骑到黄河之中，再换乘大船，狼狈渡回山西。东魏此战丧失官兵超过八万人，丢弃铠仗十八万，元气大伤。沙苑之战后，高欢离长安越来越远，东魏也不再能随意侵入关中。宇文泰俘虏了数以万计的东魏官兵，挑选其中的两万名精壮，补充西魏军队。通过收编俘虏、招募汉人百姓等措施，西魏军队人数开始增多。到大统八年（542年）年初，宇文泰正式建立六军，有了大约十万人。

沙苑败绩传到河南，高敖曹主动撤去恒农之围，退军洛阳。宇文泰乘胜追击，高敖曹又放弃洛阳，撤到黄河之北。西魏收复洛阳，宇文泰兴奋地带着西魏皇帝元宝炬回洛阳祭扫先帝陵庙。这场大胜让西魏政权大大巩固，宇文泰也巩固了在朝中的主宰地位。

四二 / 苏绰改革强西魏

高欢不服输，大败后的第二年（538年）任命老伙计侯景为河南方面的主将，集结军队，着手收复河南州郡。侯景顺利夺回洛阳，烧毁洛阳大部分建筑。洛阳在东魏迁都之时，绝大多数百姓连同宫殿庙宇都被高欢迁徙到邺城去了，如今又在熊熊火焰中成为一片废墟瓦砾。宇文泰闻讯，领兵来战侯景。东西之间的第三场会战，就在洛阳郊区展开了。

听说宇文泰亲自前来，侯景趁夜从洛阳后撤。宇文泰因为之前两战皆胜，骄傲轻敌，以为侯景是怯战逃跑，轻率地带领部下轻骑追到黄河边上。侯景提前占据优势地形。东魏军队北据河桥，南依邙山，甲胄鲜明，就等宇文泰前来厮杀了。混战开始后，宇文泰战马中流矢惊起，把宇文泰摔到地上。东魏士兵围杀上来，宇文泰的大多数随从都吓得逃跑了。情况紧急！将军李穆连忙下马，用马鞭抽打趴在地上的宇文泰，假装叫骂："你这个糊涂兵，你们主帅跑到哪里去了，怎么就你趴在这里？"围上来的东魏士兵听李穆的口气，以为宇文泰不是什么重要角色，纷纷扭头散去追杀更重要的目标。李穆扶宇文泰上马，双双西逃。侯景没有抓住良机扩大战果，西魏大军陆续赶到，加入了混战。两军在黄河岸边直杀得硝烟四起，战区越来越大，从河桥蔓延到邙山，又燃烧到洛阳城下。此战因此被称为"河桥—邙山之战"或者"河阴之战"。双方官兵杀得兴起，逐渐失去了联络，各自为战。

东魏大将高敖曹一向轻视宇文泰，又自视甚高，竖起高大的旌旗，上面写着自己的官职和姓名，又摆出贵重的伞盖，耀武扬威地杀到阵前。如此高调，西魏官兵认定这是个大角色，一窝蜂地围攻高敖曹。高敖曹很快就全军覆没，自己又遭西魏精锐追击，孤身一骑跑往河阳城。驻守河阳的是高欢的侄子高永乐，一向和高敖曹不和，下令关闭城门不让高敖曹进城。高敖曹向城上大声呼救，央求守军放下绳来，没人搭理。他只好挥刀猛砍城门，想劈个洞出来钻入城中。无奈城门太厚，砍了很久也砍不开。眼看大队追兵杀到，高敖曹知道性命不保，反而镇定下来。他转身昂首向追兵冲杀而去，坦然赴死。

两军从早到晚鏖战，团团厮杀在一起。傍晚时分，战场上气雾四塞，一片阴暗。各自为战的将领都不知道谁胜谁负。西魏大将独孤信、赵贵等人感觉东魏的官兵越来越多，压力越来越大，混乱之中又不知宇文泰和皇帝的消息，以为本方已经落败。于是，两人率部撤退，西魏其他将领见状，纷纷指挥部队边战边退。在后方观战的宇文泰见本方官兵后撤，也烧营逃走。东魏军队在后面掩杀。战局真的对西魏不利了。众人无组织撤退之时，西魏大臣王思政却带领身边的人主动阻击东魏追兵。他跳下马来，手持长矛，左挑右刺，连杀数人。敌军越聚越多，王思政陷入重围。左右无一幸免，王思政也重伤昏厥，被埋在尸体堆中。敌军急着追击，没有仔细打扫战场。后来，下属在尸堆中把王思政扒了出来，拉回营帐抢救回来。

西魏军队陆续撤退到恒农，才站稳了脚跟。宇文泰损失兵马过万人，决心退回长安休整。王思政的表现给宇文泰留下了深刻的印象，他留王思政守恒农，负责河南事宜。王思政修筑了玉璧城（在今山西稷山）。此城地处黄河北岸，周边地势险要、深谷纵横，易守难攻。西魏以此作为据点，控制河东地区，间接威胁高欢的大本营晋阳。之后，玉璧成了西魏前进的重镇，东魏必欲除之而后快的眼中钉。而东魏重新占领洛阳，高欢索性将这片废墟夷为平地。洛阳自此在很长一段时间内彻底成了一个历史地名。此战，东魏虽然夺回了大片土地，可也伤亡惨重。高欢痛失一代名将高敖曹，追赠高敖曹为太师、大司马、太尉。东魏大军也开始休整。此后四五年时间，河南地区除了小规模战斗外没有爆发决战。

频繁的战争，对宇文泰政权的压力极大。沙苑之战是侥幸取胜。河桥—邙山之战更是差点要了他的命。河南前线的败报传到关中，关中不服宇文泰统治的官民和之前收编安置的俘虏揭竿而起，有一支叛军甚至攻占了长安的子城。幸亏宇文泰大军及时赶了回来，将各地火苗一一扑灭。战争是综合实力的较量。无奈关中原本就落后于东方，宇文泰控制的人口少、领土小，经济基础更比不上高欢。怎么办？

一天，宇文泰和公卿大臣去昆明池观鱼，途中经过城郊一处西汉时的仓地。宇文泰就询问此地的来历，左右大臣没有一个人说得上来。宇文泰正唉声叹气，有人推荐了一个小官——著作郎苏绰。宇文泰把苏绰召来一问，苏绰将仓地的来历讲得头头是道，顺带着涉及历史、经济等方面的内容。宇文泰越听越有兴趣，就进一步向苏绰请教天文地理、天下兴亡，苏绰都一一道来，不时闪现真知灼见。宇文泰干脆和苏绰并马而行，也无心去昆明池，带着苏绰返回城中。两人彻夜长谈，宇文泰向苏绰咨询治国之道。

苏绰是关中武功人，出身豪门世家，从小继承家学渊源，博古通今，名声在外，可惜在鲜卑人的统治下一直默默无闻。镇兵出身的宇文泰没读过书，之前并不重视苏绰这样的汉人知识分子。经过这次长谈，宇文泰顿时发现了一座丰富的政治宝库，开阔了眼界。苏绰著作郎的官职，是尚书仆射周惠达举荐的。第二天，宇文泰遇到周惠达，大喊："苏绰真是奇士！我要把国政都交给他。"于是，苏绰平地一声雷，出任了宇文泰的左丞，掌管机密，实际主持西魏的改革。

大统七年（541年），苏绰在宇文泰的支持下起草六条诏书，颁布施行。这六条分别从治心、教化、地利、贤良、狱讼、赋役六个方面，主张进行德治为主、法治为辅的改革。改革的措施可分为两大方面。第一个方面是改革现存的弊病，改变之前西魏政坛近乎无法无天的原始状态。在政治上，颁布《大统式》作为统一的法律，规范官制，裁减冗员。宇文泰主张不苛不暴、法不阿贵，官吏犯法一视同仁。宇文泰的内兄王世超，任秦州刺史时，骄横州县，结果被赐死。在经济上，之前惨遭破坏的均田制恢复了起来，那些因为土地兼并、天灾人祸和连年战乱而背井离乡的流民重新与土地结合了起来。劝课农桑、发展经济取代征兵打仗成为地方官员的主要考核目标。地方官府纷纷重视农桑生产。此外，西魏还大力发展屯田。关中经济很快走出凋敝，稳步发展。

第二个方面是因时因地，建立新制度。宇文泰恢复鲜卑旧姓，让改姓汉姓的少数民族改回原姓，希望以此摆脱汉人柔弱奢华的毛病。他还仿照鲜卑旧俗，将军队分为八部，各部设柱国大将军统帅；士兵另编军籍，作为职业军人，不从事耕种，也不受地方政府管辖，称为"府兵"。统率府兵的八名柱国大将军分别是宇文泰、元欣、李虎、李弼、独孤信、赵贵、于谨和侯莫陈崇。宇文泰地位最高，统率其他柱国大将军；元欣是西魏宗室、孝文帝的侄子，空挂虚职。实际管事打仗的是剩下的六位柱国。每位柱国都督两名大将军，一共有达奚武、李远、杨忠等十二人。府兵制的创立，表面上看是倒退到鲜卑早期的组织结构，实际上，它仅仅是组织形式的鲜卑化，各柱国大将军也好，底下各级军官也好，都是中央直接任命，士兵对军官没有依附关系。府兵完全是朝廷的军队。鉴于少数民族人数少，宇文泰大量吸引普通汉人百姓当兵。整编后的西魏军队超过一半是汉人。这些汉人不是改姓鲜卑姓氏，就是冒充少数民族，用"胡俗"来培养战斗力。宇文泰又仿照周礼，革新官制，以周朝的继承者自居。一个鲜卑政权以汉人盛世周朝的继承者自居，一下子拉近了自己和广大汉人的距离。北方汉人地主和知识分子，逐渐摆脱对西魏的排斥，与它合作。

宇文泰对制度革新缺乏必要的知识储备，但唯贤是举，只要认准德才兼备的人，哪怕出身微贱也大胆任用。西魏吏治较为清明，他的周围也聚拢了不同背景的有用之才。比如西魏大将李弼原是侯莫陈悦的部下，后兵败投降。宇文泰对他予以重用，提拔为八柱国大将军之一。二人坦诚相见，毫无戒备。主持这场改革的除了苏绰，还有出身范阳卢氏的大臣卢辩。元脩西逃入关时，远在邺城任太学博士的卢辩闻讯，单人匹马追随到关中。

543年（西魏大统九年，东魏武定元年），高敖曹的哥哥高仲密新任东魏的北豫州刺史，其地在河南。高欢的长子高澄是个专横的色鬼，看到高仲密的妻子李氏貌美，一见面就想强奸，扑上去就乱扯衣带。李氏宁死不从，拼命挣脱，衣不蔽体地跑去向高仲密哭诉。高仲密暴怒，向西魏献地投降。宇文泰喜出望外，亲自带兵接应高仲密。西魏顺利接收了北豫州，占领了虎牢关等战略要地，包围黄河南边的河桥城。高欢也带上十万官兵，自黄河北岸渡河，抢占邙山，摆出决战的阵势。两军势均力敌，谁都不敢抢先发动进攻，一连对峙了好几天。

宇文泰想兵出奇招，选择一天深夜指挥主力奔袭邙山。东魏侦察兵发现敌情，火速告诉高欢。高欢整兵备战。于是，西魏的偷袭变成了黎明时分的两军混战。东魏大将彭乐带领数千骑兵，突击杀入西魏北军，所向披靡，一直深入西魏腹地。彭乐最初追随杜洛周起兵造反，后来投靠尔朱荣，中途突然投降葛荣，又转过来归附尔朱荣，之后才投靠高欢，政治态度暧昧不明。有人看不到彭乐的影子，跑去对高欢说："彭乐这小子又反水了！"高欢勃然大怒："彭乐太反复无常了！"正发怒间，彭乐遣使告捷。他一举俘获包括西魏临洮王元柬等五个王爷在内的重要俘虏四十八人。高欢立即传令鸣鼓进军，东魏军沿路掩杀，斩首三万余级。西魏大败。彭乐追击宇文泰，紧咬不放。宇文泰狼狈地策马狂奔，还扭头向彭乐哀求："彭将军，飞鸟尽，良弓藏，狡兔死，走狗烹。今天你杀了我，明天你还有用吗？你不如还营，把我丢弃的金银宝物一并取走。"彭乐一介武夫，轻信了宇文泰的话，折回去捡拾战利品，整理了一大袋金银珠宝向高欢复命。高欢问他为什么没追杀到宇文泰。彭乐如实相告，最后还声明："我并不是因为他的话才放了他的。"高欢震怒，当场勒令彭乐跪下，亲手抓着他的头往地上撞。高欢还不解恨，几次举刀要砍彭乐的脑袋。彭乐哀求给他五千人马，再去追捕宇文泰。高欢长叹一声："晚了！"最后，他赏赐给彭乐三千匹绢。

第二天，两军重整旗鼓，再次大战。宇文泰兵分三军，合击东魏军。有一名东魏的小兵犯了军法，为了避祸投降西魏。他向宇文泰指明了高欢的确切位置。宇文泰马上集合精锐将士猛攻高欢所在的位置。很快，高欢身边的将士悉数被歼灭。高欢带上几个亲随，策马逃跑，没跑几步，坐骑就被射死了。部将赫连阳顺下马，把马让给高欢骑，自己殿后掩护。很快，西魏追兵又杀到高欢背后。部将尉兴庆对高欢说："大王快走，我腰间尚有百箭，足以射杀百人，保护您撤走。"高欢感动地说："如果你能生还，我任命你为怀州刺史。如果你战死，你的儿子就是刺史！"尉兴庆说："我儿子太小了，希望大王让我兄长做刺史。"高欢一口答应下来。尉兴庆殿后，最后因寡不敌众被乱刀砍杀。

东魏降兵把高欢逃跑的方向报告给了宇文泰。宇文泰组织一支敢死队，人人轻装快马，一心追杀高欢。他任命大都督贺拔胜为队长。贺拔胜与高欢不共戴天，是追杀高欢的最佳人选。他在混战之中发现了仓皇逃命的高欢，飞马执槊，带上十三骑追杀而去。贺拔胜一口气追了数里，好几次槊尖都要刺到高欢的后背了。他情绪激动，大喊："贺六浑，我今天一定要宰了你！"高欢害怕得全身都趴在马背上了。仿佛有上天保佑，危急之时，高欢随从扭身射了一箭，正好射毙贺拔胜的坐骑。等贺拔胜起身，找到马匹想再追，高欢已经跑得无影无踪了。贺拔胜顿足痛惜："我今天竟然忘了带弓箭，真是天意呀！"

高欢所在的部分虽然失败了，但东魏其他部队并没有战败。相反，西魏赵贵等部抵敌不住，开始退却。战场形势发生了逆转。东魏军队冲杀过来，宇文泰率军逃跑。幸好有独孤信等人收拢溃散的官兵，从后面掩击东魏追兵，西魏军队才得以脱险。此战，西魏失败，包括虎牢关在内的北豫州等地得而复失。宇文泰不得不退兵河南西部。

高欢率军进入陕州，部下封子绘等劝高欢乘胜西进，彻底消灭宇文泰。但多数将领战斗意志不强，反对继续用兵。两魏实力相当，宇文泰军队的主力相对完好，高欢权衡之下，下令撤军。高欢率主力回晋阳，任命侯景为司空，全权负责河南军政。侯景俘获叛变的高仲密妻儿并送至邺城。由于高乾、高敖曹都是高欢的功臣，高仲密的弟弟高季式听说兄长起兵后马上自首，因此高欢并没有将高家连坐族诛，只杀高仲密一家。临刑前，色狼高澄去见将被处死的高仲密妻子李氏，问："今日如何？"李氏默然，只好被高澄纳为妾侍。高欢又杀掉了贺拔胜滞留东魏的所有儿子，以报战场上追击之仇。贺拔胜在关中得知，吐血而亡。

邙山之战后，宇文泰不得不扩大招兵范围，补充战场损耗。在北魏末年的关陇起义中，地方豪强纷纷组织乡兵自保。宇文泰把这些乡兵武装都收编为正规军，任命当地豪强统领。如此扩军，不仅加强了西魏王朝的军事力量，还削弱了地方势力。新军主要是汉人。西魏军队中汉人比例进一步提高。以武川镇军人为核心的六镇武装和关陇汉人地主势力，因为历次整编和扩军，日益联合了起来。

在东边，高欢年过五旬，身体越来越不好。他决心在有生之年，再会会宇文泰。武定四年（546年）十月，高欢集东魏十万精兵，围攻西魏位于汾河下游的重要据点玉璧城。此城由大将王思政筑造，王思政调离后推荐韦孝宽守城。玉璧城中的西魏守军不过数千人。高欢对攻下此城信心十足。他的目的是以玉璧为引子，吸引宇文泰出兵增援，然后在河东进行决战。但是，玉璧城地势险要、防守坚固，韦孝宽对守城信心满满，并没有向关中请求增援。宇文泰也相当放心，不派一兵一卒。高欢一厢情愿的决战，变成了十万大军的攻城战。高欢指挥官兵昼夜攻城，毫不懈怠；韦孝宽目不交睫，认真守城。硬攻不下，高欢转而智取。第一招是"断水"。玉璧守军之前从汾河汲水饮用，高欢派人改掘河道，断了韦孝宽的取水之路。韦孝宽下令在城内凿井取水，城中人马安然无恙。第二招是"造山"。高欢在城南造起土山，山比城高，想居高临下攻入城去。韦孝宽就在原先城墙的两个城楼之间绑缚木柱，搭成木桥，高于土山。西魏守军反过来居高临下，向土山上的东魏士兵投石掷火。东魏官兵不能近前。于是，高欢使出第三招"钻地"。东魏军士挖掘地道，计划挖入城中。韦孝宽就沿着城墙挖出一条深沟，等挖地道的东魏士兵跌入长沟，就地擒杀。守军还在长沟内堆满木柴，只要有地道暴露洞口，就派人往洞里填塞柴草，放入火把点燃，往地道内鼓气。地道中的东魏士兵不是被烧焦就是被熏死。高欢还有第四招"烧墙"。高欢继续派人挖掘地道二十条，不挖穿城墙了，而是挖到城墙下面就用木柱支撑住，再以猛火燃烧，等地道内的柱子崩塌，好多段城墙也随之塌毁。这一招起初很奏效，玉璧城墙坍塌了多处。韦孝宽迅速在城崩处竖立起大木栅，用尖槊弓弩防守，东魏官兵还是不能攻入。高欢接连失败，就开始用"心理战"。东魏官兵对城中大喊："城中有能斩韦孝宽者，拜太尉，封开国公，赏帛万匹！"并向城内发射悬赏令。

韦孝宽就在赏格背面亲笔书写"能斩高欢者也按此赏",射回城外。高欢把韦孝宽留在东魏的侄子绑在城下,逼韦孝宽投降。韦孝宽眼看着侄子被杀,也坚持不降。守军大受感动,誓死和韦孝宽共生死。

十万东魏大军苦攻玉璧五十多天,伤亡及病倒超过三分之二。韦孝宽岿然不动。高欢精疲力竭,一病不起。一天夜里,有大星坠于营中。古人认为,天降陨石就是将星坠落。高欢害怕这个天象落实到自己身上,主动撤围而走。

大军困于小城之下,已经引起了东魏内部的种种猜测。军中讹传韦孝宽用大弩射杀了高丞相。韦孝宽听说后,趁机派人四处高喊:"劲弩一发,凶身自殒。"撤退中的东魏大军开始军心不稳。高欢不顾病重,露天召集诸将宴饮。宴会上,大家情绪低落。大将斛律金唱起《敕勒歌》缓和气氛:"敕勒川,阴山下,天似穹庐,笼盖四野。天苍苍,野茫茫,风吹草低见牛羊。"高欢触景生情,亲自和唱,哀感流泪。武定五年(547年)正月朔日,恰巧有日食,高欢病死,终年五十二岁。

高欢死后,两魏之间长期没有爆发新的决战。双方都把目标转向南方的梁朝。东魏的目标是南北方传统的战场:淮南江北。因为南梁内乱,东魏斩获颇丰。西魏在巴蜀地区的收获更大。大统十九年(553年),宇文泰派遣尉迟迥进军四川,占领了现在的陕南、四川、重庆等地。一年前(大统十八年,552年),南梁大乱。梁武帝第七子萧绎在江陵称帝,是为梁元帝。萧绎为了平定国内骚乱,称臣于西魏。西魏与萧绎订立盟约割占土地:西魏以竟陵(今湖北潜江西南),梁以安陆(今湖北安陆)为界。梁元帝萧绎并送人质去长安。然而,等南梁内部安定后,萧绎对屈辱性的盟约反悔了。他以称帝后不便向西魏称臣为理由,坚持南北方平等相待,并且要求西魏把之前侵占的陕南、四川、重庆和湖北北部等地区归还南梁。宇文泰大怒。恰巧萧绎的侄子萧詧向宇文泰借兵进攻萧绎。于是,西魏恭帝元年(554年)年底,宇文泰派步骑五万攻陷江陵。梁元帝萧绎被处死,魏军洗劫了江陵城,驱赶十余万百姓返回关中。萧詧在空城中被扶持为傀儡。西魏进一步占领湖北其他地区。至此,宇文泰势力扩展到长江中游。

四三 / 癫狂高洋与傀儡羔羊

元脩西逃后，高欢立元善见为新皇帝，选择邺城为新的首都。元善见在邺城东北登基称帝，改元天平，成为东魏的开国皇帝，也是唯一的皇帝。元善见年幼，高欢继续主政，掌握军国大权。高欢的统治相对平稳，高氏家族继续窃取权力。当时南梁虽然有北伐，但与东魏的关系仍以外交通使为主。为了抵抗柔然对分裂的魏国的侵略，高欢迎娶柔然公主，对柔然奉行结交和好政策。他把主要精力放在与关中宇文泰的作战上。随着连年战争和关中的恢复，东魏和西魏逐渐形成了均势。高欢的平稳统治为儿子的篡位奠定了良好的基础。

高欢死后，长子高澄继位，受封渤海王、大将军，把持朝政。高澄的才能无法和父亲相比，且为人残暴猜忌，嗜权如命，导致内部人际关系紧张。比如他任用亲信崔季舒、崔暹监督百官，对父亲留下来的老伙计、老大臣很不客气。东魏内部怨气重重。和高欢一道起兵的大将侯景干脆割据叛变，先后投降了西魏和南梁。

不过，高澄的运气实在是好。底下虽然有怨气，但都被他的专横残暴压制了。侯景叛变导致河南地区脱离东魏，却因为侯景首鼠两端、决策失算，东魏很轻松就收复了河南大部分地区。更轻松的是，高澄把"瘟神"侯景赶到南梁后，南梁内部大乱，梁朝淮南江北各州郡的刺史、太守纷纷向东魏献城归降。高澄派人南下纳降，兵不血刃地接收了淮水以南二十三州。这其中包括钟离、寿阳、合肥、淮阴等重要军镇，南北方的边境几乎推进到了长江北岸。高澄举手之间就完成了之前北方历代统治者花费千军万马都没有实现的目标。

同时，高澄虽然没有在对西魏的战争上有大的进展，却攻占了西魏在河南的重要据点颍州。颍州治所在长社（今河南长葛东），由西魏的大将王思政镇守。王思政对西魏忠心耿耿，起初将城池守卫得很好。东魏在城下损兵折将。高澄亲自率领十万大军兵临长社城下，采用水攻，将长社城淹成汪洋中的一座孤岛。城墙多处崩陷，储粮被淹，王思政不得已向高澄投降。高澄对他以礼相待。王思政几年后病死在北齐。长社陷落后，宇文泰放弃了河南的其他各州。高澄又轻松捡了个大便宜。

高澄的声望因"功"达到顶峰。他被加封为齐王、相国，享受剑履上殿、入朝不趋、赞拜不名的殊礼，真可谓是"司马昭之心，路人皆知"了。

小皇帝元善见自幼聪明，他"好文学，美容仪，力能挟石狮子以逾墙，射无不中"。这在历代皇帝中算得上才能出众、文武双全。元善见举止从容沉雅，非常有北魏伟大的帝王孝文帝的遗风。但他始终是一个傀儡，未能亲政。高澄非常忌讳元善见文武全才，将大将军中兵参军崔季舒调任中书、黄门侍郎，监察皇宫的动静。元善见的大小举动都被崔季舒侦知，再告诉主子高澄。一次，皇帝在邺城东部打猎，驱马驰骋如飞。监卫都督乌那罗等人在后面紧紧追赶，高呼："天子莫走马，大将军怒！"

高欢生前，虽然专权，但表面功夫做得非常到位。他对小皇帝毕恭毕敬，君臣之间倒也相安无事。但高澄一点儿表面文章都不做，毫不掩饰自己的专横跋扈。一次，高澄和皇帝饮酒。高澄举觞对元善见说："高澄祝陛下长命百岁。"元善见听后感慨："自古没有不亡之国，朕怎么能受用这样的话！"高澄发怒了："朕，朕，狗脚朕！"高澄说完还不解气，让崔季舒上去打元善见三拳。当众殴打了皇帝后，高澄这才奋衣而去。第二天，高澄让崔季舒去慰劳皇帝。元善见不得不表示辞谢，还赐给崔季舒绢。崔季舒哪里敢接受，就先跑去报告高澄，问自己是否能够接受。高澄让崔季舒取其中的一段。元善见就束了百匹绢给崔季舒。

元善见不堪羞辱，常常在宫中咏同时代南方大诗人谢灵运的诗："韩亡子房奋，秦帝鲁连耻。本自江海人，志义动君子。"这是南方谢灵运遭地方官员弹劾后借古讽今、立志雪耻的诗。大臣荀济闻听后，知道元善见的心意，与华山王元大器、元瑾等大臣密谋。三人想出了一个馊主意，伪装在宫中造假山，实质上挖地道出宫，再集结天下兵马做进一步打算。荀济的地道一直向北城方向挖进。到千秋门的时候，守门者察觉到地下有响动，跑去报告高澄。高澄领兵入宫，责问元善见："陛下为什么要造反？我高家父子两代功存社稷，有什么地方辜负了陛下吗？"高澄当即下令捕杀宫中的妃嫔。元善见正色说："自古只听说大臣反皇帝的，不曾听说还有皇帝反大臣的。大臣造反，关我何事？我不惜生命，何况妃嫔！你如果打定主意要造反弑君，你就动手吧！"高澄见皇帝来硬的，叩头谢罪。皇帝见高澄服软了，就摆宴招待。高澄在宫中酣饮，到深夜才出去。三天后，高澄还是将元善见幽禁在含章堂，而元大器、元瑾等人都在闹市中被当众烹死。

高澄囚禁了皇帝，准备逼元善见禅让，篡位建国。元善见在含章堂心惊胆战地过日子。他不知道自己身死何时。但是，先传来的却是高澄的死讯！549 年，高澄在家里被厨师刺死。

凶手是一个叫作兰京的厨师。东魏在与南梁的战争中，南梁将领兰钦的儿子兰京被北方俘虏，高澄让兰京在家中配厨。兰钦请求赎回儿子，被高澄拒绝。兰京本人也向高澄申诉。高澄让监厨苍头薛丰洛杖责兰京，警告说："再申诉，就杀了你。"兰京不是软柿子，秘密联结了六个人阴谋作乱。当时高澄正准备接受魏禅，与陈元康、崔季舒聚集在北城东柏堂里密谋最后的步骤。太史向高澄警告说天象突变，一个月之内有变乱，提醒高澄注意。这天，兰京进东柏堂端菜。高澄不让兰京进来，对旁人说："昨天晚上，我梦见这个奴才要杀我。"过一会儿，高澄又说："我要先杀了这个奴才。"兰京听了，把刀放在菜盘下，冒险进食。高澄见了，发怒说："我并没有叫吃的，你为什么进来？"兰京拔出刀，恶狠狠地说："我来杀你！"高澄急忙逃跑，伤了脚，躲入床下。兰京的同伙涌入堂中，掀去床，乱刀砍死高澄。高澄终年二十九岁。

高澄遇刺身亡，事出仓促。高家亲信连忙报告高澄的二弟高洋。高洋闻讯，神色不变，亲自斩杀兰京及其同党，同时收殓哥哥，却秘不发丧。高洋只是对外宣布家奴造反，大将军高澄受了一些轻伤，并无大碍。当时洛阳周边因为消息不明，出现骚动迹象，听到高洋的处理，稍微安定下来。高洋再以东魏立皇太子为理由，大赦天下。等待洛阳周边安定后，高洋紧急奔赴晋阳，接收军队，掌握权力。这时，高洋才向天下宣布了哥哥的死讯。

听到高洋接替哥哥的地位后，元善见天真地认为："上天佑我，魏室可以复兴了。"

元善见轻视高洋。高洋长得很猥琐，皮肤黑黑的，满身鱼鳞纹，平日窝在角落里少言寡语，和仪表堂堂、风度翩翩的大哥高澄相比，一个地下，一个天上。不仅高澄以为他没有什么能力，连诸位大臣也看不起他。就连生母娄昭君也忧虑地对高洋说："你爸爸是龙，你大哥是虎，才有了我们家如今的地位。现在轮到你了，你行吗？"

事实随即粉碎了元善见的天真与幻想。高洋那是韬光养晦，城府深厚。在诸多子女中，高欢最看好的，恰恰是二儿子高洋。一次，高欢拿出一团乱丝，叫几个儿子解开。当兄弟们解得手忙脚乱时，高洋拔出刀就砍，还说："乱的该斩！"高欢很欣赏高洋的作风。还有一次，高欢叫高澄、高洋各带一队士兵行军，让大将彭乐率领骑兵佯攻他们，以便测一下兄弟二人的胆略。高澄惊慌失措，高洋却不慌不忙地指挥部下迎敌。彭乐连忙说明来意。高洋不相信，将彭乐捆绑起来，押到父亲面前才把事情弄清楚。经过这些考验后，高欢生前虽然以长子高澄为继承人，但同时培养次子高洋。高澄继位后，高洋担心遭兄长排挤陷害，刻意保持低调。他每次退朝回府就闭门静坐，整天不开口。有时，高洋在家里跑跑跳跳，夫人问他做什么，他只说玩玩而已。其实，高洋是不想自己安逸下来，保持活跃的身体和精神。

在处理高澄被刺事件时，高洋从容自若、手段高超，开始让旁人大吃一惊。在晋阳，高洋大会文武大臣期间神采飞扬、言辞敏锐，与昔日木讷安静的样子判若两人，更令人刮目相看。全场都被震慑了。掌权后，高洋清理高澄的政令，几乎全部修改或废除。高隆之、司马子如趁机弹劾高澄亲信崔暹与崔季舒的过失，高洋将二人各打两百鞭，发配边疆。他很快就树立了权威，原本对高澄有怨气的大臣，纷纷聚集到高洋的周围。

但是，随着权势迅速稳定，高洋性情大变，很快堕落成一个癫狂病人。他的行为越来越放纵，有时整天整夜唱歌舞蹈；有时披头散发，穿着"胡"服；有时骑驴、骑牛、骑骆驼、骑象，从不加鞍绳，随便走到哪里就是哪里。大臣府、平民区，他自由出入，累了就在街上或坐或卧。他似乎寒暑不分，在炎炎烈日下赤膊光脚行路，在冬天的严寒中裸露身体狂奔。

更可怕的是，高洋开始嗜血，杀人成性。他制造了许多杀人工具，有大锅子、长锯、锉刀、碓等，一一陈列在殿庭之上。高洋喜欢喝酒，而且一喝醉就必要杀人取乐。他经常从早到晚地喝酒，也就从早到晚不停地杀人。宫女、宦官甚至亲信每天都有人惨死在他的盛怒之下。后来人们摸到主子的秉性，就从监狱中将判决死刑的囚犯提到高洋住处，供高洋不时杀人之用。但是高洋杀的人太多了，死囚不够使用。亲信就把拘留所里正在审讯中的犯人或者刚拘捕的嫌疑人拉来以备使用，史称"供御囚"。高洋出巡时，这些可怜的供御囚也跟在后面备用。官府有个奇怪的规矩：一个人只要做供御囚三个月而不死，即无罪释放。

高洋幼年时，丞相高隆之对这个癫狂孩子不太看好，也就不甚礼遇。高洋登基后记起前恨来，下令将高隆之杀掉。之后高洋还不解恨，就把高隆之二十多个儿子唤到面前表演集体屠杀。群刀齐下，人头落地。高洋这才解恨。丞相李暹病故后，高洋去李暹家祭吊。他问李暹妻子："夫人是否思念丈夫？"李暹妻子回答："结发夫妻，怎么能不想念哪？"谁知高洋说："既然想他，就前去陪他吧！"说完，高洋抽出配刀，砍下她的头扔进阴沟里。

　　高洋的行为更加癫狂。他宠爱的薛贵嫔是妓女出身。高洋有一天想起薛贵嫔的历史，不顾夫妻情分，将她杀掉。但是高洋在薛贵嫔死后，又想起她的美来。于是高洋把血淋淋的人头藏到怀里参加宴会，在宴会高潮时掏出来放在桌子欣赏。参加宴会的大臣无不大惊失色。高洋思念更深，将她的尸体肢解，用腿骨做了一个琵琶。他抱着琵琶，一面弹，一面唱："佳人难再得。"高洋为薛贵嫔办了一场隆重的葬礼，跟随在棺材后面，蓬头垢面，大声号哭。

　　高洋的弟弟高浚、高涣，经常劝说哥哥注意行为。高洋烦了，将这两个弟弟关到地窖的铁笼里。高洋去看他们，纵声高歌，命二人相和。高浚和高涣既悲伤又害怕，颤抖着唱出歌来。高洋听着，泪流满面，突然拿起长矛向笼中猛刺，还命令卫士一起刺杀。两个弟弟用手抓住铁矛挣扎，号哭震天，被刺成一团肉酱。高洋在执政的后期，老担心自己死后政权不稳，于是就把魏国元姓皇族全部屠杀。其中婴儿则抛向空中，用铁矛承接，一一刺穿。

　　这是一个癫狂病人，以异乎寻常的速度完成了逼宫禅让的过程。武定八年（550年），元善见晋升太原公高洋为丞相、齐王，任都督中外诸军事。这时，徐之才、宋景业等人纷纷劝高洋称帝，宣称应该在五月受禅即帝位。高洋早有此意，于是从晋阳来到邺城，进行最后的准备。文武百官见局势如此，没有敢反对的。五月，元善见再任命高洋为相国，总百揆，备九锡之礼，又以齐国太妃为王太后，王妃为王后。

　　五月初八，襄城王元昶、司空潘乐、侍中张亮、黄门侍郎赵彦深等人要求入朝奏事。元善见在昭阳殿召见他们。君臣间进行了东魏朝廷最后一场辩论。

　　张亮说："五行递运，有始有终。齐王圣明仁德，深受老百姓爱戴，请陛下效法尧、舜，将帝位禅让给他。"元善见一点儿办法都没有，想在程序问题上拖延时间："既然这样，那我就先准备制书吧。"中书郎崔劼、裴让之说道："不劳陛下，我们已经写好了。"侍中杨愔即献上制书，让皇帝按照内容抄写一份。元善见只得照办。元善见抄完后问："你们将如何安排我呢？我应该去什么地方？"杨惜回答说："在邺城北城有所别馆，你会搬到那里去。我们已经准备好了车驾。"元善见慢慢地走下御座，走出东廊。这位文才出众的皇帝边走边咏范蔚宗的《后汉书赞》："献生不辰，身播国屯。终我四百，永作虞宾。"

元善见走到宫门处，官员请他上车出发。元善见留恋地说："古人想念遗簪敝屣。我想和六宫告别，可以吗？"高隆之说："现在的天下还是你的天下，况且后宫呢！"元善见就与夫人贵嫔诀别，大家无不唏嘘流泪。赵国李嫔吟咏陈思王曹植的诗："王其爱玉体，俱享黄发期。"皇后等人哭声震天。

直长赵德准备了一辆老牛车，等候在东上阁。元善见上车后，赵德竟然也赶上车来，坐在皇帝旁边。元善见用手肘碰碰赵德，说："我畏天顺人，授位给相国。你是什么奴才呀，竟然也敢逼我！"赵德坚持不下去。元善见只得与他同车走出云龙门，王公百僚整理衣冠跪在路边给皇帝送行。元善见极其感慨："今天的我还比不上常道乡公、汉献帝呢。"大臣也都觉得悲凉，很多人都流下泪来。

五月初十，齐王高洋在邺城南郊举行受禅典礼。当天，邺城出现赤雀，人们将赤雀献到郊所。高洋升坛，柴燎告天，正式接受皇位。事毕，高洋进入皇宫太极前殿，宣布大赦天下，改元天保，国号齐，史称北齐。东魏只经历元善见一个皇帝，享国十六年。东魏全境进入北齐的统治。高洋终于成功篡权夺位。

北齐封元善见为中山王，食邑一万户；上书不称臣，答不称诏；出行可以使用天子旌旗，乘五时副车；奉绢三万匹，钱一千万，粟二万石，奴婢三百人，水碾一具，田百顷，园一所。元善见继续延续魏室正朔，在中山国立魏国宗庙。元善见皇后被封为太原公主；各个儿子被封为县公，食邑各一千户。高洋出巡的时候，常常让元善见伴随左右，以示恩宠。但是元善见一家依然生活在恐惧之中。北魏的各位皇帝即使禅位了，都没有得到善终。这些皇帝通常是被新皇帝毒死。妻子为了防止毒物，每次吃饭前都为元善见试毒，尽力保护着丈夫。但高洋还是找到机会，于551年下毒，毒死了元善见。元善见年仅二十八岁。元善见被追谥为孝静皇帝，葬在邺西漳北。

四四 / 杰出的傀儡皇帝

东魏灭亡后,西魏的国运在宇文家族的羽翼庇护下又延续了二十四年。

元脩落荒而逃,来到长安。宇文泰礼数非常周到,备齐仪卫出城迎接。君臣在东阳驿相见。宇文泰免冠,哭泣着向元脩谢罪:"臣不能遏制奸臣欺凌皇上,导致皇上驾车西行,是我的罪过。请皇上将我交给有关部门惩处。"厌恶了高欢专权的元脩,感觉非常好。他回答说:"你的忠节,整个朝野都知道。我因为德行不够,所以才为奸臣所乘。今天我们君臣相见,我非常欣慰。你不用谢罪。"宇文泰于是陪护元脩进入长安。

北魏朝廷西逃到关中后,百业待兴。宇文泰建立了西魏朝廷的雏形,还抵御住了高欢军队的进攻。特殊的形势导致军国大政都由宇文泰专断。宇文泰以大将军、雍州刺史兼尚书令,并晋封略阳郡公。朝廷还解除了尚书仆射的官制,加强专权。元脩在洛阳的时候曾将冯翊长公主许配给宇文泰。婚事还没举办,元脩就西逃了。现在在长安,元脩为宇文泰举行了皇室婚礼,正式拜他为驸马都尉。一个月后,高欢亲自领兵来争夺皇帝元脩。高欢军突袭攻陷了潼关,进军到华阴地区。宇文泰整军驻扎在灞上迎敌,迫使高欢留下薛瑾守潼关后撤回东方。宇文泰进军讨伐薛瑾,俘虏七千人回到长安。元脩晋升宇文泰为丞相。当年十月,元善见即位,徙都邺城。北魏正式分裂。宇文泰度过了与高欢战争的最初困难时期,元脩也给予了宇文泰充分的信任。

隆重的场面,恢宏的长安和重建的朝廷,使元脩以为他成了一位真正的皇帝。但他忽视了自从胡太后之乱后,北魏朝廷大权已经旁落了数十年。他怎么能够就凭简单的西逃重新树立皇权呢?元脩对宇文泰的期待也是错误的。他将北魏的复兴完全寄托在宇文泰的身上。宇文泰凭什么一心一意做北魏中兴的功臣呢?何况宇文泰本身就是有志于天下的军阀。宇文泰比高欢年轻,不像高欢那样宽厚。高欢虽然专权,但起码不干涉元脩的私生活。元脩的私生活混乱,长期与几位姐妹同居。宇文泰非常厌恶元脩这一点,将他的几个姐妹全部驱逐出宫,并杀掉了其中的明月公主。元脩暴跳如雷，顿足捶案，大骂宇文泰。宇文泰就加强对皇宫的监视，防止元脩再干蠢事。原本满怀希望的元脩一下子有了才出狼穴又入虎口的感觉。

元脩做事从不分析前因后果，不仅过分夸大自身的实力，而且以一时的好恶为出发点。即使处于被监视中，元脩也一再扬言要除去宇文泰。元脩从洛阳西逃后的第五个月，闰十二月癸巳，大臣潘弥向元脩上奏说："皇上在今天要小心有急兵。"这天晚上，元脩在逍遥园举行宴会。他触景生情，对侍臣说："此处仿佛是洛阳的华林园，我不禁满怀凄怨。"元脩命令牵来自己的坐骑波斯骝马，让南阳王驾马。南阳王就要攀上马鞍的时候，掉在地上摔死了。元脩受到极大的惊吓。天色已晚，元脩起驾回宫。到了宫殿后门，那匹波斯骝马硬是不向前走了。元脩使劲地鞭打坐骑，波斯骝马才步入宫中。元脩看看天色，对潘弥说："今天不会有其他事情了吧？"潘弥说："到下半夜，如果没有事情，那就大吉了。"回到宫中，元脩喝了一点儿酒。正是酒要了元脩的命，宇文泰让人在酒中下了毒药。元脩当即死去，年仅二十五岁。死后，元脩被草殡于草堂佛寺。十多年后，元脩才被葬入云陵。西魏给元脩定的谥号是"孝武"。但东魏不予承认，坚持将元脩称为"出帝"，意思是出逃的皇帝。

继位的西魏皇帝是元宝炬。元宝炬是孝文帝第三子、京兆王元愉的儿子。因为父亲造反失败自缢，母亲受株连被杀，元宝炬的早年生活非常悲惨。他与兄弟、妹妹被囚禁在宗正寺长达七年，没有自由，更没有皇室身份。北魏末年皇室成员凋零，元宝炬开始异军突起。他对高欢及其手下的骄横跋扈十分厌恶，公开扬言："这些镇兵，怎么敢如此大胆！"因此，元脩生前很器重元宝炬，任命他为太尉，并带他一起入关。

元脩死后，多数大臣推举孝武帝的侄子、广平王元赞为新君。濮阳王元顺劝宇文泰不要效仿高欢立幼主揽权，不如反其道而行之，拥立一个平和老实的长君，以此把高欢给比下去。宇文泰于是立元宝炬为皇帝。元宝炬再三推让，实在没办法才即位，改元大统。

元宝炬可谓是古代历史上的"模范傀儡"。他非常清楚宇文家族取代魏室的趋势，在他统治时期，朝廷大权进一步落入宇文家族手中。元宝炬采取了无条件合作，以求自保的态度。元宝炬有一次登逍遥宫远望嵯峨山，感慨地对左右说："望到这山，不禁让人有脱屣归隐的意思。如果我满五十岁了，我就将政权交给太子，去山中采摘饵药，不再像现在这样日理万机了。"虽然元宝炬最后没有活到五十岁，但毕竟是正常死亡，基本实现了目的。他的结局远比元子攸、元晔、元恭、元朗、元善见等亲戚好得多。

东西魏对立时，中原面临北方强大的柔然的威胁。东西魏都对柔然曲意逢迎以求自保。东魏把公主嫁给柔然统治者进行和亲；西魏宇文泰便要元宝炬娶柔然长公主作为皇后。当时元宝炬已经有了乙弗氏皇后，两人非常恩爱。乙弗氏皇后生性节俭，平日穿旧衣、吃蔬菜，从不配饰珠玉罗绮，为人仁恕且没有嫉妒心，深得元宝炬之心。但宇文泰的命令又是不能拒绝的，元宝炬只好迎娶了柔然的长公主，立为皇后。他废掉了乙弗氏皇后，将她打入冷宫。元宝炬新婚后的家庭生活并不幸福，柔然公主非常不满，她是个嫉妒心极强的女人，将自己婚姻的不幸归结为乙弗氏的存在。为了保护自己心爱的女人，元宝炬再次做出牺牲，将乙弗氏贬到秦州（今甘肃天水）出家为尼。元宝炬虽然将乙弗氏贬到边远的地方，但对她的爱意并没有丝毫减弱，相反更加思念起来。两人还多次秘密通信传情。柔然长公主很快知道了消息，并且向娘家哭诉自己的不幸。柔然国出兵大举进攻西魏，名义就是诛杀乙弗氏。一个女子和百万大军比起来，自然是后者更加重要。元宝炬于是忍痛派遣使者去秦州，敕令乙弗氏自尽。乙弗氏冷静地对使者说："愿皇帝享千万岁，天下百姓康宁，我死而无憾。"随后她走进卧室，"引被自覆而崩"，年仅三十一岁。元宝炬与乙弗氏的爱情最终还是战胜了政治风云。元宝炬死后，人们将他和乙弗氏合葬在一起，成全了两人的爱情传奇。两人的合葬墓就是现在的陕西永陵。

虽然元宝炬的个人生活不幸，但是西魏在他在位时期得到了恢复和发展。在东西魏的竞争中，西魏由弱变强，取得了优势。元宝炬配合宇文泰主导的政治和经济改革。西魏国力蒸蒸日上，还开疆拓土，疆域扩大到四川和湖北一带。宇文泰为西魏灭亡东魏，直至最后为隋朝统一开启了大门。这其中，也应该有元宝炬的一份功劳。

大统十七年（551年）三月，四十五岁的元宝炬驾崩于乾安殿，一个月后葬于永陵，谥号"文皇帝"。"文"是一个非常好的谥号，用以表彰元宝炬的文治成绩。在他死前的两年，东边的元善见禅让给了高洋。宇文泰并不急于登基，因此魏室得以在长安延续。

元宝炬的长子元钦继承了皇位，却没有继承父亲的隐忍自保。元钦犯了一个傀儡最要命的错误：争夺权力。当时大权操于宇文泰之手，元氏皇权名存实亡，不少皇室宗亲对此忧愤不已。尚书元烈密谋杀宇文泰，事泄被杀。元钦对元烈之死愤愤不平，对宇文泰口出怨言，还密谋诛杀他。淮安王元育、广平王元赞等人常常劝谏元钦，甚至哭着请元钦注意言行，以免给皇室带来危害。血气方刚的元钦哪里肯听？西魏废帝三年（554年）正月，对政敌毫不手软的宇文泰断然废掉了元钦。元钦在历史上被称为"废帝"。

元钦值得一说的是他的"一夫一妻制"。元钦即位后，立宇文泰的女儿为皇后。他虽然对宇文泰不满，却对权臣的女儿很喜欢。而宇文泰之女，志操明秀，品行端庄，和元钦十分相爱。为此，元钦不置嫔御，专宠宇文皇后一人。元钦被废后仅两个月，就被宇文泰毒杀。皇后宇文氏悲伤过度，很快也死了，被认为是"忠于魏室"。其实说她忠于爱情更加确切。

宇文泰挑选的新皇帝是元宝炬的第四子齐王元廓。元廓即位之初，两人的合作相对融洽。第三年，宇文泰因为身体状况开始恶化，意识到自己将不久于人世，于是在该年春正月丁丑，让元廓行周礼，建六官，封自己为太师、冢宰。西魏恭帝三年（556年）十月，宇文泰病逝。至此，西魏短暂历史中的两大主角元宝炬和宇文泰先后谢世。

宇文泰逝世后，十五岁的儿子宇文觉继承政治遗产，由三十五岁的侄儿中山公宇文护辅政。宇文觉是宇文泰的第三子，母亲就是冯翊公主。宇文觉年幼时，有善于相面的史元华给他相面，对宇文家说："贵公子有至贵之相，只可惜他不长命。"宇文泰在生命的最后一年，挑选宇文觉为世子，拜为大将军。宇文觉顺理成章地接位。

宇文觉还是个小孩子，对政治不一定明了。但辅政的堂哥宇文护是野心勃勃的成年人。宇文护在辅政之初就极力推动取代西魏。宇文觉接位后的第三个月，宇文护强迫元廓将岐阳等地封给宇文觉，封宇文觉为周公。几天后，元廓就下了禅位给宇文觉的诏书："予闻皇天之命不于常，惟归于德。故尧授舜，舜授禹，时宜也。天厌我魏邦，垂变以告，惟尔罔弗知。予虽不明，敢弗龚天命，格有德哉。今踵唐、虞旧典，禅位于周，庸布告尔焉。"又有一个皇帝承认自己德行不够，要主动禅位给大臣。

元廓先是派大宗伯赵贵拿着诏书去拜会宇文觉，接着隆重召开朝会，正式派遣户部中大夫、济北公元迪捧着皇帝玺绶去宇文家。宇文觉按照亲信教导的那样,先是坚持推辞不肯接受。闻讯而来的公卿百官连忙集体劝进,声称宇文家取代魏室是天命所归、人心所向的事情,恳请十五岁的宇文觉接受帝位。在宇文护的监视下,百官的劝进一个比一个表现得恳切感人。太史还信誓旦旦地说天下出现了祥瑞,正是改朝换代、新皇帝君临天下的恰当时机。于是,宇文觉才接受了禅让诏书。

元廓非常知趣,在颁布禅让诏书后主动离开了皇宫。听到宇文觉接受的消息后,元廓在大司马府宣布逊位。北周孝闵帝元年（557年）正月,宇文觉登受禅台,举行柴燎告天仪式。百官云集,沿途接受新皇帝的接见。他们中的一些人经历了不止一次这样的仪式,对程序已经非常熟悉了。宇文家族二十四年的牢固统治几乎让所有的官民都预料到了这一天的到来。两位主角宇文泰和元宝炬因为逝世缺席了禅让仪式,而分别由他们年幼的儿子代表。宇文觉在这一天称天王,定国号为周,史称北周。北周追尊宇文泰为文王。

逊帝元廓被封为宋公。第二个月,元廓就被宇文护杀死,谥号"恭"。到了唐朝天宝七年（748年）,唐玄宗有感于拓跋部纵横中原的历史,在民间找到了北魏孝文帝的第十代孙元伯明。元伯明被封为韩国公,世袭,延续魏室宗脉。韩国公一直传国到唐末。

四五 / "佛门天子"萧衍

当北方血雨腥风、动荡不宁的时候，南方保持着惊人的平静。和北方皇帝走马灯般更换不同，南方近半个世纪来一直处于同一个皇帝的统治之下：梁武帝萧衍。

萧衍在位四十八年，超过整个南朝历史的四分之一，不仅是南朝在位时间最长的皇帝，就是放在整个中国历史上也是少见的。他的皇帝是从同姓的南齐手中篡夺而来的。萧衍前半生压根儿没想到自己能当皇帝，所以当江山传递到他手中后，萧衍没有心理准备。受禅当日，萧衍坐上皇帝的辇车，对陪乘的老伙计、侍中范云说了一句语重心长的话："朕之今日，所谓懔乎若朽索之驭六马（我恐惧的心就好比是用坏掉的绳索来驾驭六匹马）。"范云反应极快，当下回道："愿陛下日慎一日。"皇帝已经当上了，辞职是不行的，只能加倍小心了。所以，萧衍登基之后，保持了清醒的头脑，勤于政务。他不分冬夏春秋，坚持五更天起床，批改公文奏章。南方冬天极冷，萧衍的手指都冻裂了，还手不释卷，认真履行皇帝职责。

萧衍为政，有两大特点。一是宽。南梁改革刑律，强调"明慎用刑"，逐步将一些古老的肉刑，比如劓鼻、刺字等废除，并改革各项滥刑和苛捐杂税。南梁的刑法宽恤，对老百姓有好处，可也产生了各种弊端，主要是官僚贵族犯罪后的惩罚过轻，在某种程度上纵容了官僚贵族。二是俭。萧衍是中国古代出了名的"节俭皇帝"。他一顶帽子戴三年，一床被盖两年，不讲究吃，不讲究穿，每天常常只吃一顿饭，有时候干脆就喝点儿粥充饥，衣服就随便拿件披在身上。南梁社会风气在萧衍的带动下有了很大改善。

萧衍最初的宰辅大臣是老伙计范云和沈约。他们三人早年都是南齐竟陵王萧子良的座上宾，是"竟陵八友"中的三位。范云和沈约恪守朋友之义，尽心辅助。萧衍纳东昏侯萧宝卷的一个妃子为内室，宠爱有加，一度妨碍政务的处理。范云就进谏说："当年汉高帝贪财好色，灭秦后入关中却能做到不取秋毫、不幸妇女。如今明公刚平定天下，海内正对您翘首以待，您怎么可以被女色拖累呢？"范云竟然自作主张，假传圣旨，将那名妃子赐给了将军王茂。事后，萧衍默许了范云的做法。

范云和沈约死后，继起辅政的是徐勉和周舍二人。周舍生活俭约，执掌机密二十多年从来没泄露半点儿机密。徐勉公正无私，能力超群。他担任吏部尚书时，一边手不停笔地处理案上堆积的文书，一边接待满堂的宾客，应对如流。皇帝勤俭、用人得当，萧衍统治的前半期（502—520年），政治比较清明。

周、徐二人死后，继起执掌机密的是中领军朱异。朱异也很能干，处理起政务来像流水一般，从不让公文积压在自己手里。不论政务多么繁重，朱异都能迅速作出判断，在短时间内解决一切问题。但是，朱异有两大缺陷。第一，他是个大贪官。他建造了规模宏伟的宅邸，台池园囿应有尽有，供家人和宾客游览。这就显然超出了他的正常收入所能承受的范围。朱异家里堆满了四方馈赠的财货；每个月要倒掉十几车吃不完的美味佳肴。朱异的第二个缺点是揣摩上心、阿谀奉承，以献媚得宠。"上有所好，下必甚焉"，萧衍因为二十年天下无事、经济相对繁荣，对现实很满足，自我感觉良好，开始志得意满起来。朱异的出现，及时抓住了萧衍的心理。对南梁的国政来说，这可不是好事。

梁武帝萧衍在历史上最大的名声是"佞佛"。萧衍以佛教为"国教"，在南方大力推行"佛教化运动"。南方有佛寺近三千座，僧尼近百万人。天监十八年（519年），他在华林园受戒，亲自带发修行，法名"冠达"。几年之前，萧衍就已经一天只吃一顿，不吃鱼和肉，只吃豆类的汤菜和糙米饭，并且在五十岁（514年）后断绝房事，再也没有亲近过任何一个女子。

萧衍是真正的佛教信徒。早年，他参与了以信佛著称的竟陵王萧子良的圈子，与无神论做坚决的斗争。登基后，萧衍以国家之力大造佛寺，是佛教活动的慷慨赞助者。他多次举行"四部无遮法会"。所谓"四部"，即僧、尼、男、女居士。"无遮"就是没有障碍，允许任何人自由参加。萧衍亲自上台讲《涅槃经》和《三慧经》，面对数以万计的百姓滔滔不绝。可见，萧衍对佛经是有一定研究的。针对当时热门的佛教、道教与儒家三者的关系问题，萧衍发展出了自己的一套理论——"三教同源说"，认为佛、儒、道三教本源是相同的。萧衍的"金口玉律"缓和了人们的思想冲突，对佛教的推广大有帮助。从这点说，萧衍算得上中国早期佛教史的重要理论家。此外，萧衍还为佛教制定了很多戒律，其中影响最深远的就是吃素。萧衍身体力行，不沾一丝荤腥，还规定和尚和信徒也必须吃素，下令祭祀不能使用牛羊。

一个皇帝，如此不遗余力地推广佛教，自然有个人信仰之外的深层次意思。南方地区之前屡经动乱，人心不安，萧衍登基后自然面临如何安定国家的问题。萧衍认为，安定国家就要禁绝杀戮、收拾人心，用共同的思想改造官民观念、统一人心。刚刚在中国兴起的佛教，能满足这一系列要求。于是，萧衍决心"以佛化治国"。

萧衍的考虑不可谓不好，执行得也不可谓不真诚。但是，他做过了头，让一桩本可利国利民的好事变成了祸国殃民的坏事。大规模的造寺和法会，逐渐掏空了国库。大批人口出家或者托庇在佛教势力之下，又削弱了国家的赋税能力。萧衍不反省和补救，而是一条道走到黑，上演了多场"皇帝出家"的闹剧。出家的地点都是皇宫附近的同泰寺。第一次是普通八年（527年）三月初八，萧衍舍身出家，三日后返回。第二次是大通三年（529年）九月十五日，萧衍在同泰寺参加法会，兴之所至，脱下龙袍换上僧衣，出家了。二十五日，群臣捐钱一亿，向佛祖请求赎回皇帝，两天后萧衍还俗。第三次是大同十二年（546年）四月初十，群臣花了两亿钱将其赎回。第四次是太清元年（547年）三月初三，萧衍在同泰寺住了三十七天，四月初十朝廷出资一亿钱赎回。这些巨款让本就枯竭的国库雪上加霜。而同泰寺则资金雄厚，楼阁台殿富丽堂皇，九级浮屠耸入云表，更有多座黄金筑造的大佛。

萧衍佞佛，每次批准犯人重罪后都要为之愁眉不展一整天，在内政外交上柔弱异常。面对北方敌人的侵扰，萧衍的方针是：少打仗，多招降。

打仗杀人不符合南梁"佛化治国"的基本国策。况且，萧衍对佛光闪耀下的南梁的"软实力"非常自信，相信北方的蛮夷之辈终将被佛法慑服。果然，不断有北魏的官民投奔南梁而来，而且级别越来越高，最后连宗室亲王和藩镇大将都归降来了——只不过，他们不是被佛法吸引，而纯粹是因为北魏大乱，到南梁逃命来了。萧衍对南逃的北魏官民，以礼相待，优遇有加。对于其中的有用之人，萧衍量才录用，利用他们"反攻"北方，试图让降将叛兵替他开疆拓土，做无本的买卖。

普通六年（525年）正月，北魏徐州刺史元法僧以彭城降梁。同时，南梁大将裴邃攻克河南新蔡、郑城等城，河南百姓纷起响应。而北魏发生了胡太后诛杀元叉的政变，一时无暇应对。萧衍大喜，派次子、豫章王萧综去接收彭城，督率前线各军，希望能够有所收获。萧衍的计划没有问题，他的儿子萧综却有大问题。萧综的母亲吴淑媛原是南齐东昏侯的后宫女子，被萧衍"接收"后七个月就生下了萧综。宫中一直传说萧综的身世疑云，可萧衍并不介意，依然封萧综为豫章王。萧综长大后，知道自己的身世疑云，极为震惊！为了做"亲子鉴定"，他偷偷地掘开萧宝卷的坟墓，割破手掌，滴血到萧宝卷的枯骨上，发现血渗入了骨头。他不放心，又残忍地杀死了自己的一个儿子，滴血到儿子的骨头上，血也渗入了骨头。至此，萧综深信自己是东昏侯的儿子，而把萧衍视为不共戴天的仇人。他开始复仇计划，勤习武艺，在庭院中铺满沙粒，整天赤足在上面奔跑，练得脚下生风，据说能日行三百里。他又想伺机刺杀萧衍，但始终没有下手的机会。他还写信给逃往北魏的南齐宗室萧宝夤，称他为"叔父"。萧综多次请求梁武帝准许他带兵镇守边关，以便起兵造反，但一直没得到允许。

如今，萧综终于得到了统率军队的机会。他到彭城不久，就派密使向北魏接洽投降。北魏对这块"天上掉下来的馅儿饼"非常怀疑，迟迟不做回复。六月初七，萧综等不及了，带上两个亲随连夜跑出彭城，徒步投奔敌营。魏军这才相信是真的。第二天，梁军官兵找不到主帅，上下惊慌。对面魏军高喊："豫章王已经归降我军，你们还待在那里干吗？"梁军群龙无首，自行溃散。魏军兵不血刃收复彭城，还追击到宿预（今江苏宿迁东南）方才收兵。

萧综投降后，北魏任命他为侍中、太尉、丹阳王，将寿阳公主嫁给他。萧综为"父亲"东昏侯萧宝卷举哀发丧，仪式相当隆重。南边的萧衍起初以为儿子是"畏战投敌"，后来才知道儿子不认他这个爹了。他雷霆大怒，剥夺萧综的封爵，将吴淑媛毒死。萧综在北魏也得不到重用，加上妻子寿阳公主后来为尔朱世隆所害，他颇有看破红尘的意思，弃官出家当了和尚。萧衍就派人给他送去小时候的衣服，招引他南逃。但萧综不愿意回来。528年，萧宝夤割据长安，恢复了南齐。萧综闻讯，从洛阳逃往关中，想和"叔父"共图复国大业，在黄河渡口被捕遇害。萧衍知道后，又动了恻隐之心，不仅恢复了萧综的封爵，还派人把他的灵柩偷到南方来，以礼安葬。

普通七年（526年）七月，浮山堰旧址发洪水，寿阳城被淹。萧衍派兵趁机进攻寿阳。寿阳北魏守将投降，南梁成功收复淮河流域五十多座城池。南梁的边界形势大为改观。河阴之乱后，大批北魏宗室王爷归降南梁。萧衍立元颢为傀僎，派陈庆之护送他回洛阳。此战一度让陈庆之收复河南地区。但是总体而言，萧衍的收获不大。6世纪20年代至40年代，北魏屡次大乱，继而分裂，南梁对北方优势明显。如果遇到雄才大略的君主，措施得当，南方极可能大有作为，甚至灭亡北魏都不一定。可惜，萧衍白白葬送了历史良机。

萧衍为政宽松、佞佛成性，导致南梁朝廷对官僚贵族非常宽容，对他们误国害民的罪行也一味包庇放纵。

萧衍的六弟临川王萧宏弃军而逃，导致北伐失败，数以万计的将士无谓牺牲。萧衍却对他不加罪责。后来，有人举报萧宏在府邸后院私藏军械，萧衍却非去调查不可。他借故到临川王府欢宴，赴宴后又要拉着萧宏去后院"走走"。后院有一百多间大库房，萧宏遮遮掩掩，不让萧衍打开看。萧衍见此，更是坚持打开查看，结果发现里面全部是金银财宝，光是铜钱就装了三十多间，共有钱三亿余。萧衍见不是军械，放心了，拍着萧宏的肩膀说："阿六，你很会生活呀！"他压根儿就不问萧宏的钱是怎么来的。萧宏在皇兄的纵容下，越来越荒唐。他竟然和亲侄女、萧衍的长女永兴公主乱伦。两人怕丑事泄露，竟然计划弑梁武帝自立。事情败露后，永兴公主羞愧自杀。萧衍竟然还不追究萧宏的罪过。萧宏于普通七年（526年）正常死亡。萧衍追赠他为大将军，谥为靖惠王，安排厚葬。

萧衍早年无子，过继了萧宏之子萧正德为嗣子。结果，萧衍在三十七岁时生下了长子萧统，之后一发不可收，生下了萧综、萧纲、萧绩、萧续、萧纶、萧绎、萧纪等。他立长子萧统为太子，将萧正德返回萧宏名下。萧正德心生怨恨，叛逃北魏，以"南梁前太子"自居。无奈，北魏对这样的"花瓶"不感兴趣，萧正德不受重视，又逃回江南。萧衍竟然不惩办萧正德的"叛国"，只是把他骂了一顿，而且边骂边抱着萧正德痛哭，果真是"菩萨心肠"。萧正德还被派到富庶的吴郡当太守。他招揽亡命之徒，公然抢劫，最后发展到光天化日之下行凶杀人，结果依然安然无恙。

萧衍对太子萧统非常珍视，努力培养。萧衍任命临川王萧宏为太子太傅，尚书令沈约为太子少傅。自从萧统懂事开始，萧衍就允许他参与一些朝政。内外臣工和奏事的人也将太子参与决策看作正常的事情。史载"太子明于庶事，纤毫必晓"。每当他发现奏折中有谬误或者巧词诡辩的地方，都一一指出，示其可否，让有关人员慢慢改正，但太子并没有因此弹纠任何一个人。普通年间，朝廷发动了对北魏的北讨。战争导致京师建康的谷价飞涨。萧统就下令东宫减膳，改常馔为小食，节约粮食。每当霖雨积雪天气，萧统就派遣心腹左右，周行间巷，探视贫困家庭的生活，遇到有流落街头的人，就暗地里加以赈济。萧统还收集宫中多余的衣物在寒冬腊月施舍给穷人。每当听到百姓赋役勤苦的情况，萧统都非常严肃地倾听，收敛笑容和喜色。凡此种种，为萧统获得了巨大的声望，"天下皆称仁"。

但是，萧衍、萧统父子经历和角色的巨大差异，造成了两人并非同路人。萧衍和多数皇帝一样，害怕他人染指手中的权杖，时刻紧盯身边重臣的言行举止，不惜对任何潜在威胁采取强硬措施，其中包括血腥镇压。没有经历过权力争夺和铁血战争，一生下来就被立为太子的萧统很难理解父亲的做法。萧统是发现饭菜里有蝇虫也不指出，以免厨师受罚的人。萧衍对太子的所作所为从心底是不认同的。大通三年（529 年），梁武帝萧衍和太子萧统之间的矛盾终于爆发了出来。

生母丁贵嫔死，萧统派人给母亲找了一块好墓地。另有一个卖地人想把一块土地卖给朝廷作为丁贵嫔的墓地，从中获利，就去找了太监俞三副，承诺给俞三副三分之一的提成。卖地人的报价是三百万。俞三副心动了，秘密启奏萧衍说太子找到的土地并不如另一块土地风水好。他着重向皇帝介绍了那块地是如何有利于皇家的运气。萧衍的疑心本来就重，俞三副的话很自然牵动了他头脑深处那根对太子不满意的神经，马上下令重新买地预备丁贵嫔的葬事。萧统没有办法，只好买了俞三副推荐的土地安葬母亲。俞三副也就轻易获得了一百万的好处。

葬事完毕，有个风水道士对萧统说，丁贵嫔的墓地风水其实并不好。萧统忙问怎么个不好法。那个道士说这块地不利于长子，也就是不利于太子萧统的运道，如果用东西厌伏也许可以克制。萧统就按照道士的解释，备齐蜡鹅等东西埋在墓侧的长子位上。

东宫有两个宫监鲍邈之、魏雅，都是萧统的亲信。慢慢地，魏雅在萧统跟前更加得宠，鲍邈之则被疏远了。鲍邈之心中愤恨，就向梁武帝诬告说魏雅勾结道士，以压魔术诅咒萧衍，好让太子萧统早登帝位。鲍邈之举魏雅和太子在丁贵嫔的墓侧埋下蜡鹅等物为证。萧衍接到举报后忙秘密派人挖开墓地查看，果然发现了蜡鹅等东西。萧衍瞬间就相信了鲍邈之的告发。南北朝政治道德败坏，父子兄弟相残的事情频频发生，难道这样的悲剧要发生在我萧衍身上了吗？萧衍震惊、愤怒，要深入追究这件事情。事情牵涉太子，追究下去势必动摇萧统的政治地位。一些同情太子的大臣慌忙坚决劝谏萧衍，反对将此事发展成血腥大案。萧衍不愧为开国君主,很快就平息了冲动,最后只杀掉了那个风水道士。萧统此时表现出了政治幼稚,选择了沉默,没有辩白,也没有补救措施。萧统就好像此事没有发生过一样,继续过着先前仁孝文雅的生活,继续和文人学士选文。在内心,忧郁的萧统对于"蜡鹅事件"终生"不能自明"。

就在萧统终日惶恐之时,长期出镇外地的三弟晋安王萧纲突然奉召入朝。这是一个危险的信号。萧统意识到了自己的地位岌岌可危。梁武帝萧衍在对待父子亲情的问题上也优柔寡断。他苦苦思索无果,只好在当年九月,在同泰寺出家。群臣赶紧凑钱把这个"皇帝和尚"从寺庙中赎了回来。最终,萧衍保留了萧统的太子地位。但是此后,萧统越来越少出现在政治场合。父亲的猜忌和父子之间的巨大差异让他抑郁成疾,身体状况恶化了。中大通三年(531年)的一个春日,久病的萧统乘舟采莲,愉悦身心。由于侍从的疏忽,船只剧烈颠簸,将萧统晃入了水中。病中的萧统不仅溺水,而且伤到了髋骨。被人救起后,萧统的伤势日渐严重。遇到萧衍来信询问什么事情,萧统怕父皇知道自己的实情而担心,都挣扎着亲手给父亲回信。东宫左右看到太子病情恶化,计划向萧衍报告实际情况,遭到萧统的坚决制止。萧统说:"为什么要让父皇知道我的重病呢?"熬到四月,萧统在宫中逝世,终年三十岁。得到太子死讯后,萧衍赶到东宫,放声痛哭。他诏令用皇帝礼节将萧统入殓,上谥号为"昭明"。萧统因此被尊称为"昭明太子"。

至今,萧统还被人怀念。这主要得益于萧统留下了一部《昭明文选》。萧统"好士爱文",当时负有盛名的刘孝绰、殷芸、陆倕、明山宾、王筠等人相继进入了东宫的幕宾行列。萧统在东宫新置学士,负责选文,遴选、编辑浩如烟海的历代作品,力图以文章总汇的形式刊印出版。成书后的《昭明文选》三十卷,是我国最早的一部诗文总集。

萧统死后,萧衍面临着挑选新继承人的问题。萧统是病死的,按照封建宗法,第一顺位的继承人应该是萧统的儿子。萧统八岁就结婚了,留下多位儿子。其中长子、出镇南徐州的华容公萧欢出任皇太孙,成为新的皇位继承人的呼声最高。萧衍犹豫不决,他一度准备封萧欢为皇太孙,但蜡鹅往事始终徘徊在脑海中,让他难以释怀。

萧衍的八个儿子都擅长文学,可惜多数人教育不当,品德堪忧。这和萧衍这个父亲的纵容有关。太子萧统是兄弟中才学最出众、人品也最好的,可惜早死;次子萧综叛逃北魏;四子萧绩和五子萧续也都死在萧衍的前面。因此,晚年萧衍事实上只有四个儿子：三子萧纲、六子萧纶、七子萧绎、八子萧纪。最后萧衍选择三子萧纲为新太子。

六子萧纶曾经担任徐州刺史、扬州刺史等要职，始终为非作歹，搜刮民脂民膏。下属向梁武帝萧衍揭发萧纶的斑斑劣迹，萧纶竟然杀死了下属。萧衍只是处死了杀人的直接凶手，多次对萧纶网开一面。萧纶贪慕皇位，最后谋划弑父。一次，他在父亲萧衍外出的路上埋伏兵士，准备发动政变，因泄露而失败；又有一次，萧纶给萧衍献上毒酒，结果萧衍把酒转赐给了他人。其他人被毒死了，萧衍又逃过一劫。这两次弑君行动，萧纶都罪证确凿，萧衍依然不处罚萧纶。萧纶官照当，日子照样逍遥。七子萧绎担任荆州刺史的要职，和五哥萧续关系紧张。听说萧续死讯，萧绎高兴得手舞足蹈，把鞋子都磕破了，一点儿都不念手足之情。

萧衍统治后期，政治黑暗，国家迅速衰落。百姓负担沉重，生活无以为继。官府中政务堆积，冤案累累。真正为国着想、认真行政的官员少之又少。大同十一年（545年），散骑常侍贺琛上奏，指出了一些时弊。一是官员大肆榨取，民不堪命，只得逃亡，国家控制的户口越来越少；二是风俗由俭入奢，官员贪污腐败严重；三是官吏鱼肉百姓，作威作福；四是国家连年浪费人力物力，财政拮据。贺琛指出的问题，都是事实，而且言语并不激烈。此时的萧衍已经容忍不了正常的指责。在他看来，自己是有道明君，国家在自己的治理下尽善尽美。于是，萧衍立即颁下圣旨，痛骂贺琛。他先是列举自己的种种"壮举"，比如已有三十多年不近女色，平生不饮酒，不听音乐，起居不用雕饰之物，等等。又比如，萧衍自述勤勉政务，每天五更天就起来工作，到日落西山的时候才吃东西，且一天只吃一餐。这都是为了什么？萧衍言下之意，自己是千古难找的圣君。至于贺琛指出的政治黑暗，萧衍要求他指出具体是哪个官员贪腐、具体是哪件事情做得不好。如果贺琛不能一一指出来，就是欺君罔上！贺琛接到诏书，惊出一身冷汗，赶紧上奏乞求萧衍原谅。

四六 / 八百残兵攻大梁

太清元年（547年）正月，萧衍做了一个梦，梦见中原州郡长官献地投降，朝野称贺。醒来后，他把梦告诉了大臣，说："我难得做梦，做了梦必有事实。"善于奉承拍马的朱异马上说："恭贺陛下，这是天下一统的预兆。"萧衍觉得很有道理，迫切希望把中原纳入梁朝的版图。

巧了！第二个月，东魏的河南藩镇将领侯景派人到建康，声称与高澄有怨，愿献河南十三州降梁。侯景对萧衍信誓旦旦地说："黄河以南，皆臣所职，（纳土归降）易如反掌。"侯景只说了部分事实，更深层的意图他没说。他的确是和高澄不和，但君臣矛盾不至于让他投身他人麾下。侯景归降南梁只是一个幌子，掩盖他试图借助外力与东魏抗衡、方便自己割据称王的狼子野心。

侯景是怀朔镇的羯人，年轻时就和高欢混在了一起。六镇起义时，侯景先投尔朱荣麾下，任先锋大将，曾经擒拿过葛荣。尔朱荣败后，侯景投入高欢部下。在高欢阵营中，侯景总是离群独处，喜欢用他那双狡黠的、四处乱转的小眼睛凶狠地打量同僚。加上侯景身材矮小、相貌丑陋，同僚都不爱搭理他。在心底深处，侯景不甘屈居人下，梦想自立为王。一代枭雄高欢，能够镇住侯景，加上高欢的事业蒸蒸日上，给侯景提供了广阔的发展空间，所以侯景在高欢时期规规矩矩，屡立战功。高欢末期，政务大多委托长子高澄处理。侯景对高澄很轻视，直呼他"鲜卑小儿"。一次，他对司马子如说："高王在，我不敢有异心。高王一旦不在了，我不能和鲜卑小儿共事！"司马子如也出身怀朔镇，是和高欢、侯景交往几十年的老伙计了。他连忙捂住侯景的嘴，不让他继续说下去。从河桥—邙山之战开始，侯景就统率十万大军驻扎河南，控制着东到山东、西到河南西境、北到黄河、南到淮河约占东魏领土三分之一的广大区域，具备割据称雄的实力。他的内心难免蠢蠢欲动。而高澄的专横、猜忌则加剧了侯景的叛离。

高澄上台后，打击他人树威，弹劾对自己不满、不敬的人。高澄指使亲信弹劾了司马子如、咸阳王元坦、孙腾、高隆之等大臣，许多人被降职、罢官、削爵。侯景也在高澄的"修理名单"里面,也被人弹劾过。高澄整治侯景,除了个性使然,还有削弱地方势力,巩固对河南统治的考虑在内。高欢病危之时,高澄担心父亲死后无人可以镇住侯景,就假冒父亲的名义,写信召侯景来晋阳以杀掉。但是,病重的高欢忘记告诉儿子,侯景曾经和自己有过约定,为了保密,两人的书信都在信封背后涂上暗号。高澄不知道这个约定,侯景一接到书信,就知道是假的。联想到高欢病重,侯景断定高澄是对自己动了杀心。他想不反都不行了!

侯景决心与高澄刀兵相向。他管辖的河南地区,处在高澄、西魏和南梁三方的包围之中。为了保证在和高澄作战时西魏和南梁不会趁机进攻自己,侯景分别向南梁和西魏两国称臣,宣布"归降"。

侯景带着十万大军、数百里土地,宣布归降南梁。这一大笔飞来横财,让萧衍都不敢相信是真的。冥冥之中,他怀疑侯景归降的真实意图。萧衍召集大臣讨论,说:"我国家金瓯无缺,现在侯景献地,到底是好是坏?万一出意外,悔之何及?"一些大臣反对贸然接纳侯景,南梁和东魏保持了十多年的和平,如果接纳侯景,必将在两国之间重开战火,胜负难料。当时,高澄也派使者来到建康,提醒南梁不要干涉东魏的内政。朱异揣摩萧衍贪心中原的土地和人口,倾向于受降,就顺着萧衍的意思说:"若拒绝侯景,恐怕之后再没有人愿意归降了,愿陛下无疑。"萧衍于是驱逐东魏使者,封侯景为大将军、河南王,接受归降。他派大将羊鸦仁领兵三万运粮接济侯景。

西魏宇文泰也接到了侯景的降表,召集大臣商议是否接纳侯景投降。多数大臣和侯景打了几十年交道,深知这个人毫无信义可言。大臣王悦说:"侯景志向远大,不会甘为人下。况且他能够背叛高氏,怎么能保证效忠我朝呢!"他的意见得到了大多数人的赞同。但是,西魏的河南主将王思政却认为侯景归降是天赐良机,值得冒险。将在军,君命有所不受,王思政不等宇文泰的命令,迅速带领本部兵马开始自西向东接收侯景的辖区。事已至此,宇文泰不得不命令关中的西魏军队跟进,进入河南地区。

这时,树起叛旗的侯景事事不顺,日子开始难过了。首先,辖区内的州郡并没有都追随侯景起兵。他虽然管辖十三州之多,但响应他起兵的只有颍州一地。侯景连蒙带骗,四处出兵,才占领了河南大部地区。而他管辖的东部各州,都没有起兵响应,而是站在高澄一边讨伐他。其次,侯景和高澄的讨伐大军打了一仗，惊奇地发现"鲜卑小儿"还挺厉害。叛军非但没有打败讨伐军，反而被围困在了颍州。

宇文泰派出的李弼、赵贵大军，就在这个节骨眼兵临颍州城下。高澄军队看到西魏大军赶到，担心遭到两面夹击，主动撤往河北。颍州解围。西魏也不愿意与东魏发生恶战，没有追击，而且刻意与东魏大军拉开距离。侯景巴不得把西魏军队推到前台去和东魏军队恶战，坐收渔翁之利，于是将颍州让给西魏，主动撤往悬瓠（今河南汝南），与萧衍派来接应他的羊鸦仁会师。李弼、赵贵看到侯景和南梁合兵一处，知道侯景"一女两嫁"，赶紧报告了宇文泰。宇文泰岂能容许侯景耍弄自己？他召侯景到长安来面圣！侯景当然不会放弃军队地盘跑到长安去，回复了一封措辞强硬的信，将宇文泰骂了一顿。于是，他和西魏的关系彻底完了。宇文泰则轻松占领了河南西部四州。

侯景从西魏方面没有捞到好处，反赔上了大块地盘，只好将希望都寄托在南梁身上了。萧衍比宇文泰容易骗。西魏军队进入河南后，侯景向萧衍解释说："王师未到，形势危急，我不得已才向关中求援。这是我舍弃一小块地盘为诱饵的权宜之计。臣不安于东魏高氏之下，又岂能容于西魏宇文氏？"萧衍还处在对美好前景的想象中，觉得侯景说得很有道理。七月，梁军羊鸦仁部进入悬瓠。飘飘然的萧衍决心以侯景归降为契机，在八月下诏北伐东魏。他任命贞阳侯萧渊明为主帅，率领主力东进，计划先攻下彭城，再西进与河南地区的侯景、羊鸦仁会师，以后分头北进，收复河北。

这是个一厢情愿的计划，且不说侯景能否保住河南地区，单说南梁根本就派不出可堪使用的将帅来。北伐主帅萧渊明是萧衍的侄子，根本不懂军事，就连正常的军情好坏也判断不出来。他参加军事会议，不会下命令，只会说"临时制宜"，说了等于没说。而梁军将才凋零，只有将军羊侃一人深通军事，且有实战经验，可以一战。羊侃起兵之初，新鲜劲儿挺大，不是建议萧渊明抓紧时间猛攻彭城，就是建议袭击远道而来的魏军援兵。萧渊明一概不听。渐渐地，羊侃清醒了过来，认定跟着萧渊明没有前途。他率领本部兵马和大部队拉开距离，单独驻扎，以防万一。

梁军进攻彭城，高澄派遣将军慕容绍宗救援。慕容绍宗是前燕皇室后裔，是尔朱荣的远方亲戚。他在尔朱荣时期担任过并州刺史，投降高欢后担任过徐州刺史、青州刺史，经验很丰富，能力也强，但在高欢时期并没有得到重用。不是高欢没有发现慕容绍宗的才华,他是把人才留给儿子高澄。病重时,高欢建议高澄日后重用慕容绍宗,还预测侯景会造反,可以委派慕容绍宗去镇压。于是,高澄任命慕容绍宗为东南道行台,封燕郡公,负责抵抗梁军和镇压侯景。

东魏计划先击退东边的梁军,再向西收拾侯景。慕容绍宗率军在离彭城十八里的寒山与梁军相遇。慕容绍宗先发起进攻。梁军将领赶紧去找萧渊明请示如何迎敌,不想萧渊明醉得一塌糊涂,根本起不了身,只是迷迷糊糊地说"救援救援"。众将面面相觑,谁都不敢动,只有胡贵孙奋勇出战。胡部官兵作战英勇,竟然挡住了魏军的进攻,魏军前锋开始后撤。梁军产生轻敌情绪,追击了几里地。不想,慕容绍宗突然回头再战,又有魏军从两侧包抄过来,将梁军杀得大败,进而连累尚在大营中的梁军主力。寒山一战下来,梁军损失数万人,包括萧渊明、胡贵孙等在内的将帅都成了俘虏。只有羊侃因为独自驻扎,得以全师而退。

寒山大败的消息传到建康,萧衍正在睡午觉。朱异匆忙入宫,让宦官叫醒萧衍。萧衍听到噩耗,惊得险些从坐床上跌下来。宦官连忙扶住他。萧衍愣了好一会儿,叹道:"难道我要重蹈晋室的覆辙吗?"东线梁军败得一塌糊涂,让侯景也看不下去。他没想到梁军如此不堪一击。侯景本想借助南梁的力量与高澄抗衡,如今看来,高澄难以取胜,但南梁不难攻取。

但是侯景暂时还不能对南梁有实质的举动,因为慕容绍宗率领得胜之师来进攻他了。侯景率军退守涡阳(今安徽蒙城)。他尚有士兵四万人,战马数千匹,在兵力上对慕容绍宗保持优势。侯景对高澄部下诸将都看不起,唯独忌惮慕容绍宗。两军对垒,魏军中有将领想主动出击的,都被慕容绍宗拦住。他判断侯景后勤虚弱、力求速战,所以就和侯景打起持久战、消耗战。侯景熬了两个月就弹尽粮绝。到了太清三年(549年)正月,侯景撑不下去了,打算率领大军南逃。慕容绍宗马上展开心理战,对侯部官兵高喊:"你们的家属都在河北得到了妥善安置,你们想背井离乡、寄人篱下吗?你们如果反正,照旧任用!"侯景部下一下子几乎走光了。侯景仓皇渡过淮河南逃。羊鸦仁闻讯,也放弃悬瓠南撤。至此,萧衍梦寐以求的河南十三州土地一分一毫都不见踪影,相反还搭进去了几万将士。

侯景逃到淮河南岸后,身边只有八百名残兵败将,后有追兵,前途茫然,可谓落魄至极,也危险至极。

就在侯景紧张徘徊之时，和南豫州（寿阳）监州事韦黯一向不和的马头（寿阳西北）戍主刘神茂主动找上门来，建议侯景袭取寿阳。侯景明知这是借刀杀人，可他是个冒险家，于是带着残部直奔寿阳城下，要求韦黯开门接待。韦黯开始不想接纳侯景，侯景就拿萧衍封的一系列官爵吓唬他，逼韦黯打开城门。侯景一进城，立即反客为主，占领了寿阳。尽管有了立足点，侯景内心的恐慌丝毫没有减少。他不知道东魏和南梁将会如何处置自己，自己会不会成为双方幕后交易的一个棋子。虽然萧衍看起来比较慈祥、比较好说话，但自己的势力还会对他有吸引力吗？眼前袭占寿阳的举动，又怎么解释呢？思前想后，侯景向萧衍上了一封"请罪表"，说自己丧地败师，请求处分。表到朝廷，有大臣认为侯景已经露出跋扈的端倪，建议及早处理。但是萧衍挥挥手，认为惩处侯景有违慈悲为怀的佛教教义，还会断绝北方将领归降的后路，非但没有一点儿处罚的意思，还将侯景好好安慰了一番，任命侯景做南豫州牧，镇守寿阳。侯景心中一块大石头哐当落地，在寿阳安心休整起来。他算是彻底看清萧衍懦弱、愚蠢的本性了。

北方的高澄也还惦记着侯景。侯景虽然被赶到南方去了，可依然盘踞在边界，是个潜在的威胁。好在南北形势对高澄非常有利，他可以挟得胜之威，通过谈判获得更多的好处。高澄就让被俘的萧渊明写信给叔叔萧衍，建议双方和谈。萧衍收到侄子来信，边看边哭，看完立即同意讲和，回信东魏。信使是个糊涂人，竟然选择从寿阳过界，被侯景抓了个正着。侯景很快盘问出了全部详情，大惊，立刻上奏萧衍，反对议和。侯景说："高澄刚打了胜仗，就急于求和，背后肯定有隐情。他是担心西魏乘虚进攻。现在，东魏力量在持续衰弱，我们没必要与他通好。"萧衍救侄子要紧，对侯景的奏折没有回复。相反，他又派出正式使者去东魏吊唁高欢。侯景更急了，把底牌亮给了萧衍看："臣与高氏，势不两立。如今陛下与高氏通好，将置臣于何地？"萧衍给他回信说，我对你不放弃、不抛弃，请放心。侯景是在欺骗和厮杀中一路走过来的，怎么会相信萧衍的一句话？侯景伪造了一封高澄的来信，要求用萧渊明交换侯景，试探萧衍。萧衍不辨真假，欣然接受条件，还给高澄写了一封回信，说"贞阳（萧渊明封贞阳侯）旦至，侯景夕返"。侯景拿到了回信，恶狠狠地说："我早就料到萧老头儿的心肠薄得很！"他下定决心要造萧衍的反了。

侯景仅有八百人，显然不够造反。他就在寿阳城内外强拉青壮年来当兵，又强抢民间女子许配给将士。侯景败退寿阳后，萧衍就向他提供后勤补给。如今，侯景狮子大开口，向萧衍要大量的军需物资。比如侯景向朝廷申请一万匹锦，说要做军袍用。朱异如数发给，只是用青布代替锦而已。侯景又借口武器粗劣且损坏严重，申请派遣建康城的能工巧匠到寿阳直接锻造，朝廷也不拒绝。其实，只要稍微想想，侯景部下八百人，哪里需要那么多的布匹，哪里需要专门设点造兵器？在政治上，侯景开始寻找同盟者。萧正德对萧衍不满，一直对差点到手的太子宝座耿耿于怀。于是，侯景秘密与萧正德联系，表示愿意拥戴他做皇帝。萧正德利令智昏，高兴地和侯景结盟，准备大干一场。

侯景大规模地扩军备战，引起了很多官员的警觉。警报接二连三地传到建康。合州（今安徽合肥）刺史、鄱阳王萧范多次密报侯景将反，萧衍不相信。将军羊鸦仁从悬瓠撤退后，带兵留屯淮河一带。侯景在南方举目无亲，曾和羊鸦仁一起在河南打过仗，还算是有交情，就约他一起造反。羊鸦仁立即把来人和来信押解到建康，向萧衍告发。侯景谋反证据确凿，朱异却秉承萧衍的意思，还说："侯景只有区区几百残兵，能干什么！"萧衍于是将侯景的使者送回寿阳，对此不闻不问。侯景反咬一口，说羊鸦仁诬告，要求杀羊鸦仁。同时，侯景要求扩大辖区，不然就要率兵临江，自己找地盘去，公然要挟朝廷。萧衍对侯景使者说："譬如寻常穷人家，有三个五个客人，还相处得好。朕只有一个客人，惹得他生气，这是朕的过失。"他以一贯的慈悲胸怀，没有杀羊鸦仁，没有同意侯景移防的要求，当然也没有斥责侯景，而是对他厚加赏赐。萧衍希望"和稀泥"能让事情不了了之。

八月初十，侯景准备就绪，正式在寿阳宣布造反。他打出了"清君侧"的旗号，以讨伐中领军朱异、少府卿徐驎、太子右卫率陆验、制局监周石珍为名起兵。萧衍知道侯景造反，满不在乎地说："侯景有几个兵，能成什么事？我随便拿根棍子就能揍他。"他任命六子邵陵王萧纶为大都督，率领四路大军包抄寿阳，讨伐侯景。梁军占有绝对的兵力优势，且是在内线作战，只要萧纶正常发挥，就应该能歼灭侯景。萧纶也是这么想的，所以他不慌不忙地集合军队渡过长江，慢慢向寿阳进军，没有采取其他措施。

侯景的谋士王伟分析道：敌强我弱，兵力过分悬殊，不能和萧纶正面作战，固守寿阳也只有死路一条，要想获胜，就要冒险。王伟建议侯景放弃寿阳，倾尽全力，直取建康。放弃根据地，长途奔袭，其间只要出现任何一点儿差错，全军就可能变为任人宰割的散兵游勇，这是险着！然而，侯景迅速采纳，并在九月二十五日率军出了寿阳城。侯景进军神速，八天后占领谯州（今安徽亳州），再半个月后占领历阳（今安徽和县），很快饮马长江北岸。而萧纶还在慢腾腾地向寿阳进军！

历阳失守的消息传到建康，萧衍这才开始认真筹划用兵方略。大将羊侃当时在建康担任尚书，建议立即扼守长江南岸重要渡口采石，阻止侯景渡江，同时严令萧纶迅速攻占寿阳，然后南北夹击侯景。到时候侯景前有长江天险，后无退路，必败无疑。朱异却认为侯景绝对不会渡河。萧衍便派侄子萧正德负责前线军事，又派陈昕去镇守采石。

萧正德这个内奸上场了。他一上任就调集几十只大船，准备接应侯景渡江。紧要关头，采石的调防又出现了纰漏。将军王质原本率兵三千扼守采石，接到调令后不等陈昕到达就带兵撤走了。采石没有军队防守，又有萧正德派船接应，侯景的军队从容渡江，越过采石向江南深处发展。这时，侯景的部队才八千人，只有几百匹马。

叛军兵临城下，建康城中的多数军民都没有经历过战争和动乱，人心惶惶。城外百姓纷纷逃进城内，秩序大乱。萧衍授权太子萧纲全权负责御敌，羊侃参谋军事。萧纲和羊侃任用萧正德、庾信等人参与城防，其中前者守卫建康南边的正门宣阳门，后者守卫朱雀桥要害。结果，萧正德看到侯景军队来到，打开城门，亲自出城迎接。庾信是南北朝文学的集大成者，是当时的文坛宗师，率领三千从来没有打过仗的军队阻挡在侯景面前。此外，还有一条秦淮河奔流在两军中间。大敌当前，庾信还在津津有味地啃甘蔗，突然对岸射来一阵乱箭，有一支正中庾信身旁的门柱，庾信惊得扔掉甘蔗，扭头就逃。三千部下随之一哄而散。侯景轻松迈过秦淮河，顺利占领了建康外城。

经过几代的建设，建康城规模宏大，城内有城，形成了台城（官衙和皇宫所在地）、东宫（太子居所）和石头城（要塞）三座内城。侯景大军迅速占领东宫，杀向台城。防守石头城的是萧纲的儿子萧大春。萧大春见外城失陷、台城危急，弃军逃往京口去了。石头城驻军便投降了侯景。至此，台城被包围得严严实实的。羊侃临危不惧，诈称接到飞箭来信，萧纶率领大军回援，即将到达。台城里这才人心稍定。此时距离侯景起兵只有两个半月时间。

台城攻防战开始。白天，侯景指挥将士猛攻台城。东宫紧挨台城，叛军爬上屋顶，朝城里射箭。夜晚，侯景就在东宫里饮酒作乐。东宫极为丰富的藏书也被付之一炬，叛军还放火烧毁了建康的几处宫署。很快，建康城瓦砾累累。

叛军火攻台城大门。羊侃下令在大门上方凿洞，从洞里往外倒水灭火。叛军又用大斧劈门，一扇门眼看就要被劈开了。羊侃就从门的裂缝中伸出长矛刺杀，连杀了两名敌兵，逼得叛军不敢再劈门。侯景造了几百只一丈多长、有六条腿的木头架子，在上面蒙上浸湿的牛皮，下面藏六名军士，称为"木驴"。叛军在木驴的掩护下破坏城墙。羊侃下令向城墙根投掷石块，把木驴砸得粉碎。侯景就改造了一些尖顶的、石块打不坏的木驴。羊侃下令火攻，在火把、箭镞上浇上油、涂上蜡，点火抛下去、射下来，将木驴烧毁。侯景又造了十多丈高的登城楼，推近城墙，居高临下向城内射箭。守军看见庞然大物般的车子逼近，不知如何是好，恐惧莫名。羊侃成竹在胸，说这些车子既高大又沉重，而台城四周的壕沟土质疏松，车子到了城边一定会倒。果然，臃肿的登城楼推到壕沟附近，纷纷因重心不稳倒掉了。

十一月初，侯景改用原始的办法，在台城东西两面堆土山，打算将土山堆得和台城城墙一般高，从山上攻进城去。叛军驱赶大批居民运土筑山，谁手脚慢一点儿，劈头就打，谁跌倒了就被埋进土地。建康城里一片号哭之声。城内唯一的办法，就是迎着叛军筑山的方向，也筑造土山，正面将叛军压制下去。城里太子、亲王以下的人都背土夯土，又在土山上筑楼，又招募了两千名敢死勇士，披上铠甲，登山作战。不幸的是，突然天降大雨，台城里的土山坍了。叛军趁机进逼，羊侃下令大家把任何可以燃烧的东西——木材、衣服等，都点上火，抛掷出去，构成一道火焰攻势，硬生生地把叛军打退了。同时，羊侃带人在坍塌处赶筑了一道城墙。台城这才转危为安。

侯景猛攻多日，没有丝毫进展，反而死伤了不少将士。他改变战术，改攻为困，在台城四周筑起营垒，隔断内外联络，准备打持久战。同时，侯景也不放松心理战。他向城里射赏格，宣称只要杀了朱异等人他便退兵。台城里也射赏格出去，"有能献侯景首级的，即授侯景所任官职，并赏钱一万万、布绢各一万匹"。侯景把羊侃的儿子押到城下，逼羊侃投降。羊侃不为所动，说："尽管把他杀掉好了！"侯景不放弃，几天后又押羊侃的儿子到阵前。羊侃拿起弓就射儿子，还说："我以为你早已死了，怎么还在？"侯景知道以感情要挟对羊侃没用，把羊侃的儿子放了。

十一月初一，侯景拥戴萧正德即位做皇帝，自任丞相。之前，江南的世家大族和达官显贵奴役大批奴婢、下人，奴仆的待遇很低，普遍怨恨主人。侯景就宣布，凡是家奴投降者，一律解除家奴的身份。于是，建康附近的奴仆纷纷投靠侯景，加入叛军，人数有数千之多。这批人成为叛军的核心战斗力。侯景挑选了一名朱异的家奴，任命他为仪同三司，让他跨骏马、穿锦袍，到台城下骂朱异："你做了三十年官，才是个中领军，我刚跟侯王，就官至仪同了。"这话对台城内王公大臣的家奴吸引力很大。有上千名家奴逃出台城，加入了叛军。侯景对这些奴仆都厚加赏赐和重用。

如此攻防了一个月，战局停滞了下来。侯景担心南梁援军云集，又因为军需粮草告罄，下令抢劫民间粮食和金帛、人口，做好持久战的准备。叛军公然抢劫，对江南富庶之地造成严重的破坏。困守台城的君臣官兵，则把希望都寄托在"勤王"的援兵上。

四七 / 侯景之乱

侯景猛攻建康台城。其他地区还在梁朝官府统治之下。只要有几个人出兵救援台城，就不怕侯景不灭。最先到达建康的援军是原本计划进攻寿阳的邵陵王萧纶的部队。他慢腾腾走到半途，后方传来警报，说侯景已经渡过长江了。萧纶下令后队改前队、前队改后队，日夜赶奔建康而去。这支部队的军事素质很差，不仅行军速度慢，而且中途迷了路，直到十一月底才赶到建康城东的蒋山。这时，台城已经被围攻了一个月。萧纶的到来，让侯景很害怕。萧纶的部队毕竟人多势众，而且是南梁的主力军。侯景把抢来的妇女、珍宝都聚拢到石头城，并备好船只，做好战败逃跑的准备。结果两军交锋，萧纶大败，部队只剩下一千多人。他只好东撤，远远看着建康，不敢近前。比萧纶晚几天，宗室萧嗣、西豫州刺史裴之高等人也率领援军到达。他们不敢与侯景交战，在长江江面上的蔡洲驻扎，等待更多的援军到来。

台城内的情况在恶化。羊侃、朱异相继死去。羊侃的去世，使城内失去了抵抗核心。城中紧张气氛弥漫。侯景则抓紧援军云集前的短暂平静，日夜建造攻城器械，企图尽快攻下台城。从十二月中旬开始，叛军连续猛攻台城十多天。城中一名下级军官吴景精通城墙攻防之术，指挥军民抵抗，保全了台城。但是，城内有军官叛逃侯景，教侯景引玄武湖水灌台城（台城在玄武湖南）。侯景照做，水漫台城，积水逐渐加深，城内军民的处境更加艰难了。

当时最有能力救援台城的是镇守重镇荆州的萧衍七子湘东王萧绎。萧衍非常疼爱这个儿子。萧绎小时患了眼病，萧衍亲自组织治疗，不慎治瞎了儿子的一只眼睛。他愧疚在心，后来又梦见一个独眼菩萨说要投胎帝王之家，他就认为萧绎是菩萨投胎，对他倍加疼爱。萧衍将仅次于扬州的荆州托付给了萧绎，寄予厚望。但是，萧绎听说台城危急后，首先想到的是，父皇和太子哥哥危在旦夕，自己是否能够"高升"一步。所以，萧绎对救援一事很不热心。拖到十二月中旬，台城被围将近两个月，才派儿子萧方等从公安出发，顺江而下。他拨出的援兵，也只有一万人。

尽管如此，外地勤王军队还是陆续到达，计有衡州刺史韦粲的五千兵马、江州刺史萧大心（萧纲的儿子）派将军柳昕率领的两千兵马、司州刺史柳仲礼的步骑一万多人、羊鸦仁的三万人。此外会合已经徘徊在建康周边的萧嗣、裴之高等人，到当年的除夕夜，各地勤王军队超过十万人，远超侯景的一万叛军。大家推举柳仲礼为大都督，推进到秦淮河南岸。

太清三年（549年）正月初一，勤王军队和侯景叛军在建康郊区的青塘激战。勤王军队中最积极的韦粲的部队受大雾影响，在行军途中迷路，在大雾中手忙脚乱地搭建营棚准备固守。侯景瞅准时机，率军猛扑，杀入韦粲大营。韦粲英勇迎战，与儿子、三个兄弟、一个堂弟都力战而死。柳仲礼得报，赶往增援，缠住侯景死战。柳仲礼是员勇将，部队又人多势众，斩杀了数百名叛军。叛军多数是强拉来的民夫和解放了的奴仆，缺乏训练，稍遇挫折就向后逃窜，又被挤入秦淮河中淹死了一千多人。战场形势开始对侯景不利。柳仲礼和侯景单挑，长矛几乎刺中侯景，不幸因为缺乏防备，被敌将从背后偷袭，肩部中了一刀。他在部将的护卫下，仓皇逃离战场。这一战，两军打了一个平手。侯景不敢再渡秦淮河，勤王援军也不敢渡过河去，双方就隔河对峙。

之前大败东撤的邵陵王萧纶收拾残部，在京口会合东部各军，也赶到秦淮河南岸。这时，萧方等、王僧辩率领的荆州兵，还有远从高州（今广东阳江）赶来的援军也抵达了。援军的声势再次高涨起来。台城知道援军源源而来，人心大振。形势变得对梁朝君臣有利。

但是，各路援军缺乏统一指挥。大都督柳仲礼为人粗暴傲慢，不能服众。各处的梁朝宗室王公，各怀鬼胎，互相猜忌，不仅不能合作，更没人出来说话。建康城外的援军虽多，却是各自为政，眼看着台城被围，就是无人上前。多路援军的军纪恶劣，只顾在秦淮河畔掳掠，反而失去了民心。台城遭围近百天，情形越发糟糕。战争爆发时，台城有意识地囤积粮食，积累了四十万斛粮米，但是忘记储备燃料、草料以及鱼盐等物资。人光吃大米也不行，于是军民就开始捉老鼠、麻雀，杀马，甚至煮皮革吃。据说，连佞佛的萧衍也不得不吃起了鸡蛋。城中军民死亡了十之八九，尸横盈路，惨不忍睹。

侯景也缺粮。他包围着台城，勤王援军又包围着他。侯景原本依靠建康城东的存粮支撑，如今被援军断了路，无法运来。侯景听到荆州兵赶到，心里也发忧。进退不得之时，谋士王伟建议侯景"诈和"，假意求和，抓紧把东城的粮食运进石头城，抓紧休整兵马，等对方懈怠后，再一举击破。侯景欣然采纳，派人向台城求和。萧衍见侯景议和，大怒："和不如死！"太子萧纲苦苦哀求父皇允许。他眼看着台城将要不保，自己的太子地位就要动摇了；如果能保住台城，稳定一下局面，自己还是太子，还有机会当皇帝。于是，萧纲力主议和。萧衍犹豫再三，对萧纲说："你要和，就你去办吧，只是不要为千载之后的人所笑！"大臣傅岐反对议和，指出这是侯景的缓兵之计。但是萧纲固执己见，派人与侯景和谈。二月中旬，双方在台城外会盟。和谈达成，建康城内外平静了下来。

但是，侯景找出种种理由，一会儿是部队要休整，一会儿是朝廷某些大臣对他不友好，要求撤换，就是不肯渡江北撤，继续包围着台城。他督率部下抓紧抢运粮食，明显是用心险恶。即便如此，原本就不是真心勤王的各路诸侯纷纷懈怠下来。湘东王萧绎已经集合荆州主力部队，在长江中游驻扎了一个多月，别有用心地等待着台城的消息。愚蠢的萧衍、萧纲父子还发文各地，说和谈成功。萧绎闻讯，准备返回江陵。侯景的叛军喘息已定，又见各路援军纷纷懈怠，立即翻脸突袭台城。三月十二日夜，叛军在城中叛将的接应下，攻破台城。

永安侯萧确跑进宫里向萧衍报告："台城失守。"萧衍躺在床上，问："还能不能打？"萧确回答："无力再战了。"萧衍长叹一声："自我得之，自我失之，亦复何恨！"的确，南梁是萧衍打下来的，也即将灭亡。不过他的"亦复何恨"就是自欺欺人的话。即便治理了将近五十年天下的萧衍对江山没有留恋，江南的百姓也已经陷入了战火煎熬之中，富庶的经济也惨遭破坏，怎么能说"亦复何恨"呢？这是萧衍不负责任的自我安慰罢了。

侯景以区区八百残兵，横扫江南，终于在五个月内攻破南梁。攻入台城当天，侯景带着五百甲士去见萧衍。这是两个人的第一次见面。几十年的帝王生涯让萧衍塑造了很强的气场。只见他不慌不忙地问侯景："你是哪里人，竟敢作乱？你的妻子、儿女还在北方吗？"侯景竟然害怕得汗流满面，张口结舌，不知道怎么回答。一旁的部将任约替他说："臣侯景的妻儿都被高氏杀了，现在只有一人归顺陛下。"萧衍问："你过江时有多少兵马？"侯景收拾情绪，回答："千人。"萧衍又问："攻城时多少？""十万。"萧衍再问："现在有多少兵马？"侯景顿时胆壮起来："率土之内，莫非己有。"萧衍毕竟是输了，但依然正色告诉侯景："如你忠于朝廷，就应管束部下，不要骚扰百姓。"侯景答应了。别过萧衍，侯景告诉身边的亲信,自己征战疆场多年,从没有胆怯过,不知道为什么见到萧衍竟然感到害怕,莫非真的有"天子威严"存在吗?

叛军在台城大肆抢劫,将皇宫抢得精光。侯景又用萧衍的诏书,命令各地援军解散。有人建议邵陵王萧纶突袭侯景,出其不意,很可能歼灭叛军。萧纶不听。大都督柳仲礼接受诏书,准备解散各军。他的父亲柳津一直被围困在台城里。之前,柳津登城向儿子高喊:"你的君父遭难,你不能竭力,后人将把你说成何等样人!"柳仲礼自从受伤后,就丧失了战斗的勇气,对父亲的高喊无动于衷。萧衍曾询问柳津退敌之计,老人家伤心地说:"陛下有邵陵,臣有仲礼,不忠不孝,如何能够平贼!"在柳仲礼、萧纶等人带头下,建康周边各路援军纷纷撤回。之前,湘东王萧绎命王琳运输大米二十万石支援建康,船到姑孰(今安徽当涂),听到台城失陷,王琳将大米沉入长江,空船返回荆州。可见萧绎不是真心要救援父皇的。

侯景把萧衍攥在手里,不知道如何处置,暂时还尊奉他为皇帝。之前被侯景拥戴为皇帝的萧正德,就得不到所有人的承认了。侯景让他做了侍中、大司马。萧正德这才明白自己只是侯景的一个棋子,大呼上当,写密信给萧范,约他起兵进攻侯景。结果密信被侯景缉获,萧正德被杀。永安侯萧确坚定反对侯景,之前战斗英勇,反而受到了侯景的赏识,被留在侯景身边。一次出猎,萧确趁侯景身边没人,搭弓就要射杀他,不想,弓弦断了,侯景发觉后,当场杀死了萧确。

侯景派兵日夜看管着萧衍。萧衍看到有许多武士佩带兵器,在皇宫中大模大样地进进出出,就问侍从怎么回事。侍从回答:"这是侯丞相派来的卫兵。"萧衍喝道:"什么丞相!不就是侯景吗?"侯景听后很生气,把萧衍监管得更严,还断绝了萧衍的饮食。萧衍已经是八十六岁的老人了,之前三个多月天天担惊受怕,如今又没吃没喝,很快就忧愤成疾,病重了。五月的一天,萧衍在昏迷中醒来,觉得口中发苦,就喊人送蜜水上来。喊了两声都没有人回答,萧衍环顾偌大的宫殿,只有他孤零零一人,不禁悲从中来,发出"喝、喝"的声音,去世了。五月二十六日,侯景拥戴太子萧纲即位。萧纲就是简文帝。

占领建康后,侯景迫切需要扩大地盘,保障充裕的后勤。他自然把目光投向了东南富庶的三吴之地。三吴,指的是现在苏南和浙北地区的吴郡(今苏州)、吴兴郡(今湖州)、会稽郡(今绍兴),该地区自然优越、人烟密集,又是南方世家大族的根据地。三吴已将近百年没有发生过战事,是当时中国经济最发达的地区。侯景派遣部将董绍进攻广陵、于子悦进攻吴郡。他们都只带上了几百名乌合之众，说是行军，不如说是抢粮更为合适。三吴地区每座城池的守军都比敌人多，且城坚粮足，如果有心一战，完全可以御敌于家门之外。但是，到当年年底，三吴完全被叛军占领。这要归因于统治三吴地区的世家大族羸弱不堪，根本不能应战，他们不是坐等叛军来抄家灭门，就是开门投降，最后落得个身首异处的下场。至此，侯景占领了以建康为核心、以三吴为后方的大片地盘。

侯景的统治极为残暴。他公然提倡烧杀掳掠，告诫众将攻破敌军营垒后要屠城，让天下都知道自己的威名。他在石头城立了一座大碓，抓了反对他的人就放在碓里舂死。侯景还禁止人们低声说话，违反的要株连三族。富庶的三吴地区惨遭破坏，叛军烧杀劫掠，四处抓人，把很多人当作奴隶贩卖到北方去。侯景败逃寿阳的时候，曾上奏萧衍，要求与王、谢等世家大族通婚。萧衍为难地说："王、谢门第太高，你考虑考虑朱、张以下的门第吧。"侯景哪里受得了如此重的门第观念，怒道："总有一天，我要吴中儿女配给奴隶！"如今，他果然报复性地屠戮三吴的世家大族，抄家灭门都不罕见。王、谢等头等门第的大家族，元气大伤，很快凋零。整个三吴地区都变为了野狼横行于乡间、废墟中躺着枯骨的地狱。

简文帝萧纲虽然如愿当上了皇帝，却是侯景的傀儡。侯景对他看管极严，除了几个特定的人，不让他见其他任何人。大宝元年（550年）十一月，南康王萧会理等趁侯景不在建康之际，密谋起兵，欲先杀侯景的军师王伟，再占领京师。不幸，保密工作又没做好，被侯景发觉了。参与者都被杀。之前能够接近萧纲的少数几个人，为了避嫌，也都和萧纲离得远远的。从此，除了侯景和个别宫人，再也没人敢接近萧纲。萧纲几乎与世隔绝了。

有能力与侯景抗衡的是盘踞在长江中上游的几位宗室亲王：萧衍的六子邵陵王萧纶在台城破后，退兵郢州（今湖北武昌）；往西到江陵是萧衍的七子荆州刺史、湘东王萧绎；再往西就到了四川，萧衍的八子武陵王萧纪担任益州刺史。这三位王爷是亲兄弟。湖南长沙的湘州刺史、河东王萧誉，湖北襄阳的雍州刺史、岳阳王萧詧，这两位王爷也是亲兄弟，分别是昭明太子萧统的二儿子、三儿子。夹在这几位王爷之间的现在重庆地区还有一个桂阳王、信州刺史萧慥。他是萧衍哥哥萧懿的孙子。这后三位王爷是前三位王爷的侄子。

六位萧姓王爷都拥兵一方，其中以湘东王萧绎力量最强。萧衍生前又给萧绎安上了"都督荆雍等九州诸军事"的头衔。在名义上，桂阳王、岳阳王、河东王三位侄子都要受萧绎的管辖。萧衍死后，外藩诸王对侯景拥戴的傀儡萧纲并不买账，各行其是，多数人都有心自立为帝。而骨肉同胞就是他们登基称帝的最大障碍。于是，诸位王爷忘却了杀父之仇、抛弃了国破之恨，开始自相残杀。

萧绎动作最早，最凌厉。儿子萧方等撤军回江陵，带来了台城失守的消息。萧绎只是加强江陵城防，防备侯景进攻。萧衍死讯传到江陵后，萧绎秘不发丧，既不公开萧衍的死讯，更不承认哥哥萧纲的皇帝身份。他不用萧纲的大宝年号，继续沿用父皇萧衍的太清年号。其侄子信州刺史萧慥也去建康增援，撤军途中经过江陵。有人向萧绎诬告萧慥与岳阳、河东二王勾结，要夺他的地盘。萧绎不辨真假，就把萧慥杀了。

萧绎之前借口勤王，下令下辖的各州出兵出粮。岳阳王萧詧就派一名军官领兵前往。萧绎要萧詧亲自带兵去，萧詧不肯去。而萧詧的二哥湘州刺史萧誉则断然拒绝萧绎征粮征兵，不肯服从萧绎。两人对萧绎言辞不恭，叔侄三人日常关系很不好。建康战事停歇后，萧绎决定先拿萧誉开刀，进军湘州首府长沙。湘州之战打得很艰难，从太清三年（549年）六月到大宝元年（550年）四月，打了差不多一年，萧绎还赔上了长子萧方等的性命。情急之下，萧绎急令大将王僧辩火速进攻长沙。王僧辩认为部队没有集合完毕，请求缓期。萧绎急得拿剑砍了王僧辩的左腿，后者顿时昏厥过去，后被人抢救回来。萧绎依然把王僧辩关入大牢。可见萧绎性情暴躁，对下严苛。长沙的萧誉向雍州的三弟萧詧求救。萧詧率众两万攻打江陵，想来个围魏救赵。萧绎窘迫之余，重新请出王僧辩来，请他主持军事。王僧辩最初在北魏政权任职，在萧衍统治前期南逃归附，一直在萧绎身边为官，忠于萧绎。尽管无辜被主公砍了一剑，王僧辩还是为萧绎出谋划策，招降了多名萧詧的部将。萧詧不战而败，狼狈逃回襄阳。王僧辩又马不停蹄，南下进攻长沙，杀死了萧誉。

二哥死了，萧詧就成了萧绎的下一个目标。萧詧惶恐不安，向西魏宇文泰求救，自愿做西魏的附庸。宇文泰大喜，马上封萧詧为梁王，并派大将杨忠（杨坚之父）率军进驻襄阳，帮助萧詧防守。萧绎派柳仲礼率军进攻襄阳，被杨忠打败。柳仲礼成了俘虏，魏军扩大战果，逼向江陵。萧绎不得不和西魏谈判，割汉江以东、以北的土地给西魏，并送一个儿子到长安做人质。接受了屈辱的条件后，萧绎的北方防线暂时稳定了。

解决三个侄子后，萧绎的下一个目标是从建康东撤、驻兵郢州的邵陵王萧纶。萧绎派王僧辩领兵开向郢州,"迎接"萧纶回江陵。萧纶痛心地说:"我志在杀贼,别无他意。七弟疑心我要和他争皇位,处处算计我。我如果和七弟刀兵相见,就是骨肉相残,被千百年后的人嘲笑。"他只能选择率兵向北开拔,越走人马越少,九月走到齐昌(今湖北黄陂)时部下离散得只有几千人了。萧纶万般无奈,归降北齐。北齐封萧纶为梁王,扶持为傀儡。萧纶北上河南,第二年二月想向西边拓展地盘,在与西魏军队的战斗中被杨忠杀死。

萧绎的八弟武陵王萧纪在益州很有想法,计划率军出三峡。萧绎给他写信,承诺只要萧纪按兵不动,日后和他"分国而治",重演三国时期东吴和蜀汉的历史。萧纪同意了,固守四川的地盘。这两个兄弟,都早早地打起了黄袍加身的心思。

至此,湘东王萧绎在长江中游一枝独秀,成了最大的实力派。他在大宝元年(550年)四月发布檄文,讨伐侯景。说是讨伐,萧绎却迟迟没有动作,反倒是侯景闻讯抢先逆江而上,向中游动刀子了。叛军由任约、于庆率领,分头进军。大宝元年(550年)七月,任约兵临湓城(在今江西九江)。镇守此处的萧纲之子寻阳王萧大心一触即败,向任约投降。叛军逼近郢州。在南边,于庆则占领了豫章(今江西南昌)。

萧绎派徐文盛东进与任约对峙。在当年年底至来年年初,徐文盛和任约打了几仗,连战连捷。任约频频向建康告急。侯景先是加派宋子仙率兵援助任约,又在大宝二年(551年)留王伟守建康,亲自领兵西上。侯景和徐文盛正面打了一仗,吃了败仗。

这时候,侯景丰富的经验和过人的胆略显露了出来。他被打败后,并不灰心,想出了一个冒险的计划来。当时,萧绎任命十五岁的儿子萧方诸为郢州刺史,派鲍泉来辅助。这两个人,一个是无知贪玩的少年,一个是懦弱的老官僚,全靠徐文盛在前线抵抗,自己在郢州城里胡作非为,不做戒备。侯景派宋子仙、任约领四百骑兵,绕过前线,走陆路偷袭郢州。四月初三晚,风雨交加,郢州守兵看见夜幕中有一队人马在奔驰,连忙报告。州府中,萧方诸正在和鲍泉玩游戏。他骑在鲍泉的肚皮上,用五色彩线把他的胡子扎成一根根小辫。听到报告,玩得起劲的萧方诸根本没听进去,鲍泉想当然地认为不可能是敌军,很可能是自己人。两人都不当回事,不做任何戒备。结果,四百叛军直冲进郢州,宋子仙一马当先,杀进州衙。萧方诸看到凶神恶煞的宋子仙,屈膝就拜。宋子仙见到床下露出彩线，喝令士兵搜查，把鲍泉拖了出来。这两人都成了刀下之鬼。郢州被叛军占领。偷袭得手，侯景越过徐文盛军，顺利进入郢州。前线的徐文盛部队丧失斗志，不战而溃。许多家在郢州的官兵投降了侯景。徐文盛逃回江陵。侯景在郢州短暂逗留后，分兵给宋子仙进攻巴陵（今湖南岳阳）、任约进攻江陵，自率主力殿后。叛军水陆并进，气势凶猛。这是侯景的极盛时期。

四月十九日，叛军开始进攻巴陵城。宋子仙开始没把巴陵放在眼里，攻打了几回，发现这是块硬骨头，很难攻克。郢州失守以前，萧绎已任命王僧辩为大都督，领兵东征。王僧辩走到巴陵，得知郢州失守，决定扼守巴陵堵击叛军。巴陵告急，萧绎加派胡僧祐、陆法和带兵救援。侯景也亲自率军进攻巴陵，同时命令任约截击胡僧祐率领的援军。一直打到六月，叛军在巴陵城下被拖了一个多月，伤亡超过一半，加上疾病横行，侯景元气大伤。不巧，任约在赤亭反被胡僧祐打败，成了俘虏。侯景烧营撤走。

王僧辩乘胜追击，在六月下旬收复郢州，俘虏宋子仙。七月攻克溢城。之前，江西地区的叛军遭遇了从广东方向北上勤王的陈霸先部队的猛攻。梁将侯瑱之前投降侯景，驻扎在豫章，如今宣布反正，配合陈霸先进攻于庆部叛军。于庆在陈霸先和侯瑱的夹击下，节节败退，收缩到长江流域，又遭到了顺江而下的王僧辩的猛攻。于庆狼狈而逃。豫章、寻阳等重镇都被收复。最后，侯景只收集几千残兵败将，退回建康。

侯景势力衰微，却开始琢磨着代梁称帝，过过当皇帝的瘾。王伟大为赞成，认为侯景称帝可以"示我威权，且绝彼民望"。王伟以为侯景称帝能够收拾人心，其实侯景早已经失去了人心，称帝只能招致更多的反对。

侯景阵营完全没有认识到危险来临，乱哄哄地开始准备。侯景早就看简文帝萧纲不顺眼了，废他为晋安王，幽禁起来，立豫章王萧栋做新皇帝。萧栋的父亲是昭明太子萧统的长子豫章王萧欢。侯景祸乱建康时，萧栋这样的小王爷日子很难过，沦落到和老婆两个人在庭院里开荒种菜，勉强维持生计。一天，几个叛军破门而入，架起萧栋就走。萧栋吓得大哭，连连哀求不要杀他。他被拉去见侯景，侯景挥挥手，萧栋就当上了皇帝。同时，简文帝的太子萧大器、寻阳王萧大心等宗室二十余人被侯景杀死。侯景又命王伟以祝寿的名义去拜访萧纲。萧纲知道王伟是来要自己性命的，却假装不知情。既然是祝寿，萧纲就拉王伟饮酒，喝得酩酊大醉。王伟用土囊把沉醉的萧纲压死了。

侯景拉萧栋为傀儡皇帝，完全是装点最后的门面。到十一月，只做了四个月皇帝的萧栋被废为淮阴王。侯景粉墨登场，做起了皇帝。之前简文帝萧纲曾封他为汉王，侯景就定国号为汉。汉政权完全是一场闹剧。侯景大封当初跟随他从河南逃到寿阳再一路打到江南的老兄弟为高官。这些人完全不知礼仪，一哄而上，全无章法。王伟是其中唯一的明白人，就对侯景说要立礼仪、定制度，尤其是要先建立新王朝的"七庙"。侯景不懂，问"七庙"是什么。王伟解释说皇帝必须祭七代祖宗，问侯景七代祖宗的名字。侯景想了好一会儿，说："我只记得我爸叫侯摽，不过他死在朔州了，魂灵不会大老远地跑到江南来享受供品的！"这话引得哄堂大笑。

侯景一帮人在建康城粉墨登场，萧绎的讨伐大军则已经逼近建康了。王僧辩和陈霸先会师后，军容强盛，外围叛军望风披靡。三月中旬，讨伐军战船驶入秦淮河，抵达建康城下了。侯景开始负隅顽抗。他下令堵塞秦淮河口，又在北岸抢筑城池，准备占领有利地形。陈霸先勇敢地率领本部兵马渡过河去，在北岸构筑营垒。其他部队随后跟进，抱团建立了营帐。侯景见势不妙，亲自带领步骑一万多人突击梁军营盘。梁军顽强抵抗，抵挡住了叛军八轮进攻。最后，侯景急红了眼，带着一百多名骑兵赤膊上阵。他们丢掉长矛，只执短刀猛冲陈霸先部队。陈霸先拼死挡住，侯景耗尽锐气，溃退下去。叛军无力再战。石头城的守将见势不妙，开城投降。侯景认为大势已去，又不敢回台城，站在城下把王伟痛骂了一顿，骂他尽给自己出坏主意，然后向东逃亡而去。只有一百多名骑兵跟着侯景逃亡。王伟等人渡江往京口方向逃亡。

梁军收复建康。王僧辩放纵官兵肆意劫掠。士兵将宫殿糟蹋成一片废墟，为了掩盖罪行，在夜里放了一把火烧了宫殿。出征时，王僧辩专门向萧绎请示：收复建康后，如何处置侯景扶持的小皇帝萧栋。萧绎回答："六门之内，自极兵威！"表面意思是要在建康城内宣扬兵威，实际上是让王僧辩杀掉萧栋。杀皇帝这事，弄不好会留下历史骂名，王僧辩不愿意做，明确告诉萧绎："臣不愿意做成济第二。"成济是当年替司马氏杀死曹髦的将领。王僧辩不肯干，萧绎就把这事交给了愿意干的朱买臣。侯景登基后，萧栋和两个弟弟被监禁，终日担惊受怕。梁军收复建康后，狱吏将萧栋兄弟三人释放了，两个弟弟如释重负："现在总算可以免于横死了。"萧栋却忧心忡忡："未必！"果然，朱买臣找到萧栋，请兄弟三人上船喝酒压惊。兄弟三人上了船，就被朱买臣扔进河里溺死了。

侯景部将侯子鉴逃到广陵，和守将一起投降了北齐。北齐占领广陵，有了窥探江南的据点。王伟被抓，押到建康，再转送江陵，被杀。侯景沿途收拾残兵败将，聚拢了数千人，一个月后被侯瑱率追兵打败。侯景败得只剩一条船、几十个人。他在沪渎（今上海）出海，想逃往北方。

　　侯景攻克建康后，强占羊侃的女儿做妾，任命羊侃的儿子羊鹍做都督。羊鹍随侍侯景左右，骗取了信任。侯景逃到海上时，羊鹍也在船上。他趁侯景熟睡时，联络了其他卫士，让船家改变航向开回长江。侯景一觉醒来，发现回到了江南，大吃一惊。他正要命船家改变航向，羊鹍拔刀指着侯景说："今日，要借你的脑袋去换富贵。"羊鹍和其他卫士一起挥刀砍向侯景。侯景逃到船舱里。羊鹍提起一根矛赶来，一矛将侯景扎死。几个人切开侯景的肚子，塞进盐防止腐烂，将尸体运到建康。王僧辩下令，砍下侯景的脑袋送到江陵，砍下双手送给北齐，其余部分在建康示众。建康军民恨侯景入骨，顷刻之间就把他的尸骨扯得粉碎。

四八 / 南陈的兴亡

侯景死后（552年）的十一月，湘东王萧绎在江陵即位，改元承圣。萧绎就是梁元帝。王僧辩因功被封为司徒、侍中、尚书令、永宁郡公，驻建康。陈霸先因功封司空，领扬州刺史，驻京口。萧绎和大臣留恋江陵，加上建康被战火毁坏严重，朝廷就留驻江陵。

不过，萧绎的八弟萧纪早一步在成都称帝了。萧纪不知侯景已死，以讨伐侯景为名，率领四川兵马顺江而下，来和萧绎争夺天下了。三峡口守将陆法和见蜀军声势浩大，向江陵告急。萧绎无将可用，把监狱里的侯景旧将任约、谢答仁放出来，派他们去抵挡萧纪。同时，萧绎不惜割让领土向西魏求救，恐惠西魏进攻四川。宇文泰兴奋地说："取蜀制梁，在兹一举。"他派尉迟迥进攻四川。四川空虚，兵无斗志，沿途守将非降即逃，魏军很快就包围了成都。萧纪腹背受敌。他惜财如命，随身携带金银财宝，其中有一百箱黄金，每箱都有一百块黄金饼，每块重达一斤。每次作战前，萧纪都把黄金饼摆在营帐显要位置，说要战后论功行赏，但是从不兑现。官兵早已和他离心离德，加上大多数人眷顾四川老家，不愿出三峡，逃散的很多。七月中，任约、谢答仁发动进攻，萧纪败得一塌糊涂。萧绎战前下令：对萧纪只要尸体不要活人！梁将樊猛抢先冲到萧纪跟前。萧纪连忙把黄金饼扔给樊猛，说："这些金子都给你，放我一条生路吧！"樊猛冷笑道："杀了你，这些金子照样是我的。"萧纪被杀。

萧纪死后，留守成都的萧㧑等人投降西魏。四川、陕南等地并入西魏的版图。侯景之乱至此彻底结束。此时的江南一片萧条，南梁国力大减，南北方的边界线步步向长江逼近。北齐占领了淮河到长江的广阔地区；西魏占领了汉水以北、巴蜀和陕南地区，领土扩大了一倍。

承圣三年（554年）三月，梁元帝萧绎向西魏使臣郑重提出：第一，我已经称帝，不再对西魏称臣；第二，要求西魏归还梁、益等州和汉水以北等地。萧绎等于推翻了之前和西魏达成的所有协议。萧绎政权的实力并没有随着侯景的覆灭而增强，南梁的防守态势漏洞百出。萧绎的平等要求只是让宇文泰意识到需要另换一个傀儡了。恰好，襄阳的萧詧一再请求宇文泰派军进袭江陵。几年来，萧詧完全仰仗魏军的羽翼保护，宇文泰觉得他远比萧绎听话。几个月后，宇文泰派于谨、宇文护和杨忠率军，会合萧詧后，向江陵杀去。萧绎喜欢阅读和写作，尤其喜欢老子，大敌当前还召集大臣大谈阅读《道德经》的感悟。魏军顺利包围了江陵，开始包抄萧绎的后路。而萧绎还在照讲《道德经》，只不过听讲的将领都满身戎装，穿着盔甲，拿着刀枪，坐在下面。江陵即将陷落，有人建议武装江陵监狱中的几千名死囚，萧绎不准，还下令将死囚悉数杀死。将军谢答仁、朱买臣劝萧绎突围，逃到长江南岸的任约军队处。萧绎很留恋江陵，加上体胖，不愿意动。谢答仁愿意保他突围。萧绎踌躇不定，突然想到谢答仁、任约都是侯景降将，觉得不能信任，决心死守江陵。他调远在建康的王僧辩军队勤王，可惜远水解不了近渴。江陵很快沦陷。城破时，萧绎认为自己败在死读书、读死书上，所以烧毁了所藏的十四万册图书。当时印刷术还没有发明，图书要靠一个字一个字地抄写，十分不容易。萧绎的藏书中有许多孤本善本，他的烧书之举，无疑是中国文化史上一大浩劫。城破后，魏军又屠杀了许多聚集在江陵的大臣、文人。两相作用，中国文化发展在此刻人为地倒退了一大步。

萧绎投降，于谨不知如何处理是好，就转交给了萧詧。萧詧将七叔百般侮辱后，用土袋子将他活活压死。魏军在江陵立萧詧为皇帝，年号大定，划出江陵周围百里之地作为梁朝的领土。魏军以"助防"为名，留驻江陵，表面上是助防，实际上是监视。萧詧地位类似西魏的藩王，上疏称臣，奉西魏正朔，连许多内政都没有决策权。江陵的南梁政权完全是一个傀儡政权，史称西梁或后梁。

萧詧请魏军进攻江陵的本意，是要借助外力推翻萧绎取而代之。部将尹德毅劝说萧詧："魏军贪婪残忍，殿下无异于引狼入室。现在，魏军精锐都在这里，殿下可以借口'犒师'，请于谨等魏军将领前来赴宴，预伏武士，将他们一网打尽。"萧詧否决了此议。魏军在江陵俘虏了数万名王公百姓，挑选强壮的分配给官兵做奴婢，老弱的全部屠杀。最后，江陵城中只剩下三百多户人口给萧詧统治。而萧詧的老根据地襄阳，则彻底沦为西魏的领土。萧詧追悔莫及。他既恨领土狭小，又看到城池残毁，更不愿意当西魏占领军下的木偶和橡皮图章。萧詧终日郁郁寡欢、扼腕叹息，吟诵"老骥伏枥，志在千里；烈士暮年，壮心不已"。

梁元帝萧绎死后，南方陷入了分裂。建康周围在王僧辩、陈霸先二人的实际控制下；长江中游的梁朝势力推举湘州刺史王琳为盟主，不承认萧詧政权，并出兵试图收复江陵。萧詧在位的主要作为，就是与王琳等人争斗。王琳的进攻被萧詧挫败，萧詧派大将军王操率兵南下，反倒攻取了几个郡。后来，陈霸先在建康建立了陈朝。王琳等人同样不承认陈霸先政权。为了与陈军作战，王琳向萧詧称藩，并请求萧詧出兵共抗陈霸先。萧詧同意了，可惜军队还没出发，王琳已经失败。长江中游的南岸地区被陈军占领。后梁的领土自始至终局限在江陵周围的几个县。萧詧在位八年，忧愤成疾，郁郁而终。其子萧岿成为新傀儡，年号天保。

之前，萧绎令王僧辩镇守建康、陈霸先镇守京口，将长江下游托付给了二人。二人的任务就是防备已经推进到长江北岸的北齐军队。陈霸先在京口招揽流民，多次应江北百姓的要求渡江，试图收复广陵。他的军队很快壮大。相比之下，王僧辩就保守得多，一心固守建康，没有向江北和其他方向发展。江陵陷落后，王僧辩不承认萧詧政权。当时，萧绎的儿子几乎全部在江陵遇害，只有第九子晋安王萧方智外任江州刺史，躲过了劫难。第二年（555年）二月，王僧辩把萧方智接到建康，尊奉为太宰，承制统治天下。萧方智才十三岁，还是个小孩子，建康的一切都由王僧辩做主。

当时，南梁各地各自为政，互不隶属，既有王琳为主的中游藩镇，也有江东地区半独立的各郡。王僧辩虽然占据建康，拥立萧方智，但并不能服众。郢州刺史陆法和以郢州投降了北齐，北齐在江北的势力进一步扩大，对建康形成压迫之势。北齐大军护送被俘八年之久的萧渊明来到江北，写信给王僧辩，要求迎接萧渊明到建康继位。萧渊明是萧衍的侄子，在血统上缺乏继位的合法性。但是，齐军在江北攻城略地，刀锋直指建康。王僧辩没有信心与北齐交战，不得不展开外交斡旋。双方讨价还价的结果是：王僧辩拥戴萧渊明为新皇帝；萧渊明立萧方智为太子，让王僧辩主持朝政。于是，萧渊明在刀枪的护卫下渡江，到建康登基做了皇帝，以堂侄萧方智为太子。和江陵的萧詧政权一样，这也是一个傀儡政权。

陈霸先反对接受北齐强加的傀儡萧渊明，建康和京口方向的矛盾开始凸显并且激化。

陈霸先出生于浙江长兴一户贫寒之家，头脑灵活，善于钻营。起初，他在乡间做里司，后去建康当油库吏，又成为新喻侯萧映的传令员。萧映任广州刺史，把陈霸先带到了广州任中直兵参军。陈霸先在岭南平乱有功，累功至西江督护兼高要太守。陈霸先真正崛起于侯景叛乱中。太清二年（548年），广州刺史元景仲接受侯景的招降。陈霸先毅然起兵讨元景仲，推举梁武帝的堂侄萧勃为广州刺史。元景仲兵败自杀。萧勃任命陈霸先监始兴郡事。陈霸先在始兴招揽豪杰，积极准备出师。萧勃一心偏安岭南，反对陈霸先北伐，还派人联络南康豪强蔡路养，阻挠陈霸先越过南岭。陈霸先则派人向湘东王萧绎表示效忠。大宝元年（550年），陈霸先越过南岭，击败蔡路养。在战斗中，蔡路养的内侄萧摩诃单骑出战，无人能敌。陈霸先指挥恶战，收降萧摩诃，攻克南康。他迅速击破侯景在江西的军队，收复豫章。萧绎大喜过望，任命陈霸先为豫州刺史，领豫章内史。大宝二年（551年）七月，陈霸先在湓城与王僧辩军会师。陈霸先此时有官兵三万人、船两千艘、粮五十万石。王僧辩缺粮，陈霸先慷慨地和他分享粮草。两人还结拜为异姓兄弟，关系亲密，一起消灭了侯景。

王僧辩迫于压力倾向于接受萧渊明时，陈霸先派人到建康反复劝说，王僧辩都不肯听。当年九月，陈霸先起兵讨伐王僧辩，水陆并进，迅速抵达建康城下。将领侯安都夜袭登陆，悄悄摸到石头城北。此处的石头城墙体毗邻山地，防备较松，侯安都指挥士兵搭人墙，把自己抛上去。陈霸先则从南门杀入城中。王僧辩正在厅堂办事，听到城破时，敌人已经快杀到跟前了。他就地死战，终于抵敌不过，逃上门楼。陈霸先扬言放火烧楼，逼王僧辩父子下楼投降。当夜，父子俩就被绞死了。陈霸先随即宣布王僧辩罪状，声明除王僧辩父子兄弟外，他人无涉。萧渊明非常识趣，马上宣布退位。十月，陈霸先拥戴萧方智即位，改元绍泰。萧方智就是梁敬帝，以陈霸先为尚书令、都督中外诸军事、车骑将军、扬南徐二州刺史、司空。陈霸先掌握实权，成了长江下游最大的实力派。

陈霸先首要工作是安抚北齐，毕竟萧渊明是北齐扶持的傀儡。陈霸先让萧渊明担任司徒，通报北齐说：王僧辩"阴谋篡位"，所以才被大家推翻；我们已经拥戴新君，仍对齐称臣。北齐要求送回萧渊明，陈霸先将萧渊明送还北齐，但临出发时萧渊明"暴病"而亡。

朝廷政令只能传达到建康及其周边地区。北齐占领了淮南，西魏占领了巴蜀和汉水流域；长江中游存在江陵的后梁、湘州的王琳两大政权。其中王琳被中游诸将推为盟主，集结军队，对陈霸先非常不友好。不过最先对陈霸先发动进攻的是江东各郡。

王僧辩的弟弟吴郡太守王僧智联合吴兴太守杜龛、义兴太守韦载反抗陈霸先。陈霸先派遣周文育东征，在义兴和叛军僵持。陈霸先留下侯安都守建康，亲自领兵去江东镇压叛乱。他劝降了韦载，又击退了王僧智，形势一片大好。陈霸先东征后，谯秦二州刺史徐嗣徽和南豫州刺史任约看到建康空虚，合兵偷袭建康，迅速占领了石头城。侯安都退守台城，向陈霸先告急。陈霸先昼夜行军，赶往建康。

徐嗣徽、任约的叛乱不是单独事件，事先勾结了北齐。北齐早就对陈霸先攻杀王僧辩拥立萧方智不满，对虚弱的江南虎视眈眈，如今得到叛军相助，岂能坐失良机？齐军迅速在绍泰元年（555年）十一月渡江占领姑孰，与石头城的徐嗣徽、任约相呼应。叛军仗着齐军的支持，猛攻台城。陈霸先及时赶到，亲自带兵上阵，打败了叛军。徐嗣徽、任约大概是怕了陈霸先，留齐军将领柳达摩守石头城，二人前往采石迎接北齐援军。他们打算联合齐军，再杀回建康。

陈霸先抓住这个难得的空隙，一边组织反攻石头城，一边派遣侯安都偷袭徐嗣徽的老巢秦郡。侯安都一举得手，将缴获的战利品，包括徐嗣徽的生活用品，派人送给徐嗣徽。徐嗣徽大为震惊。在建康城中，陈霸先猛攻留守的柳达摩部，连赢了几场。徐嗣徽、任约引导齐兵一万多人返回建康，增援石头城，被侯安都的水军击败。陈霸先再次猛攻石头城，柳达摩心惊胆战，主动求和。陈霸先虽然赢了几场，但并没有扭转战场局势。齐军已经登陆江南，又有叛军相助，占据战场优势。因此，陈霸先同意与柳达摩和谈，达成协议：齐军撤出石头城，双方停战；南梁向北齐遣送人质。陈霸先派遣侄子陈昙朗和梁元帝萧绎的孙子萧庄两个人渡江北上，作为人质。建康军民屡遭战火，迫切希望和平。陈霸先此举，赢得了建康内外的一片赞扬声。

柳达摩率军撤回后，被高洋处死。高洋调兵遣将，以大将萧轨为大都督，会合徐嗣徽、任约等部，准备发起新一轮的猛攻。陈霸先也没闲着，抓紧时间处理江东乱局。幸运的是，侄子陈蒨、大将周文育成功攻杀杜龛，收复吴兴郡，又在第二年初攻破会稽郡，杀死不听命的东扬州刺史张彪。至此，江东地区全部被陈霸先占领。

第二年（556年）春寒刚过，北齐大都督萧轨集合十万大军杀向梁山（今当涂附近长江南岸）。陈霸先派侯安都在此驻军，阻击齐军。其间，陈霸先亲临前线犒军。相持到五月中旬，齐军舍弃梁山，从芜湖出发，走旱路向建康推进，月底即推进到建康城下。台城下出现了零星的齐军侦察兵。大战的阴霾再次笼罩建康。侯安都等军撤回建康，陈霸先收缩兵力，准备迎接空前激烈的决战。

六月，建康被数万齐军合围。齐军牢牢掌握着战场主动权，之所以没有发动猛烈的攻城战，主要是因为江南的雨季来了。连日大雨倾盆，平地积水丈余。齐军官兵都是北方人，不适应这样的天气。士兵日夜站在烂泥里，很多人脚趾都泡烂了。北方人很难在大雨瓢泼的环境中生火做饭，就算做出了东西也吃得很艰难。梁军的情况虽然也不乐观，但比齐军要好多了，毕竟没有水土不服的问题。况且台城中建筑完好，排水设施齐全，梁军官兵可以避雨休息，一场暴雨，使实力的天平开始出现倾斜。六月十一日，天气转晴，决战时刻来了。陈霸先决定让将士饱餐一顿。城中缺粮，只剩可怜巴巴的一点儿麦饭。怎么办？总不能让将士饿着肚子决战。幸而陈蒨从江东运输的二千斛米、一千只鸭及时到达。陈霸先把大米和鸭子都煮了，又割了许多荷叶，每张荷叶里裹满饭、配上几块香鸭肉，发给每位将士饱餐一顿。梁军官兵士气大振。第二天拂晓，陈霸先赤膊上阵，带队齐军发动全面反击。小将萧摩诃隶属侯安都麾下，侯安都激他说："卿骁勇有名，但是千闻不如一见……"萧摩诃不等他说完，朗声说道："今日让明公一见！"梁军以空前的勇猛，杀向齐军营寨。又累又病的齐军硬着头皮迎战。激战中，侯安都落马，萧摩诃大喝着冲杀过去，救下侯安都。侯安都脱险后，率部绕到敌后包抄齐军。齐军官兵前后受敌，四散溃逃。陈霸先指挥大军大举追击，齐军死伤惨重。数以万计的败军蜂拥到江边，可怜后有追兵、前有天堑，争相逃命，船少人多，因为互相践踏而死或者被江水吞噬的人不计其数。包括大都督萧轨、徐嗣徽在内的四十六名将领成了俘虏，只有任约等少数人侥幸逃脱。十万北齐大军只剩下两三万人逃到长江北岸。北齐伤了元气，丧失了南侵的实力。陈霸先取得了决定性的胜利。

高洋希望赎回俘虏，陈霸先不同意，将被俘的萧轨、徐嗣徽等人斩首。十三日，梁军又烧毁齐军遗留的舰船，烈焰冲天。之前几十年南梁屡遭北方欺负，本次大胜让陈霸先威望大涨。高洋恼羞成怒，杀害了充当人质的陈昙朗。

在此过程中，萧方智更多是起到证明南方政权存在的象征意义。陈霸先早期地位低微，需要扶持一个皇室成员号召南方军民与外敌作战。如今，陈霸先觉得没有必要保持一位虚君了，他是亲自打江山，也要亲自坐江山。于是，陈霸先选择了禅让这一通行的做法。

太平二年（557年）十月，陈霸先晋爵为陈王，以江东、江西的二十个郡建立陈国。萧方智允许陈王配十二旒王冕，建天子旌旗，出警入跸，乘金根车，驾六马，备五时副车，置旄头云罕。三天后，萧方智就禅位于陈。陈霸先没有推让，就大方接受了。大臣也免去了反复劝进的手续烦恼。陈霸先创下了封王之后三天就受禅为帝的纪录。新王朝国号陈，定都建康。陈霸先就是陈武帝。中国历史上朝代名和皇帝的姓氏重合的，仅此一家。

  陈霸先封萧方智为江阴王，全食一郡，行梁正朔，车旗服色，参照既往逊帝的待遇。也和往常一样，萧方智没活多久。558年，陈霸先派亲信去杀萧方智。萧方智绕床而跑，边跑边哭喊："我本不愿当皇帝。陈霸先非要我即位，现在又要杀我，这是为什么呀？"这位十六岁的逊帝最后还是被士兵乱刀砍死。萧方智死后，谥"梁敬帝"。

  之前的几朝，开国皇帝篡位后，都可以安心享受、从容施政。但是，陈霸先当皇帝只是奋斗的中点，远不是终点。陈朝建立之初，只能算是南方比较大的割据势力而已。陈霸先的皇帝生涯几乎就是一部征战史。他又花了两年时间和南方的王琳、后梁等势力争斗，结果出师未捷身先死。永定三年（559年），陈霸先去世，葬于万安陵，终年五十七岁。他建立的陈朝是南朝四代中疆土最小、实力最弱的，在北方军事高压下偏安一隅，毫无作为。王僧辩的儿子王颁入隋后为隋朝大将，参加了统一南方的战争。王颁纠集父亲旧部，夜掘陈霸先坟墓，破棺焚尸，并将陈的骨灰倒于池塘之中。

  陈霸先死时，内忧外患，皇位的传承就成了一个敏感的难题。陈霸先的皇后和大臣商量后，认为国家危难，需要一个有能力的长君继位，不应该固守父死子继的老传统。他们从大局出发，封锁了陈霸先的死讯，秘不发丧，招陈霸先的侄子陈蒨还朝。陈蒨跟着陈霸先创业，历经百战，功劳不小，陈霸先死时正率军驻在南皖。得到召唤后，陈蒨迅速赶回建康，被拥立为新帝，他就是陈文帝。

  陈霸先废萧方智登基后，王琳集团要求北齐送还人质萧庄，在郢州拥戴他为新皇帝。陈霸先死讯传开，王琳引兵东下，陈蒨应战。天嘉元年（560年），当王琳与陈朝将军侯瑱在芜湖交战时，北周偷袭郢州。王琳腹背受敌，大败，带着萧庄逃亡北齐。北周势力拓展到长江中游南岸。陈蒨继续向中游进军。侯瑱、侯安都等人力战南下的北周，在当年年底收复了湘州等地。岭南的广州刺史萧勃，是陈霸先的老上级，见陈霸先发达了，心里很不舒服。听到陈霸先死讯后，萧勃举兵不从。陈军挟得胜之威，南下讨伐岭南。萧勃兵败而亡。陈朝至此保有长江中下游的南岸全部，是南朝时期辖境最小的一个朝代。

陈蒨励精图治，整顿吏治，注重农桑，兴修水利，是南朝历代皇帝中少见的有为之君。其间，陈朝政治清明，社会经济得到了一定的恢复。天康元年（566年），陈蒨病逝，长子陈伯宗继位，史称废帝。陈伯宗年轻，国事都委托给叔叔安成王陈顼。陈顼掌握大权，任都督中外诸军事。尚书仆射列仲举、中书舍人刘师知等人发觉陈顼有野心，图谋夺取陈顼大权，失败后遭到屠杀。陈顼在光大二年（568年）以皇太后的名义废陈伯宗为临海王，自立为帝。陈顼就是陈宣帝。陈顼颇有哥哥陈蒨的遗风。他兴修水利，开垦荒地，鼓励生产，社会经济得到了一定的恢复与发展。他在位十四年，期间国家安定，政治较为清明。

太建五年（573年），眼看北齐国势大减，陈顼起了收复淮南的雄心。他命令吴明彻为都督，领兵十万征讨北齐。齐军应战。陈朝猛将萧摩诃一马当先，击斩齐军善射者和大力士十余人，齐军大败。陈军收复历阳、合肥、秦州等地，从长江逼近淮河。北齐派南梁降将王琳镇守寿阳，抵抗陈朝。吴明彻拦河筑坝，引水灌城。北齐派出数十万军队援救寿阳，距寿阳三十里扎营，不敢与陈军接战。吴明彻猛攻寿阳，俘虏王琳，送到建康斩首。淮河以南的北齐政权或逃或降，陈朝顺利收复数十城。南北边界恢复到了梁朝初期的情况，隔淮河对峙。没几年，北齐亡于北周，华北地区剧烈动荡。陈顼进一步萌生了饮马黄河的雄心。他没有在北周进攻北齐之时"趁火打劫"，在北周统一北方后才出兵淮北。结果，陈军败于周军，非但饮马黄河的宏伟蓝图没有实现，还招惹周军渡过淮河南下，占领了淮南地区。北伐的成果丧失，长江以北再度沦落敌手。陈朝国势也遭受重创。

太建十四年（582年），陈顼病逝，传位太子陈叔宝。陈叔宝就是陈后主。陈叔宝的弟弟始兴王陈叔陵是个粗鲁残暴的家伙。他除了贪恋女色，最大的爱好就是盗墓，尤其是盗挖名人墓葬，窃取不义之财。就连东晋名臣谢安的墓地也惨遭陈叔陵的毒手，陈叔陵还将谢安的棺柩抛弃，霸占土地来安葬自己的母亲。陈叔陵还有篡位之心，计划在父亲的葬礼上杀了陈叔宝，自立为帝。陈宣帝的灵柩停在宫中，陈叔宝在灵前大哭。陈叔陵突然拔出刀来砍向哥哥，一刀砍中陈叔宝的脖子。异常幸运的是，那把刀竟然没有深入脖子内部。陈叔宝扑倒在地，陈叔陵正要补上一刀，陈叔宝的生母柳后救子心切，冲上来阻止。陈叔陵又砍倒柳后。陈叔宝的乳母吴氏抱住陈叔陵的胳膊，陈叔宝慌忙爬起来，逃出殿堂去。四弟长沙王陈叔坚将陈叔陵擒住。陈叔陵奋力挣脱，逃出宫门。陈叔陵一不做二不休，武装囚犯，又召诸王和诸将，要和陈叔宝拼个你死我活。可惜无人响应。陈叔宝命大将萧摩诃率步骑数百人讨伐。陈叔陵企图招降萧摩诃，遭到拒绝后知道大势已去，先逼迫妃子张氏及宠妾七人跳井自杀，自己带上步骑百人想突围投降隋朝，中途被萧摩诃截获。陈叔陵被斩首，诸子赐死，亲信一并伏诛。陈叔宝在平定内乱后，安全继位。

登基后，陈叔宝因为脖颈受伤，在殿中养病，屏去诸姬，只留贵妃张丽华随侍。这段病中经历，让陈叔宝非常宠信张贵妃。陈朝自陈霸先开国以来，很少关心宫廷生活，内廷陈设很简陋。陈叔宝认为后宫过于朴素，开始大兴土木，采选江南美女。在一片热热闹闹的安乐气象中，陈朝迈向了衰落。

四九 / 周齐势力消长录

在当时西魏、北齐和南梁三足鼎立的格局中，北齐的实力是最强的。北齐虽然爆发了侯景叛乱，但是高澄运筹得当，迅速将侯景这股祸水引到南梁去了。南梁被侯景搅得天翻地覆，北齐跟在侯景身后"接收"了淮南江北不少州县。西魏宇文泰趁火打劫，侵占西南地区。北齐和西魏保持了相对和平。陈霸先崛起后，歼灭了北齐南侵的大军，给了北齐实实在在的打击。不过，北齐根本并未动摇，高洋统治初期，政权巩固。北齐领土北到长城，南隔长江与陈朝为界。

政权巩固后，高洋荒淫残暴的行径不断升级，比如：征发十万民夫在邺城修建宫殿；掀翻太后娄昭君的车辇，暴怒着要杀害生母；常常无缘无故地屠戮大臣。常山王高演是高洋同父同母的弟弟，劝了高洋几句。高洋就把他反绑起来，拿刀搁在他的头颈上，问："谁教会你进谏的？"高演回答："天下人三缄其口，除臣之外，还有谁敢说话？"高洋就命人用乱棍痛打高演。高演被打了几十棒，奄奄一息。幸亏高洋酗酒睡着了，底下人见状，没再动手，高演这才捡回一条命。上行下效，整个北齐毫无法治，官吏动辄施用酷刑，盘剥百姓。到了高洋统治晚期，府库枯竭，正常的政府运转都成问题了。

北齐政权的深层次矛盾，始终没有得到解决。北齐建立在六镇鲜卑实力和关东汉人豪强的共同支持之上，鲜卑人和汉人存在矛盾，地方豪强和中央政府也存在矛盾。高洋只能在双方之间保持平衡，一会儿打击鲜卑人，重用汉人杨愔，让他当尚书令，又迎娶赵郡李氏的女子为皇后；一会儿又贬低汉人抬高鲜卑人，侮辱尚书令杨愔，无端杀害汉人大臣。他也知道任意杀戮并不能保持长治久安，又担心有人威胁高家的统治。

彭城公元韶是北魏的宗室后裔、孝庄帝之侄。虽然元氏已经禅位，高洋依然担心元氏威胁皇权。他剃去元韶的须髯，强迫元韶像妇女一样化妆，穿上妇人衣服，做自己的随从。高洋扬言："我以彭城为嫔御。"以此来侮辱元氏。天保十年（559年），天降流星，太史官上奏："今年当除旧布新。"高洋将此和大臣反叛联系起来。他问元韶:"东汉光武帝为什么能够中兴汉朝?"元韶早就给折腾得战战兢兢,不能进行理性思维了。他汗流满面,突然冒出一句:"那是因为王莽篡位时,没有把刘家斩草除根。"高洋很喜欢"斩草除根"的说法,为了防止元氏复辟,决定将元氏一网打尽。他将和北魏皇室有关系的二十五个元氏家族满门抄斩。刽子手连婴儿都不放过,前后一共杀害了七百二十一人,尸体被投入漳河。邺城渔民捕到河鱼,常从鱼肚子里剖出人的指甲来。邺城居民为此长期不敢吃鱼。余下的十九个元氏疏宗家族,则遭到严厉管束,被禁止当官。始作俑者元韶也在黑名单上,后在邺城地牢里绝食而死。

　　常年暴虐荒唐的生活,损害了高洋的健康。天保十年(559年)十月,高洋因酗酒生病而死,才三十一岁。发丧之时,群臣号啕大哭,但都只有声音,没有一滴眼泪。高洋的儿子高殷继位,才十五岁。高洋临终时,对弟弟高演说:"你要篡位就夺吧,别杀我儿子。"高洋癫狂了大半辈子,但心底清醒得很。儿子高殷身上流着一半汉人的血液,从小就在国子监接受儒家教育,文弱得很,高洋评价他"性格懦弱,像汉人的孩子"。为了磨炼儿子的胆量,高洋带着高殷一起做斩首"供御囚"的游戏,逼高殷动手杀人。高殷颤颤巍巍,挥刀砍了好几下都没有砍下死囚的脑袋。高洋气得用马鞭抽打高殷,把儿子吓成了结巴。

　　高洋的担心很快变为事实。他死前,被暴力掩盖的民族矛盾爆发了出来。高殷继位后,汉臣杨愔、郑颐等人辅政,高殷年幼,生母李太后为代表的赵郡李氏开始摄取实权,势力旺盛。当时,高欢的发妻娄昭君还在世,被尊为太皇太后。她出身边塞的鲜卑家族,对汉人的崛起很警惕,说:"我怎么能受汉人老婆子(李太后)的摆弄!"鲜卑贵族和大臣纷纷聚集到娄太后身边。娄太后的两个儿子高演、高湛是其中的中坚分子。北齐政坛出现了两派针锋相对的势力。

　　尚书令杨愔决定扳倒高演、高湛,和郑颐等人商量后,将两位皇叔外调地方刺史,以消除威胁。他们向李太后汇报了计划。李太后没有一点儿保密意识,把这个阴谋和身边的一个女官说了。这个女官就是当年高澄强夺的高仲密的妻子李氏。李氏在高澄死后入宫做了女官。李太后想当然认为李氏和自己同姓,是同一个战壕的。不想,李氏权衡利弊后,跑去向娄太后告密了。娄太后马上叫来高演、高湛,密谋杀掉杨愔等汉臣。任命颁布后,高演、高湛二人借口庆祝,摆宴招待大臣。杨愔等人不知有诈,坦然赴宴,被当场拿下,砍了脑袋。娄太后把李太后、高殷叫过来,训斥了一顿,逼他们将实权转移到高演手上。没过几个月,娄太后又废高殷为济南王，扶持常山王高演登基做了皇帝。高演就是齐昭帝，这一年是乾明元年（560年）。高殷退位后很快遇害，史称废帝。

高演第二年就死了，传位给弟弟高湛，高湛就是武成帝。高湛是北齐第四个皇帝，也是娄昭君第四个当皇帝的儿子（长子高澄被追尊为皇帝）。高湛接手的帝国，矛盾丛生，国库空虚，出现了衰败迹象。千头万绪不知从何入手，高湛干脆自暴自弃。他终日沉湎于美色，一心享受。皇帝昏庸无为，朝政更加黑暗，奸佞横行。和士开、穆提婆、高阿那肱等人专权腐化，反而受高湛宠信，小人得志。奸臣和士开为人猥琐，在取悦高湛方面却很有本事。高湛越来越离不开他。高湛心底还有治国雄心，隐隐为朝政的堕落焦急。和士开劝他说："自古帝王都已经化为灰土，明君尧舜和昏君桀纣又有什么区别呢？陛下应该趁年轻力壮，抓紧时间享乐，国事吩咐大臣去办就行了，陛下不必亲自操劳。"高湛竟然觉得有道理，更是当起了甩手掌柜，把朝政都委托给和士开办理。他三四天才上一次朝，和士开权倾朝野，党同伐异，胆子越来越大，甚至和胡太后发生奸情，朝野一片愤慨。高湛睁只眼闭只眼，干脆在河清四年（565年）传位太子高纬，当起了太上皇，三年后因酒色过度而死，终年三十二岁。

继位的高纬，史称齐后主。他深得父亲高湛的真传，虽然王朝已经风雨飘摇，依然自顾自地荒淫享乐，自称"无愁天子"。高纬日常生活穷奢极欲，后宫金碧辉煌还嫌不足，把宫殿拆了又造、造了又拆。为了享乐，晚上燃油照得夜空如同白昼。宫廷之外是卖官鬻爵，高纬则肆意封赏，连宠爱的狗、马、鹰、鸡都被封为仪同、郡官、开府等高官，让宠物像达官显贵那样坐着车辇，由人伺候着。他把畜牲看得比百姓重，百姓也就不把他当皇帝看。

和士开在高湛死后，虽然还把持着大权，但地位危险多了。仇家瞅准高纬不理朝政，凡是上奏的文件一般不看就签字的空子，给和士开下了一个套。武平二年（571年），大臣王子宣上了一道弹劾和士开的奏章，奏请逮捕和士开法办。大臣冯子琮将这道奏章夹在一大堆公文中呈递上去。高纬果然看都不看，一道一道地签字盖章了。走完合法手续后，琅邪王高俨、领军大将军库狄伏连等人在和士开上早朝时一拥而上，乱刀将他砍死。高纬听到风声后，慌忙写了道赦免文书派人赶来救和士开，可惜晚了一步。和士开死后，朝政没有丝毫起色，反而越来越糟糕。

高纬在位十三年，是统治时间最长的北齐皇帝，最大的本领就是陷害忠良。

当时天下三足鼎立，乱世重兵，重兵就得重将。北齐大将斛律光是朔州（今山西朔州）高车人，擅长骑射，积功做到了大将军、太傅、右丞相、左丞相。在与北周近二十年的争战中，斛律光连战连捷，曾大败北周名将韦孝宽，算得上一代名将。韦孝宽和斛律光交战屡战屡败，战场上打不赢，就从政治上想办法。韦孝宽知道高纬猜忌多疑，又知道斛律光长期在外领兵，在朝堂上并没有根基，就派人到处散播斛律光拥兵自重、阴谋篡位的谣言，还派奸细混入邺城到处传唱："百升飞上天，明月照长安。"百升为一斛，明月是斛律光的字，谣言直指斛律光有篡位野心。眼红斛律光的大臣乘机向高纬进谗言，诬告斛律光谋反。武平三年（572年），高纬招斛律光入宫觐见，埋下伏兵，用弓弦残忍地勒死了他，并以谋反大罪将斛律家族抄家灭族。斛律光一心为国，为官清廉，抄家只抄到一些弓箭刀鞘。斛律光死后，前线将士为之心寒，士气大为低落。高纬自毁长城，朝野有识之士莫不痛惜。斛律光的死讯传到北周后，在位的周武帝宇文邕喜出望外，为此宣布大赦，还下诏追封斛律光为上柱国、崇国公。灭亡北齐后，宇文邕还在邺城感慨："斛律光若在，朕岂能至邺？"高澄的四子兰陵王高长恭按辈分是高纬的堂叔。他骁勇善战，功勋卓著，也引起了高纬的猜忌。高长恭为了避祸，刻意保持低调，平日深居简出，不过问军队事务，可还是被高纬赐酒毒死。只过了二十多年，原本在三足鼎立中最强大的北齐，迅速被宿敌北周超越，就连对南陈的优势也丧失了。它成了三国中最弱的一方。北齐一直没有一个奋发有为、励精图治的皇帝，无论是恢复、发展经济，还是弥合民族矛盾，北齐都无所作为，白白浪费了高欢奠定的好基础。

基础比北齐差、建国比北齐晚的北周，内部也有众多矛盾。北周开国皇帝宇文觉登基时只有十五岁，是中国历史上年纪最小的开国君主。实际权力掌握在堂兄宇文护手中。宇文护的年纪比宇文觉大了二十多岁，几乎就是两代人。宇文护是宇文泰大哥宇文颢的儿子，宇文泰之父宇文肱非常喜欢这个孙子。北方大乱后，宇文颢在与起义军的混战中阵亡，年幼的宇文护随着各位叔叔南征北战，屡建战功，曾与于谨、杨忠南征、攻破江陵。宇文泰死时，儿子都年轻没经验，就选择侄子宇文护给儿子保驾护航。宇文护在西魏地位本不高，在各位柱国大将军之下。柱国大将军于谨权衡后，支持宇文护继承军政实权，担任大司马、封晋国公。宇文护趁热打铁，逼迫西魏恭帝元廓禅位于宇文觉，建立了北周。

宇文护作风强硬，容易招人忌恨。柱国大将军赵贵、独孤信是宇文泰的同辈人，算是西魏政权的缔造者，对后来居上的宇文护不太满意。赵贵领衔柱国大将军，想推翻宇文护，便找独孤信串联。独孤信拒绝参与，赵贵就此作罢。此事终究还是被人告发，宇文护杀死赵贵，又逼独孤信自杀。他就通过这样的强硬手段，排挤一批人，换上自己人，独揽了大权。问题是，小天王宇文觉也是个作风强硬的人，而且正值青春叛逆期，不甘心大权旁落。他聚集亲信，密谋杀宇文护。密谋泄露后，宇文护毫不手软，废黜宇文觉，不久又毒死了他。宇文护挑选宇文泰的长子宇文毓做新天王。宇文毓就是北周明帝。

宇文毓登基前温文儒雅，不想登基之后也变得作风强硬，对宇文护不满。宇文护不得不宣布"归政"，将政权交还给宇文毓，只保留兵权。宇文护的理由是局势不稳，自己要帮堂弟稳定局势，实际上是以退为进，观察宇文毓下一步行动。宇文毓以为大权在手，兴冲冲地正式称帝，并雄心勃勃要大展拳脚。宇文护担心宇文毓对自己不利，在武成二年（560年）毒死了他。无论是宇文觉还是宇文毓，在位时间都很短，宇文护则忙于揽权和弑君，北周朝政无所作为。他挑选的第三任皇帝是宇文泰的第四子宇文邕，当时十八岁。宇文邕就是北周武帝。

宇文邕沉稳低调，平时不怎么说话，一说话就掷地有声。宇文泰生前很喜欢宇文邕，夸奖他："成吾志者，此儿也。"对于专权霸道的宇文护，宇文邕曲意尊崇，让堂兄担任大冢宰、都督中外诸军事。遇到事情，宇文邕都让大臣先请示宇文护。有大臣说宇文护的坏话，宇文邕都加以训斥，甚至通报给宇文护。渐渐地，宇文护对宇文邕放心了，觉得不会发生什么意外了。

天和七年（572年）三月的一天，宇文护觐见皇太后。宇文邕和他边走边聊，无意中提到皇太后年纪大了，却还酗酒，请宇文护一会儿劝太后少喝酒多运动。宇文邕还拿出事先写好的《酒诰》，请宇文护念给皇太后听。宇文护一点儿都没生疑，见到太后照着《酒诰》就念了起来。突然，宇文邕拿起手里的玉珽，从背后狠狠地砸了宇文护。宇文护一击倒地，还没有死。宇文邕喝令一个带刀近侍上来给宇文护补上一刀。近侍紧张得手脚发软，刀砍下去竟然不见血。宇文邕的弟弟宇文直冲了进来，给了宇文护致命的一刀。宇文邕又诛杀宇文护的亲信，顺利亲政，正式走上前台。

当时，北周已经建立十五年了，国家发展缓慢。宇文邕上台后，大刀阔斧变革，一方面延续父亲宇文泰的改革措施，另一方面向鲜卑旧俗开刀，释放奴隶，化解内部矛盾。建德元年（572年），宇文邕下诏将在江陵战役中俘获的南梁奴隶全部赦免为民，对其中的政治、文化精英择才录用。针对当时佛教势力膨胀，和道教频繁发生矛盾的问题，宇文邕评定儒、道、佛三家的长短，定佛教为末位。建德三年（574）五月，宇文邕又下诏禁止佛教、道教，销毁经像，强令和尚、道士还俗为民。一时间，北周境内灭佛焚经、驱僧破塔风气大盛，佛门宝刹都变更为民宅，和尚、道士还俗的有两百多万人，开始向国家服役纳税。"周武帝灭佛"是历史上三大灭佛事件之一。此外，宇文邕禁绝淫祀，凡是与礼典记载不符，都废除禁绝。经过一番兴革发展，北周户口稠密，赋税增长，国力超越了北齐。

宇文邕一生勤于政事，厉行节俭，生活极其简朴。他平常穿布衣盖布被。宇文护掌权时建造的宫室，都被拆毁，其中的珠玉宝物都被赏赐给平民。宇文邕坚持和将士同甘共苦，戎马倥偬时坚持身先士卒。他重视军队训练，经常亲自到校场阅兵，每年都参加军队的演习。演习时，宇文邕和将士一起在山谷中行军，辛苦跋涉。宇文邕行事果断，在军队中的威望越来越高。每次征战，宇文邕都亲临战阵，常常带头驰骋冲锋，将士都愿意为他效死力。

宇文邕有心统一天下，首要目标就是灭亡宿敌北齐。之前，东西激战了三十余年，双方都伤痕累累。北周朝野普遍认为东西方均势还未打破，反对与北齐决战。北周建德四年、北齐武平六年（575年），宇文邕力排众议，御驾亲征，讨伐北齐。周军主力出河南，杀向洛阳而去。宇文邕以统一为目的，视北齐百姓为自己的子民，严禁周军进入齐境后伐木、践稼，犯者斩首，因此颇得民心。周军顺占河阴，宇文邕亲自带兵进攻金墉城（今洛阳附近），不克。北齐右丞相高阿那肱从晋阳率大军南下救援。宇文邕不巧得了急病，周军只得退兵。

第二年十月，宇文邕集中了十几万大军，再次御驾亲征。这次，周军渡过黄河进攻晋阳。晋阳是高氏巢穴，北齐主力云集。宇文邕本次采取先难后易的战略，行军布阵小心谨慎，重兵围住晋阳门户平阳。宇文邕分派各军，守住各处关隘，以阻遏晋阳的齐军南下；占领要害，阻遏河内的齐军北上；另派步骑兵扼守蒲津关，以保证后方的安全；再分出一万兵力攻打平阳周围的城池，分散齐军。宇文邕派王谊指挥主力进攻平阳城。北齐的海昌王尉相贵据城死守。北方统一战争的第一场决战在平阳展开。宇文邕异常重视此战，亲自到城下督战。北齐官员则人心涣散，行台左丞侯子钦首先出城投降；北齐晋州刺史崔景嵩防守北城，也向宇文邕投降。北周将领段文振率数十人为先遣，在崔景嵩接应下，首先登上城墙。周军攻破平阳，俘获尉相贵及齐军八千人。周军旗开得胜，迅速占领了平阳周边地区。

平阳大战正酣时，齐后主高纬正和宠妃冯淑妃在天池（今山西宁武西南）打猎。前线告急文书雪片一样飞来，早晨一封，上午一封，中午又是一封，右丞相高阿那肱都扣下来不向高纬报告。他说："陛下正享乐，前线小小交兵，都是常事，不用急着奏闻！"晚上，前线信使又送来急报："平阳失陷。"高阿那肱这才把战事报告给高纬。高纬要赶回去处理，冯淑妃撒娇要再打一次猎。高纬竟然置国家安危于不顾，又和冯淑妃打起猎来。

等到十一月，高纬亲率十万大军南下平阳。齐军军容严整，宇文邕不愿和他们硬碰硬，决定撤军避其锋芒。他留一万军队给梁士彦坚守平阳，留其他军队散布河东各地，声援平阳，自己返回长安。宇文邕试图在新占领区采取守势，以逸待劳，让齐军的锐意消磨在坚城之下。齐军包围平阳，昼夜不停地攻打。城中情况危急，城堞皆尽，久不见外援，守城将士难免有些惊慌。梁士彦神态自若，激励将士说："死在今日，吾为尔先。"将士看主帅身先士卒，士气大振，都以一当百，奋勇杀敌，击退了一拨拨进攻。在战斗间隙，梁士彦动员军民乃至妇女抓紧修缮城墙。齐军改挖地道攻城，挖塌了一段城墙。齐军乘虚而入。在这紧急关头，高纬突然传令暂缓攻城。原来，高纬要和冯淑妃一起观看齐军攻破平阳城的胜利一幕。后方的冯淑妃在涂脂抹粉，赶到前线还需要相当一段时间。等她抵达，周军早已利用间隙把城墙缺口堵上了。

宇文邕那边马不停蹄就率军返回山西。十二月，宇文邕再一次出现在平阳城下。周军各路集结而来，大约八万人，近城扎营，东西绵延二十余里。大战临近，宇文邕命齐王宇文宪去查探齐军虚实。宇文宪转了一圈回来后，信心满满地报告宇文邕："请破之而后食。"宇文邕高兴地说："如汝言，吾无忧矣！"两人这么一表演，周军士气大振。宇文邕又乘马巡视各军。平时的积累在此时发挥了作用，宇文邕能够高声叫出各军主帅的姓名，加以慰勉。遇到熟悉的官兵，宇文邕也都打招呼。周军士气更加高昂。大决战开始，两军人数、装备、实力都不相上下，但周军士气高涨，齐军渐渐有所不支。高纬带着冯淑妃在后方高岗上观战。冯淑妃远远看到齐军有败退迹象，没心没肺地大喊："败啦，齐军败啦！"高纬带上冯淑妃慌忙向后撤去。齐军兵心大乱，连战皆溃。平阳一战，齐军阵亡上万人，余者仓皇撤走。齐军丢弃的军械甲仗，散落了数百里。周军打扫战利品，堆积得像小山一样。

高纬败逃晋阳,宇文邕乘胜向晋阳进军。高阿那肱率军一万镇守高壁,看到宇文邕率军杀到,望风而逃。介休守将韩建业率军投降。宇文邕迅速杀到晋阳城下。高纬想弃城投奔突厥,随从大臣和侍卫大多不愿意,四散而逃。高纬北逃不成,向东折向首都邺城。宇文邕成功攻破晋阳,尾随杀向邺城。

当时北齐还占有河北、山东,尚可一搏。大臣劝高纬重整军备,与宇文邕再战。将领请高纬检阅军队,还为他准备了讲稿,激励人心。一切准备就绪,高纬也走到了将士面前,突然忘记了讲稿,茫然站了一会儿,哈哈大笑起来。高纬这一笑,随从不知所措,接着也禁不住大笑起来。台下将士见此,纷纷说:"皇帝这副模样,我们还为他卖命干什么?"人心一下子就散了。高纬无计可施,只好使出了最后一招:禅位。他把皇位让给了八岁的皇太子高恒,自己做了太上皇。

北齐承光元年(577年)正月,宇文邕率军攻破邺城。太上皇高纬在城破的前一天带上小皇帝高恒和一百多名骑兵向东方逃去。周军攻入邺城,北齐王公以下官员都投降,无人为朝廷"捐躯"。高纬一行人逃到济州,觉得两个皇帝的目标太大了,便派人拿着皇帝玺绶到瀛州,又禅位给任城王高湝。不管高湝同意不同意,高纬再逃往青州。可是,宇文邕就是认准了高纬,派遣精兵强将追击到青州。高阿那肱看高家大势已去,在青州投降,高纬、高恒只带上十几个人仓皇南逃,想投奔陈朝,途中被周军俘获。二月,周军攻下信都,俘虏任城王高湝、广宁王高孝珩等北齐宗室。北齐王朝灭亡。随后,宇文邕又派军平定了北齐各地的反抗。北方在分裂了将近半个世纪之后,再次归于一统。

齐后主高纬被送到长安,先受封侯爵,几个月后被宇文邕扣上"谋反"大罪,株连家族。北齐高姓皇子皇孙全被处斩。高纬的宠妃冯淑妃沦落为奴,给人舂米。吞并北齐的第二年(578年),宇文邕计划征讨突厥,不想在出征前夕病逝,终年三十五岁。当时北周对南陈拥有绝对优势,统一势在必行。宇文邕为隋唐时期的大一统局面打下了基础。

五十 / 杨坚的意外之喜

宇文邕在世时，对儿子的要求非常严格，尤其是对继承人宇文赟，动不动就施用体罚，颇有恨铁不成钢的意思。周武帝严令太子东宫官属每月写一份详细报告，细细禀明太子的所作所为，还常常警告宇文赟："自古至今被废的太子数目不少，难道我别的儿子就不堪继任大统吗？"宇文赟始终战战兢兢，如履薄冰。他原本是好酒好色的年轻人，不得不压抑癖好，坚持每天和大臣一起五六点钟就伫立于殿门外等待上朝，即便严寒酷暑也不例外；待人接物不卑不亢，说话温文尔雅。周武帝对宇文赟的表现大致还是满意的。

实际上宇文赟是个杰出的演员。他和同时期南齐的萧昭业一样，平常因为有老爹的严格管教，言行不仅正常，还多有值得称赞的地方。一旦父亲去世，没有人再拘束他们，他们就会坐在皇位上将天下闹得天翻地覆。周武帝死时，宇文赟刚好二十岁。父亲的棺材还摆放于宫中，没有入殓，宇文赟就原形毕露。他不但丝毫没有悲伤之色，还抚摸着脚上的杖痕，恶狠狠地对着父亲的棺材大骂："死得太晚了！"宇文赟将父亲的嫔妃、宫女都叫到面前，排队阅视，将喜欢的都纳入后宫，毫不顾及人伦纲常。从此，宇文赟开始了淫荡荒唐的执政生涯，活生生葬送了父亲奠定的基业。宇文赟在宝座上肆虐了九个月后，觉得做皇帝太麻烦了，于是将帝位传给七岁的儿子宇文阐，还宠信郑译等人，通过他们遥控指挥朝政。宇文赟执政时期，北周的大权开始转移到权臣手中。

北周政权中有一名将领，叫作杨忠。杨忠出身北魏六镇汉人家庭，家境贫寒。六镇起义时，杨忠没有参加，而是拼命地往南方逃亡。跑到北魏南部边境的时候，他实在是无路可去了，不得已参军。尔朱荣发动河阴之变后，北魏宗室汝南王元悦、北海王元颢、临淮王元彧和部分刺史南逃投降了梁朝。杨忠也莫名其妙地被裹挟在这股南逃的潮流中，到了江南。不久，南梁扶持元颢返回中原争夺帝位，杨忠随军返回了中原。尔朱荣打败了这股北上的军队，杨忠也就做了俘虏。尔朱荣挑选俘虏中强壮的编入自己军队。杨忠就被挑中，被编入将军独孤信的军队。杨忠于是跟随独孤信转战南北。北魏分裂后，杨忠追随独孤信，跟着元脩西入关中，投入宇文泰的阵营。独孤信的军队被派往东南方收复荆州。独孤信以杨忠等人为前锋，一举收复了被东魏占领的荆州。不久东魏大军反攻，独孤信部一败涂地。杨忠跟着独孤信又一次逃亡江南，在南梁度过了三年游荡生活，直到西魏将他们赎回来。西魏对这批将领非但没有惩罚，反而加官晋爵，杨忠被宇文泰看中，直接调入帐下听用。

在宇文泰的直接指挥下，杨忠在对突厥、东魏和南梁的战争中屡建战功。宇文泰死后，杨忠又帮助宇文觉建立北周政权，因功受封为柱国、隋国公。杨忠历经了宇文泰、宇文觉、宇文毓、宇文邕四朝，在北周天和三年（568年）因病结束征战生活，回到京城长安后病逝。

杨忠的功勋、地位为儿子杨坚的崛起奠定了扎实的基础。杨坚体貌多奇，威武雄壮。一代枭雄宇文泰见了杨坚后，感叹说："此儿风骨，不似代间人。"宇文毓曾派善于相面的赵昭去观察杨坚，看看这个小子日后会不会成为奸雄。赵昭回来对宇文毓说："杨坚不过是做柱国的料。"柱国类似大将军。但是一转身，赵昭就悄悄对杨坚说："公当为天下君，必大诛杀而后定。"意思是说，杨坚以后会登基做皇帝，但要先经历一场残酷的杀戮。

杨坚十四岁因家庭背景进入政坛，少年即升迁为骠骑大将军，加开府。宇文毓即位后晋升杨坚为右小宫伯，晋封大兴郡公。宇文邕即位后任命不满二十岁的杨坚出任随州刺史实职。杨忠的好朋友、柱国大将军独孤信把女儿许配给杨坚。独孤家女儿就是后来有名的独孤皇后。两家联姻，独孤家族所代表的军队势力成为杨坚有力的靠山。

当时主政的宇文护看杨坚特别不顺眼，多次想加害他。大将军侯伏、侯寿等一再袒护杨坚。不久，杨忠死了，杨坚袭爵为隋国公。不满宇文护的宇文邕聘杨坚的长女为皇太子妃，给杨坚的地位上了一层保险。齐王宇文宪对周武帝宇文邕说："普六茹坚相貌非常，臣每见之，不觉自失。恐非人下，请早除之。"建议早日除去杨坚。宇文邕说："此止可为将耳。"内史王轨又对宇文邕说："皇太子非社稷主，普六茹坚貌有反相。"宇文邕不高兴地说："必天命有在，将若之何！"杨坚得知后，韬光养晦，装出一副平庸木讷的样子来。有的人还想借机打击杨坚。但杨氏家族、独孤家族的势力护卫着杨坚，加上杨家长女又是太子妃，所以这些暗箭终究没有对杨坚构成致命的威胁。

宇文赟即位后，杨坚的长女做了皇后。杨坚升任上柱国、大司马，参与朝廷大权。宇文赟昏庸荒淫、倒行逆施，很快在群臣中失去威信。一向有野心的杨坚开始结交大臣，准备取而代之。宇文赟对杨坚的行动有所察觉，只是既没有杨坚谋反野心的真凭实据，又碍于他是自己的岳父，更难下决心除掉杨坚了。杨坚为了避免皇帝的猜疑，不得不放弃朝廷权力，谋求到地方上任实职。杨坚私底下对好朋友、皇帝身边的红人、内史上大夫郑译说："久愿出藩，公所悉也。希望你能在宫中帮我多留意。"郑译回答："杨公的德望，天下谁人不知。大家都支持你，我怎么能不帮忙呢？" 580年，宇文赟决定出兵南伐，郑译便向皇帝请示元帅人选。宇文赟就问他的意见。郑译回答："若定江东，自非懿戚重臣无以镇抚。可令隋公（杨坚）行，且为寿阳总管以督军事。"宇文赟对郑译一向信任，而且觉得将杨坚放到外地去也是个不错的选择，就下诏任命杨坚为扬州总管。

杨坚还没有出征，宇文赟就病倒了，日益严重。宫廷之中开始酝酿宇文赟死后的权力分配。内史上大夫郑译、御正大夫刘昉这两个宇文赟的亲信暗中与杨坚关系密切，决定推举杨坚主持朝政。杨坚、郑译、刘昉三人在宫中一拍即合，伪造了一份宇文赟的遗诏，准备宣布由杨坚辅助新皇，主持朝政，任都督中外诸军事。

宇文赟弥留之际，召亲信刘昉和大夫颜之仪进入卧室，嘱咐后事。宇文赟基本丧失了语言能力，只是示意两人照顾好儿子宇文阐。刘昉见宇文阐还是个小孩子，承担不了一个乱世王朝的政治重任，于是就想引入皇后的父亲扬州总管杨坚辅政。刘昉和皇帝另一个亲信郑译一商量，两个人就去找杨坚了。杨坚一开始还不敢参与这场阴谋，刘昉就说："你想做，就赶紧和我们一起干。如果不做，我刘昉就自己干。"杨坚这才同意搏一把。

就在刘昉和郑译两人去找杨坚时，另一个大臣颜之仪也没闲着。颜之仪与宦官的关系比较好，他们打开宫门引入了大将军宇文仲，也想伪造诏书以宇文仲为辅政大臣。他们的动作比杨坚快，宇文仲都已经到达皇帝的宝座了，郑译得到消息，急中生智，带着开府杨惠及刘昉、皇甫绩、柳裘等大臣进入大殿，计划与宇文仲、颜之仪等人展开面对面的较量。色厉内荏的宇文仲和颜之仪等人见大臣都进来了，满脸惊愕，自乱了阵脚。他们不仅不敢展开针锋相对的斗争，还犹犹豫豫地想逃走。这时候杨坚出场了，轻易就将宇文仲、颜之仪等人抓了起来。

之后，杨坚等人的政变有条不紊地进行着。郑译等人以宇文赟遗诏的名义宣布：杨坚总管朝政，辅佐外孙——刚八岁的宇文阐。杨坚等人又利用假诏书夺取了京城部队的指挥权，稳定了政局。宇文赟时期，政令严苛、刑罚残酷，老百姓群心崩骇。杨坚刚辅政，就清理这些严刑峻法，抚慰百姓，以身作则，躬履节俭。

杨坚巩固辅政地位后，开始向有威胁的各位宇文王爷展开了攻势。当时刚去世的宇文赟的弟弟汉王宇文赞在朝廷中和杨坚的地位不相上下，同帐而坐。刘昉搜罗了许多美女献给宇文赞。宇文赞当时还不到二十岁，高兴地接受了美女，对刘昉也亲近起来。刘昉和宇文赞熟了后，就劝他："大王是先帝的亲弟，众望所归。如今孺子当国，怎么能够承担军国大事呢！先帝刚刚驾崩，人心尚未稳固。大王不如先退回宅第，等局势安定后再出来主政，还可能入宫做天子。这才是万全之计呀。"宇文赞实在是太年轻了，缺乏社会阅历和政治经验，竟然觉得刘昉说得非常有道理，从此深居简出，不参与争夺权力了。杨坚高兴地拜刘昉为下大将军、封黄国公，郑译为沛国公。

除去宇文赞，当时在地方掌握实权的近支王爷一共是五位，分别是赵王宇文招、陈王宇文纯、越王宇文盛、代王宇文达、滕王宇文逌。杨坚在政变时就害怕五位王爷联合起兵反对自己，所以封锁皇帝的死讯，利用假诏书将五王召回长安，剥夺了他们的实权和军队。五位王爷对杨坚都很不服气，无奈失去了实权，无法与杨坚抗衡，所以五个人便通过另一位王爷毕王、雍州牧宇文贤秘密联系外藩将领起兵。

相州总管尉迟迥是北周的重臣宿将，也对杨坚非常不满，率先起兵造反。一时间，河北、河南、山西一带骚动不宁，造反者很快近十万。宇文胄在荥州、石愻在建州、席毗在沛郡、席毗的弟弟席叉罗在兖州响应尉迟迥。杨坚果断地命令上柱国、郧国公韦孝宽率领大军讨伐，很快平定了这场骚乱。韦孝宽将尉迟迥的首级送到长安，还讨平了骚乱余党。尉迟迥作乱的时候，郧州总管司马消难割据本州响应，淮南的很多州县都参与了叛乱。杨坚平定尉迟迥后，命令襄州总管王谊讨伐司马消难。司马消难被打败，逃往南陈。荆郢一带的少数民族乘机作乱，杨坚又命令亳州总管贺若谊讨平这一带。事后查明，这场骚乱幕后有毕王宇文贤和赵王、陈王等五位王爷的影子。杨坚捉拿宇文贤处斩，但宽恕了赵王、陈王等五人的罪过，还下诏给予在长安的五位王爷剑履上殿、入朝不趋的待遇，安定人心。镇守四川地区的益州总管王谦也是个野心家。他看到幼主在位，杨坚辅政，就以清除权臣、匡复朝廷为借口，发动巴蜀的军队作乱。杨坚开始因为关东和荆州一带骚乱分了精力，没有马上讨伐四川。王谦的军队屯驻在剑阁，乘机攻陷了始州。如今杨坚可以集中兵力了，他命令行军元帅梁睿讨伐王谦，很快就在长安的宫殿里看到了王谦的首级。

　　杨坚的成功让长安的五位王爷坐卧不安。他们走了着险棋，在赵王府摆下鸿门宴邀请杨坚参加。五位王爷的面子杨坚还是要给的，杨坚去赵王府赴宴了。赵王在府里埋伏了甲士准备取杨坚的性命。甲士还没出动，杨坚的随从元胄就有所察觉，拉着杨坚找了个借口跑出来。赵王阴谋暴露，杨坚以谋反罪杀掉了主谋的赵王宇文招、越王宇文盛。

　　经过这次未遂的暗杀，杨坚抓紧篡位。大象二年（580年）九月，宇文阐下诏取消了左、右丞相的官制，任命杨坚为唯一的大丞相。十月，宇文阐又追封杨坚的曾祖父杨烈、祖父杨祯为隋国公，上谥号"献"；追封杨忠为上柱国、太师、大冢宰、都督冀定等十三州诸军事、雍州牧。杨坚随后诛杀陈王宇文纯、代王宇文达、滕王宇文逌。十二月，北周晋封杨坚为隋王，位在诸侯王之上。杨坚可以剑履上殿、入朝不趋、赞拜不名。朝廷备九锡之礼，赐予杨坚玺绂、远游冠、相国印、绿綟绶。北周以中原二十郡为隋国，隋国置丞相等上下官员。杨坚一再推让。于是，朝野掀起庞大的对杨坚的歌颂浪潮，恭请隋王接受恩赏。最后杨坚不得不接受王位，但他只要了十个郡作为封地。现在，所有人都知道杨坚即将登基称帝了。

　　北魏的汉化改革虽然促进了民族融合，但是在政治领域，鲜卑等少数民族掌握着实权。北魏、北齐和北周都是少数民族建立的王朝，上层贵族排斥汉人。杨家因为从军有功，反而被赐姓普六茹，杨坚之前一直就被称为普六茹坚。杨坚上台后恢复了自己的汉姓，大定元年（581年）二月又下令："以前赐姓，皆复其旧。"杨坚开始毫不手软地对付反叛旧臣和豪强大吏，清理少数民族贵族队伍。他罢黜了一些没有真才实学的人，即便有些人对杨家有功；提拔有真才实干的人管理政务。长期处于劣势的汉人真正大规模进入政坛。汉人自然支持杨坚的执政。同月，杨坚接受了九锡之礼。不几日，宇文阐下诏允许杨坚佩戴有十二旒的帝冕，建天子旌旗，出警入跸，乘金根车，驾六马，备五时副车，置旄头云罕。这一次杨坚在推让了三次后接受了。宇文阐又马上下诏，承认周德将尽，天命从宇文家转移到了杨家，自己要依汉魏故事，禅位给杨坚。杨坚依然是再三推让。

宇文阐先后派遣太傅、上柱国、大宗伯、大将军等高官贵族敦请杨坚接受帝位。朝廷百官也纷纷劝进，恭请杨坚顺应上天和百姓，登基称帝。杨坚这才点头同意受禅。

杨坚在人们的簇拥下，从相国府穿着平常衣服入宫。在临光殿，宇文阐恭敬地将皇位禅让给杨坚，杨坚更衣即皇帝位。同时，朝廷在长安南郊设祭坛，杨坚派遣太傅、上柱国、邓公窦炽柴燎告天。同日，杨坚上告太庙，大赦天下，改年号"大定"为"开皇"，变更北周官制，恢复汉魏时期的汉人旧官制。杨坚时年四十岁，因授爵隋王，依惯例将新王朝定名为"隋"。定都长安。

退位的宇文阐时年九岁。杨坚封宇文阐为介国公，食邑五千户，待之以隋朝宾客之礼。介国公的旌旗、车服、礼乐，按皇帝标准配给。宇文阐上书可以不称表，答表可以不称诏。北周的诸王也都降封为公爵。三个月后，介国公就死了。南陈事先派韦鼎、王瑳出使北周。两位使节抵达长安时，周、隋更迭。韦鼎和王瑳两个人都是死脑筋，觉得自己是出使北周，理当去见介国公。于是这两个人就去拜见宇文阐。宇文阐哪知道其中的奥妙，接见了南陈使团。杨坚震怒。没几天，宇文阐就死在家里了。宇文阐被追谥为静皇帝，葬在恭陵（巧合的是，杨坚是从宇文氏手中夺取的帝位，其子隋炀帝杨广却又是命丧宇文氏之手）。

五一 / 金陵王气黯然收

楊堅建立隋朝后，陈朝皇帝陈叔宝很想看看这个枭雄的长相。别人都说杨坚"貌异世人"，陈叔宝安排一个画家作为出使隋朝的副使去北方，把杨坚画下来。陈叔宝看到杨坚的画像后，竟然吓得面色苍白，喊道："我再也不想见到这个人了！"陈叔宝是一个在深宫中被纤纤玉手抚养大的文人皇帝。他隐约感觉到，自己遇到了一个克星。

如今，陈叔宝在文学领域的名气比在政治领域要大得多。他最著名的作品是词作《玉树后庭花》："丽宇芳林对高阁，新装艳质本倾城。映户凝娇乍不进，出帷含态笑相迎。妖姬脸似花含露，玉树流光照后庭。花开花落不长久，落红满地归寂中。"陈叔宝通常安排上千名宫女演唱那些靡靡之音。除了《玉树后庭花》，《临春乐》也是经常表演的曲目。

陈叔宝最宠爱的嫔妃，一个是张贵妃，一个是孔贵嫔。张贵妃名丽华，倾国倾城，国色天香，一头秀发拖到地面，光彩照人。张丽华很聪明，记忆力很好，能记住连陈叔宝都搞不清楚的大小政务。陈叔宝常常抱着张丽华坐在膝盖上一起批阅公文。孔贵嫔长得也很漂亮，陈叔宝夸奖她赛过西施和王昭君。孔贵嫔也很喜欢对政务指指点点。于是大臣就通过宦官，勾结张贵妃和孔贵嫔，卖官鬻爵，党同伐异。尚书顾总写得一首好诗，满纸浮靡之气。因为趣味相投，顾总成了陈叔宝宴会的常客。好事者争相抄传顾总那些满纸脂粉气的艳诗，作为混官场的敲门砖。大臣孔范虽然也写得一手瑰丽文章，但赶不上顾总的水平，只好另辟蹊径，和孔贵嫔结为兄妹，结果也成为陈叔宝的座上客。陈叔宝不喜欢批评，孔范就文过饰非，凭着拍马屁的本领后来居上，做了丞相。对于陈叔宝来说，作诗度曲才是正业，而管理国家只是副业，有心思就料理一下，没心思就撂到一边儿去。孔范曾对陈叔宝说："外间诸将，起自行伍，统统不过是一介匹夫，不能指望他们有什么深谋远虑。"陈叔宝深以为然，对带兵将帅很不重视。将领一有小过失，就被夺去兵权。陈朝边备越来越松弛。

名将萧摩诃是陈朝草创时期涌现出来的老将军，对陈叔宝有拥立大功。陈叔宝即位后，和萧摩诃结为亲家，娶萧家女儿为皇太子妃。萧摩诃丧偶，续娶了夫人任氏。任氏年少美丽，和张丽华结为姊妹，经常出入宫廷。在宫中，任氏羡慕宫中风流自在的生活，陈叔宝则被她的美色吸引，两人眉来眼去，勾搭成奸。自此，任氏自由出入宫廷，时常留宿过夜，和陈叔宝纵情享乐。任氏对萧摩诃解释说自己常常被张丽华挽留，夜宿宫中。萧摩诃直肠子，开始还信以为真，后来听到的风言风语越来越多，这才意识到自己戴了一顶硕大无比的绿帽子。他很生气，又无可奈何，叹道："我为国家出生入死，而皇上不顾纲常名分，奸污臣妻，教我有何颜面立于朝廷！"

隋朝建立后，南北方局势越来越紧张，不断有人提醒陈叔宝加强军备。陈叔宝自信地认为："王气在建康，他人又能怎么样？"孔范附和说："长江天险，限隔南北。北方的虏军，怎么能飞渡天堑呢？肯定是前线将领想冒领功劳，妄言事态紧急而已。"陈叔宝对长江天险更加有恃无恐，对日益增多的军事警报不放在心上。

杨坚从登基第一天开始，就准备伐陈。他向大臣高颎征求将帅人选，高颎推荐了贺若弼和韩擒虎。河南人韩擒虎，出身将门，当年四十三岁，在北周时历任都督、刺史等职，参加了消灭北齐的战争，也有过与陈朝作战的经验，屡挫陈师。洛阳人贺若弼，祖先是漠北部落首领，当时三十七岁。贺若弼文武双全，也参加过与陈朝的战争，攻占过陈朝数十座城池，还担任过隋陈边界的寿州、扬州等地的刺史。杨坚对两人都很满意，随即任命韩擒虎为庐州（治所在今安徽合肥）总管，贺若弼为吴州（治所在今江苏苏州）总管，把伐陈重任托付给了二人。

隋朝要吞并陈朝，困难还不小。北方强大的突厥骑兵一直盯着富裕的中原地区，时不时闯进长城抢掠一下。开皇元年（581年）九月，杨坚曾仓促发动过一次伐陈大战，由高颎节度诸军。虽然隋军攻占了湖北的长江以北地区，但没有能力突破长江防线南下。突厥人一看隋军主力南征去了，耀武扬威地杀进中原而来。刚好此时陈宣帝陈顼去世，陈叔宝继位，求和讨饶。高颎就以"礼不伐丧"为冠冕堂皇的理由奏请班师。开皇二年（582年）二月，杨坚命令高颎等人撤回，草草结束了伐陈战役。

经过这次失败，杨坚君臣意识到伐陈是一项巨大的系统工程。君臣一心，经过几年励精图治，隋朝的财政收入大为改善，军力显著增强。隋朝夹在突厥和陈朝之间，旁边还有吐谷浑等少数民族骚扰，需要有一个有利的伐陈环境。杨坚定下先南后北的策略，对少数民族采取抚慰策略。隋朝加强和吐谷浑的联系，不断派遣友好使团，把吐谷浑给稳住了。突厥铁骑比吐谷浑难对付多了。杨坚即位的第二年，突厥汗国大军就杀入长城。开皇三年（583年），突厥大军再次杀入长城以南劫掠。这一次，杨坚针锋相对地反击。在反击战中，河西戍卒史万岁，来到辕门前毛遂自荐。刚好突厥人派来一名勇士叫阵，隋军将领就叫史万岁去会会突厥勇士。结果，史万岁上前，三两下就把突厥勇士的脑袋砍了下来。突厥军队大惊失色，再也不敢猖獗地叫阵单挑了。史万岁是京兆杜陵人，父亲史静是北周的大将。史万岁从小就学习骑射，好读兵书，少年时代跟随父亲参加了北周伐齐战争，后来又参与平定尉迟迥的反叛。遗憾的是，开皇初年，史万岁被牵连进一桩谋反案，被发配到敦煌当戍卒。杀突厥勇士时，史万岁已经三十四岁了。杨坚越级提拔他为车骑将军。这一次行动成为突厥铁骑最后的辉煌。撤军后，突厥陷入了大分裂状况，各部首领争权夺利，内讧得不亦乐乎。杨坚紧紧把握住机会，抓紧加强北边防御工事，巩固边防。从开皇元年（581年）到开皇七年（587年），七年之间，隋朝五次修筑长城，一次在沿边险要筑城，而且越临近伐陈，筑城的时间相隔越近。最频繁的时候，隋朝两年之中四度筑城。突厥不再成为隋朝伐陈的障碍了。

　　解决了北方问题后，杨坚把目光折向了南方。当时在湖北地区有依附隋朝的傀儡政权：西梁。开皇七年（587年），杨坚征召西梁皇帝萧琮入朝。萧琮不敢违抗，于是率领群臣两百余人从江陵赶到长安朝见。萧琮前脚刚走，隋军后脚就进驻了江陵城，宣布废掉西梁政权。萧琮一到长安，就被封为莒国公。西梁就此灭亡，存国三十三年。

　　吞并西梁后，杨坚任命三子秦王杨俊为山南道行军元帅，率领水陆大军十余万进屯汉口，负责长江中游地区的军事行动。同时，提拔杨素为信州总管，驻守在永安郡（治所在今湖北新州）。杨素的主要任务是造船。他制造了每舰能容战士八百人的"五牙"、每舰能容百人的"黄龙"以及规模稍小的"平乘""舴艋"等船舰，准备在上游顺江而下，扫平江南。之前西晋灭东吴，就是船队出三峡，顺江而下取得成功的。当然了，在庐州的韩擒虎和驻军吴州的贺若弼两支军队才是隋军的主力。他们布置在长江下游，直接威胁陈叔宝小朝廷的心脏地区。韩擒虎、贺若弼面对的是萧摩诃和任忠的部队，是陈朝的主力部队。

部署完毕，隋朝紧锣密鼓地展开了战前准备。贺若弼向杨坚献上了"取陈十策"。杨坚颇为赞赏，赐宝刀一口，让贺若弼放手去干。贺若弼的策略是：欺骗。他先在广陵驻扎隋军一万人，过一两个月换防。万人军队反复调动，闹得动静很大。一开始的时候，南岸的陈朝军队很紧张，做好战备。后来看到隋朝每隔一段时间就换防，是例行的军队调动，也就不去管它了。接着，贺若弼经常率大队人马在江边打猎，旗帜招摇，人马喧噪。对岸的陈朝军队见贺若弼等人打猎打得很带劲，也没有多想，任由贺若弼往来江岸各地，不放在心上。贺若弼不仅打猎，还要和陈朝人做生意。南方缺马，贺若弼就用老马和陈朝交换船只。陈朝人不是笨蛋，就把最旧最破的船只换给贺若弼。贺若弼换了五六十艘破船，停在江北的军营里。陈朝人自以为捡了大便宜，嘲笑北边缺船。暗地里，贺若弼在扬子津集结了大量的战船，在渡口堆积了大量的芦苇、枯荻，堆得像山一样高，把战舰遮蔽得好好的。为了更保险，隋军的所有战船都被涂成和枯荻一样的黄色。即使是陈朝的间谍细作，也没有发觉贺若弼的战备情况。同时，贺若弼派遣都督来护儿渡江侦察。来护儿是南方人，在长江两岸驾轻就熟，把敌人的底细摸得一清二楚。

大臣高颎向杨坚建议，在经济上打击陈朝，来个釜底抽薪。江北地寒，作物成熟比南方要晚；江南土热，水田早熟。江南田地成熟，就要进入农忙收割季节的时候，隋朝突然扬言要进攻江南。陈朝赶紧调集军队防守，把农田暂时放在一边。等陈朝大军云集，隋朝又偃旗息鼓，没有动静了。陈朝人刚要料理农田，隋朝大军又鼓声大作，陈军只好再次战备。这样一而再再而三，农时荒废了，江南一季的收成就错过了。同时，陈朝对隋朝的进军信息也不相信了。南方储存物资是放在竹片和茅草建造的房子里，高颎派出大量间谍纵火，烧毁陈朝官府的储备和军事物资。如此反复几年骚扰，搞得陈朝不堪其扰，心力财力俱疲。

万事俱备了！开皇八年（588年）三月，杨坚高调宣布讨伐陈朝，誓言统一天下。杨坚君臣给陈叔宝罗列了二十条大罪，抄写三十万份传单散发江南。陈叔宝君臣看到传单，以为又是隋朝的忽悠，陈朝上下一点儿都没上心。十月，杨坚任命次子晋王杨广总管灭陈事宜，伐陈的具体事务由左仆射高颎负责，"三军咨禀,皆取断于颎"。杨坚给前线调集了五十一万八千大军,制订了分进合击、直指陈朝都城建康的军事计划:晋王杨广由六合出发,秦王杨俊由襄阳顺流而下,杨素的水军从永安东进,韩擒虎由庐江急进,贺若弼从吴州渡江,此外还有荆州刺史刘思仁、蕲州刺史王世绩、青州总管燕荣等人从海陆各地出兵。各军都以灭陈朝为目标。

尽管在政治上很高调,隋朝的伐陈战役在军事上却很低调,是典型的突袭战。除夕夜,吴州方向的贺若弼趁大雾率军秘密渡过长江。陈军竟然没有发觉。等隋军安然渡过长江,杀向陈军各据点后,陈军才仓皇组织抵抗。开皇九年(599年)正月初六,贺若弼成功占领京口,俘虏陈朝的南徐州刺史黄恪和五千陈军。京口是陈军的仓储重地,贺若弼是轻装渡江袭击,没有带多少辎重,占领京口后利用陈军的储备解决了自身的供应问题。贺若弼下令发给陈军俘虏口粮和遣散费,让他们每个人带上伐陈的传单,各回乡里宣传。陈朝官兵捡了条命,都说隋军的好,高高兴兴地拿着传单散往各地。因为有俘虏的宣传效应,再加上贺若弼所部军令严肃,全军与百姓秋毫无犯,进展顺利。庐江方面,韩擒虎嫌大军进攻速度太慢,率领五百精骑撇下主力,单刀直入,杀向江南而去。韩擒虎这一支奇兵趁着夜色渡过长江,袭击了江南岸的重要渡口采石。当时陈军守卫都喝醉了。韩擒虎轻易就占领了重镇,继续飞速向建康穿插前进。隋军煞费苦心对陈朝的欺骗战略取得了圆满成功。陈叔宝君臣迷信的长江天堑就这样被轻易"飞渡"了。

各地的军情急报像暴风雪一样涌入陈朝宫廷,形势异常危急。陈叔宝和他的那群文人亲信不以为意。仆射袁宪特别着急,奏请陈叔宝发兵抵御,起码也要在首都附近组织抵抗。陈叔宝根本听不进去袁宪的话,对隋军深入州郡告急的现实熟视无睹,每天依旧奏乐侑酒。他还笑着问左右近臣说:"南北分治以来,北齐曾经三次进攻南朝,北周也出兵了两次,都惨败而去,这是为什么?"孔范说:"长江天堑,自古隔断南北。隋军怎能飞渡成功呢?这肯定是前线将领想立功想疯了,妄言事急,给自己捞好处。我还觉得自己功劳小、官职低微呢,如果北虏真敢渡江,我就能杀敌做太尉。"当时,有拍马屁的人谣传隋军的战马不习惯江南的水土,一到南岸后就成批死去。孔范摇头晃脑,叹息道:"可惜了,那些将来都是我们的马,为什么死了呀?"陈叔宝哈哈大笑。建康城君臣上下召歌伎纵酒,前线的告急文书拆都不拆,被他们丢在床底下。

却说贺若弼、韩擒虎两军从东西两个方向快速推进,陈军各部望风而散,隋兵如入无人之境。贺若弼分兵堵住曲阿（今江苏丹阳），防止现在长江三角洲及以南地区的陈军增援建康，自己率主力进攻建康；韩擒虎在占领姑孰后，沿着长江逼近建康。不久，建康周边就出现了隋军的前锋部队。

陈叔宝这才害怕起来。他对军事一窍不通，慌忙召萧摩诃、任忠等人来商议军事。萧摩诃因为陈叔宝和妻子通奸，根本就没有战斗的意志，一言不发。当时贺若弼的部队已经占领了钟山（今南京紫金山），被陈朝视作心腹大患。陈朝决定调集诸军在白土冈（今南京东）一带布阵决战。正月二十日，陈叔宝命令陈军出战，鲁广达、孔范、萧摩诃、任忠、田瑞、樊毅等部先后逼近白土冈，南北绵延二十里。贺若弼所部大约有八千甲士。陈叔宝在建康有十万大军。陈军在数量上占据绝对优势，但是陈叔宝仓促命令各部进击，事先没有完整的进攻计划。陈军各部之间缺乏协调，田瑞首先率部进攻，被贺若弼军击退。鲁广达等部赶到后，也投入了战斗。贺若弼抵挡不住，不得不暂时后退。在紧张的战斗间隙，贺若弼保持了冷静的思考。他观察到陈军各部得胜后出现了骄惰情绪，同时孔范率领的军队阵列和士气最差。于是，贺若弼督厉将士以必死的决心向孔范所部发起冲锋。孔范在贺若弼的反攻面前一败涂地，仓皇逃窜。孔范部的战败导致了陈军全线溃退，各部争相逃命，场面失控，有五千多人因为互相挤踏而死。陈朝军队的主力就这样溃散了。萧摩诃在乱军中被俘。贺若弼命令刀斧手将他推出斩首。萧摩诃毕竟是一代名将，临刑前神色自若。贺若弼很敬佩，下令免罪松绑，以礼相待。萧摩诃投降了隋军。贺若弼乘胜追击，推进到乐游苑（今南京玄武湖南侧）。

西边的韩擒虎正在进攻姑苏（今江苏苏州），半天就占领了这座名城，第二天占领新林（今南京市西南）。韩擒虎在江南百姓中的威信很高，许多人昼夜不绝前来韩擒虎军中投降。被贺若弼打败的东边的许多陈军部队也向韩擒虎投降了，其中包括任忠、田瑞等人。陈叔宝紧急派遣将军蔡征守住朱雀航（在今南京秦淮河上）。结果派出去的陈军听说对手是韩擒虎，竟然一哄而散。任忠引导着韩擒虎的五百精骑从朱雀门进入了建康城。当时，城内还有部分陈军要负隅顽抗。任忠现身说法，劝降说："老夫都投降了隋朝，你们还怕什么？"任忠在陈军中威望很高，他的喊话瓦解了陈军的斗志。残存的陈军纷纷缴械投降。韩擒虎竟然以区区五百人长驱直入，一举占领了建康城。

贺若弼没能第一个进入建康城，因为他在玄武门南遭到了顽强的抵抗。陈将鲁广达率领残部苦战不降，杀死了数百隋军。一直打到日薄西山，陈军越来越少，隋军越来越多。鲁广达对着陈叔宝的宫阙方向跪地叩首，悲伤恸哭，最后缴械，束手就擒。贺若弼在当天傍晚从北掖门进入建康城。

隋朝大军进入建康城的时候，陈朝的宫廷中依然鼓乐声声，陈叔宝还在那喝酒吟诗。隋军杀入朱雀门，陈朝大臣就逃得无影无踪了。身边的人都逃跑了，陈叔宝这才意识到问题的严重。仆射袁宪在最后时刻不离不弃，空荡荡的朝廷中，只剩下陈叔宝和袁宪两个人了。陈叔宝伤感地说："朕从来待众臣不薄，今天众人皆弃我而去，只有你留了下来。不遇岁寒，焉知松柏？我朝就要灭亡了，并不是朕无德，而是江东衣冠道尽哪。"陈叔宝说完，也要找个地方躲藏起来。袁宪劝说道："皇上是九五之尊，北兵来了，想必也不敢对陛下怎么样。事已至此，陛下还能到什么地方去呢？不如整理衣冠，端坐在正殿之上，像当年梁武帝见侯景的样子，去见隋军。"陈叔宝哪有萧衍那样的气魄。他又一次拒绝了袁宪的劝谏，像无头苍蝇一样，在宫廷中找藏身的地方。袁宪还想劝，陈叔宝说："锋刃之下，哪有儿戏，朕自有办法。"陈叔宝跑到后堂景阳殿，发现了一口深井，突然计上心头。他赶紧去拉来张贵妃、孔贵嫔，三人抱在一起，拉住一根绳子，跳入井中躲藏起来。袁宪一直跟在陈叔宝身边，见皇帝找到了这么一个藏身之处，悲伤欲绝，跪地痛哭，最后朝着深井叩首后，逃命去了。

韩擒虎的军队冲入皇宫后，到处搜索不到陈叔宝。隋兵抓了几个内侍，逼问陈叔宝藏在什么地方。一个内侍最后指指井口。隋朝士兵看井里漆黑一团，叫几声没人应答，不相信一个皇帝会藏在里面。有个隋兵往下扔了块石头，才听到下面传来求饶的声音。众军扔下绳子去，喝令陈叔宝拽住绳子上来。大家拉绳子的时候，觉得绳子特别重，有人就打趣说："别人都说南方人瘦，怎么陈叔宝这么胖啊！"拉上来一看：原来是陈叔宝和张贵妃、孔贵嫔三个人。看着陈叔宝狼狈的样子，众人笑得前仰后合。

贺若弼的军队随后进入皇宫。贺若弼听说韩擒虎捉住了陈叔宝，传令将陈叔宝带来看看。陈叔宝来了后，诚惶诚恐，汗流浃背，双腿战栗，向贺若弼求饶不止。贺若弼很实在，安慰说："你是小国之君，进入我大隋后，还能做个归命侯，不需要恐惧！"陈叔宝再三拜谢，心宽了好多，可还是诚惶诚恐，声音发抖。

除了江东战场，隋军在其他各条战线也都进展顺利。杨素率领舰队出三峡，原本计划进攻两湖地区。陈军在三峡横缆了大铁索，阻碍了杨素战舰的东下。后来，杨素发动夜袭，一举打败陈军守卫部队，然后率水军东下，一路上舰船遍布江面，旌甲曜日。隋军以破竹之势先后打败各处陈军。一路上，杨素端坐船上，容貌雄伟，两岸的陈国百姓看到他，仿佛看到了江神，心生畏惧。杨素打到巴陵（今湖南岳阳）的时候，陈朝的地方政权已经土崩瓦解了。最后，杨素与秦王杨俊胜利会师。

陈朝南部广袤的岭南地区，处于半自治的状态。隋灭陈的时候，岭南各地奉高凉（今广东阳江西）的冼夫人为主，保境拒守。这位冼夫人是原来高凉太守冯宝的夫人，已经六十多岁了，经过了历次的政治风云，威望很高，被岭南人视为"圣母"。陈叔宝被俘后，按照隋朝的意思给冼夫人写了一封信，告诉冼夫人陈朝已经灭亡了，要求冼夫人带着岭南各州县投降隋朝。杨坚派遣韦洸携带着陈叔宝的亲笔信和冼夫人先前进献给陈朝的"扶南犀杖"招降冼夫人。冼夫人知道消息后，召集各部落首领数千人集体痛哭了一整天，然后派孙子前去迎接韦洸进入岭南。岭南各地也并入了隋朝的版图，冼夫人因功被封为"宋康郡夫人"。

各地初定，高颎作为"接收大员"，先行进入建康，接收陈朝图籍资料，封锁府库。主帅杨广早早听说了张丽华的美貌，在高颎出发前私下拜托说："您进入建康，一定要找到张丽华，不要伤害她呀。"谁想，高颎一点儿面子都不给，把张丽华叫来后，说："此等妖妃，岂可留得？昔日姜太公灭纣，蒙面斩妲己，我也要学他。"说完，高颎就把张丽华的脑袋砍了下来。除了求色不成，杨广的其他作为还是可圈可点的。杨广"封存府库，金银资材一无所取"，严令军队"秋毫无所犯，称为清白"，因此天下都称赞他的贤德。杨坚对二儿子也很满意，任命杨广为江南总管，留在南方镇抚各地。

四百年的分裂局面就此结束，中国开始迈向大一统的盛世。天下大势，分久必合，合久必分。北方王朝统一天下的必然性在于北方一直是中国的政治、军事中心，实力强于南方。杨坚即位后，隋朝国势蒸蒸日上，而当时陈朝门阀制度把持政治，土地兼并严重，正处于衰弱时期。北方出了一个隋文帝，南方却是陈后主当政，仅凭两人的表现，也能知道应该是谁消灭谁。

南北统一后，陈叔宝受到了杨坚的礼遇，生活得相当不错。隋朝每次举办宴会的时候，杨坚怕陈叔宝伤心，规定不能奏吴音。陈叔宝经常参加隋朝达官显贵的聚会，时间久了，奏请杨坚说："我没有官爵职位，每次参加朝集，都感到尴尬，希望能获得一个官号。"杨坚听说陈叔宝主动要求当隋朝的官，感叹说："陈叔宝这个人没心没肺。"陈叔宝依然每天醉酒吟诗,很少有清醒的时候。杨坚就向监护陈叔宝的人问他每次饮酒多少。官员回答说:"陈叔宝与其子弟每日饮酒一石。"杨坚大吃一惊,继而感叹:"随他去吧,否则叫他如何过日?"杨坚评价陈叔宝:"如果陈叔宝能把作诗和喝酒的心思用来治国,又怎会有今天呢?"

大事年表

220年（魏黄初元年）

正月，曹操死，曹丕袭爵，嗣为丞相。

十月，曹丕称帝，是为魏文帝。废汉献帝为山阳公，汉亡。国号魏，都洛阳。

魏吏部尚书陈群制定九品中正制。

221年（蜀章武元年）

刘备称帝，是为汉昭烈帝。国号汉，都成都。

刘备率兵东进，攻孙权。夷陵之战爆发。

223年（蜀章武三年）

刘备死，太子刘禅继位，是为蜀后主。

226年（魏黄初七年）

魏文帝曹丕死，太子曹叡继位，是为魏明帝。

229年（吴黄龙元年）

吴王孙权称帝，是为吴大帝。国号吴，都建业。

234年（蜀建兴十二年）

诸葛亮卒于五丈原，司马懿取得对蜀战争的巨大胜利。

239年（魏景初三年）

魏明帝曹叡死，齐王曹芳即帝位，太尉司马懿、宗室曹爽辅政。

249年（魏嘉平元年）

司马懿发动高平陵政变，杀曹爽集团，遂专魏政。

252年（吴神凤元年）

孙权死，太子孙亮即位。

254年（魏嘉平六年）

司马师废曹芳，立高贵乡公曹髦。

258 年（吴太平三年）

吴丞相孙綝废孙亮为会稽王，立孙休，是为吴景帝。孙休杀孙綝。

260 年（魏甘露五年）

曹髦率军讨司马昭失败被杀，司马昭立曹奂为帝，是为魏元帝。

263 年（魏景元四年）

司马昭命邓艾、钟会攻蜀，后主刘禅降，蜀亡。

264 年（吴永安七年）

吴景帝孙休死，孙皓立。

265 年（晋泰始元年）

八月，司马昭死，子司马炎继相国、晋王位。

十二月，司马炎废魏主称帝，是为晋武帝。国号晋，都洛阳，史称西晋。

280 年（晋太康元年）

晋灭吴，统一全国。从太康元年到太康十年的十年被艳称为"太康繁荣"。

290 年（永熙元年）

晋武帝司马炎死，晋惠帝司马衷立。晋武帝杨皇后父杨骏辅政。

291 年（元康元年）

皇后贾南风杀杨骏，又杀汝南王司马亮及楚王司马玮；八王之乱开始。

300 年（永康元年）

赵王司马伦杀贾南风。

301 年（永康二年）

赵王伦废惠帝自立，齐王司马冏等起兵杀伦，惠帝复位。司马冏专政。

304 年（永安元年）

匈奴刘渊在左国城即汉王位，建国号曰汉。十六国开始。

河间王司马颙逼晋惠帝西迁长安。

306 年（永兴三年）

东海王司马越部队挟晋惠帝还洛阳。

晋惠帝中毒而死，弟司马炽继位，是为晋怀帝。八王之乱结束。

307 年（永嘉元年）

琅邪王司马睿出任安东将军、都督扬州诸军事，和王导等人迁徙建邺。此后大批中原官民迁徙南方，史称"永嘉南渡"。

310年（永嘉四年）

刘渊死，太子刘和继位。刘聪杀刘和自立。

311年（永嘉五年）

刘曜攻下洛阳，杀吏民三万余人，挟晋怀帝至平阳。史称"永嘉之祸"。

313年（永嘉七年）

刘聪杀怀帝，秦王司马邺在长安即位，是为晋愍帝。

316年（建兴四年）

刘曜进兵关中，愍帝降，被送至平阳，西晋亡。

317年（建武元年）

琅邪王司马睿即晋王位，史称东晋。

祖逖北伐，陆续恢复河南地区。

318年（大兴元年）

晋王司马睿称帝，是为晋元帝。建都建康。

刘聪病死，太子刘粲继位，旋为靳准所杀，汉亡。刘曜发兵攻靳准，自立为皇帝。

319年（大兴二年）

刘曜徙都长安，改国号赵，史称前赵。

石勒自称赵王，定都襄国，史称后赵。

322年（永昌元年）

王敦起兵武昌，攻入建康，还屯武昌，遥制朝政。

晋元帝司马睿忧愤而死，晋明帝司马绍继位。

324年（太宁二年）

晋明帝司马绍下令讨伐王敦，王敦攻建康，旋病亡，兵众溃散。

325年（太宁三年）

晋明帝司马绍病死，太子司马衍继位，是为晋成帝。外戚庾亮掌权。

329年（咸和四年）

后赵出兵攻占上邽，杀太子刘熙，前赵亡。

330年（咸和五年）

后赵石勒称帝。

333 年（咸和八年）

夏，石勒病死，太子石弘继位。石虎掌握后赵实权，第二年废石弘，自称天王。

337 年（咸康三年）

鲜卑慕容皝称燕王，建燕国，史称前燕。

338 年（咸康四年）

鲜卑拓跋什翼犍继代王位，建代，定法律。

342 年（咸康八年）

晋成帝司马衍病死，同母弟司马岳继位，是为晋康帝。

344 年（建元二年）

晋康帝司马岳死，其子司马聃继位，是为晋穆帝。

349 年（永和五年）

后赵石虎死。北方大乱。

350 年（永和六年）

冉闵灭后赵，自立为帝，国号大魏，史称冉魏。华北民族大仇杀。

351 年（永和七年）

苻健在长安称天王、大单于，国号大秦，史称前秦。

352 年（永和八年）

前燕慕容俊灭冉魏，遂在蓟称帝。

354 年（永和十年）

桓温北伐前秦，军至灞上，逼近长安，后主动退兵。

356 年（永和十二年）

桓温第二次北伐，入洛阳，留兵戍守而还。

357 年（升平元年）

前秦苻坚通过政变上台，称大秦天王，汉人王猛辅政。

360 年（升平四年）

前燕慕容俊病死，太子慕容暐继位。

361 年（升平五年）

晋穆帝司马聃病逝，堂兄司马丕继位，是为晋哀帝。

365年（兴宁三年）

晋哀帝司马丕中毒而死，其弟司马奕继位，是为晋废帝。

369年（太和四年）

桓温率军五万北伐前燕，至枋头粮尽，撤退，大败。

370年（太和五年）

前秦灭前燕。

371年（咸安元年）

桓温废黜司马奕为海西公，改立司马昱为帝，是为简文帝。

373年（宁康元年）

简文帝死，谢安等人拥戴司马曜即位，是为孝武帝。

桓温引兵入朝，在新亭为谢安阻止，夏天病死。

383年（太元八年）

晋秦淝水之战，前秦大败，内部分崩离析。

384年（太元九年）

鲜卑慕容垂称燕王，后燕开始。

慕容泓称济北王，建立西燕。

羌族姚苌在渭北起兵，称万年秦王，史称后秦。

385年（太元十年）

西燕慕容冲称帝，入长安。

前秦苻坚被后秦姚苌缢死在新平佛寺。

386年（太元十一年）

鲜卑拓跋珪称代王，都盛乐，改称魏，北魏开始。

后秦姚苌入长安，称帝。

394年（太元十九年）

后燕慕容垂攻破长子，杀慕容永，西燕亡。

前秦苻登为后秦姚兴所杀，前秦亡。

395年（太元二十年）

北魏在参合陂大败后燕。

396年（太元二十一年）

孝武帝司马曜遇害，司马道子扶持司马德宗为帝，是为晋安帝。

398 年（隆安二年）

南方桓玄、殷仲堪、杨佺期三人结盟对抗朝廷，桓玄被推为盟主。

慕容德自立为燕王，史称南燕。

398 年（北魏天兴元年）

鲜卑族拓跋珪迁都平城，称帝，是为魏道武帝。

399 年（隆安三年）

东晋征发浙东诸郡免奴为客者为兵，引起反对，孙恩起义爆发。

名僧法显从长安出发，西行往天竺求经。

401 年（隆安五年）

后秦姚兴迎名僧鸠摩罗什至长安。

孙恩起义军逼近东晋首都建康，为刘裕等人所败。

402 年（元兴元年）

正月，司马元显讨伐桓玄。桓玄攻破建康，司马道子、司马元显父子势力被铲除。

孙恩攻临海，败死。妹夫卢循继统其众。

403 年（元兴二年）

桓玄废晋安帝，自称帝，国号楚。

404 年（元兴三年）

刘裕自京口起兵讨桓玄，桓玄挟安帝还江陵，后败死。

卢循攻陷番禺，第二年接受东晋的任命，出任广州刺史。

407 年（义熙三年）

赫连勃勃称大夏天王，夏政权开始。

后燕将领冯跋杀君主慕容熙，后燕亡，北燕建立。

410 年（义熙六年）

刘裕北伐，南燕亡。

411 年（义熙七年）

卢循进逼建康，为刘裕所败。卢循败死。至此，孙恩—卢循起义结束。

416 年（义熙十二年）

二月，后秦姚兴去世，姚泓继位。

417年（义熙十三年）

刘裕北伐入长安，姚泓投降，后秦亡。

418年（义熙十四年）

赫连勃勃攻陷长安，称帝。国号夏。

420年（宋永初元年）

刘裕废晋恭帝自立，国号宋，史称刘宋，刘裕就是宋武帝。南朝开始。

422年（宋永初三年，北魏泰常七年）

宋武帝刘裕病逝，太子刘义符继位，是为宋少帝。

423年（北魏泰常八年）

北魏拓跋焘登基，史称太武帝。

太武帝信用道士寇谦之，于平城起天师道场，道教大盛。

424年（宋景平二年）

宋少帝遭废杀，刘义隆继位，是为宋文帝。

426年（宋元嘉三年）

宋文帝诛杀权臣徐羡之、傅亮。谢晦据荆州造反，兵败而死。

431年（北魏神䴥四年）

大夏灭西秦，北魏攻夏，夏主赫连定西迁，为吐谷浑所俘送魏，夏亡。

439年（北魏太延五年）

太武帝拓跋焘灭北凉，基本统一北方，十六国结束。北朝开始。南北朝对峙局面形成。

446年（北魏太平真君七年）

太武帝禁佛教，毁经像、塔寺，坑杀僧人。

449年（北魏太平真君十年）

太武帝大破柔然，收人户畜产百余万。柔然从此衰落。

450年（宋元嘉二十七年，北魏太平真君十一年）

刘宋王朝几乎倾尽全国之力发动元嘉北伐，战败。

453年（宋元嘉三十年）

太子刘劭杀宋文帝自立。刘骏起兵攻杀刘劭，被拥戴为孝武帝。

464年（宋大明八年）

宋孝武帝死。太子刘子业即位，是为前废帝。

465 年（北魏和平六年，宋泰始元年）

魏献文帝拓跋弘即位，年仅十二岁，丞相乙浑专权。

南宋湘东王刘彧等杀废帝。刘彧即位，是为明帝。

466 年（北魏天安元年）

冯太后临朝称制，立郡学，置博士、助教、生员。

471 年（北魏皇兴五年，宋泰始七年）

北魏献文帝喜佛道，传位于太子拓跋宏。拓跋宏即位，是为孝文帝。

472 年（宋泰豫元年）

宋明帝死。太子刘昱即位，是为后废帝。

477 年（宋元徽五年）

后废帝刘昱被杀，刘準继位，是为宋顺帝。

479 年（齐建元元年）

萧道成迫宋顺帝禅位，宋亡。萧道成称帝，国号齐，是为齐高帝。

482 年（齐建元四年）

齐高帝死，太子萧赜即位，是为齐武帝。

485 年（北魏太和九年）

北魏颁行均田制。

486 年（北魏太和十年）

北魏改宗主督护为三长制。

493 年（北魏太和十七年）

孝文帝借口南征，率军迁往洛阳。

494 年（北魏太和十八年）

北魏朝廷正式从平城迁都洛阳。孝文帝诏禁士民胡服，开始大规模汉化。

501 年（齐永元三年）

齐南康王萧宝融在江陵即位，是为齐和帝。

萧衍攻入建康，东昏侯萧宝卷被杀。

502 年（梁天监元年）

萧衍为梁公、梁王，杀齐明帝诸子。萧衍推翻齐朝称帝，国号梁，是为梁武帝。

505年（梁天监四年）

十月，梁武帝任命临川王萧宏统领大军北伐。第二年大败而返。

515年（北魏延昌四年）

北魏孝明帝元诩立，胡太后临朝称制。

516年（梁天监十五年）

梁筑浮山堰城，引淮水灌寿阳。秋，堰坏，沿淮城戍村落十余万口漂流入海。

520年（北魏神龟三年）

元叉、刘腾发动政变，杀死清河王元怿，幽禁胡太后。

523年（北魏正光四年）

北魏怀荒镇民起义。破六韩拔陵率沃野镇兵民起义，杀镇将。六镇起义开始。

525年（北魏正光六年，南梁普通六年）

胡太后发动政变，诛杀元叉，重新掌权。

528年（北魏武泰元年）

胡太后毒杀元诩，并扶持小皇帝元钊。

尔朱荣起兵，杀胡太后及元钊，并在河阴屠戮文武百官，史称"河阴之变"。

尔朱荣在邺城大败葛荣，降服百万起义军。葛荣遇害。

529年（梁中大通元年）

北魏北海王元颢在梁军扶持下称帝。梁军一度攻克洛阳，旋即被尔朱荣大败。元颢被杀。

530年（北魏永安三年）

元子攸杀尔朱荣，尔朱荣余党攻陷洛阳，杀元子攸。

尔朱家族先拥立元晔为帝，后又逼元晔禅位给元恭。

531年（北魏普泰元年）

大将高欢起兵讨尔朱氏，立元朗为帝。

532年（北魏普泰二年）

高欢废元恭及元朗，立元脩为帝，自为大丞相。元脩就是孝武帝。

534年（北魏永熙三年）

高欢举兵向洛阳，孝武帝奔关中，依附大将宇文泰。

高欢立元善见为帝,是为孝静帝,迁都于邺。北魏分裂为东、西两魏。

闰十二月,宇文泰毒杀孝武帝,立元宝炬为帝,是为西魏文帝,都长安。

537年(西魏大统三年)

宇文泰在沙苑大败高欢,史称"沙苑之战"。

538年(西魏大统四年)

东魏与西魏在洛阳周边大战,史称"河桥—邙山之战"或"河阴之战"。

541年(西魏大统七年)

西魏宇文泰在苏绰、卢辩等人相助下开始改革。

543年(西魏大统九年,东魏武定元年)

西魏与东魏在河桥、邙山地区再次大战,史称"邙山之战"。

547年(东魏武定五年)

东魏高欢死,子高澄嗣位。孝静帝被高澄幽禁。

侯景叛乱,割据河南,同时"归降"西魏和南梁。南梁出兵支援侯景,西魏出兵蚕食河南州县。

548年(梁太清二年)

南方爆发侯景之乱。侯景于寿阳起兵反梁,渡江直入建康,围台城。

549年(梁太清三年)

侯景陷台城,梁武帝萧衍死,侯景立萧纲为帝,是为简文帝。

550年(北齐天保元年,西魏大统十六年,南梁大宝元年)

高洋废东魏孝静帝,自立为帝,国号齐,都邺,史称北齐。高洋就是齐文宣帝。

西魏宇文泰创立府兵制。

551年(梁大宝二年)

侯景废简文帝,立萧栋,很快又废萧栋自立,国号汉。

552年(梁承圣元年)

王僧辩、陈霸先克建康,侯景东逃。

萧绎在江陵即位,是为梁元帝,向西魏称臣。

554年(西魏恭帝元年)

西魏陷江陵,梁元帝萧绎被杀。

555年（梁绍泰元年）

萧詧在江陵称帝，称藩西魏，史称后梁。这是西魏的傀儡政权。

北齐强迫王僧辩在建康拥戴萧渊明为帝。陈霸先起兵杀死王僧辩。萧渊明退位。

陈霸先拥戴萧方智登基，萧方智就是梁敬帝。

556年（西魏恭帝三年，梁太平元年）

陈霸先大败南侵的齐军。

宇文泰死，世子宇文觉嗣、侄宇文护统理军国事。

岁末，宇文护迫魏恭帝禅位给宇文觉，西魏亡。

557年（北周孝闵帝元年，梁太平二年）

宇文觉称天王，是为孝闵帝，北周建国。

宇文护废宇文觉，立宇文毓为天王，是为明帝。

陈霸先代梁称帝，国号陈，是为陈武帝。

559年（陈永定三年，齐天保十年）

陈霸先病逝，侄子陈蒨继位，是为陈文帝。

高洋病死，长子高殷继位。

560年（北周武成二年，北齐乾明元年）

宇文护废明帝，立宇文邕为帝，是为周武帝。

高殷被废为济南王，叔叔高演即位，是为孝昭帝。

561年（北齐皇建二年）

高演病逝，传位九弟高湛，是为武成帝。

565年（北齐河清四年）

高湛传位于太子高纬，自为太上皇帝。高纬就是齐后主。

566年（陈天康元年）

陈文帝逝世，长子陈伯宗即位，是为废帝。

568年（陈光大二年）

陈伯宗被废为临海王，叔叔陈顼即位，是为陈宣帝。

574年（北周建德三年）

周武帝宇文邕禁佛、道两教，毁弃经像，强令和尚、道士还俗。

576年（北周建德五年）

周武帝率兵攻齐，在平阳打垮齐军主力。周军攻破晋阳。

577年（北周建德六年）

周军攻破北齐首都邺城。北齐灭亡。

578年（北周建德七年）

周武帝死，太子宇文赟继位，是为宣帝。

579年（北周大成元年）

周宣帝传位于太子宇文阐，是为静帝。

581年（隋开皇元年）

杨坚接受宇文阐禅位，建立隋朝，年号开皇。杨坚就是隋文帝。

582年（陈太建十四年）

陈宣帝死，陈叔宝继位，是为陈后主。

587年（隋开皇七年）

杨坚征召西梁皇帝萧琮入朝。西梁灭亡。

588年（隋开皇八年）

三月，隋文帝杨坚任命杨广为主帅伐陈，统一战争开始。

589年（隋开皇九年）

正月，隋军攻破建康，陈叔宝投降。陈朝灭亡。

参考文献

1. 陈寿. 三国志 [M]. 杭州：浙江古籍出版社，2003.
2. 房玄龄等. 晋书 [M]. 长沙：岳麓书社，1997.
3. 刘义庆. 世说新语 [M]. 青岛：青岛出版社，2010.
4. 李延寿. 南史 [M]. 北京：中华书局，1975.
5. 魏收. 魏书 [M]. 北京：中华书局，1997.
6. 沈约. 宋书 [M]. 北京：中华书局，1974.
7. 萧子显. 南齐书 [M]. 北京：中华书局，1972.
8. 姚思廉. 梁书 [M]. 北京：中华书局，1973.
9. 魏徵等. 隋书 [M]. 北京：中华书局，1973.
10. 周一良，邓广铭等. 中国历史通览 [M]. 上海：东方出版中心，1994.
11. 吴小如主编. 中国文化史纲要 [M]. 北京：北京大学出版社，2001.
12. 沈起炜. 细说两晋南北朝 [M]. 上海：上海人民出版社，2002.
13. 邹纪万. 魏晋南北朝史 [M]. 北京：九州出版社，2009.
14. 程应镠. 南北朝史话 [M]. 北京：北京人民出版社，2021.
15. 陈羡. 悠悠南北朝 [M]. 重庆：重庆出版社，2009.
16. 陈爽. 世家大族与北朝政治 [M]. 北京：中国社会科学出版社，1998.
17. 胡阿祥. 六朝疆域与政区述论 [M]. 西安：西安地图出版社，2001.